Die Autoren

Franz-Michael Konrad, Jg. 1954, ist emeritierter Professor für Historische und Vergleichende Erziehungswissenschaft an der Katholischen Universität Eichstätt-Ingolstadt.

Maximilian Sailer, Jg. 1973, ist Professor für Erziehungswissenschaft an der Universität Passau.

Franz-Michael Konrad
Maximilian Sailer

Forschungsmethoden der Erziehungswissenschaft

Eine Einführung

Unter Mitarbeit von Christina Herrmann

Verlag W. Kohlhammer

Dieses Werk einschließlich aller seiner Teile ist urheberrechtlich geschützt. Jede Verwendung außerhalb der engen Grenzen des Urheberrechts ist ohne Zustimmung des Verlags unzulässig und strafbar. Das gilt insbesondere für Vervielfältigungen, Übersetzungen, Mikroverfilmungen und für die Einspeicherung und Verarbeitung in elektronischen Systemen.

Die Wiedergabe von Warenbezeichnungen, Handelsnamen und sonstigen Kennzeichen in diesem Buch berechtigt nicht zu der Annahme, dass diese von jedermann frei benutzt werden dürfen. Vielmehr kann es sich auch dann um eingetragene Warenzeichen oder sonstige geschützte Kennzeichen handeln, wenn sie nicht eigens als solche gekennzeichnet sind.

Es konnten nicht alle Rechtsinhaber von Abbildungen ermittelt werden. Sollte dem Verlag gegenüber der Nachweis der Rechtsinhaberschaft geführt werden, wird das branchenübliche Honorar nachträglich gezahlt.

Dieses Werk enthält Hinweise/Links zu externen Websites Dritter, auf deren Inhalt der Verlag keinen Einfluss hat und die der Haftung der jeweiligen Seitenanbieter oder -betreiber unterliegen. Zum Zeitpunkt der Verlinkung wurden die externen Websites auf mögliche Rechtsverstöße überprüft und dabei keine Rechtsverletzung festgestellt. Ohne konkrete Hinweise auf eine solche Rechtsverletzung ist eine permanente inhaltliche Kontrolle der verlinkten Seiten nicht zumutbar. Sollten jedoch Rechtsverletzungen bekannt werden, werden die betroffenen externen Links soweit möglich unverzüglich entfernt.

1. Auflage 2024

Alle Rechte vorbehalten
© W. Kohlhammer GmbH, Stuttgart
Gesamtherstellung: W. Kohlhammer GmbH, Stuttgart

Print:
ISBN 978-3-17-021799-7

E-Book-Formate:
pdf: ISBN 978-3-17-044425-6
epub: ISBN 978-3-17-044426-3

Vorwort

Nach langen Jahren der Vorbereitung freuen wir uns, dass dieses Buch nunmehr erscheinen kann. Die vorliegende Einführung in die Forschungsmethoden der Erziehungswissenschaft ist zum einen das Ergebnis unserer vielfältigen praktischen Erfahrungen, die wir über Jahrzehnte bei der Durchführung von Forschungsprojekten sammeln konnten. Wichtiger aber noch waren die zahllosen Rückmeldungen von Studierenden aus unseren Lehrveranstaltungen zu den forschungsmethodischen Grundlagen des Faches Erziehungswissenschaft. Es waren letzten Endes unsere Studierenden und ihre klugen Fragen, Zweifel und weiterführenden Gedanken, die dem Buch, das sich ausdrücklich an Studienanfänger des Faches Erziehungswissenschaft wendet, zur Entstehung verholfen haben. Diesen jungen Leuten, deren erste Schritte auf dem Gebiet der wissenschaftlichen Befassung mit Problemen der Erziehung und Bildung wir anleiten und begleiten durften, gebührt vordringlich unser Dank.

Zu danken haben wir allerdings auch unseren Mitarbeiterinnen Monika Hilbert (Sekretariat Passau) und Elisabeth Mossburger (Sekretariat Eichstätt). Hinzu kommen die zahlreichen studentischen Hilfskräfte an beiden Universitäten, die über Jahre hinweg mit großem Eifer und steter Zuverlässigkeit Literaturbeschaffung, allgemeine Recherche etc. erledigt haben. Schließlich sind wir Christina Herrmann (Passau) verpflichtet, die insbesondere an der Endfassung dieses Buches intensiv mitgewirkt und wertvolle Hinweise beigesteuert hat. Last but not least – das Buch wäre ohne die geduldige Begleitung und Ermutigung durch unseren Lektor Klaus-Peter Burkarth vom Kohlhammer Verlag nie erschienen. Zu danken haben wir auch Kerstin Weissenberger und Elisabeth Häge, ebenfalls Kohlhammer Verlag, für ihre wertvolle Unterstützung bei der Herstellung der Druckfassung dieses Buches.

Möge das Buch einen kleinen Beitrag zu der wissenschaftsgeschichtlich recht späten, erfreulicherweise aber doch seit einiger Zeit mit Macht in Gang gekommenen methodologischen Fundierung des Faches Erziehungswissenschaft leisten und schon Studienanfänger*innen einen Eindruck von den Besonderheiten ihres Faches vermitteln. Übrigens: Kritische Rückmeldungen sind uns immer willkommen.

Eichstätt und Passau im Januar 2024

Franz-Michael Konrad
Maximilian Sailer

Inhalt

Vorwort 5

Vorbemerkung 10

1 **Forschungsmethoden in der Erziehungswissenschaft** ... 13
   1.1 Die Forschungsmethoden in der Geschichte der
      Erziehungswissenschaft 13
      1.1.1 Einleitung 13
      1.1.2 Immanuel Kant und die
            Aufklärungspädagogik 17
      1.1.3 Das 19. Jahrhundert 20
      1.1.4 Die experimentelle Pädagogik 24
      1.1.5 Die Geisteswissenschaftliche Pädagogik 27
      1.1.6 Die empirische Wende 30
      1.1.7 Erziehungswissenschaft in der DDR
            (1949–1990) 37
      1.1.8 Bildungsforschung und
            Schulleistungsstudien 39
   1.2 Anwendungsfelder Erziehungswissenschaftlicher
      Forschung 41
      1.2.1 Grundlagenforschung 41
      1.2.2 Angewandte Forschung 42
      1.2.3 Die Forschungsmethoden im pädagogischen
            Alltag 45

2 **Die Phasen des Forschungsprozesses** **46**
   2.1 Zum Problem der Methode 46
   2.2 Die Phasen des Forschungsprozesses 49

3	Die Themenfindung – Beschreibung und Begründung	56
4	Die Operationalisierung	68
5	Das Forschungsdesign	71
6	**Die Datenerhebung**	77
6.1	Erziehungswissenschaftliche Daten	77
6.1.1	Nonreaktive Daten: Texte, Bilder und Dinge	78
6.1.2	Reaktive Daten: Visuelle Daten und Verbale Daten	86
6.2	Die Datenerhebungsmethoden	87
6.2.1	Erhebungsmethoden Nonreaktiver Daten	87
6.2.2	Erhebungsmethoden reaktiver Daten	90
6.2.2.1	Die Beobachtung: Visuelle Daten	90
6.2.2.2	Das Interview: Verbale Daten	103
6.2.2.3	Der Fragebogen: Verbale Daten	120
6.2.2.4	Soziale Netzwerkanalyse: Relationale Daten	133
6.2.2.5	Das Experiment: Ein Multitalent	134
6.2.2.6	Die Methodentriangulation (Mixed Method Research)	144
7	**Die Datenanalyse – Verschiedene Zugänge**	148
7.1	Verstehen, Geschichte, Sinnsuche: Hermeneutik in der Erziehungswissenschaft	149
7.1.1	Vorbemerkungen zur Klassischen Hermeneutik	149
7.1.2	Verstehen in der Erziehungswissenschaft	150
7.1.2.1	Texthermeneutik	152
7.1.2.2	Bildhermeneutik	159
7.1.2.3	Dinghermeneutik	163
7.2	Zusammenfassen, Explizieren, Strukturieren: Qualitative Verfahren in der Erziehungswissenschaft	167

	7.2.1	Gegenstandsbezogene Theoriebildung (Grounded Theory) und Qualitative Inhaltsanalyse...............................	168
	7.2.2	Objektive Hermeneutik	184
	7.2.3	Psychoanalytische Textinterpretation	195
	7.2.4	Die dokumentarisch-rekonstruktive Methode......................................	200
	7.2.5	Abschließende Bemerkungen	210
7.3		Zählen, Messen, Quantifizieren: Quantitative Verfahren in der Erziehungswissenschaft	211
	7.3.1	Statistik in der Erziehungswissenschaft	216
	7.3.2	Deskriptive Statistik	220
	7.3.3	Inferenzstatistik..............................	224
		7.3.3.1 Signifikanz und Signifikanzniveau...	226
		7.3.3.2 Die Effektstärke......................	229
		7.3.3.3 Verfahren zur Bestimmung von Zusammenhängen – Korrelation.....	230
		7.3.3.4 Einfache lineare Regression...........	243
		7.3.3.5 Multiple lineare Regression...........	245
		7.3.3.6 Mediation und Moderation in der multiplen Regression.................	249
		7.3.3.7 Die Varianzanalyse (ANOVA).........	256
		7.3.3.8 Mehrfaktorielle Varianzanalyse	266

8 Die Ergebnispräsentation – der Forschungsbericht...... 273

Nachwort 279

Abbildungs- und Tabellenverzeichnis 281

Literatur... 283

Vorbemerkung

Was bietet dieses Buch?
Gegenstand dieses Werkes sind die in der Erziehungswissenschaft und ihren Teildisziplinen (Allgemeine Pädagogik, Schulpädagogik, Sozialpädagogik/ Soziale Arbeit, Erwachsenenbildung, Wirtschaftspädagogik usw.) gebräuchlichen Forschungsmethoden. Es wird sowohl der texthermeneutische Zugang vorgestellt – ergänzt um die Bild- und die (seltene) Dinghermeneutik – als auch die sog. qualitativ-empirischen und die quantitativ-empirischen Methoden. Diese Forschungsmethoden werden beschrieben, auf ihre Einsatzmöglichkeiten hin befragt und so erklärt, dass die Leser*innen des Buches nachvollziehen können, wie die Erziehungswissenschaft zu ihren Ergebnissen kommt.

An wen wendet sich dieses Werk?
Da keine Voraussetzungen fachlicher Art gemacht werden, sondern alles grundlegend erklärt wird, sind insbesondere Leser*innen angesprochen, die am Beginn ihrer Beschäftigung mit den Fragestellungen, den Befunden und eben den Forschungsmethoden der Erziehungswissenschaft stehen. Vor allem ist dabei an Studierende des Faches in den ersten Semestern, im Rahmen des Bachelor-Studiums etwa, gedacht. Denn ein zeitgemäßes wissenschaftliches Studium kann auf eine solide Grundlegung der forschungsmethodischen Kompetenz nicht verzichten.

Warum braucht es dieses Buch?
Natürlich stellt sich die Frage: Gibt es nicht längst eine Fülle an Literatur zu Forschungsmethoden? In der Tat ist die sozialwissenschaftliche Methodenliteratur kaum noch zu überblicken. Das gilt schon für den deutschen Sprachraum und viel mehr noch, wenn man fremdsprachige Beiträge

einbezieht. Darunter finden sich auch zahlreiche Beiträge grundlegenden bzw. einführenden Charakters. Wenn das so ist, warum dann ein weiteres Werk zu diesem Thema?

So vielfältig die Methodenliteratur tatsächlich ist, Erziehungswissenschaftler*innen treten zumindest im deutschsprachigen, sozialwissenschaftlichen Methodendiskurs bisher vergleichsweise wenig in Erscheinung, auch wenn erziehungswissenschaftliche Beiträge zur Methodendiskussion inzwischen durchaus häufiger geworden sind und überdies einführende Werke aus der Feder von Erziehungswissenschaftler*innen in wachsender Zahl vorliegen. In diesem Umstand einer immer noch merklichen Abstinenz der Erziehungswissenschaft auf dem Gebiet der sozialwissenschaftlichen Methodendiskussion liegt eine erste Begründung für das vorliegende Buch. Da es durchaus einen Unterschied macht, ob man in fremden disziplinären Kontexten entwickelte und erprobte Methoden rezipiert oder sich unter einer genuin erziehungswissenschaftlichen Perspektive die entsprechenden Forschungsmethoden des Faches aneignet, braucht die Erziehungswissenschaft sehr wohl ihre eigene Methodenlehre. Zurecht hat schon der Philosoph und Pädagoge Johann Friedrich Herbart (1776–1841) in seiner »Allgemeinen Pädagogik« von 1806 gefordert, die Pädagogik solle sich »so genau als möglich auf ihre einheimischen Begriffe besinnen« (Herbart 1983, S. 34). Dementsprechend muss sich die Pädagogik, die wir heute aus Gründen, die in diesem Buch noch dargestellt werden, Erziehungswissenschaft nennen, auf ihre ›einheimischen Methoden‹ besinnen. Zwar gibt es keine genuin erziehungswissenschaftlichen Forschungsmethoden, wie übrigens ebenfalls keine genuin soziologischen oder psychologischen oder politologischen usw. Forschungsmethoden existieren. Es gibt nur sozialwissenschaftliche Forschungsmethoden bzw. – noch grundsätzlicher betrachtet – überhaupt nur wissenschaftliche Forschungsmethoden. Gleichwohl kann es natürlich nicht ohne Auswirkung auf die Gestalt eines Faches sowie seine Geltung und Reputation bleiben, wenn dieses Fach die ihm angemessenen Forschungsmethoden immer wieder aus Kontexten importiert, die nicht die seinen sind. Oder anders ausgedrückt: Der Blickwinkel, unter dem beispielsweise in der Soziologie die soziale Wirklichkeit wahrgenommen wird, ist ein anderer als in der Erziehungswissenschaft; und auch z. B. die Psychologie versteht ›Lernen‹ anders als die Erziehungswissenschaft etc. Wenn dies aber so ist, dann ist es umso bedauerlicher, wenn den Studierenden des Faches Erziehungswissenschaft keine Methodenlehre zur Verfügung steht, die eine explizit und ausschließlich erziehungswissenschaftliche ist. Der von vielen erfahrenen Lehrenden des Faches beklagte Umstand, dass nicht wenige ihrer Studierenden bis ans Ende ihres Studiums nicht eigentlich anzugeben vermögen, worin das Eigenständige, das sog. Proprium der Erziehungswissenschaft besteht, mag u. a. aus diesem Defizit herrühren.

Ein weiteres Motiv, das diesem Werk zur Entstehung verholfen hat, ist mit dem eben genannten Aspekt eng verbunden. Aus Gründen, die später noch zu erörtern sein werden, bedient sich die Erziehungswissenschaft einer Vielfalt unterschiedlichster Forschungsmethoden. Dieser Umstand würde eigentlich vermuten lassen, in den vorhandenen erziehungswissenschaftlichen Methodenlehren einführenden Charakters alle jene Methoden dargestellt zu finden. Das ist allerdings gerade nicht der Fall. Wenn wir recht sehen, gibt es bislang kein Werk auf dem reichhaltigen Markt der Methodenliteratur, welches alle relevanten erziehungswissenschaftlichen Forschungsmethoden in einem Band versammelt. Unseres Wissens haben zuletzt in den 1970er Jahren (!) zwei Bücher diesen Anspruch erhoben – und sind an ihm gescheitert, weil sie eben doch nur eine subjektive Auswahl aus dem (damaligen, inzwischen ohnehin nur noch begrenzt aktuellen) erziehungswissenschaftlichen Methodenarsenal geboten haben (Röhrs 1971; Mollenhauer & Rittelmeyer 1977). Wer sich gegenwärtig über die erziehungswissenschaftlichen Forschungsmethoden in einführender Weise informieren möchte, sieht sich also der Notwendigkeit ausgesetzt, nacheinander mehrere unterschiedlichste Werke konsultieren zu müssen. Hier versucht das vorliegende Buch ebenfalls zu helfen. Es will alle in der Erziehungswissenschaft verwendeten Forschungsmethoden wenigstens grundrissartig vorstellen, und es will durch die eingestreuten Beispiele aus der erziehungswissenschaftlichen Forschungspraxis die nämlichen Forschungsmethoden als explizit erziehungswissenschaftliche identifizieren. Ebenso erfolgen die wissenschaftstheoretischen und wissenschaftsgeschichtlichen Exkurse, soweit dies möglich ist, am Beispiel der Erziehungswissenschaft. Wer dieses Buch liest, nimmt die Forschungsmethoden also immer sowohl aus dem Blickwinkel des Faches als auch aus dessen spezifischen Frage- und Problemstellungen wahr.

1 Forschungsmethoden in der Erziehungswissenschaft

Bevor wir die Forschungsmethoden der Erziehungswissenschaft im Einzelnen beschreiben und ihre Anwendung diskutieren, wollen wir im Überblick darstellen, wie sich diese Forschungsmethoden im Laufe der Zeit herausgebildet haben. Dabei wird einerseits deutlich, dass die Erziehungswissenschaft über ihre Methodenpraxis in die allgemeine Wissenschaftsentwicklung verwoben ist, wie sie sich andererseits erst über ein festes Set an Forschungsmethoden als eigenständige wissenschaftliche Disziplin etabliert hat. Die Methodenreflexion bietet also ein Stück Wissenschaftsgeschichte der Erziehungswissenschaft im Kurzdurchgang.

1.1 Die Forschungsmethoden in der Geschichte der Erziehungswissenschaft

1.1.1 Einleitung

Die Einsicht in die Lernbedürftigkeit des Menschen gehört zu den grundlegenden Erkenntnissen der Anthropologie. Als »physiologische Frühgeburt« hat der Biologe und Anthropologe Adolf Portmann (1897–1982) den Menschen einmal bezeichnet, weil das Menschenjunge den Reiferückstand, den es bei der Geburt gegenüber anderen Lebewesen aufweist, durch extrauterines Lernen ausgleichen muss. Daneben wird immer wieder auf die Instinktarmut des Menschen verwiesen. Was bei den Tieren die Instinkte regulieren, muss der Mensch mühsam lernen. Dafür ist dem Menschen ein Lernvermögen eigen, das die Lernfähigkeit aller anderen Lebewesen bei weitem übersteigt.

Solange die Verhältnisse einfach und überschaubar waren, waren es diese ›Verhältnisse‹ – Lebenslage, Tradition, Sitte, das Vorbild der Älteren –, die dem Nachwuchs vermittelten, was er zu wissen und zu können hatte. Niemand dachte genauer über das Wie, Warum und Wozu nach. Die wenigen Akte absichtsvoller Erziehung erfolgten intuitiv und aus Erfahrung. Von einem nur zögerlichen und schrittweisen Erwachen der »pädagogischen Frage« hat der Erziehungswissenschaftler Erich Weniger (1894–1961) einmal gesprochen (Weniger 1975, S. 114).

Ein solches Erwachen fand möglicherweise schon in vorgeschichtlicher Zeit statt, als Priester und Schamanen im Rahmen von Initiationsriten tätig wurden, ganz sicher aber spätestens mit dem Übergang zur Literalität z. B. im alten Ägypten (vgl. Brunner 1991). Das Lesen und Schreiben zu erlernen, war eine neue Herausforderung, die beiläufig und von Laien angeleitet nicht zu bewältigen war. Im alten Ägypten traten deshalb erstmals Lehrer in Erscheinung, die aus den »Weisheitsbüchern« vortrugen und eine kleine Zahl von männlichen Kindern im Lesen, Schreiben und in elementarer Mathematik unterwiesen. In Griechenland übernahmen diese Aufgabe die Elementarlehrer, zu denen die kleinen Jungen gingen, um das Lesen und Schreiben zu lernen und eine musische Grundbildung zu erhalten. Später, im Gymnasion, kamen die philosophischen Lehrer hinzu.

Seit dieser Zeit haben wir es in pädagogischer Hinsicht mit einem zweigeteilten Feld zu tun. Auf der einen Seite die Praktiker*innen, die sich in den Niederungen des Alltags um Erziehung und Bildung bemühen. Im Mittelalter ist an die in den Dom- und Klosterschulen lehrenden Kleriker zu denken, in den Städten an die Lehrer der Klipp- und Winkelschulen oder die Theologen an den höheren Schulen und in späteren Jahrhunderten an die ungezählten Dorfschulmeister und ihre Kollegen an den städtischen Gymnasien, die zuvor eine Reihe von Jahren als Privaterzieher (sog. Hofmeister) gearbeitet hatten. Im 19. Jahrhundert begegnen wir vermehrt auch Lehrerinnen und den ersten Kleinkindererzieherinnen, oftmals Mitglieder christlicher Orden. Die Arbeit dieser Pädagog*innen beruhte auf Erfahrung, auf Versuch und Irrtum, und war darin dem Laienhandeln, der elterlichen Erziehung, eng verwandt. In diesem Sinne hat der Theologe Friedrich Schleiermacher (1768–1834) in seinen Pädagogik-Vorlesungen, die er 1826 an der Berliner Universität hielt, der pädagogischen Praxis ihre ganz eigene Würde (»Dignität«) zugesprochen – und zwar ausdrücklich »unabhängig von der Theorie« (Schleiermacher 1964, S. 40).

Gleichwohl ist schon in der Antike der Wunsch entstanden, über Erziehung und Bildung ganz grundsätzlich auch nachzudenken. Immerhin waren Bildung und Erziehung bereits als öffentliche Aufgabe etabliert und ein einschlägiger Beruf war entstanden. So erwachte das Interesse an – noch einmal in den Worten Wenigers – »pädagogischer Theorie«. Schon Schleiermacher sah im alten Griechenland Erziehung und Bildung erstmals zum Gegenstand des Philosophierens geworden. Auch die heutige Erziehungsgeschichtsschreibung siedelt »die Geburt der Idee der abendländischen Pädagogik« (Böhm 2004, S. 12) in der Zeit zwischen dem achten und dem dritten vorchristlichen Jahrhundert an. Die Sophisten, die griechischen Weisheitslehrer, sind hier beispielhaft zu nennen, ebenso ihre Gegenspieler, die Sokratiker. Die Griechen, später die Römer, waren es auch, die den ersten Bildungskanon der abendländischen Geschichte formulierten, die Sieben Freien Künste (septem artes liberales), die so hießen, weil ihre Kenntnis den Menschen frei mache und weil ihr Studium den frei Geborenen vorbehalten war. Der im abendländischen Denken wohl berühmteste Versuch, zu klären, was unter »Bildung« und »Erziehung« zu verstehen ist, stammt ebenfalls aus der Antike. Gemeint ist das »Höhlengleichnis« des Philosophen Plato (428/27–348/47 v. Chr.). Zugleich verweist das Höhlengleichnis darauf, dass diese ersten theoretischen Überlegungen im Umfeld von Bildung und Erziehung (Paideia) in andere, größere Zusammenhänge eingelagert waren, denn das Höhlengleichnis erscheint im siebten Buch von Platos Schrift über den Staat (Plato 1991).

Während die Sokratiker und Sophisten noch selbst praktizierten, was sie an Lehr- und Unterrichtsmethoden propagierten, wurde das Theoretisieren über Bildung und Erziehung – wovon Plato und andere antike Denker eine Vorahnung geben – bald schon eine dem Alltag entrückte Angelegenheit, die in normativ ausgerichtete Erziehungs- und Bildungslehren mündete. Vom Mittelalter an waren diese Erziehungslehren ihrerseits in den größeren Rahmen philosophischer oder theologischer Denksysteme eingebunden. Ein bekanntes Beispiel ist der böhmische Theologe Jan Amos Comenius (1592–1670), dessen pädagogisches Denken in seiner pansophischen Theologie wurzelte.

Zwar waren diese Pädagogiken, wie gesagt, theoretischer Natur, auch wenn sie sich wie bei Comenius praktisch gaben. Und ein wesentliches Erfordernis von Wissenschaft war mit ihrer Theorieförmigkeit erfüllt. Allerdings: Bewegten sich die pädagogischen Praktiker im Zirkel ihres praktischen Tuns, so verharrten die Denker im Bannkreis ihrer Theorien – und die waren so defizitär wie es auf seine Weise der pädagogische Alltag war. Was dem Nachdenken über Erziehung und Bildung und der daraus gewonnenen Theorie abging, das war die Konfrontation mit der Wirklichkeit. Es mag deshalb mithilfe dieser Theorien die Erziehung, wie Schleiermacher meinte, »eine bewußtere« (Schleiermacher 1964, S. 40) geworden sein. Dieses Bewusstsein hat sich in der Hauptsache aber auf die Idee einer besseren Erziehung bezogen, ohne dass sich daraus zwingend für eine auch in der Praxis bessere Erziehung Dienliches ergeben hätte. »Ideen« waren nämlich nach der Lehre des Aufklärungsphilosophen Immanuel Kant (1724–1804) aus Prinzipien der reinen Vernunft konstruiert, vollkommen und aller Erfahrung vorgeordnet. In diesem gewissermaßen utopischen Charakter liegt ihr Wert bis heute, hat Kant doch der Idee die Aufgabe gestellt, sie solle dem praktischen Handeln als (nie ganz erreichbarer) Maßstab bzw., wie er das ausdrückte, »zur Regel dienen« (zit. n. Delekat 1969, S. 160). Aus diesem Umstand hat sich allerdings gerade in der deutschen Erziehungs- und Bildungswissenschaft eine idealistische Schlagseite ergeben, die bis in unsere jüngere Vergangenheit hinein das Entstehen normativer, appellativer, kurz: idealistischer Pädagogiken begünstigt hat. Freilich gab es lange keine Methoden, um Ideen an der Wirklichkeit zu prüfen. Erst mit dem Experiment wurde im 17. Jahrhundert eine Forschungsmethode entwickelt, die es erlaubte, systematisch beobachtbare Tatsachen zu ermitteln, um auf diesem Wege objektive Ergebnisse zu erhalten. Damit begann die Methodendiskussion. Im folgenden Kapitel werden die Namen Galilei, Descartes und Vico fallen, Vertreter jener Epoche, die der Methodendebatte erste wichtige Impulse gaben. Theorien konnten nun regelgeleitet auf ihren Realitätsgehalt überprüft werden. Das setzte im 18. Jahrhundert in Deutschland den Impuls frei, auch über Erziehung und Bildung nicht nur nachzudenken, sondern dieses Denken auf den empirischen Prüfstand zu stellen. Zwar sollte es bis zum vollständigen Durchbruch dieses neuen Ansatzes in der Pädagogik noch dauern – ein Anfang war jedoch gemacht.

1.1.2 Immanuel Kant und die Aufklärungspädagogik

Immerhin wusste schon kein Geringerer als der Königsberger Philosoph Immanuel Kant, dass aus dem Philosophieren allein keine das pädagogische Handeln verbessernden Hinweise zu gewinnen waren. Man bilde sich eben nur ein, schrieb er, »dass man schon aus der Vernunft urteilen könne, ob etwas gut, oder nicht gut sein werde.« Das aber sei falsch, denn »die Erfahrung lehrt, dass sich oft bei unseren Versuchen ganz entgegengesetzte Würkungen zeigen von denen, die man erwartete« (Kant 1964, S. 708). Man musste die pädagogische Sache also systematisch angehen und durfte sich nicht auf die Vernunft (allein) verlassen.

Außer Kant forderten auch viele andere Zeitgenossen im 18. Jahrhundert, oft vom pädagogischen Alltag frustrierte Praktiker, sich der Herausforderung, die Erziehung zu verbessern, nicht länger entweder über theologische und philosophische Deduktionen oder mittels bloßen Herumprobierens zu stellen. Man solle auf Theorie nicht verzichten, aber es brauche eine andere, eine bessere Theorie, eine solche, die auf Erkenntnissen beruhe, die aus der systematisch angeleiteten Auseinandersetzung mit der Wirklichkeit resultierten. Darin fanden sie sich von der aus England stammenden, auf Francis Bacon (1561–1626) und Thomas Hobbes (1588–1679) zurückgehenden Schule des Sensualismus bzw. Empirismus bestärkt, die – sehr vereinfacht gesprochen – menschliches Erkennen an das band, was in der Realität erfahren werden konnte. In die Behandlung pädagogischer Vorgänge hat der Sensualismus über den englischen Philosophen John Locke (1632–1704) und dessen 1693 veröffentlichtes Buch »Some Thoughts concerning Education« (Locke 1970) Eingang gefunden, worin Locke als Bedingung ihres Gelingens fordert, Erziehung habe die Natur des Zöglings zu kennen und zu beachten.

Eine Gruppe fortschrittlicher Pädagogen in Deutschland, die sog. Aufklärungspädagogen, folgten dieser Empfehlung Lockes und haben in ihren Reformschulen, den sog. Philanthropinen, ›natürliche‹ Erziehung praktisch umzusetzen versucht. Mit anderen Worten: Sie wollten »von richtigen Vorstellungen über die Natur und die Gesetze der einzelnen Kräfte, welche wir in der menschlichen Seele antreffen, ausgehen, und auf eine diesen Gesetzen entsprechende Art ihr Werk beginnen«, wie es einer der ihren, August Hermann Niemeyer (1754–1828), ausdrückte (Niemeyer

1970 [erstmals 1796], S. 105). Einsichten in die menschliche Natur seien, wie das von den Sensualisten vorgedacht worden war, auf dem Wege der Beobachtung und des Experiments zu gewinnen. Darauf also sollte sich die neue Theorie gründen, an die Niemeyer die Hoffnung band: »Je vollständiger und richtiger man ... die Theorie kennt, desto geschickter sollte man auch in der Kunst [der Erziehung] sein« (Niemeyer 1970, S. 105).

Zu diesen Neuerern gehörte auch Ernst Christian Trapp (1745–1818), der von einem aufgeschlossenen preußischen Kultusminister auf die erste Professur ausdrücklich für Philosophie und Pädagogik in Deutschland, ab 1779 an der Universität Halle, berufen worden war. Auch Trapp kritisierte den »Mangel sorgfältig und lange genug angestellter anthropologischer Beobachtungen, und daraus fliessender zuverlässiger Erfahrungen« und forderte eine »gehörige Anzahl richtig angestellter pädagogischer Beobachtungen«, die es dann erlauben würden, »ein richtiges und vollständiges System der Pädagogik [zu] schreiben.« Bezüglich der systematisch anzustellenden pädagogischen Beobachtungen entwarf Trapp ein geradezu modern anmutendes Untersuchungsdesign:

> »Man gebe mehrern Kindern von einerlei Alter verschiedene Gegenstände, Spielzeug, Bücher, Modelle, Gemälde etc. und lasse sie damit nach Belieben schalten und walten. Nun gebe man Acht auf die Verschiedenheit ihrer Äußerungen, Empfindungen, Handlungen, Erfindungen u. s. w. Man sehe, welche Gegenstände sich dieser, und welche sich der wählt, wie bald er ermüdet, wie lange er bei einem Gegenstand aushalten kann. Man zähle, wie viele und welche Idee, Empfindungen und dadurch veranlasste Äußerungen und Handlungen in einer gewissen Anzahl von Minuten und Sekunden in den Kindern entstehen und zum Vorschein kommen. Man mache das Experiment mit Kindern von zwei bis sechzehn Jahren oder noch weiter. Man gebe auf die Verschiedenheit der Wirkungen Acht, wenn, bei den nemlichen Gegenständen die Zahl der Kinder von zwei bis zwanzig, oder wie weit man will, verschieden ist; oder, wenn bei den nemlichen Gegenständen das Alter der Kinder verschieden ist; oder wenn beides Zahl und Alter verschieden sind; kurz, man führe das Experiment durch alle mögliche Combinationen von Alter der Kinder, von Zahl, Beschaffenheit, Verschiedenheit der Kinder und der Gegenstände durch« (Trapp 1977 [zuerst 1780], alle Zitate §§ 25–29).

Trapp konnte sogar an der Universität eine Übungsschule einrichten, um die Lehrerbildung auf der Basis genauer Beobachtungen realitätsnäher zu gestalten. Daneben gab es zu jener Zeit engagierte Laien, Väter, die

1.1 Die Forschungsmethoden in der Geschichte der Erziehungswissenschaft

Beobachtungen an ihren Kindern anstellten und in akribisch geführten Tagebüchern dokumentierten, die anschließend in Zeitschriften publiziert wurden (Schmid 2001). So entstanden die ersten empirischen Untersuchungen über kleine Kinder, die ersten entwicklungspsychologischen Darstellungen in deutscher Sprache.

Zu den Verfechtern einer an der Wirklichkeit ausgerichteten, methodisch fundierten Erziehungslehre gehörte auch, es ist schon angeklungen, Kant. Da Studenten der Philosophie ebenso wie solche der Theologie, sei es als Gymnasiallehrer, als Hauslehrer oder als Pfarrer, später auch praktisch-erzieherisch tätig wurden, sollten sie diesbezügliche Grundkenntnisse erwerben, und dafür waren ihre philosophischen und theologischen Lehrer zuständig. So hatte der Philosoph Kant Pädagogik-Vorlesungen zu halten. In seinen Pädagogik-Vorlesungen setzte sich Kant entschieden für »Experimentalschulen« ein, die man einrichten müsse, »ehe man Normalschulen errichten kann« (Kant 1964, S. 708). Als beste Experimentalschule seiner Zeit rühmte Kant das Dessauer Philanthropin des Bernhard Basedow (1724–1790), an dem auch Trapp eine Zeitlang tätig gewesen war. In dieser Schule, so Kant, hätten die Lehrer alle Freiheiten des Unterrichtens und Erziehens, sodass hier die für die Verbesserung der Erziehung so notwendigen Experimente angestellt werden könnten. Auch Kant war ein großer Anhänger des Experiments. Das oben schon ausschnitthaft wiedergegebene Kant-Zitat lautet vollständig nämlich so: »Man bildet sich zwar insgemein ein, dass Experimente bei der Erziehung nicht nötig wären, und dass man schon aus der Vernunft urteilen könne, ob etwas gut, oder nicht gut sein werde.« (Kant 1964, S. 708).

Die schon von Trapp in seinem Buch getroffene Unterscheidung zwischen den Zielen der Erziehung und den Mitteln und Wegen, die zur Erreichung der Erziehungsziele eingeschlagen werden müssten, findet sich auch bei Kant. Die Ziele der Erziehung sollten von der Ethik, einem Teilgebiet der Philosophie, mit allgemein gültigem Geltungsanspruch vorgegeben, die Mittel und Wege der Erziehung aber erfahrungswissenschaftlich bestimmt werden. Wobei Kant, das sei hier nur angemerkt, kein bedingungsloser Anhänger des sich methodisch im Bekenntnis zum Experiment äußernden Empirismus war, sondern vielmehr der Überzeugung war, Erkennen ruhe zwar auf einem sinnlichen Fundament, gehe also von der Erfahrung aus, werde zu Erkenntnis aber nur mittels apriorisch gegebener begrifflicher Vorschematisierungen, die das vernünftige Denken liefere.

1.1.3 Das 19. Jahrhundert

Mit dem Ende des Aufklärungszeitalters war auch das Werben für eine erfahrungswissenschaftlich begründete Erziehungslehre an ihr Ende gekommen. Nach Trapp geriet die Lehrerbildung an der Universität Halle in die Hände des Philologen und Neuhumanisten Friedrich August Wolf (1759–1824), der gemäß der neuhumanistischen Doktrin an der Universität keine praxisnahe Berufsausbildung, sondern nur reine Wissenschaft treiben wollte. Eine der ersten Amtshandlungen Wolfs bestand folgerichtig in der Schließung der Universitätsübungsschule und in der Umwandlung des Trappschen Institutum Paedagogicum in ein Institutum Philologicum, an dem die angehenden Philologen ihre Studien trieben – fernab jeglicher Pädagogik, auch wenn viele von den Studenten anschließend als Gymnasiallehrer tätig werden sollten. Die Bildungsfrage wurde mit dem emphatischen Anruf der Antike beantwortet. Die Griechen, hatte Humboldt 1793 bekannt, würden für ihn »immer ... einzig bleiben« (zit. in Konrad 2010, S. 26). Die Bildung des Menschen zu wahrem Menschentum lasse sich deshalb am besten in der Beschäftigung mit den Hervorbringungen dieser klassischen Epoche der europäischen Geistesgeschichte bewirken. Nicht die Hinwendung zum Alltag der Erziehung stand auf dem Programm, sondern das Gegenteil, dessen ästhetische Überwindung. Es ist kein Zufall, dass die im Zeichen des Neuhumanismus stehende Reform des höheren Schulwesens mit dem humanistischen Gymnasium die alten Sprachen, überhaupt das Literarisch-Ästhetische, so sehr in den Mittelpunkt des Curriculums rückte.

Allerdings verloren sich die Impulse der Aufklärungspädagogik nicht nur an der Universität. Auch in den im 19. Jahrhundert zur Verbesserung der Volksschullehrerbildung eingerichteten Seminaren kamen sie nicht zum Zuge, denn auch dort waren sie nicht gewünscht. So äußerte sich der Volksschulpädagoge Friedrich Adolph Diesterweg (1790–1866) sehr distanziert zum Wert des aus wissenschaftlicher Forschung gewonnenen Wissens für eine gelingende Praxis: »Die Praxis lernt sich nur in der Praxis, im Leben«, meinte Diesterweg (zit. in Tenorth 1990, S. 82). Eine auf Forschung beruhende Lehrerbildung sah Diesterweg in der Gefahr von zu großer Praxisferne. Besserung im pädagogischen Alltag versprach sich Diesterweg dagegen von intern erzeugtem Wissen, aufgeklärte und reflektierte Praxis von Praktiker für Praktiker sozusagen (vgl. auch Tenorth 1994). Deshalb bestanden die Lehrerseminare immer in enger Verbindung mit Übungsschulen, auch wenn diese – anders als bei Trapp – nicht der wissenschaftlichen (z. B. experimentellen) Forschung, sondern dem Erwerb von Unterrichtspraxis dienen sollten.

Für die Seminarausbildung galt darüber hinaus: Was die jungen Lehramtsanwärter nicht bei den Praktikern abschauen konnten, sollten sie ergänzend aus der historischen Literatur gewinnen. Lehren lernt man eben auch, war die Meinung, indem man sich mit den Schriften der Meister der Vergangenheit auseinandersetze, mit Comenius etwa oder den Didaktikern des 17. und 18. Jahrhunderts. Nicht zuletzt sollte die Beschäftigung mit der Geschichte die angehende Lehrerkraft »vor allzu blindem Vertrauen auf die Macht einer Theorie« warnen, ihr dagegen die großen Pädagogen »in ihrem Tun und Lassen« vorstellen, auf dass diese ihr zu Vorbildern würden (Königbauer 1897, o. S.). Bildungsgeschichte als Anregung und Motivationshilfe sozusagen. Dem dienten die emsig verfassten Lehrbücher der Erziehungs- und Bildungsgeschichte, die an den Seminaren eingesetzt wurden.

Ein gutes Beispiel für die Seminarpädagogik des 19. Jahrhunderts ist der sog. Herbartianismus. Dessen Begründer, der schon erwähnte Philosoph Johann Friedrich Herbart, forderte zwar, die Pädagogik dürfe nicht länger »als entfernte, eroberte Provinz von einem Fremden aus regiert« werden (Herbart 1983, S. 34) – und meinte damit die Philosophie, von der sich die Pädagogik emanzipieren solle. Auch Herbart erklärte den misslingenden Alltag aus dem »Rückstand der pädagogischen Experimente« (Herbart 1983, S. 33), aus einem Mangel an systematischer Wirklichkeitsbeobachtung also, womit er sich durchaus in großer Nähe zu den Aufklärungspädagogen befand.

Experimentalforschung betrieb Herbart allerdings selbst nicht. Immerhin eröffnete er an seiner Universität in Königsberg in Ostpreußen, wo er als Nachfolger Kants lehrte, eine Übungsschule, in der die Studenten im Unterricht zur Anwendung bringen konnten, was Herbart ihnen zuvor aus seinen eigenen Erfahrungen als praktischer Lehrer, v. a. aber aus seinem Wissen als Psychologe und systematischer Philosoph als Theorie vermittelt hatte. Die im praktischen Unterrichten gewonnenen Erkenntnisse sollten die Studenten anschließend im Gespräch mit Herbart überdenken, um ihr Wissen erneut, nun reflektierter als zuvor, an der Universitätsschule dem Praxistest zu unterziehen. In diesem Kreislauf aus Theorie, Praxis und erneuter Reflexion der Theorie unter Herbarts Anleitung sollte die Ausbildung dessen erfolgen, was Herbart den »pädagogischen Takt« nannte; von pädagogischer Professionalität würden wir heute sprechen. Während jedoch die Aufklärer der Hoffnung gewesen waren, eine auf systematischer Forschung beruhende Theorie müsste sich umstandslos anwenden lassen (Niemeyer!), hatte Herbart erkannt, die Sache ist komplizierter, es gibt in der Erziehung kein kausales Ursache-Wirkungs-Prinzip nach der Art ›Gute Theorie, gute Praxis‹. Herbart wusste, jeder Lehrer konnte mit der besten Theorie, die ihm die besten Handlungsanweisungen zulieferte, scheitern, war er nicht in der Lage, die pädagogische Situation, in der er stand, richtig zu deuten. Diesem Problem aber war auf dem Wege empirischer Forschung nicht beizukommen (Herbart 1997).

Herbarts Ansatz hätte modellhaft sowohl für eine realistische Einschätzung der Wirksamkeit von Theorie wie auch für eine reformierte Lehrerbildung an den Seminaren stehen können. Die wenigen Schüler und Anhänger Herbarts auf universitären Lehrstühlen griffen jedoch diese Vorlage ihres Meisters nicht auf, sondern entwickelten aus vagen Überlegungen, die Herbart an anderer Stelle seines Werkes zur »Artikulation« des Unterrichts anstellte, eine Unterrichtsmethode, mit deren Hilfe der Unterricht in einzelne Lehr- und Lernschritte gegliedert werden konnte. Wer als Lehrer diese Schritte beherrschte, konnte jederzeit und stets in derselben Weise Unterricht machen. Damit aber war aus dem offenen Ansatz Herbarts, der eher einer Suchbewegung glich, eine Technik geworden, die an den Übungsschulen der Lehrerseminare vorgeführt und eingeübt wurde. Die darauf bezogene Forschung war zwar praktisch, vollzog sich aber innerhalb der durch die Methode gezogenen Grenzen. An dieser Limitierung scheiterte die Methode schließlich und wurde nach 1900 von den Unterrichtsmethoden der sog. Reformpädagogik abgelöst.

In den Jahrzehnten davor jedoch waren die Herbartianer, vermittelt über die Lehrerseminare, im Volksschulwesen höchst einflussreich, wäh-

1.1 Die Forschungsmethoden in der Geschichte der Erziehungswissenschaft

rend sie im akademischen Betrieb, also an den Universitäten, Außenseiter blieben. Nur vereinzelt, z. B. Tuiskon Ziller (1817–1880) in Leipzig oder Wilhelm Rein (1847–1929) in Jena, kamen sie zu Lehrstühlen. Das Gros der Universitäts-Philosophen hielt es auch in ihren Pädagogik-Vorlesungen mit Humboldts Konzept von der Wissenschaft als »reine[r] Idee«. Für ihn sei Pädagogik »nichts anders als praktisch gewendete Philosophie« (Natorp 1985, S. 152), bekannte einer der Klügsten unter ihnen freimütig, Paul Natorp (1854–1924). Ebenso die Theologen, zu deren Aufgaben es ebenfalls gehörte, zu pädagogischen Fragen vorzutragen, nur, dass diese eben theologisch argumentierten. Noch bis weit ins 20. Jahrhundert gab es nicht nur jene mit der Philosophie verschwisterte Universitätspädagogik, sondern eine ebensolche an die Theologie (katholischer oder protestantischer Provenienz) gebundene. So finden sich unter den Verfassern der bedeutendsten Abhandlungen zur Geschichte der Pädagogik neben Historikern wie Karl von Raumer (1783–1865) und Karl Adolf Schmid (1804–1887) und Philosophen wie Friedrich Paulsen deshalb auch Theologen wie Friedrich Heinrich Christian Schwarz (1766–1837). Ob aber nun philosophische Pädagogen oder theologische Pädagogen: Die Erziehungswirklichkeit wurde von beiden gleichermaßen ignoriert bzw. kam eben nur in historischer Gestalt vor, in den Quellen und Dokumenten der Vergangenheit, wo man sie textauslegend zu erfassen suchte.

Nun kann man fragen: Was ist mit Comenius, Jean-Jacques Rousseau (1712–1778), Johann Heinrich Pestalozzi (1746–1827), Friedrich Fröbel (1782–1852)? In der Tat sind alle vier bis heute viel rezipierte, durchaus theorieaffine pädagogische Autoren und sie waren zweifellos gute Beobachter kindlicher Lebensäußerungen. Pestalozzi und Fröbel gründeten zudem Erziehungseinrichtungen, waren also erfahrene Praktiker. Systematische Forschung aber betrieben sie nicht. Zudem wurzelten sie, von Rousseau abgesehen, mit ihren Pädagogiken in spekulativen philosophischen Systemen, die fragwürdige Begründungen für an sich treffliche Einsichten und eingängige Empfehlungen lieferten. Das gilt z. B. für das von Comenius schon im 17. Jahrhundert propagierte, bis heute aktuelle didaktische Prinzip der Anschaulichkeit, das Comenius aber nicht etwa psychologisch, konkret: sensualistisch, sondern theologisch begründete. Der Erziehungswissenschaftler Heinrich Roth (1906–1983) sprach einmal von »genialen Pädagogen« und ihren »intuitiven Treffern«. Das trifft es im Falle von Comenius, Rousseau, Pestalozzi und Fröbel sehr gut.

1.1.4 Die experimentelle Pädagogik

Um die Wende zum 20. Jahrhundert regten sich erneut Impulse, die auf eine Änderung drängten. Fragen der Schulreform standen auf der Agenda. Die bis heute viel diskutierte »reformpädagogische Bewegung« steuerte auf ihren Höhepunkt zu. In den Schulen wurden wie nie zuvor neue Unterrichtsformen erprobt, neue Schularten entstanden, Modell- und Versuchsschulen wurden eingerichtet. Nun galt es, die ins Auge gefassten Reformen zu überprüfen. 1906 gründete der Leipziger Lehrerverein das »Institut für experimentelle Pädagogik und Psychologie«; vergleichbare Einrichtungen in anderen Großstädten Deutschlands folgten noch vor dem Ersten Weltkrieg. 1914 urteilte der herausragende Vertreter dieser neuen Bewegung, Ernst Meumann (1862–1915), »die empirische und experimentelle Forschung in der Pädagogik« allein sei jene »objektive Instanz«, die »im Geiste reiner Wahrheitsforschung das Zweckmäßige, Wertvolle und Brauchbare in den ›modernen Ideen‹ der Erziehungsreform« herausfinden könne (Meumann 1914, S. 3). Meumann griff die schon von Trapp und Kant getroffene (und auch von Herbart bestätigte) Unterscheidung in eine pädagogische Ziellehre und eine pädagogische – sagen wir – Mittellehre auf und nahm nur für letztere das Primat empirischer Forschung in Anspruch. Wilhelm August Lay (1862–1926), der zweite Protagonist dieser Richtung, kam selbst aus dem Volksschullehrerstand und betrieb in jenen Jahren Unterrichtsforschung mittels Beobachtung und Experiment (vgl. Lay 1903). Zu den Anwendungsfeldern dieser Forschung gehörten u. a. die Suche nach neuen und besseren Unterrichtsmethoden, besseren Lehrmitteln und optimalen Organisationsformen (Klassengröße, Dauer der Schulstunde usw.), die Frage nach der Entstehung des Schülerinteresses an bestimmten Unterrichtsinhalten u. ä. m. (z. B. Lay 1914). So wollte man die Pädagogik aus dem Nebel der philosophischen Spekulation holen und sie zu einer exakten Wissenschaft machen.

An den Universitäten gab es freilich nur wenige, von denen die Verfechter von Experiment und Beobachtung Unterstützung erwarten konnten. Zwar hatte Meumann das Glück, an der gerade neu gegründeten Hamburger Universität tätig sein zu können. Lay aber blieb Zeit seines Lebens Dozent an einem Lehrerseminar. Eine der wenigen Ausnahmen unter den Universitätspädagogen war Aloys Fischer (1880–1937), der 1913 eine »Wendung« anmahnte, die die Pädagogik dringend vollziehen müsse, um zu einer »exakten« und »autonomen Pädagogik«, zu einer »Erfahrungswissenschaft«, zu werden (Fischer 1964, S. 43). Zwar sprach auch Fischer dem Philosophieren über Erziehung die Berechtigung nicht ab, warnte aber vor der Gefahr, »in den Fehler einer deduktiven Systematik zurückzufallen und insbesondere von philosophischen Grundanschauungen abhängig zu werden, die ohne alle Rücksicht auf die Tatsachen und die Aufgaben der Erziehung konzipiert werden« (ebd., S. 44). Von einer derartigen Neuorientierung der wissenschaftlichen Pädagogik aber wollten Fischers akademische Kollegen wenig wissen. Entweder fühlten sie sich im Hauptamt nach wie vor der Philosophie verpflichtet, oder – das betraf die Vertreter der Geisteswissenschaftlichen Pädagogik unter ihnen – sie lehrten zwar inzwischen die Pädagogik, verstanden diese aber als eine philosophische, allenfalls eine historische Disziplin und ergingen sich in der Auslegung der pädagogischen Klassiker. Sie fielen damit sogar hinter den schon erwähnten Natorp zurück, der zwar für eine philosophische Grundlegung der Pädagogik plädiert hatte, dies aber nur auf die »sichere Deduktion ihrer Grundbegriffe« bezogen haben wollte, darüber hinaus aber konzedierte, sie möge sich »des weiteren so konkret, so empirisch, so praktisch gestalten wie nur möglich« (Natorp 1985/1909, S. 218).

Wer die Wissenschaft von Erziehung und Bildung konkret, empirisch und praktisch fundieren wollte, der musste sich umorientieren, Anschluss an eine andere Disziplin suchen. Diese andere Disziplin war die Psychologie. Nicht wie die Universitätspädagogen, die weiter in den Bahnen philosophisch grundierter Ideenlehren dachten und argumentierten, betrieben die Universitätspsychologen, auch wenn sie formell zumindest anfangs noch Lehrstühle für Philosophie innehatten, längst Psychologie im Sinne Wilhelm Wundts (1832–1920), nämlich als Experimentalforschung. Als Teildisziplin dieser experimentell ausgerichteten Psychologie entstanden in den 1920er Jahren die Pädagogische Psychologie und die Entwicklungspsychologie. Beide zusammen nahmen jene Fäden wieder auf, die Ende des 18. Jahrhunderts die Aufklärungspädagogen hatten liegen lassen, nun aber eben unter dem Dach der Psychologie. Insgesamt handelte es sich um einen disziplinären Ausdifferenzierungsprozess, der auf Seiten der Pädagogik zum (vorläufigen) Abgang des zarten Pflänzchens der empirischen Forschung führte.

Neben Fischer ist als weitere Ausnahme unter den Universitätspädagogen Peter Petersen (1884–1952) zu erwähnen, der 1923 an die Universität Jena berufen wurde. Die dortige von seinem herbartianischen Vorgänger Wilhelm Rein eingerichtete Universitätsschule schloss Petersen nicht, sondern machte sie zum Schauplatz seiner »pädagogischen Tatsachenforschung«. Petersen, der aus seiner Zusammenarbeit mit Meumann in Hamburg Erfahrung in der empirischen Forschung mitbrachte, setzte zum einen auf die Beobachtung als Forschungsmethode und zog zum andern aus Frischeisen-Köhlers Kritik am Experiment (▶ Kap. 6.2.2.5) den Schluss, Experimente nur unter natürlichen Bedingungen zuzulassen (vgl. Petersen 1965). Derartige Bedingungen ergaben sich täglich in Unterricht und Schulleben an der Jenaer Universitätsschule. In Petersens Ansatz waren, weil der Forschungsgegenstand der Erziehungsalltag war, zugleich die Einsichten Herbarts realisiert wie auch die Anwendung empirischer Forschungsmethoden gegeben. Im Grunde also ein idealer Ansatz. Limitiert war Petersens »pädagogische Tatsachenforschung« nur insofern, als sie sich – darin dem Vorgehen der Herbartianer verwandt – innerhalb der Grenzen des von Petersen entwickelten Reformmodells (Jena-Plan) bewegte. Man hat Petersen deshalb vorgehalten, Ziel seiner Forschung sei es letztlich nur gewesen, die Überlegenheit des Jena-Plans empirisch zu bestätigen (Benner 1972, S. 47).

Wissenschaftsgeschichtlich ist die experimentell verfahrende Pädagogik eine kurze Episode geblieben. Von einer »versäumten Chance« ist in der Literatur die Rede. Die Pädagogik habe »die Weichenstellung zur Geisteswissenschaft« vollzogen und sich damit »von der Anstrengung dispensiert, ein kritisches Methodenbewusstsein auszubilden, ihr eigenes Wissen als prüfbar und prüfungsbedürftig einzuschätzen, und damit auch … ihre Ideen und Ambitionen der Realitätskontrolle zu unterwerfen« (Tenorth 1989, S. 317).

1.1.5 Die Geisteswissenschaftliche Pädagogik

Ende des 19. Jahrhunderts versuchten Wissenschaftstheoretiker, allen voran der Philosoph Wilhelm Dilthey (1833–1911), ein Schema zur Sortierung der inzwischen zahlreich entstandenen wissenschaftlichen Disziplinen zu entwickeln. Dabei hat Dilthey das bis heute gebräuchliche Begriffspaar der »Geisteswissenschaften« und der »Naturwissenschaften« geprägt (Dilthey 1981, S. 180). Sehr vereinfacht: Erstere versuchen, so Dilthey, was der Mensch hervorgebracht hat, zu »verstehen«, letztere wollen die Natur »erklären«. Die Geisteswissenschaften richten ihren Blick auf den Einzelfall, die Naturwissenschaften gehen verallgemeinernd vor, suchen nach Gesetzmäßigkeiten. Der Philosoph Wilhelm Windelband (1848–1915) schlug in etwa die gleiche Systematik vor und bezeichnete die Methoden der Geisteswissenschaften als idiographisch (Griechisch: den Einzelfall beschreibend), die der Naturwissenschaften als nomothetisch (Griechisch: »nomos« = Gesetz). Zu den Geisteswissenschaften zählte Dilthey auch die Wissenschaft von Bildung und Erziehung, die Pädagogik. Tatsächlich lassen sich Schulsysteme, Erziehungsmittel und Erziehungsziele wohl kaum anders denn als Produkte menschlichen Handelns verstehen. Wichtig ist, dass Dilthey von den Geisteswissenschaften eine »Rückwirkung auf Leben und Gesellschaft« (Dilthey 1981, S. 167) verlangte. Damit war die Pädagogik als Praxiswissenschaft bestimmt. Tatsächlich bestätigte ein Vertreter der sich auf Dilthey berufenden Universitätspädagogik, Wilhelm Flitner (1889–1990): »Wie die Medizin der Heilung von Krankheiten dient, so soll die pädagogische Theorie der praktischen Erziehung zur Hilfe werden« (Flitner 1974, S. 15). Allerdings war der von Flitner gewählte Vergleich insofern schief, als die Medizin zweifellos der naturwissenschaftlichen Fächergruppe zuzuordnen ist. Flitner versäumte es denn auch nicht, an anderer Stelle den Abstand zu den Naturwissenschaften zu betonen: »Die Wissenschaft von der Erziehung hat nicht den Charakter einer Technologie« (Flitner 1974, S. 19).

An der Einlösung ihres Praxisanspruchs ist die Geisteswissenschaftliche Pädagogik allerdings gescheitert. Wohl konnte man sich in seiner nahezu ausschließlichen Fokussierung auf schriftliche Zeugnisse der Vergangenheit durchaus auf Dilthey berufen, der gemeint hatte: »Was wir einmal waren, wie wir uns entwickelten und zu dem wurden, was wir sind, erfahren wir daraus, wie wir handelten, ... aus alten verschollenen Briefen, aus Urteilen über uns, die vor langen Tagen ausgesprochen wurden« (Dilthey 1981, S. 99). Das aber war von Dilthey als Spitze gegen die unhistorische, aus philosophischen Systemen deduzierte Ziellehre der Pädagogik gedacht (z. B. Natorp), nicht aber als Plädoyer gegen bestimmte Forschungsmethoden. Als Praxiswissenschaft hätte sich die Pädagogik also nicht im Rekurs auf Gedrucktes erschöpfen müssen. Als später die geisteswissenschaftliche Pädagogik unter Veränderungsdruck geriet (▶ Kap. 1.1.6), war denn auch nicht von Texten und einer Texthermeneutik die Rede, sondern von einer »Hermeneutik der Erziehungswirklichkeit« (Blankertz 1966, S. 67), die eine zeitgemäße Pädagogik zu betreiben habe. Der Verweis auf die Wirklichkeit blieb jedoch deklamatorisch, insofern sich die geisteswissenschaftlichen Pädagogen in ihrer Mehrheit um diese Erziehungswirklichkeit wenig kümmerten. Während Dilthey postuliert hatte, nur »aus dem Ziel des Lebens« könne das Ziel der Erziehung abgeleitet werden, glauben seine Schüler, vorrangig den Zeugnissen der Vergangenheit Hinweise auf die Gestaltung der Gegenwart entlocken zu können. Wenn Herman Nohl (1879–1960) über ein sozialpädagogisches Problem referierte, argumentierte er mit Pestalozzi; Eduard Spranger (1882–1963) empfahl, sich bei Fröbel kundig zu machen, als es um die Reform des Kindergartens ging. Durch ihre Fokussierung auf Texte von Pestalozzi, Fröbel und anderen Autoren haben die Vertreter der Geisteswissenschaftlichen Pädagogik diese zu »Klassikern« mit überzeitlichem Rang werden lassen. Sie haben damit eine Theorie vergangener pädagogischer Praxis entworfen, nicht aber eine Theorie für eine künftige Praxis. Immerhin haben die Geisteswissenschaftlichen Pädagogen die Werke von Pestalozzi & Co. erstmals einigermaßen vollständig wissenschaftlich ediert. Darin liegt ein nicht geringzuschätzender Beitrag zum wissenschaftlichen Erkenntnisfortschritt.

Dass sich die Geisteswissenschaftliche Pädagogik gegen die experimentelle Richtung hat durchsetzen können, hatte auch damit zu tun, dass sie sich ideal in das Altvertraute fügte. Zwar wurde jetzt an den Universitäten Pädagogik als eigenständige Disziplin gelehrt, nicht bloß als Anhängsel an die Philosophie oder die Theologie. Aber es war eben doch eine Pädagogik mit stark historisch-philosophischer Prägung.

Von der Hermeneutik als Verstehenslehre abgesehen, interessierten sich die Vertreter der Geisteswissenschaftlichen Pädagogik kaum für

Methodenfragen. Immerhin einer von ihnen, der Mitarbeiter Diltheys und ab 1915 Professor für Philosophie und Pädagogik in Halle-Wittenberg, Max Frischeisen-Köhler (1878–1923), setzte sich mit der empirischen Königsmethode auseinander und schrieb dazu ein über die Jahrzehnte viel rezipiertes Buch. Darin bündelte Frischeisen-Köhler (1931 [zuerst 1918]) Argumente gegen das Experiment in der pädagogischen Forschung: Zu abstrakt und steril die Laborsituation, die Individualität des Kindes oder Jugendlichen nicht erfassend, so sei das Experiment. Komplexere Persönlichkeitsmerkmale, etwa das, was sich mit Charakter und Wille bezeichnen ließe, gerate dem Experimentator nicht in den Blick. Der Mensch als sittliches und religiöses Wesen – kein Fall für das Experiment. Nur für die Unterrichtsforschung mochte Frischeisen-Köhler das Experiment zulassen. Wolle man »die günstigsten Bedingungen der Schularbeit ermitteln« oder sei das Interesse auf »eine exakte Erkenntnis der Unterrichtsmethoden gerichtet«, dann war Frischeisen-Köhler bereit, das Experiment zu akzeptieren (ebd., S. 142). Das war gar nicht so weit weg von den Vorstellungen Meumanns und hätte eine Verständigung mit der empirischen Richtung vielleicht zugelassen, wäre diese nicht bereits zur Psychologie abgewandert gewesen.

Einige der führenden Vertreter der Geisteswissenschaftlichen Pädagogik verloren nach 1933 ihre Professuren. Andere gingen in die innere Emigration, weil sie sich mit der rassistischen und politisch instrumentalisierten NS-Pädagogik nicht einlassen wollten. Ohnehin planten die Nationalsozialisten, die gesamte Lehrerbildung an nicht-wissenschaftliche Einrichtungen zu verlegen, was den bescheidenen Stellenwert einer wissenschaftlichen Pädagogik weiter minimiert hätte. Die Stunde der Geisteswissenschaftlichen Pädagogik schlug dann erneut nach 1945. Als kleines äußeres Zeichen mag gelten, dass die 1925 als Zentralorgan der Geisteswissenschaftlichen Pädagogik von Herman Nohl, Wilhelm Flitner, Theodor Litt (1880–1962) und Aloys Fischer gegründete Zeitschrift »Die Erziehung« (die ihr Erscheinen 1943 eingestellt hatte) von exakt denselben Personen (außer dem 1937 verstorbenen Fischer) 1956 unter dem Namen »Zeitschrift für Pädagogik« (ZfPäd) wieder begründet wurde. Gleichwohl blieb die Pädagogik, was sie schon in den 1920er Jahren gewesen war, eine »noch wenig gesicherte Einzelwissenschaft« (Flitner 1989, S. 310 [zuerst 1956]). Die an der Universität ausgebildeten Gymnasiallehrer, die Philologen, taten sich schwer mit der Pädagogik. Wer nur recht die Wissenschaften studiert habe, werde auch ein guter Lehrer sein, glaubte man seit den Zeiten Wolfs im ausgehenden 18. Jahrhundert. Einen Studiengang, der auf außerschulische pädagogische Einsatzfelder vorbereitet hätte, gab es noch nicht.

1.1.6 Die empirische Wende

Im Gründungsjahr der ZfPäd stellte der Frankfurter Pädagoge Erich Hylla (1887–1976), ein profunder Kenner der internationalen erziehungswissenschaftlichen Diskussion, einen Mangel an empirischer pädagogischer Forschung in Deutschland fest und kritisierte: »Heute reicht in Deutschland das reine pädagogisch-philosophische Denken noch weit in das Gebiet hinab, das grundsätzlich der empirischen Forschung durchaus zugänglich wäre« (Hylla 1956, S. 194). Von einem Mehr an empirischer Forschung erhoffte sich Hylla »eine umfassende Theorie der Bildung und Erziehung ..., die nicht in den Wolken schwebt« (ebd.), also das, was schon die Aufklärungspädagogen gefordert hatten. Kurz darauf fragte Hyllas Kollege, der schon erwähnte Heinrich Roth: »Muss die Forschung in der Pädagogik auf historische, philologische und hermeneutische beschränkt bleiben? Ist die Pädagogik nicht auch zur empirischen Forschung aufgerufen und verpflichtet?« (Roth 1976, S. 28) Der herrschenden Universitätspädagogik warf Roth vor, nur »Bücherforschung« zu betreiben. Mit den Einwänden Frischeisen-Köhlers gegen das Experiment befasste sich Roth ausführlich, verwarf sie aber mit dem Hinweis auf die Fortschritte, die die empirische Forschung zwischenzeitlich erzielt habe. Mit Blick auf die künftige Entwicklung der Pädagogik als wissenschaftlicher Disziplin wollte Roth deshalb jede »Beschränkung auf bestimmte, etwa nur im strengen Sinne geisteswissenschaftliche Methoden« (ebd., S. 29), ausgeschlossen sehen. In der von Hylla gegründeten Frankfurter Hochschule für Internationale Pädagogische Forschung wurden sog. »Zeitweilige Wissenschaftliche Mitarbeiter« beschäftigt, abgeordnete Lehrkräfte, die kleinere schul- und unterrichtsnahe empirische Forschungsarbeiten durchführten. Alle diese Maßnahmen und Mahnrufe waren auch aus der Sorge heraus zu verstehen, die Pädagogik als Wissenschaft könnte überflüssig werden, versäume sie es, sich zu einer modernen, auch empirisch forschenden Disziplin zu entwickeln. Roth plädierte deshalb für eine »realistische Wendung« (Roth 1962, S. 115) in der Pädagogik und für die Öffnung der Wissenschaft von Bildung und Erziehung nicht-historisch-philosophischen Disziplinen gegenüber. Namentlich erwähnte Roth die Psychologie, die Soziologie, die Biologie und die Medizin. In seinen Beiträgen zur pädagogischen Anthropologie praktizierte Roth diesen multiperspektivischen Ansatz selbst eindrücklich (vgl. Roth 1966). Auch Wolfgang Brezinka (1928–2020) – wissenschaftstheoretisch ganz anders aufgestellt als Hylla und Roth – forderte in diesen Jahren die Neuorientierung der Pädagogik und mahnte in diesem Zusammenhang neue Forschungsmethoden an. Konkret nannte er das Experiment, die Beobachtung, das Interview. Dabei argumentierte er wie Hylla und Roth:

> »Ohne empirische Forschung bleibt die Pädagogik in der unfruchtbaren Wiederholung von inhaltsarmen ›Prinzipien‹ stecken, in vagen Ideen, wirklichkeitsfernen Konstruktionen und wenig überzeugenden philosophischen Ableitungen, vor allem auch in nicht durchschauten Abhängigkeitsverhältnissen ideologischer und weltanschaulicher Art« (Brezinka 1959, S. 7).

Allerdings wollte Brezinka die Pädagogik nicht etwa als Praxiswissenschaft begründen. Ihm war es allein um die pädagogische Theoriebildung zu tun. Gute Theorie aber dürfe sich nicht auf Meinungen und Vermutungen stützen, sondern sei auf eine solide empirische Basis angewiesen, so Brezinka. Groß war damals die Schar der Hochschulpädagogen (darunter einige wenige Hochschulpädagoginnen), die eine Neujustierung der Pädagogik in punkto Methoden verlangte. Selbst prominente Namen aus dem geisteswissenschaftlichen Lager, wie Josef Dolch (1899–1971) und Wilhelm Flitner, gehörten dazu.

Alle drei, Hylla, Roth und Brezinka, unterließen es, die Philosophie aus der Pädagogik hinauszudrängen. Hylla fand die »philosophisch-pädagogische Forschung« keineswegs überflüssig (Hylla 1956, S. 100), Brezinka wollte »durchaus nicht den philosophischen Aspekt der Pädagogik gering schätzen« (Brezinka 1959, S. 5), und Roth meinte zwar, dass ohne empirisches Fundament die Aussagen der philosophischen Pädagogik nicht mehr als den Status »bloße[r] Meinungen oder leere[r] Behauptungen« (Roth 1962, S. 123) besäßen. Umgekehrt akzeptierte er aber, dass zu einer vollständigen Wissenschaft von der Erziehung auch die Begründung von Sollensforderungen gehöre, wie sie sich etwa aus der philosophischen Ethik gewinnen ließen. Schließlich beschränke sich die Pädagogik nicht nur auf die Untersuchung der Erziehungswirklichkeit, sondern sie wolle die Erziehungswirklichkeit auch zum Besseren hin verändern. Und da müsse man schon wissen, worin dieses Bessere bestehen solle. Nicht zuletzt in dieser Hinsicht erinnerte Roths Argumentation an Aloys Fischer, als dessen Erben und Testamentsvollstrecker er sich durchaus sah. Dass Roth 1961 auf einen Lehrstuhl ausgerechnet an der Universität Göttingen wechseln konnte, die mit dem kurz vorher verstorbenen Herman Nohl und dessen Schüler Erich Weniger über Jahrzehnte hinweg ein Zentrum der Geisteswissenschaftlichen Pädagogik gewesen war, belegt, dass die Zeit offensichtlich reif war für einen Paradigmenwechsel. Dafür sind mindestens zwei Gründe zu nennen:

Zum einen begann sich in dieser gerade an den Universitäten unruhigen Zeit die Kritische Theorie Geltung zu verschaffen. Roth suchte bewusst die Nähe zu den Protagonisten der »Frankfurter Schule«, Max Horkheimer (1895–1973) und Theodor W. Adorno (1903–1969), und kündigte an, mit seinem Programm einer erfahrungswissenschaftlich fundierten Pädagogik die Entideologisierung der Pädagogik und ihre Befreiung von falschem Bewusstsein betreiben zu wollen. Die Kritische Theorie aber stand dem empirischen Forschen positiv gegenüber. Adorno und Horkheimer führten selbst sozialwissenschaftliche Befragungsstudien durch. Zum andern fanden die Argumente Hyllas und Roths Anklang, weil die damals im Zeichen der »deutschen Bildungskatastrophe« (Georg Picht) angedachten Schulreformen einen Bedarf an Bildungsplanung erzeugten, der mit der Auslegung der Texte längst verblichener pädagogischer Genies bzw., wie Hylla schrieb, »durch Nachdenken, Bücherstudium und Beratungen allein« (Hylla 1956, S. 105) nicht zu befriedigen war. Führen wir uns nur die Auseinandersetzungen um die Gesamtschule oder die umstrittene Neugestaltung der gymnasialen Oberstufe vor Augen. Die Pädagogik sah sich in die ihr ungewohnte Rolle der Politikberatung gedrängt. Dass sie dazu ihr Methodenarsenal neu sortieren müsse, wurde, von wenigen opponierenden Stimmen (z. B. Henningsen 1964) abgesehen, kaum bestritten. Es »leidet die Schulreform darunter, dass nicht genügend experimentiert wird«, klagte der Pädagoge Werner Loch (1928–2010) auf dem Höhepunkt der

1.1 Die Forschungsmethoden in der Geschichte der Erziehungswissenschaft

Reformdebatten (Loch 1968, S. 124). Den angestrebten Reformen mangele es an empirischer Evidenz und somit an »Überzeugungs- und Anziehungskraft« (ebd.), so noch einmal Loch, der auch explizit an Kants Forderung nach der experimentellen Prüfung dessen, was sich angeblich allein schon aus Vernunftgründen gebiete, erinnerte. Dabei mochte Loch z. B. an die Reform des Lehrplans (Stichwort: Curriculumreform) oder andere Spezialprobleme gedacht haben, wie z. B. die richtige Leselern-Methode, wo man zu dieser Zeit tatsächlich Studien durchführte und hoffte, durch empirische Forschung Klarheit gewinnen zu können (vgl. die Beiträge in Kluge & Reichel 1979).

Auch stand der alte Fröbel-Kindergarten auf dem Prüfstand und eine heute kaum glaubliche Fülle an empirischen Untersuchungen, die stark auf das Experiment und den Test setzten, wurde ab Ende der 1960er Jahre im vorschulischen Bereich initiiert (vgl. dazu Ingenkamp et al. 1992, Bd.1). Da arbeitete das 1963 in Berlin als Speerspitze der vom Deutschen Bildungsrat geforderten empirischen Großforschung gegründete Max-Planck-Institut für Bildungsforschung (MPI) schon seit einer Reihe von Jahren. Das MPI war dazu ausersehen, die empirische erziehungswissenschaftliche Forschung in Gang zu bringen. Dass dies gelungen ist, zeigt sich daran, dass bald schon der zuvor unbekannte Begriff der »Bildungsforschung«, genauer: der »empirischen Bildungsforschung«, in aller Munde war. Lehr-Lern-Forschung kam in Gang, die Lehrer*innenpersönlichkeit und die der Schüler*innen wurden zum Gegenstand von Tests und Fragebogenerhebungen einer »empirischen Pädagogik«, die freilich sehr oft von Psychologen betrieben wurde (vgl. die Beiträge in Ingenkamp et al. 1992, Bd. 2). 1969 erfolgte die Einrichtung des Diplom-Studienganges und damit die Ausdehnung des erziehungswissenschaftlichen Feldes über die Lehrer*innenbildung hinaus. Neue Subdisziplinen, wie etwa die Sozialpädagogik, die Elementarpädagogik, die Berufspädagogik oder die Erwachsenenbildung, entstanden bzw. gewannen ein Gewicht und eine Eigenständigkeit, die sie zuvor so nicht besessen hatten. Verfahren, die die Wirklichkeit messend und quantifizierend in den Blick nahmen, kamen in allen den eben genannten erziehungswissenschaftlichen Subdisziplinen in Gebrauch. In der Schulpädagogik etwa wurden alternative Unterrichtsverfahren experimentell geprüft (Dietrich 1969). Selbst in der Historischen Pädagogik wandte man sich in den 1970er Jahren mit den von der Deutschen Forschungsgemeinschaft geförderten »Datenhandbüchern zur deutschen Bildungsgeschichte« mit ihren langen Zeitreihen für das Schulwesen der zurückliegenden zwei Jahrhunderte den quantifizierenden Methoden zu (vgl. Lundgreen 2006). Allerdings leistete nicht nur der Reformstau im Inland, sondern ebenso das Vorbild des Auslands Schrittmacherdienste. Namentlich in Schweden wurden schon ab den 1940er Jahren tiefgreifende Reformen im Sekundarschulwesen durchgeführt, und zwar ausdrücklich mit Bezug auf empirische erziehungswissenschaftliche Forschung (Husén & Boalt 1968).

Helmut Fend (geb.1940), der mit seinen Schulvergleichsuntersuchungen in Deutschland zu den Protagonisten der empirischen Forschung gehörte, hat den Bruch mit der geisteswissenschaftlichen Tradition rückblickend als »radikal« bezeichnet (Fend 1990, S. 690). Die Größen der Geisteswissenschaftlichen Pädagogik hätten damals als Autoritäten abgedankt. Endgültig habe man sich von der Diskussion des Sein-Sollenden verabschiedet und sich der Realität des Bildungswesens gestellt. Wer besucht welche Schule wie lange? Wer erreicht welchen Bildungsabschluss? Wer verlässt die Schule ohne Abschluss? Zur Beantwortung von Fragen wie diesen wurden große Datenmengen generiert und interpretiert. Von »massenstatistischen Nutzungsanalysen« spricht Fend, die zu dieser Zeit erstmals durchgeführt worden seien (ebd., S. 696). Wenn man berücksichtigt, dass daneben in Subdisziplinen wie der Systematischen und der Historischen Pädagogik die klassischen (Text-)hermeneutischen Methoden nach wie vor in Gebrauch waren, also Methodenpluralismus herrschte, dann lässt sich nur konstatieren: Die alte philosophische Pädagogik war auf dem Wege eben dieses Methodenpluralismus zur Sozialwissenschaft geworden. Das drückte sich nicht zuletzt in einer neuen Bezeichnung aus, die immer mehr in Gebrauch kam. Man sprach nun – nicht ausschließlich, aber immer häufiger – von der »Erziehungswissenschaft«, um diese sozialwissenschaftliche Neuorientierung zu signalisieren.

Was heißt das? Sehr vereinfacht: Wenn wir noch einmal auf die von Dilthey getroffene Unterscheidung in die sog. Geisteswissenschaften, die die Untersuchung der »vom Menschen geschaffene[n] Welt« – so Theodor Litt (1962, S. 16) – zum Gegenstand haben, und in die Naturwissenschaften, die es mit der – so noch einmal Litt (ebd., S. 17) – »davon strengstens geschiedene[n] Natur« zu tun haben, zurückkommen dürfen, dann hat sich im Zuge der allgemeinen Ausdifferenzierung des Wissenschaftssystems im

1.1 Die Forschungsmethoden in der Geschichte der Erziehungswissenschaft

Laufe der Zeit aus der Gruppe der Geisteswissenschaften eine neue Wissenschaftsgruppe abgesondert, deren Objekt der Mensch als Gesellschaftswesen war (und ist). Diese Wissenschaften versuchen das Handeln des Menschen zu ›verstehen‹, ebenso wie sie das Funktionieren von Gesellschaften ›erklären‹ wollen. Der Gegenstand »Mensch« muss in den Sozialwissenschaften sowohl durch »verstehende« als auch durch »erklärende« Methoden erforscht werden. Beide methodischen Herangehensweisen schließen einander ja nicht aus. Es gerät nur jeweils eine andere Seite des Untersuchungsgegenstands in den Blick. Es war übrigens Dilthey selbst, der, indem er den Menschen als soziales Wesen beschrieb, die Öffnung der klassischen Geisteswissenschaften zu den modernen Sozial- oder Gesellschaftswissenschaften vorbereitete. So sprach Dilthey vom »Hervorgang der Geisteswissenschaften aus dem Leben der Einzelnen und der Gemeinschaften« (Dilthey 1981, S. 164) und nannte die Geisteswissenschaften verschiedentlich auch »Geschichts- und Gesellschaftswissenschaften« (z. B. Dilthey 1981, S. 165). Seit den 1960er Jahren versteht sich die Pädagogik als Wissenschaft, die Erziehung und Bildung nicht nur als Geschehen zwischen Erzieher und Zögling, zwischen Zögling und Bildungsgut, sondern diese Beziehungen in ihrer gesellschaftlichen Einbindung und Überformung begreift und unter dieser Prämisse systematisch empirisch erforscht – ohne die philosophische Dimension aus den Augen zu verlieren. Das gleichberechtigte Nebeneinander von hermeneutischen und empirischen Methoden ist deshalb unbestritten. Gewänne eine Methode(ngruppe) das Monopol, führte dies zu einer Minderung des Erkenntniswertes. Methodenvielfalt (Pluralismus) ist das Kennzeichen von Sozialwissenschaften. Freilich: Keine Wende ohne Gegen-Wende.

In einer erneuten Wendung, die sich v. a. gegen die Großforschung mit ihren massenstatistischen Nutzungsanalysen (Fend) richtete, fokussierte sich in den 1970er Jahren das erziehungswissenschaftliche Interesse auf die Objekte dieser Forschung. Im Zuge der in den Sozialwissenschaften allgemein sich ausbreitenden Kritik am Einsatz von standardisierten Erhebungsinstrumenten, von Tests, Fragebögen usw., und als sog. »qualitative Wende« (Mayring 2016, S. 9) wurde der bisher ungenutzte Fundus an Methoden der Datenerhebung, v. a. das narrative Interview, aber auch die (teilnehmende) Beobachtung, nun auch von Erziehungswissenschaftler*-innen entdeckt. Auf Seiten der Datenauswertung kamen die Methoden des interpretativen Paradigmas in Gebrauch, wie sie einerseits in der Soziologie schon Jahrzehnte zuvor erarbeitet worden waren (z. B. Grounded Theory) und sie andererseits in den Sozialwissenschaften nunmehr neu entwickelt wurden (z. B. Objektive Hermeneutik, dokumentarisch-rekonstruktive Methode usw.), und wurden beispielsweise in der sich neu etablierenden erziehungswissenschaftlichen Biographieforschung angewandt; eine erste einschlägige Publikation dazu erschien Ende der 1970er Jahre (Baacke & Schulze 1979). Die Erziehungswissenschaft begann sich bisher kaum beachteten Quellen zuzuwenden, Kinderbüchern, Elternratgebern, Schulaufsätzen, Verwaltungsakten usw. In der Sozialpädagogik signalisierten Schlagwörter wie »Alltag« und »Lebenswelt« den neuen Diskurs. Und nicht zuletzt wurde die »Kategorie Geschlecht« entdeckt (z. B. Simmel 1979). Zu erwähnen ist auch die sog. Handlungsforschung, auch Aktionsforschung genannt. Zwischen 1972 und 1982 erschienen in der Bundesrepublik mehr als 400 Aufsätze und Bücher zum Thema Aktionsforschung (Altrichter et al. 2013, S. 810; grundlegend Klafki 1989). Entwickelt worden war sie als »action research« in den 1940er Jahren in den USA. In der Bundesrepublik wurde die Aktions- bzw. Handlungsforschung in der forschungsbasierten Curriculumentwicklung und in der schulischen Organisationsentwicklung sowie in der sozialpädagogischen Randgruppenforschung verwandt (vgl. z. B. Haag et al. 1972). Ein wesentlicher Charakterzug der pädagogischen Handlungsforschung war der Wille, die Erziehungswirklichkeit nicht nur zu erforschen, sondern sie im selben Zuge auch zu verändern, und zwar intentional, in einem emanzipatorischen Sinne: »Aktionsforschung als Politisierungsstrategie« (Cremer & Klehm 1978, S. 136). Die Praxisrelevanz der Forschung sollte nicht nur behauptet, sondern realiter unter Beweis gestellt werden. Ein Beispiel: Ein Curriculum wurde von Expert*innen geschrieben und anschließend in der Schulpraxis eingesetzt und mittels Befragungen und Beobachtungen evaluiert. Das Evaluationsergebnis wurde von den Schüler*innen, Lehrkräften und Forschenden diskutiert und das Curriculum wurde entsprechend umgeschrieben. Anders als in der empirischen Großforschung konnte in der Handlungsforschung immer nur eine kleine Anzahl von Beforschten (Personen oder Bildungseinrichtungen) erfasst werden, die Ergebnisse waren also nicht ohne Weiteres übertragbar. Auch darin lassen sich Parallelen zu den Aufklärungspädagogen des 18. Jahrhunderts erkennen.

1.1.7 Erziehungswissenschaft in der DDR (1949–1990)

Die Erziehungswissenschaft der DDR gilt gemeinhin als hoch politisiert. Eine freie Wahl der Forschungsschwerpunkte und der Forschungsmethoden sei allenfalls in einer frühen Phase bis Anfang der 1950er Jahre möglich gewesen, hieß es (Langewellpott 1973). Ein nach der »Wende« durchgeführtes Forschungsprojekt (Benner & Sladek 1998) konnte allerdings zeigen, dass diese Phase bis in die frühen 1960er Jahre andauerte. Bildungshistoriker*innen hat das zu der Feststellung veranlasst, die Vorstellung von einer weltanschaulich ferngesteuerten, rein positivistisch ausgerichteten »Staatspädagogik« spiegele nicht die ganze Realität wider (z. B. Cloer 1994). Tatsächlich kannte die DDR-Pädagogik durchaus »Schulen« und einzelne prägende Wissenschaftlergestalten, die sich nicht so ohne weiteres von der Politik vereinnahmen ließen und auch in der Methodenanwendung ihre eigenen Wege gingen. Zudem bot die sog. Aspirantur, die Zeit, in der die Doktorarbeit angefertigt wurde und der wissenschaftliche Nachwuchs zum wissenschaftlichen Arbeiten fand, die Möglichkeit, westliche Forschung kennenzulernen und alternative Sichtweisen zu entwickeln (Mebus 1994).

Gleichwohl lässt sich nicht übersehen, dass die politischen Instanzen von Anfang an bemüht waren, erwünschte Forschungsfragen auf die Agenda zu heben und missliebige Debatten abzuwürgen. Ein wesentliches Instrument der Einflussnahme waren die Fünfjahrespläne, die auf der Basis von Parteitagsbeschlüssen der SED und Vorgaben des Volksbildungsministeriums von der in Berlin ansässigen Akademie der Pädagogischen Wissenschaften (APW) ausgearbeitet wurden (Neuner 1991). Darin waren jene Schwerpunkte fixiert, die im betreffenden Zeitraum an der APW und in den Sektionen für Erziehungswissenschaft der Universitäten die Forschung bestimmen sollten.

Zwar wurde auch auf anderen Feldern geforscht, z. B. auf dem der Frühpädagogik, der Rehabilitationspädagogik, der Erziehungsberatung usw. (vgl. Kirchhöfer & Uhlig 2011). Auffällig ist aber doch die Konzentration auf Schule und Unterricht (Geißler 2010, S. 261–265). Das hatte zum einen seinen Grund darin, dass in der DDR ein neues, horizontal gestuftes Einheitsschulsystem aufgebaut wurde, für das es in der deutschen

Bildungsgeschichte kein Vorbild gab. Zum andern wollte die SED das sozialistische Bildungswesen der DDR im Systemwettstreit zwischen Ost und West so fit wie möglich und den Unterricht in den Schulen so effektiv wie möglich machen. Daraus wiederum folgte die starke Ausrichtung auf messend-quantifizierende Verfahren der DDR-Forschung. Auch minimale Modifikationen am Unterrichtsgeschehen wurden experimentell auf ihre Effekte geprüft (z. B. Dorst 1954). Nach dem Ende des Stalinismus – Mitte der 1930er Jahre hatte Stalin in der Sowjetunion jede empirische Forschung, weil ihre Ergebnisse die parteiamtlich-dogmatische Sicht auf die Wirklichkeit hätte bedrohen können, untersagt – führte das in der DDR zu einer empirischen Forschung auf einem Niveau, das der bundesrepublikanischen überlegen war. Insofern ist es nicht überraschend zu sehen, dass einzelne aus diesen Forschungen hervorgegangene Publikation ihren Weg auch in den Westen gefunden haben, etwa die des Petersen-Schülers Friedrich Winnefeld (1911–1968) (Winnefeld 1957 u. ö.), der in den 1950er Jahren sogar Rufe an westdeutsche Universitäten erhielt (und ablehnte).

Zur Erleichterung dieser Forschung wurden in verschiedenen Städten eigens Versuchsschulen eingerichtet. Lehrer*innen sollten dort den Erziehungswissenschaftler*innen, die sich zuvor selbst als Lehrer*innen, Kindergärtnerinnen usw. in der pädagogischen Praxis zu bewähren hatten, bevor sie an die Universitäten »delegiert« wurden und ihren Weg in die Forschung antraten, zur Hand gehen und kleinere Forschungsaufträge selbständig durchführen. Hinzu kamen die sog. Pädagogischen Kabinette, die auf Kreisebene bestanden und sowohl der Lehrer*innenfortbildung dienten als auch der Forschung vor Ort. Die DDR-Forschung war ungeachtet ihres politischen Auftrags eine Forschung aus der Praxis für die Praxis (Klein 1973).

Klassisch texthermeneutisch wurde in der Systematischen und in der Historischen Pädagogik gearbeitet. Während die systematischen und erziehungsphilosophischen Beiträge aufgrund der Einseitigkeiten, die sich aus der Verpflichtung auf die marxistisch-leninistische Theorie ergaben, heute kaum noch lesbar sind, haben die Bildungshistoriker*innen der DDR den erziehungs- und bildungshistorischen Kenntnisstand auf jenen Feldern, auf denen sie tätig waren, nachhaltig erweitert. In ihrem Bemühen, das »progressive Erbe« der deutschen Bildungsgeschichte zu sichern, haben DDR-Erziehungshistoriker*innen beachtliche Quellensammlungen, Texteditionen und monographische Forschungsbeiträge geliefert. Dennoch hat die DDR-Forschung die erhebliche thematische Breite, wie sie die westdeutsche Erziehungswissenschaft seit der »realistischen Wendung« auszeichnete, nicht erreicht. Bestimmte Paradigmen, wie z. B. die erziehungswissenschaftliche Biographieforschung oder auch eine kritische Jugendforschung (obwohl es dafür seit 1966 in Leipzig sogar ein eigenes Forschungsinstitut gab), kamen in der DDR-Erziehungswissenschaft schlicht nicht vor (Tenorth 1997, S. 143).

1.1.8 Bildungsforschung und Schulleistungsstudien

Die letzte der »Wenden«, über die hier zu berichten ist, wurde nach der Jahrtausendwende von PISA angestoßen und hat zur Wiederkehr der Bildungsforschung als empirischer Großforschung geführt. Das wohl ambitionierteste hier einschlägige Vorhaben, das gegenwärtig in Deutschland durchgeführt wird, firmiert unter der Bezeichnung »Nationaler Bildungspanel« (National Educational Panel Study) und will in zahlreichen Einzelprojekten mittels Längsschnittstudien individuelle Bildungsverläufe über die gesamte Lebenszeit hinweg, also weit über die Schulzeit hinaus, nachzeichnen. Das Kennzeichen von PISA (Programme for International Student Assessment), TIMSS (Trends in International Mathematics and Science Study) und IGLU (Internationale Grundschul-Lese-Untersuchung) hingegen, die hier nur beispielhaft genannt sein sollen, ist ihr Schulbezug, sowie dass sie unter Einbezug zahlreicher Nationalstaaten durchgeführt werden und von internationalen Organisationen, sei es die Organisation for Economic Cooperation and Development (PISA) oder die International Association for the Evaluation of Educational Achievement (TIMSS), angeregt und beaufsichtigt wurden und werden. Auch hier geht es um massenstatistische Analysen und ebenso dient, wie in den 1960er und 1970er Jahren im nationalen Rahmen, auch jetzt wieder die Bildungsforschung der Bildungsplanung, die nun aber – das ist neu – auf einem permanenten Bildungsmonitoring im internationalen Vergleich, also dem unablässigen Testen, Messen, Zählen basiert. Die dahinterstehende Absicht ist, die Ergebnisse von schulischen Prozessen und damit die Leistungsfähigkeit unterschiedlich verfasster nationaler Bildungssysteme sichtbar zu machen und Informationen zur Verbesserung dieser Bildungssysteme zu erlangen. Dabei spielt die Erziehungswissenschaft, die sich jetzt gerne als »Bildungswissenschaft« titulieren lässt, nur eine Rolle unter mehreren Disziplinen. In der Bildungsforschung spricht eine ganze Reihe von Disziplinen mit, die Psychologie, die Soziologie, die Nationalökonomie und eben auch die Erziehungswissenschaft respektive Bildungswissenschaft. Bezüglich letzterer ist es interessant zu sehen, dass der ursprünglich an das empirische Methodenparadigma gebundene Begriff der »Bildungsforschung« derart prestigeträchtig geworden ist, dass er nun ebenfalls von Subdisziplinen des Faches in Anspruch genommen wird, die nach wie vor von der Anwendung der klassischen (text-)hermeneutischen Methoden geprägt sind. So firmiert etwa die traditionsreiche Historische Pädagogik mittlerweile als Historische Bildungsforschung oder die Systematische Pädagogik als Philosophische Bildungsforschung. Gleichwohl hat aufs Ganze gesehen die besagte empirische Bildungsforschung in der Erziehungswissenschaft bezüglich der Datenerhebung Test und Experiment und bezüglich der Datenauswertung die Methoden der Statistik endgültig aus ihrem Nischendasein befreit und zu den mittlerweile wohl am meisten angewandten erziehungswissenschaftlichen Forschungsmethoden werden lassen.

Bei aller mit dieser Art von empirischer Forschung verknüpften Euphorie sollte man sich allerdings vergegenwärtigen, dass ein leitender Forscher am oben erwähnten MPI bezüglich der von ihm betriebenen empirischen Bildungsforschung im Rückblick auf die 1970er Jahre und ihre Reformbegeisterung einmal die Vorstellung, wonach »die Wissenschaft Erkenntnisse [gewinnt], die ausreichen, Vorschläge zur Reform des Bildungswesens zu begründen« als ein »zu einfaches Modell der Beziehungen zwischen Bildungsforschung und Bildungsreform« (Roeder 1983, S. 82) kritisiert hat. Das galt damals, und das gilt heute ebenso und relativiert alle Erkenntnisse, die erziehungs- bzw. bildungswissenschaftliche Forschung generiert, gleich welcher Methoden sie sich dabei bedient.

1.2 Anwendungsfelder Erziehungswissenschaftlicher Forschung

Grundsätzlich kann Forschung nach dem jeweiligen Grad des Praxisnutzens bzw. des Erkenntnisgewinns, den sie bietet, unterschieden werden (vgl. dazu Reinders et al. 2015, S. 260). Dabei spielen für die Erziehungswissenschaft zwei Typen eine Rolle: Typ I wird als Grundlagenforschung bezeichnet, welche nach Erkenntnis strebt, aber nicht den Anspruch auf die direkte Umsetzung ihrer Ergebnisse in die Praxis erhebt. Vielfach ist das auch gar nicht möglich, weil dieser Art von Forschung keine unmittelbare pädagogische Praxis entspricht, auf der die Befunde der Grundlagenforschung Anwendung finden könnten. Typ II umfasst dagegen die Anwendungsforschung, welche einen hohen Praxisnutzen aufweist. Anwendungsforschung ist für die Erziehungswissenschaft, die als Ganzes betrachtet und als pragmatische Disziplin auf die Praxis von Erziehung und Bildung einwirken will, von besonderer Bedeutung. Die Anwendungsforschung verbindet Erkenntnisgewinn und Praxisnutzen. Einen besonders ausgeprägten, weil sichtbaren Fall von Anwendungsforschung stellt die im vorausgegangenen Kapitel erwähnte Handlungs- oder Aktionsforschung dar.

1.2.1 Grundlagenforschung

Grundlagenforschung (Typ I) zielt, wie gesagt, nicht auf eine Implementation ihrer Ergebnisse in der Praxis. Grundlagenforschung will das Wissen in einem bestimmten Bereich bzw. zu einer bestimmten pädagogischen Fragestellung erweitern und ggf. die Theorieentwicklung weitertreiben. Sie ist deshalb im Grundsatz nie abgeschlossen. Wir haben es schon angedeutet: In der Erziehungswissenschaft spielt die Grundlagenforschung heute – anders als in der Vergangenheit, etwa zu Zeiten der Geisteswissenschaftlichen Pädagogik mit ihrer starken historischen und philosophischen Ausrichtung – eine weniger wichtige Rolle. Allerdings gibt es ganze Subdisziplinen der Erziehungswissenschaft, wie etwa die Systematische Erziehungswissenschaft oder die Historische Erziehungswissenschaft, die sich dem Typus der Grundlagenforschung zuordnen lassen. Historische

Forschungen etwa dürften kaum unter dem Aspekt der unmittelbaren praktischen Anwendbarkeit ihrer Befunde betrieben werden. Aber auch in Subdisziplinen mit an sich hohem Praxisbezug findet Grundlagenforschung statt. Beispielweise in der Schulpädagogik, wo wir beispielhaft das Themenfeld »Schultheorie« nennen können. Grundlagenfragen sind wissenschaftlich bedeutsam, nicht unmittelbar jedoch für die pädagogische Praxis oder gar ein breiteres Publikum interessant, es sei denn, es gelingt einem Vertreter der Historischen Erziehungswissenschaft – nur ein Beispiel –, ein Buch über die Geschichte der Schule oder eine Biographie Pestalozzis zu schreiben, das dann einen größeren Leserkreis auch außerhalb des Faches findet. Auch kann man – ein weiteres Beispiel – mit Beiträgen zum Thema »Bildung« durchaus in einer breiteren Öffentlichkeit Interesse wecken. Hier kann dann eine Detailstudie zum, beispielsweise, Bildungsbegriff Wilhelm von Humboldts durchaus auch Einfluss auf den öffentlichen Diskurs gewinnen. Dann haben wir es allerdings fast schon mit angewandter Forschung zu tun.

1.2.2 Angewandte Forschung

Die Erziehungswissenschaft, haben wir oben ausgeführt, versteht sich als eine pragmatische Wissenschaft und als solche versucht sie, Erkenntnisgewinn und Praxisnutzen zu verbinden. Gewichtige erziehungswissenschaftliche Forschungsrichtungen, etwa die empirische Richtung, sind überhaupt erst entstanden, weil bestimmte Praxisprobleme nach erziehungswissenschaftlichem Wissen verlangten. Wir erinnern an das erste Kapitel dieses Buches und an Namen wie Ernst Meumann, Wilhelm August Lay und andere. Auch die gegenwärtig so einflussreiche empirische Großforschung, wie sie uns beispielsweise in PISA begegnet, ist von dem Wunsch getragen, »systematisch zur Qualitätsverbesserung in Schulen genutzt [zu] werden« (Terhart 2002).

Während allerdings die PISA-Forschung großflächig agiert und exklusiv in der Hand von spezialisierten Expert*innen liegt, ist es für jenes Feld erziehungswissenschaftlicher Forschung, das unter dem Label »Praxisforschung« (Altrichter & Feindt 2008), »forschende Entwicklung« (Altrichter & Posch 2008) o. ä. firmiert, charakteristisch, dass sich Forschung dort

1.2 Anwendungsfelder Erziehungswissenschaftlicher Forschung

kleinräumig vollzieht und die Grenzen zwischen Praktiker*innen, Forscher*innen und Beforschten diffundieren. Oftmals werden die Praktiker*innen selbst zu Forschenden. In der Frühpädagogik etwa kann es darum gehen, dass die Erzieher*innen mittels Beobachtungsbögen und Tests Sprachstandserhebungen durchführen (Leu et al. 2007) oder

> »dass die Aktivitäten der Kinder durch das pädagogische Personal beobachtet und detailliert protokolliert werden, um aus diesen Niederschriften tiefergehende Einblicke in die individuellen Bildungsaktivitäten und -themen der Kinder zu erschließen, welche dann in individuelle Angebote der Bildungsbegleitung münden« (Bollig 2011, S. 33).

Auch diese eher kleinschrittig angelegte Praxisforschung ist ein Musterbeispiel angewandter erziehungswissenschaftlicher Forschung.

Ein bekannter Fall war in der Vergangenheit auch, um ein weiteres Beispiel zu nennen, die Bielefelder Laborschule, in der die Lehrkräfte in Kooperation mit der wissenschaftlichen Leitung der Schule als Forschende tätig wurden. Die Forschungsergebnisse, die sich meist auf eine Optimierung des Unterrichts bezogen, wurden unmittelbar in die Praxis der Laborschule zurücktransferiert (Terhart & Tillmann 2007). Aber auch in anderen Subdisziplinen der Erziehungswissenschaft, z. B. der Sozialpädagogik/Sozialen Arbeit, spielt diese Art von Praxisforschung, die in diesem Fall die Grenze zur sog. Evaluationsforschung überschreitet, eine wichtige Rolle (vgl. z. B. Heiner 1988; Stockmann 2006). Und so bietet auch die Evaluationsforschung, wozu letztlich wiederum auch die PISA-Untersuchungen gehören, ein gutes Beispiel besonders sichtbarer angewandter Forschung. Meist jedoch tritt Evaluationsforschung bescheidener auf, als Forschung nämlich, die nicht die Wirksamkeit ganzer Bildungssysteme, sondern bestimmter einzelner Maßnahmen überprüfen will, die das Bildungs- und Sozialwesen betreffen. Wir verweisen auf das obige Beispiel aus der Frühpädagogik. Oft sind aktuell bildungs- oder gesellschaftspolitisch drängende Probleme der Auslöser. Man will in einem bestimmten Bereich – sei es in der Schule, in der Drogenhilfe, bei der Inklusion von Menschen mit Behinderung in das Bildungswesen u. ä. m. – etwas besser machen, bestehende Strukturen reformieren, Bildungsangebote passgenau implementieren. Mithilfe von Forschenden, die im Idealfall schon an der Planung der entsprechenden Maßnahmen beteiligt sind und den ganzen

Prozess der Durchführung begleiten, will man wissen, ob man auf dem rechten Weg ist, ob die Praxisveränderungen in der intendierten Weise greifen. Oft treten Ministerien, Verbände, Träger von Einrichtungen, gelegentlich sogar supranationale Organisationen (OECD im Falle von PISA) auftraggebend in Erscheinung, alles im Dienste »verbesserter Steuerung, höherer Rationalität und verbesserter Qualität« (von Kardorff 2017, S. 239). Im Gegensatz zur älteren Aktions- oder Handlungsforschung greift die Evaluationsforschung allerdings selbst nicht unmittelbar in die Praxis ein, sondern spricht nur Empfehlungen aus. Mehr ist, salopp gesprochen, nicht drin. Denn – wir wollen noch einmal an das erinnern, was schon am Ende des letzten Kapitels angesprochen worden ist: Wenn erziehungswissenschaftliche Forschung gefordert wird, um bildungspolitisch verwertbares Steuerungswissen zu erlangen – evidenzbasierte Bildungsplanung nennt sich das heute –, muss immer bedacht werden, dass aus den Befunden von Forschung keine Handlungsanweisungen, sondern allenfalls Hinweise, bestenfalls Empfehlungen gewonnen werden können. Sehr gut lässt sich das am höchst uneinheitlichen Umgang mit den PISA-Daten ablesen, aus denen die einen den systematischen Umbau des Sekundarschulwesens, andere die vermehrte Einrichtung von Ganztagsschulen, dritte eine Verbesserung der Unterrichtsqualität und wieder andere gar die Stärkung des Kindergartens herausgelesen haben. All das ist plausibel und lässt sich mit PISA begründen. Keine Maßnahme jedoch lässt sich zwingend aus den PISA-Daten herleiten.

So viel an dieser Stelle zur Evaluationsforschung. Wir werden auf das Thema erneut zurückkommen, wenn wir später in diesem Buch (▶ Kap. 7.2.4) die dokumentarisch-rekonstruktive Methode der Datenauswertung vorstellen.

Auch angewandte Forschung ist im Grundsatz nie abgeschlossen. Einerseits sind die Forschungsfelder (eine Schule, ein Jugendamt, eine Jugendlichengang o. ä.) einem steten Wandel unterworfen, die Forschungsergebnisse also unter Umständen schnell veraltet; andererseits können jederzeit im Forschungsprozess neue Aspekte auftauchen.

So viel an dieser Stelle zum Thema Grundlagenforschung vs. angewandte Forschung in der Erziehungswissenschaft, wobei wir das Thema hier nur anreißen und an besonders exponierten Beispielen erläutern konnten. Wir werden immer wieder einmal darauf zurückkommen.

1.2.3 Die Forschungsmethoden im pädagogischen Alltag

Am Schluss dieses Abschnitts wollen wir noch einen Blick auf die Forschungsmethoden im Alltag der pädagogischen Fachkraft werfen. Hier geht es nicht um (Praxis-)Forschung in dem Sinne, wie wir sie bisher beschrieben haben. Die pädagogische Fachkraft soll nicht zur Forschung – sei es als Grundlagen-, sei es als Anwendungsforschung – beitragen. Es geht vielmehr darum, dass auch im ganz normalen beruflichen Alltag Forschungsmethoden zum Einsatz kommen können. Die wenigsten ausgebildeten pädagogischen Fachkräfte werden je als Forschende tätig sein, dennoch können sie ihre in einem wissenschaftlichen Studium erworbene Kenntnis der erziehungswissenschaftlichen Forschungsmethoden nutzbringend einsetzen – möchten wir jedenfalls behaupten. Warum soll nicht im Rahmen einer »biographischen Beratung« die Methode des biographisch-narrativen Interviews zum Einsatz kommen? So berichtet Fritz Schütze, der den Begriff der »biographischen Beratung« geprägt hat, von einem Interviewpartner, dem erst nach einem ausführlichen narrativen Interview und der folgenden Auswertung des Interviews durch den Forscher, Fritz Schütze, der Zusammenhang zwischen einer vor Jahren erzwungenen Berufswahl und seiner aktuellen Depressionsanfälligkeit deutlich geworden sei (Schütze 1983, S. 293). Dieses Interview ist zwar im Rahmen eines Forschungsprozesses durchgeführt worden. Genauso gut aber könnte eine sozialpädagogische Fachkraft im Rahmen ihrer Beratungstätigkeit das Mittel des biographischen Interviews einsetzen, um Erkenntnisse zu gewinnen, die darauf basierend die Ausarbeitung eines Hilfekonzepts ermöglichen. Überhaupt geht es in Beratungssituationen doch stets darum, Daten zu erheben, einen komplizierten Fall zu verstehen. Was spricht dagegen, als Berater*in eine Kombination aus explorativem Gespräch, einem standardisierten Fragebogen und ggf. Feldbeobachtungen zu nutzen? Mit Blick auf die Anwendung von Forschungsmethoden zur Verbesserung der berufspraktischen Kompetenzen der Professionellen halten wir gerade sozialpädagogische Settings für besonders gut geeignet (vgl. dazu Miethe & Riemann 2008, S. 25).

2 Die Phasen des Forschungsprozesses

Was nun im Folgenden dargestellt werden soll, ist der erziehungswissenschaftliche Forschungsprozess in seinem Ablauf. Im Falle der Erziehungswissenschaft bezieht sich die Forschung auf die Handlungsform des Erziehens und Bildens. Dieses Handeln soll aber nicht irgendwie, sondern *methodisch* geleitet untersucht werden.

2.1 Zum Problem der Methode

Wie grundlegend methodisches Vorgehen für Wissenschaft ist, hat der Philosoph Martin Heidegger (1889–1976) deutlich gemacht: »Methode ist nicht ein Ausstattungsstück der Wissenschaft unter anderen, sondern der Grundbestand, aus dem sich allererst bestimmt, was Gegenstand werden kann und wie es Gegenstand wird« (Heidegger 1987, S. 79).

Unser Verständnis von Methode klärt sich, wenn man sich die Bedeutung des griechischen Wortes »methodos« in Erinnerung ruft, die in etwa mit ›Entlanggehen eines Weges‹ zu übersetzen ist. Wir wollen uns unter Methodenanwendung also so etwas wie eine Abfolge von Schritten vorstellen, um ein bestimmtes Ziel zu erreichen. Diese Schritte sind nicht beliebig, sondern unterliegen Regeln, die als planmäßig und vernünftig anzusehen sind. In diesem Sinne hat man die sozialwissenschaftlichen Forschungsmethoden auch »Regelsysteme zur Erfassung sozialer Phänomene« (Kuckartz 2002, S. 545) genannt. Nur Regelhaftigkeit sichert, dass erstens das angestrebte Ziel auch erreicht wird und dass zweitens andere

Forschende diese Schritte nachvollziehen können, um zu demselben Ziel zu gelangen. Reproduzierbarkeit und damit Überprüfbarkeit und Kritisierbarkeit sowohl der Methoden als auch der mit ihrer Hilfe gewonnenen Erkenntnisse sind wesentliche Bedingungen des Forschens, was u. a. die Forderung nach sich zieht, alle Ergebnisse wissenschaftlicher Forschung zu veröffentlichen. Andernfalls kann und darf im wissenschaftlichen Diskurs kein Bezug auf sie genommen werden.

Mit dem häufig zu hörenden Begriff der »Methodologie« ist übrigens nicht die Anwendung der Methoden gemeint, sondern die Reflexionsarbeit, die der Methodenanwendung vorausgeht und sie begleitet. Hier stellen sich Fragen wie etwa die folgenden: Welche Methoden gibt es? Warum sollen welche Methoden angewendet werden? Welche Vor- und Nachteile bietet eine bestimmte Methode? Wo liegen die Grenzen bestimmter Methoden? Wie muss die Methodenanwendung im Forschungsprozess ggf. modifiziert werden? Und so weiter. Es handelt sich gewissermaßen um die Theorie der Methodenanwendung. Diese Reflexion ist bestimmt von unterschiedlichen wissenschaftstheoretischen Schulen, wie es sie in allen Wissenschaften und so auch in der Erziehungswissenschaft gibt. Insofern versuchen wir im Folgenden strenggenommen, da wir ja die erziehungswissenschaftlichen Forschungsmethoden nicht praktisch anwenden, sondern deren Anwendung beschreiben und begründen, einen Beitrag zur Methodologie der Erziehungswissenschaft, zur Theorie der Methodenanwendung zu leisten, wobei wir unter *Theorie*, um das an dieser Stelle schon einmal einzuführen, ein System von methodisch erzeugten, widerspruchsfreien und systematisch empirisch (mehr oder weniger) geprüften Aussagen verstehen.

Im Wesentlichen können wir die in der Erziehungswissenschaft gebräuchlichen Forschungsmethoden in zwei Hauptgruppen einteilen:

- Datenerhebungsmethoden: Das sind spezifische Methoden, mit deren Hilfe systematisch und kontrolliert erziehungswissenschaftliche Daten (Primärdaten) gewonnen (generiert) werden.
- Datenanalysemethoden: Das sind spezifische Methoden, mit denen die im Datenerhebungsprozess gewonnenen Daten nach wissenschaftlich kontrollierten Gesichtspunkten analysiert und interpretiert werden.

Noch ein Wort zur Terminologie: Wir haben oben auf den Philosophen Windelband hingewiesen, der von nomothetischen und idiographischen Methoden sprach (▶ Kap. 1.1.5). Unter nomothetischen Methoden werden jene Methoden verstanden, die sich an dem Ziel orientieren, allgemeingültige Aussagen zu treffen. Mittels idiographischer Methoden werden einzelne konkrete Gegenstände umfassend analysiert und spezifische Aussagen getroffen (Hopf 2016b). Dem entspricht im heutigen Sprachgebrauch in etwa der Dualismus »quantitativ-empirisch« vs. »qualitativ-empirisch«. Allerdings sollte man sich immer klar machen, dass dieses Begriffspaar keinen strengen Dualismus signalisiert. Vielmehr handelt es sich eher um ein Kontinuum, gewissermaßen eine Linie, an deren einem Ende die messenden oder quantitativ-empirischen Methoden stehen, am anderen Ende die rekonstruktiv-interpretierenden oder qualitativ-empirischen Methoden, welche ihrerseits ebenfalls nicht grundsätzlich auf die Verallgemeinerbarkeit ihrer Befunde verzichten. Wir werden auf dieses Methodenkontinuum zurückkommen, wenn wir die Forschungsmethoden im Einzelnen vorstellen. Selbst das Begriffspaar »Datenerhebungsmethoden« vs. »Datenanalysemethoden« repräsentiert in mancher Hinsicht keinen strengen Gegensatz. Datenerhebungsmethoden können im Forschungsprozess zu Datenanalysemethoden werden und umgekehrt. Auch darauf werden wir an geeigneter Stelle eingehen.

Aus heuristischen Gründen ist es aber sinnvoll, zwischen den beiden Methodengruppen – Datenerhebungsmethoden und Datenanalysemethoden – zu unterscheiden. Indem wir also diese beiden Methodengruppen unterschieden haben, sind bereits die zwei Hauptphasen des Forschungsprozesses benannt: Auf die Datenerhebung folgt die Datenanalyse. So wollen wir auch im Folgenden vorgehen. Zuerst klären wir, was unter erziehungswissenschaftlich relevanten Daten zu verstehen ist. Dann behandeln wir die Datenerhebungsmethoden; anschließend die Datenauswertungsmethoden.

2.2 Die Phasen des Forschungsprozesses

Zunächst einmal gilt ganz grundsätzlich, dass der erziehungswissenschaftliche Forschungsprozess der in den Sozialwissenschaften üblichen Schrittfolge verpflichtet ist. Diese ist im Detail nicht einheitlich und verbindlich, sondern liegt nur in ihren wesentlichen Komponenten fest. Später, wenn wir die Datenerhebungs- und -analysemethoden vorstellen, wird sich zeigen, dass der im Folgenden präsentierte Ablauf nur ein idealtypischer ist und vielfach zwischen den einzelnen Schritten hin und hergesprungen werden kann. Auch die Begrifflichkeit ist uneinheitlich.

Noch etwas Grundsätzliches bezüglich des Ablaufs des Forschungsprozesses: Hier lässt sich zwischen hypothesenprüfenden und hypothesengenerierenden Verfahren unterscheiden. Bei hypothesenprüfenden Verfahren werden die Hypothesen zu Beginn des Forschungsprozesses formuliert. Bei hypothesengenerierenden Verfahren werden die Hypothesen im Verlauf des Forschungsprozesses entwickelt. Was ist eine Hypothese? An dieser Stelle und kurz gesagt verstehen wir unter einer Hypothese ein System von widerspruchsfreien und prüfbaren Aussagen, die Annahmen über ein spezielles Thema/Problem/eine Forschungsfrage enthalten. Mehr dazu weiter unten (▶ Kap. 3).

Und noch eine Vorbemerkung: Wenn auf den folgenden Seiten die Phasen bzw. Schritte des Forschungsprozesses beschrieben werden, dann beziehen wir uns im Wesentlichen auf einen Forschungsprozess, der auf der Ebene der Datenanalyse im quantitativ-empirischen oder im qualitativ-empirischen Modus mündet. Bezüglich der entsprechenden Schrittfolge in einem Forschungsprozess, der in der Datenanalyse im hermeneutisch-»verstehenden« Modus mündet, verweisen wir auf unsere ausführlichen Hinweise in Kapitel 7 in diesem Buch (▶ Kap. 7.2)!

Die folgenden graphischen Darstellungen (▶ Abb. 1; ▶ Abb. 2) des Forschungsablaufs sollen die Gemeinsamkeiten und Unterschiede zwischen den beiden möglichen Forschungswegen aufzeigen. Bezüglich des exemplarischen Ablaufs haben wir uns an unterschiedlichen Quellen, insbesondere aber an Atteslander (2010) und Gravetter & Forzano (2016) orientiert.

2 Die Phasen des Forschungsprozesses

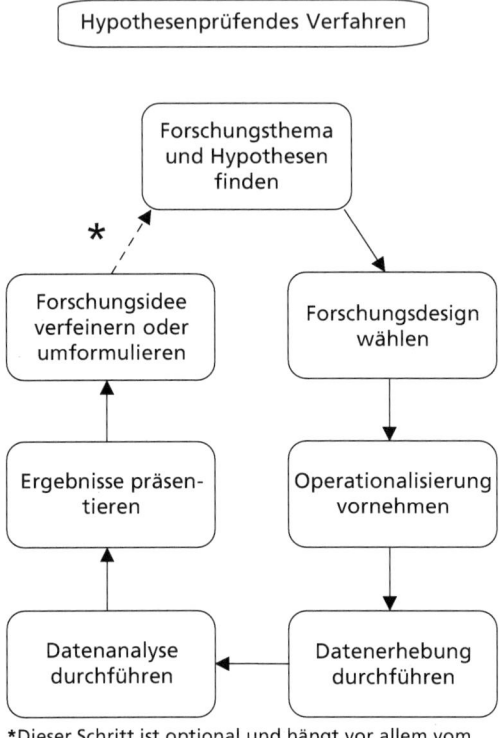

Abb. 1: Der Forschungsprozess bei hypothesenprüfenden Verfahren

Bevor wir die Phasen oder Schritte des Forschungsprozesses ausführlich darstellen, hier ein erster kurzgefasster Überblick:

- Die Themenfindung:
  In der ersten Phase des Forschungsprozesses geht es um das Finden eines geeigneten Forschungsthemas. In dieser Phase wird das Problem, welches forschend gelöst werden soll, benannt und beschrieben. Sodann muss das Problem in eine präzise Fragestellung, die Forschungsfrage, übersetzt werden: Was will ich herausfinden?

2.2 Die Phasen des Forschungsprozesses

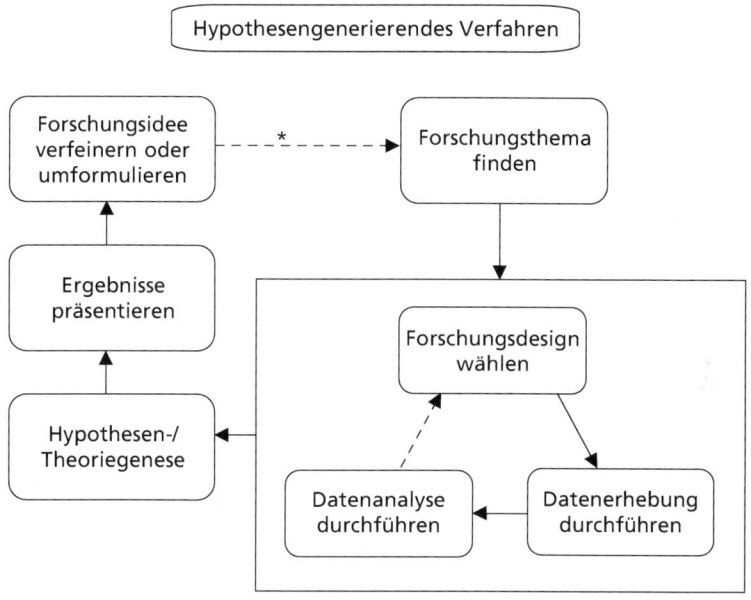

*Dieser Schritt ist optional und hängt vor allem vom Forschungsergebnis ab.

Abb. 2: Der Forschungsprozess bei hypothesengenerierenden Verfahren

Im nächsten Schritt ist der Stand der im Umkreis der Forschungsfrage bereits geleisteten Forschung zu ermitteln – soweit es Forschung zu dem betreffenden Problem gibt. In dieser Phase erfolgt zudem die Formulierung einer (oder mehrerer) Hypothese(n), in der mehr oder weniger begründete Annahmen über die Beantwortung der Forschungsfrage fixiert sind. Dafür ist die Aufarbeitung des Forschungsstands, wie er im voraufgegangenen Schritt geleistet wurde, eine wichtige Voraussetzung. Ideal ist es natürlich, wenn es gelingt, eine Hypothese so präzise wie möglich zu formulieren. Falls das nicht möglich ist, dann steht nicht die Prüfung einer Hypothese an, sondern eine solche wird erst generiert. Bezüglich der Unterschiede im Verfahren erinnern wir an die Unterscheidung, die wir zwischen dem hypothesenprüfenden und dem hypothesengenerierenden Verfahren getroffen haben.

- Die Operationalisierung:
  Hier gilt es zu bestimmen, welche Variablen in die Forschung einbezogen werden und wie diese definiert und konkretisiert werden, sodass eine Messung im Forschungsprozess möglich wird.
- Das Forschungsdesign:
  Im Rahmen des Forschungsdesigns werden die einzelnen Schritte eines Forschungsvorhabens sowie deren Reihenfolge festgelegt. Bei hypothesenprüfenden Verfahren wird hier auch die Entscheidung über die Forschungsstrategie getroffen. Man muss sich zwischen einer experimentellen (Ursache-Wirkung) oder einer deskriptiven, korrelationalen oder einer quasi-experimentellen Strategie entscheiden. Bei hypothesengenerierenden Verfahren kann es sein, dass das Forschungsdesign während des Forschungsprozesses verändert und damit an den Forschungsgegenstand angepasst wird. Im Forschungsdesign werden ggf. auch die Themen Stichprobe und Sample relevant.
  - Die Stichprobe:
    Da es selten möglich ist, alle Personen zu untersuchen, die für die Beantwortung einer Fragestellung relevant sind, wird sich mit der Auswahl einer Stichprobe beholfen. Die Stichprobe ist eine Teilmenge aus allen potenziell relevanten Personen, die über bestimmte Spezifika verfügt, sie ist, mit anderen Worten, »ein verkleinertes Abbild der empirisch vorfindbaren Fälle« (Herrmanns 1992, S. 116). Daher wird in dieser Phase des hypothesenprüfenden Forschungsprozesses darüber entschieden, wie viele Teilnehmer*innen oder Proband*innen für die Forschung benötigt werden und welche Eigenschaften diese haben sollten. Hypothesenbildung oder Hypothesenprüfung wären ohne eine Reduktion der Wirklichkeit auf eine analysier- und messbare Größe nicht möglich.
  - Das Sample:
    Auch im hypothesengenerierenden Prozess kommt es zu einer Auswahl derjenigen Personen, die für die Beantwortung der Fragestellung relevant sind. Hier spricht man von einer Auswahl der untersuchten Fälle. Da hier zu Beginn der Forschung noch unbekannt ist, welche Fälle relevant sein könnten, erfolgt die Festlegung der Samplestruktur während des Forschungsprozesses.

- Die Datenerhebung:
  Hier sind Methoden der Datenerhebung auszuwählen und festzulegen. Die Entscheidung für oder gegen bestimmte Methoden wird in Abhängigkeit von der formulierten Forschungsfrage und der formulierten Hypothese (oder, wenn noch keine präzise Hypothese formuliert werden kann, auf der Basis von begründeten Annahmen) getroffen. Anschließend wird die Untersuchung unter Anwendung der gewählten Methode durchgeführt.
- Die Datenanalyse:
  Sind die Daten erhoben, folgt die Datenanalyse, die Interpretation der Daten. Hier kommen spezifische Datenauswertungsmethoden zur Anwendung. Das Ziel ist, Erkenntnisse aus den Daten zu gewinnen, um diese Erkenntnisse auf die Hypothese anzuwenden (Hypothesenprüfung) oder sie zur Entwicklung einer Hypothese (Hypothesengenerierung) zu nutzen. Wir kennen unter den Datenauswertungsmethoden einerseits explorative, deskriptive und inferenzstatistische Verfahren (dann sprechen wir von einer quantitativen Datenanalyse) sowie andererseits Verfahren der interpretativen Analyse (dann sprechen wir von einer hermeneutischen oder qualitativen Datenanalyse). Welche Auswertungsmethoden angewandt werden, hängt von der Fragestellung sowie von der Art und der Quantität des erhobenen Datenmaterials ab.
- Die Ergebnispräsentation:
  Am Ende eines jeden Forschungsprozesses werden dessen Ergebnisse zur Theoriebildung genutzt und/oder – im Falle der pragmatischen Disziplin Erziehungswissenschaft besonders wichtig – in die Praxis zurückgespiegelt. Der Forschungsbericht spielt hier eine wichtige Rolle.
- Die Forschungsidee verfeinern/umformulieren:
  Forschungsergebnisse werden immer nur als vorläufig betrachtet. Das gilt sowohl für die angewandte als auch für die Grundlagenforschung. Mit dem Abschluss eines Forschungsprojekts ist also keineswegs Schluss. Stattdessen werden die Ergebnisse genutzt, um die ursprüngliche Forschungsidee zu ändern, zu verfeinern oder zu erweitern oder um neue Ideen zu entwickeln. Daraufhin beginnt dann der nächste Forschungsprozess.

Nur am Rande wollen wir darauf hinweisen, dass in allen Phasen des Forschungsprozesses forschungsethische Gesichtspunkte zu berücksichtigen sind. Hier stellt sich z. B. die Frage: Was ist erlaubt? Wie weit darf man als Forschende*r gehen? Konkret: Darf ich Menschen beobachten, ohne diese darüber zu informieren, dass sie beobachtet werden? Ist es zulässig, z. B. im Rahmen eines didaktischen Experiments Studierende mit Lehrmaterialien arbeiten zu lassen, von denen man als Forschende*r glaubt, sie seien minderwertig? Und so weiter. Wo es sich anbietet, werden wir im Folgenden dazu immer wieder kurze Hinweise geben. Im Übrigen verweisen wir auf die einschlägigen Empfehlungen der Deutschen Gesellschaft für Erziehungswissenschaft (DGfE), die im Internet abgerufen werden können (https://www.dgfe.de/dgfe-wir-ueber-uns/ethik-rat-ethikkodex).

Und noch ein letztes, bevor wir zur ausführlichen Darstellung der Phasen des Forschungsprozesses kommen.

Forschen, das heißt: Probleme lösen, Antworten auf Fragen finden. Im Grunde ist das ja ein ganz alltäglicher Vorgang. Aber im Alltag läuft es anders. Wir lassen uns von Intuition (›Bauchgefühl‹) leiten, von anderen Menschen, oder wir greifen auf Erfahrungen zurück. Diese Erfahrungen können entweder ganz persönlicher Art sein, sie können aber auch allgemeiner Art sein, so wie sie sich in Sinnsprüchen à la »Was Hänschen nicht lernt, lernt Hans nimmermehr«, »Strafe muss sein!« oder »Eisen erzieht« verdichten. In der Literatur ist von »epistemologischen Überzeugungen« (z. B. Khine 2008), von »implizitem Wissen«, »subjektiven Vorstellungen« (Wild & Möller 2009, S. 28) oder »Orientierungsmustern« (Soeffner 2017, S. 168) die Rede. Wir haben im ersten Kapitel dieses Buchs den Erziehungswissenschaftler Erich Weniger zitiert, der darauf aufmerksam gemacht hat, dass Erziehung lange v. a. intuitiv und erfahrungsbasiert betrieben worden ist. Schleiermacher hatte dieser pädagogischen Praxis ihre eigene Würde zugesprochen. Dieser pädagogische Alltag – überhaupt jeder Alltag, in dem wir uns bewegen und handeln – verfügt aber nicht nur über seine eigene Würde, er ist auch sehr stabil. Die Soziologen Peter L. Berger (1929–2017) und Thomas Luckmann (1927–2016) haben einmal pointiert festgestellt, »die Alltagswelt behauptet sich von selbst« (Berger & Luckmann 1994, S. 26). Wir alle kennen das von zählebigen Vorurteilen, die ja auch nichts anderes sind als Alltagstheorien. Vom allmählichen – wohlgemerkt: allmählichen, es hat also lange gedauert! – Erwachen der »pädagogischen Frage« sprach Erich Weniger. Irgendwann fingen die Menschen doch an, ihr bis dahin für sicher gehaltenes Wissen zu hinterfragen. Und hat nicht auch Kant gefordert zu prüfen, was wir für vernünftig halten – und dazu das Experiment, eine Methode der wissenschaftlichen Forschung vorgeschlagen. Unser Alltagsdenken hat nämlich seine Grenzen. Der Preis der Sicherheit, die es gewährt, besteht in den Beschränkungen, die mit den epistemologischen Überzeugungen einhergehen. Deshalb bedarf es – um noch einmal Berger und Luckmann zu zitieren – der »Verwandlung der natürlichen Einstellung in die theoretische des Philosophen oder Wissenschaftlers« (Berger & Luckmann 1994, S. 26). Theorie vermag die Grenzen des Alltagsdenkens zu überwinden, denn Theorie ist, wie der Begründer des Kritischen Rationalismus Karl R. Popper (1902–1994) einmal schrieb, das Netz, »das wir auswerfen, um die Welt einzufangen, sie zu rationalisieren, zu erklären und sie zu beherrschen« (Popper 1966, S. 31). Wissenschaft besorge »die Entzauberung der Welt« (Weber 1995 [1919], S. 19) – so lautet des Soziologen Max Webers (1864–1920) viel zitierte Bemerkung. Beide, Weber und Popper, meinen dasselbe: Wissenschaft soll uns helfen, die Welt immer besser zu verstehen. Alltagsevidenz soll wissenschaftlicher Evidenz weichen. Dabei ist es gar nicht ausgeschlossen, dass Letztere alltägliche Orientierungsmuster in manchen Fällen durchaus auch bestätigt.

3   Die Themenfindung – Beschreibung und Begründung

Wie eben schon angesprochen, geht es in der Phase der Themenfindung um die Beschreibung des zu klärenden Problems. Eine klar formulierte Beschreibung, die den betreffenden problematischen Sachverhalt so genau wie möglich zu erfassen und zu benennen sucht, ist der Ausgangspunkt aller wissenschaftlichen Erkenntnis und die Voraussetzung für einen gelingenden Forschungsprozess. Eine Beschreibung bezieht sich nur auf die Erscheinung des betreffenden Sachverhalts; Hintergründe, Ursachen usw. spielen hier (noch) keine Rolle. Angenommen, man wollte, ausgehend vom konkreten Fall einer Gruppe von Grundschulkindern, deren Leseleistung über einen längeren Zeitraum hinweg aus unbekannten Gründen zu stagnieren scheint, dieses Problem systematisch untersuchen, erforderte das u. a.: die genaue Beschreibung der betreffenden Schüler*innengruppe (Alter, Geschlecht, familiärer Hintergrund etc.); die objektive Beschreibung der Leistungsentwicklung (z. B. auf der Basis in regelmäßigen Abständen durchgeführter Lesetests); die Erfassung der ›objektiven‹ Rahmenbedingungen (Schulgröße, Klassengröße, Ausstattung mit Lehrkräften und Lehrmaterial etc.). Und so weiter. Nicht immer kann die Problembeschreibung so differenziert erfolgen wie in diesem Fall. Dann trägt sie eben vorläufigen Charakter und kann im Verlauf des Forschungsprozesses je nach Bedarf ergänzt werden.

Als Zwischenschritt folgt dann die Formulierung der Forschungsfrage. In unserem Falle könnte diese lauten: Wir stellen eine Leistungsstagnation fest. Was sind die Gründe dafür?

Auf der Grundlage der Problembeschreibung und der Forschungsfrage erfolgt daraufhin die Erhebung des Forschungsstandes. Was wissen wir bereits über das in Frage stehende Problem – im eben gegebenen Beispiel also über das Problem »Schulleistung«? Vielleicht gibt es sogar Untersuchungen, die das Thema »Leseleistung«, »Lesekompetenz« behandeln. Nachdem die Lesekompetenz im Rahmen der PISA-Untersuchungen regelmäßig getestet wird und es zudem mit der Internationalen Grundschul-Lese-Untersuchung (IGLU) eine ebenfalls international angelegte Erhebung der Lesekompetenz von Kindern im Grundschulalter gibt, ist das sogar sehr wahrscheinlich. In dieser Phase steht also die erschöpfende Lektüre dessen an, was im Wissenschaftsjargon auch »Sekundärliteratur« genannt wird, also derjenigen wissenschaftlichen Literatur, die es zu dem in Frage stehenden Problemkomplex bereits gibt. Liegen also (theoretisch gedeutete) Befunde vor, müssen diese rezipiert werden, sie müssen bei der Hypothesenbildung berücksichtigt werden. Deshalb ist es ja so wichtig, das Publikationsgebot wissenschaftlichen Forschens zu befolgen. Die Ergebnisse wissenschaftlicher Forschung müssen allen, die sie benötigen bzw. an ihnen interessiert sind, zugänglich sein.

Längst steht in der Erziehungswissenschaft eine Fülle an Hilfsmitteln zur Verfügung, die die Erhebung des Forschungsstands erleichtern. Zu denken ist hier an Handbücher und Fachlexika, wobei jede Subdisziplin der Erziehungswissenschaft über ihre je eigenen diesbezüglichen Organe verfügt. Es gibt praktisch kein erziehungswissenschaftliches Forschungsfeld mehr, in dem nicht entsprechende Handbücher in Gebrauch sind. Bezüglich der Handbücher verweisen wir exemplarisch für die Schulpädagogik auf das »Handbuch Schulpädagogik« (Harring, Rohlfs & Gläser-Zikuda 2022), bezüglich der Sozialpädagogik auf das »Handbuch Soziale Arbeit« (Otto, Thiersch & Treptow 2018) und bezüglich der Vorschulpädagogik auf das »Handbuch Frühe Kindheit« (Braches-Chyrek, Röhner, Sünker & Hopf 2020). Auch gibt es inzwischen zu allen relevanten Forschungsmethoden entsprechende Handbücher, die konsultiert werden können. Nur als Beispiel sei hier das »Handbuch Qualitative Forschungsmethoden in der Erziehungswissenschaft« (Friebertshäuser, Lange & Prengel 2013) genannt. Da die Erziehungswissenschaft eine Disziplin ist, die in großem Umfang die Befunde anderer Disziplinen rezipiert, ist immer auch der Blick in die entsprechenden Informationsquellen der themenspezifisch relevanten Nachbardisziplinen wichtig. Im gegebenen Beispielfall »Leseleistung« empfiehlt sich die Psychologie. Überhaupt gibt es eine große Nähe zwischen den beiden Disziplinen Erziehungswissenschaft und Psychologie, die auch ihre historischen Gründe hat. Wir erinnern an die

Ausführungen im ersten Kapitel dieses Buches zu Meumann und Lay sowie zur Experimentellen Pädagogik am Beginn des 20. Jahrhunderts. In der Erziehungswissenschaft können zum Einstieg »Psychologie« (Zimbardo & Gerrig 2018) und, besonders wichtig für Erziehungswissenschaftler*innen, die »Entwicklungspsychologie« (Schneider & Lindenberger 2018) empfohlen werden.

Für den Einstieg in die Recherche der Forschungsliteratur waren lange Spezialbibliographien zentral. Das ist weitgehend vorbei und lohnt nur noch, will man sich schnell und kompakt zu einem Themengebiet die ältere Literatur erschließen. Um sich auf aktuellem Stand breite Kenntnisse im betreffenden Themenfeld zu erarbeiten, sind inzwischen die Online-Datenbanken entscheidend. Einen guten Überblick über die erziehungswissenschaftliche Forschung in ihrer ganzen Breite bieten etwa das Fachportal Pädagogik (www.fachportal-paedagogik.de) sowie der Deutsche Bildungsserver (www.bildungsserver.de) (Wer sich über die Literaturrecherche im Internet genauer informieren möchte, sei auf Ritzi (2013) verwiesen). Allerdings sollte man überlegen, ob man gleich mit einer systematischen Datenbankrecherche beginnen will. Die Gefahr, in der vorhandenen Literatur förmlich zu ›ertrinken‹, ist angesichts der enormen Menge an gespeicherten Literaturhinweisen nicht eben gering. Oft dürfte es am Beginn eines Forschungsprozesses hilfreicher sein, etwas anzuwenden, was man auch »unsystematisches Bibliographieren« nennt: Man hangelt sich von einem Aufsatz zum andern, von einem Buch zum nächsten und wertet jeweils die Literaturverzeichnisse aus. Auch das klassische Recherchieren in der Präsenzbibliothek kann durchaus empfohlen werden. Da Präsenzbibliotheken meist thematisch geordnet sind, finden sich in der unmittelbaren Umgebung eines einschlägigen Buches auch andere inhaltlich relevante Werke. Zudem sollte zu guter Letzt – und zum Trost – nicht übersehen werden, dass im Prozess der Auseinandersetzung mit der Problematik die Fähigkeit wächst, sich in der Fülle der vorhandenen Literatur zurechtzufinden, das Wesentliche vom Unwesentlichen zu unterscheiden.

Übrigens möchten wir noch darauf hinweisen, dass in der methodologischen Diskussion auch die Position vertreten wird, im Sinne größtmöglicher Offenheit des Forschungsprozesses in dieser frühen Phase eigenes Vorwissen zu dem betreffenden Forschungsproblem bewusst zu ignorieren, auf jeden Fall aber die systematische Erhebung des durch Forschung bereits erreichten Wissensstandes zu unterlassen. Man verliere sonst, heißt es, seine Unvoreingenommenheit, und möglicherweise wichtige Aspekte des zu untersuchenden Sachverhalts gerieten aus dem Blick. Mindestens hinsichtlich des alltagsweltlich verankerten Vorverständnisses muss man sich allerdings fragen: Ist das überhaupt möglich? Ist es tatsächlich denkbar, eine schulbezogene Untersuchung zu planen, ohne dabei die eigenen – möglicherweise negativen – Erfahrungen mit Schule auszublenden, mögen sie auch Jahrzehnte zurückliegen? Hinsichtlich des Studiums der Sekundärliteratur muss man sich fragen: Ist es nicht tatsächlich so, dass ich mehr entdecke, wenn ich bereits etwas über den fraglichen Sachverhalt weiß – und ich noch mehr entdecke, wenn ich mein lückenhaftes Wissen durch das ständige weitere Studium ggf. vorhandener Forschungsbefunde gezielt erweitere? Wie oft bemühen wir die Alltagsweisheit, wonach ich nur sehe, was ich bereits weiß. Nehmen wir als (allerdings pädagogikfernes) Beispiel eine Röntgenaufnahme, die jemandem ohne medizinisches Fachwissen gar nichts sagen wird, einem Arzt oder einer erfahrenen Ärztin aber eine präzise Diagnose ermöglichen kann. In der wissenschaftstheoretischen Diskussion ist deshalb unumstritten, dass die Befunde, die unter regelgeleiteter Anwendung von Forschungsmethoden erzielt werden, nicht zuletzt »von der Erfahrung, dem Wissen und den Erwartungen« (Chalmers 2007, S. 10) der Forschenden abhängen bzw. mindestens davon beeinflusst werden. Wir werden später, wenn es um die Beobachtung als Datenerhebungsmethode geht, noch einmal auf diesen Umstand zurückkommen, halten aber einstweilen schon einmal fest: Weil ein völlig voraussetzungsloses Forschen kaum möglich und auch nicht wünschenswert ist, sollte man sich als Forschende*r immer wieder klarmachen, intensiv über sich selbst als Akteur*in im Forschungsprozess und darüber, was man in den Forschungsprozess einbringt, nachzudenken und sich die eigenen subjektiven Einstellungen und ggf. Vorerfahrungen mit dem Forschungsgegenstand so gut es geht bewusst werden zu lassen. Am besten sogar schriftlich, denn das ist eine gute Technik des Bewusstmachens. Auf diese Weise könnte die Selbstreflexion schon zu einem integralen Teil der Themenfindung werden. Möglicherweise muss jetzt auch die Forschungsfrage noch einmal neu, präziser als zuvor, gefasst werden.

Es gibt außerdem noch einen anderen Grund, der eine selbstreflexive Haltung sinnvoll macht. Wir haben davon gesprochen, dass ein Problem – oft ein solches, das uns im Alltag der Erziehung begegnet – den Anlass für Forschung bildet. Erziehungsphänomene stellen aber nicht per se ein Problem dar. Wir machen sie erst zu Problemen. Und das auf durchaus subjektive Weise. Was dem*der einen ein Problem ist, das ist dem*der andern kein Problem. Kinder, die in der dritten Grundschulklasse noch erhebliche Schwierigkeiten mit dem flüssigen Lesen haben etwa. »Erst im Hinblick auf eine bestimmte Norm-, Wert- oder Zielvorstellung [kann] etwas als problematisch ... erscheinen«, schreibt Helmuth Danner (2006, S. 109) zutreffend. Wer etwas als auffällig und problematisch erfährt und es deshalb zum Gegenstand von Forschung machen will, muss sich diese Norm-, Wert- oder Zielvorstellungen bewusstmachen. Am besten, indem er*sie sie im Rahmen der Themenfindung verschriftlicht.

Mit der Erhebung des Forschungsstands und ggf. einer verschriftlichten Selbstreflexion des*der Forschenden ist der erste Teil der Phase der Themenfindung abgeschlossen. Der zweite Teil der Phase der Themenfindung bezieht sich auf die Bildung der Forschungshypothese.

Auf der Grundlage der Problembeschreibung sowie im Lichte dessen, was die Erhebung des Forschungsstandes erbracht hat und in die Formulierung der Forschungsfrage eingeflossen ist, erfolgt die Hypothesenbildung. Was aber ist eine Hypothese? Eine erste, vorläufige Antwort haben wir oben schon gegeben. Jetzt etwas ausführlicher:

Eine *Hypothese* ist ein System von widerspruchsfreien, mehr oder weniger geprüften und weiterhin prüfbaren Aussagen (also ist eine Hypothese eine Theorie), die Annahmen über die Beantwortung der Forschungsfrage enthalten. Etwas genauer und komplexer ausgedrückt enthält eine Hypothese Aussagen über jene Ausschnitte aus der sozialen Wirklichkeit, die die Merkmale (Indikatoren) tragen, deren Verhältnis zueinander der*die Forschende untersuchen muss, um seine*ihre Vermutung bezüglich der Beantwortung der Forschungsfrage bestätigen (verifizieren) oder nicht bestätigen (falsifizieren) zu können. Man nennt diese *Ausschnitte aus der sozialen Wirklichkeit* auch *Variablen*. Sie sind durch einen sog. logischen Operator (»wenn-dann«) verbunden. Im Falle einer Verifizierung der Hypothese ist die Forschungsfrage positiv beantwortet, die Lösung des Problems ist gefunden. Die Wahrscheinlichkeit, dass dies eintritt, ist hoch, wenn bereits Forschung vorliegt oder sonst Erkenntnisse verfügbar sind, die in die Hypothesenbildung einfließen können. Geringer ist die Wahrscheinlichkeit der Verifikation, wenn das fragliche Problem erstmals auftritt und/oder noch kaum erforscht ist, man also über wenig gesichertes diesbezügliches Wissen verfügt. In diesem Fall wird eine Hypothese meist nicht bestätigt werden können. Grundsätzlich können wir unterscheiden zwischen »Gerichteten Hypothesen« und »Ungerichteten Hypothesen«. »Gerichtete Hypothesen« machen Aussagen über die Richtung des erwarteten Zusammenhangs zwischen den untersuchten Variablen; werden gerichtete Hypothesen geprüft, spricht man oftmals auch von einem »Test«. »Ungerichtete Hypothesen« lassen die Richtung des Zusammenhangs offen.

Grundsätzlich gilt: Jede Hypothese kann immer nur vorläufige Gültigkeit beanspruchen. Selbst eine verifizierte Hypothese kann sich im Lichte der Ergebnisse weiterer Forschung als unzutreffend erweisen. Wissenschaftliches Wissen ist also strenggenommen immer hypothetischen Charakters. Der*die Forschende trifft keine wahren Aussagen, sondern nur mehr oder weniger bewährte Aussagen. Man spricht bezüglich des Forschungsprozesses deshalb auch von einem iterativen (lat. iterare = wiederholen) Prozess der Hypothesenprüfung. Gravetter & Forzano (2016) drücken das so aus:

> »The scientific method is a method of acquiring knowledge that uses observations to develop a hypothesis, then uses the hypothesis to make logical predictions that can be empirically tested by making additional, systematic observations. Typically, the new observations lead to a new hypothesis and the cycle continues« (Gravetter & Forzano 2016, S. 20).

Reflektierte Erfahrung führt zu neuen Vermutungen, die wiederum in theoretischen Sätzen formuliert werden (= Hypothesen), die wiederum geprüft werden können. Und so weiter.

Aber egal, wie oft dieser Prozess im Zuge der Lösung einer Forschungsfrage wiederholt werden muss: Wie muss man sich den Prozess der Hypothesenbildung vorstellen? Konkret: Wie findet der*die Forschende jene Variablen, von denen er*sie annimmt, dass ihr Verhältnis zueinander (in ›wenn-dann‹-Form) die formulierte Forschungsfrage positiv beantwortet und damit das Forschungsproblem löst? Hier gibt es idealtypisch drei Wege.

1. Das deduktive Verfahren wurde am Beginn der Moderne von Galileo Galilei (1564–1642) und René Descartes (1596–1650), im 19. Jahrhundert dann von den Positivisten und im 20. Jahrhundert von den Kritischen Rationalisten propagiert. Deduzieren heißt, aus einer vorhandenen und mehrfach mit positivem Ergebnis geprüften Theorie eine Hypothese widerspruchsfrei abzuleiten. Anders gewendet: Etwas, das schon bekannt ist, wird auf etwas Neues angewandt. Erfolgt die Ableitung korrekt, sind deduktive Schlüsse immer richtig. Ein Beispiel (nach Uhlendorff & Prengel 2013, S. 138 f):

Aus der psychologischen Forschung ist bekannt, dass Kinder in ihren Interaktionen mit anderen Kindern Wert legen auf Nähe, Gleichheit und Gleichberechtigung, nur dann kommt es zur Kooperation und zu Aushandlungsprozessen in Konfliktfällen, ansonsten kommt keine Kooperation zustande und es gibt schnell Streit. Dazu gibt es reichhaltige und theoretisch gedeutete wissenschaftliche Literatur.

In einem Forschungsprojekt zur Klärung des Konfliktverhaltens von Kindern kann nun die Hypothese formuliert werden, dass Diskussionen und Aushandlungsprozesse zur Streitvermeidung unter eng befreundeten Kindern besonders gut gelingen und zu tragfähigeren und belastbareren Lösungen führen als unter nicht befreundeten Kindern. Sind Kinder miteinander befreundet, dann kann davon ausgegangen werden, dass in ihren Beziehungen Nähe, Gleichheit und Gleichberechtigung dominieren. Die Variablen sind dann leicht gefunden. Sie heißen in diesem Fall ›Freundschaft‹/›Nicht-Freundschaft‹ und ›Konfliktverhalten‹.

Der Nachteil des deduktiven Verfahrens ist: Man muss eben schon einiges wissen, es muss schon systematisch ermitteltes Wissen über den in Frage stehenden Sachverhalt vorhanden sein. Um eine Hypothese als Beschreibung des Verhältnisses zweier Variablen zueinander streng deduzieren zu können, braucht es schon einschlägige und in Theorieform gebrachte Erkenntnisse, und je mehr theoretisch fundiertes Wissen vorhanden ist, desto ›richtiger‹ fallen die Ableitungen aus. Nur dann ›passt‹ es. Deduktiv gewonnene Hypothesen besitzen nämlich einen theoretischen Unterbau, der sie vor einer vorschnellen Falsifikation schützt. Falsifikation, das bedeutet (mit Popper 2005) die Widerlegung einer wissenschaftlichen Aussage durch das Bekanntwerden von Fakten, die dieser Hypothese widersprechen. In unserem Fall ist die entsprechende psychologische Forschung mit ihren Erkenntnissen bezüglich der Gleichaltrigenbeziehungen unter Kindern geeignet, die angesprochene Hypothese vor einer Falsifikation zu schützen.

Das deduktive Verfahren hat aber auch einen Nachteil. Ein deduktives Verfahren neigt dazu, redundante Informationen zu liefern. Die in einem per Deduktion gewonnenen hypothesengesteuerten Verfahren neu dazu gekommenen Erkenntnisse gehen nur wenig über das hinaus, was die ihnen zugrundeliegende Theorie schon ›weiß‹. Der Erkenntnisgewinn fällt also gering aus. Pointiert gesagt: Neues entdeckt man so eher nicht.

Deshalb gibt es noch ein zweites Verfahren, das dann angewandt wird, wenn die Formulierung einer Hypothese auf dem Wege einer Deduktion – der eben beschriebene Fall – nicht möglich ist. Meist geht es in solchen Fällen auch noch gar nicht darum, eine Hypothese zu formulieren, die dann geprüft wird, sondern darum, eine Vermutung zu erhärten oder gar, den zu untersuchenden Sachverhalt erstmals systematisch zu erschließen, um damit den Hypothesenbildungsprozess (iteratives Verfahren!) zu initiieren.

2. Das induktive Verfahren, am Beginn der Moderne erstmals von Giambattista Vico (1668–1744) vertreten, im 20. Jahrhundert das Paradigma der Geisteswissenschaften, ist dadurch bestimmt, dass man von einem Einzelfall ausgeht, den man dann zu generalisieren versucht, sodass am Ende eine Regel stehen kann. Anders gewendet: Es werden Eigenschaften eines Ausschnittes aus der Realität auf die Gesamtheit aller ähnlichen Fälle angewandt. Hier bedarf es nicht schon in mehr oder weniger großem Umfang geleistete Forschung und theorieförmigen Wissens, um eine Hypothese zu formulieren.

In manchen Grundschulklassen wird der morgendliche Unterricht mit einem Stuhlkreis begonnen, weil die Lehrkräfte die Erfahrung gemacht haben, dass der anschließende Unterricht dann gut gelingt. Nun kann man sich fragen, sind das nur Einzelfälle und sind tatsächlich nicht ganz andere Faktoren für den Unterrichtserfolg verantwortlich? Man weiß es nicht, denn einschlägige Forschung dazu gibt es nicht. Die Variablen sind ›Stuhlkreis« und ›gelingender Unterricht‹.

> Dieses Verfahren ist weniger ambitiös als die Deduktion. Man geht einfach versuchsweise von einer Einzelbeobachtung aus und versucht, daraus eine Regel abzuleiten – nach dem Motto (wir nehmen noch mal unser Beispiel): Immer/nur wenn ich einen Stuhlkreis am Morgen organisiere, läuft es später im Unterricht gut. Das ist die Hypothese, die zu prüfen ist.

Auch das induktive Verfahren hat seine Nachteile. Es sind wieder die Vertreter*innen des Kritischen Rationalismus, die darauf hinweisen: Noch so viele Bestätigungen von Einzelbeobachtungen können nicht zur Formulierung eines All-Satzes (Ver-all-gemeinerung) führen, da man stets gewärtig sein muss, dass die Zahl der Falsifikatoren (mögliche Beobachtungen, die dagegen sprechen) nicht erschöpft ist. Findet man also auch nur einen Fall, in dem der Unterricht nach einem morgendlichen Stuhlkreis nicht gut gelingt, oder findet man einen Fall, wo der Unterricht gelingt, obwohl kein morgendlicher Stuhlkreis stattgefunden hat, ist der Satz: ›Morgendliche Stuhlkreise sorgen für einen gelingenden Unterricht‹ nicht zutreffend. Eine einzige Ausnahme falsifiziert die Hypothese. Für den Kritischen Rationalismus sind induktive Schlüsse daher unsichere Schlüsse. Singuläre Ereignisse können nicht zwingend in allgemeingültige Aussagen (All-Sätze) transformiert werden. Einfacher ausgedrückt: Hypothesen stehen, wenn sie induktiv gewonnen sind, auf wackligen Füßen, sie können in strengem Sinne keine Allgemeingültigkeit beanspruchen. Es geht immer nur um mehr oder weniger hohe Wahrscheinlichkeiten. Allerdings muss man auch erwähnen, dass die Kritischen Rationalisten das naturwissenschaftliche Experiment als den Idealfall des Forschens vor Augen haben. Auf das sozialwissenschaftliche Forschen lassen sich die Aussagen des Kritischen Rationalismus in ihrer Strenge nur bedingt anwenden.

Die eben geschilderten beiden Verfahren werden angewandt, wenn über einen Gegenstand schon einiges bekannt ist. Beim deduktiven Verfahren ziemlich viel, bei der Induktion weniger viel.

Schließlich und endlich gibt es noch ein drittes Verfahren.

3. Das abduktive Verfahren, das auf den Begründer des amerikanischen Pragmatismus, Charles S. Peirce (1839–1914), zurückgeht, der es für das einzige wirklich erkenntniserweiternde Schlussverfahren überhaupt hielt.

Auch bei dem bedeutenden Vertreter des Pragmatismus, dem Philosophen und Pädagogen John Dewey (1859–1952), finden wir das abduktive Vorgehen. Es hat sich bei Dewey u. a. in dem viel zitierten Slogan vom ›Learning by Doing‹ verdichtet. Mit den beiden eben beschriebenen Schlussverfahren, Deduktion und Induktion, die in der Literatur, die das abduktive Verfahren propagiert, in abwertender Absicht auch als »methodenzentriert« bzw. als »Methodenpurismus« bezeichnet werden (Métraux 2017, S. 647), hat die Abduktion wenig gemeinsam. Die Abduktion beansprucht noch nicht einmal, im rationalen Sinne reflektiert zu sein, und will sich ohnehin den Regeln der formalen Logik nicht unterwerfen. Die Abduktion kommt daher dem alltäglichen Schließen am nächsten und wird dann angewendet, wenn sich auf den eben skizzierten Wegen der Deduktion und der Induktion nicht weiterkommen lässt. Dann aber kann es tatsächlich sinnvoll sein, »der bewährten Sicht der Dinge nicht mehr zu folgen« (Reichertz 2017, S. 281) und einen »kreativen Schluss, der eine neue Idee in die Welt bringt« (ebd.), zu wagen. Unstrukturiertes Vorgehen, unkonventionelles Versuchen, die spielerische Kombination bekannter Wissenselemente, das ist hier gefragt. Die Gedanken schweifen lassen, das ist, wenn man so will, die Methode. Der berühmte Soziologe Max Weber (1864–1920) hat einmal – zwei ebenfalls bedeutende Forscherkollegen zitierend – gemeint, es sei in der Tat oftmals so,

> »dass die besten Dinge einem so, wie Ihering es schildert: bei der Zigarre auf dem Kanapee, oder wie Helmholtz mit naturwissenschaftlicher Genauigkeit für sich angibt: beim Spaziergag auf langsam steigender Straße, oder ähnlich, jedenfalls aber dann, wenn man sie nicht erwartet, einfallen, und nicht während des Grübelns und Suchens am Schreibtisch« (Weber 1995 [zuerst 1919], S. 14).

Vom »methodischen Basteln« ist bei der abduktiven Methode auch die Rede, vom Ausprobieren, »bis sich ein plausibles Ergebnis einstellt« (Métraux 2017, S. 648). Ein wenig »anything goes« kommt hier zum Tragen, denn »abduktives Schlussfolgern ist … keine exakte Methode, mit deren Hilfe sich methodisch geordnet (und damit operationalisierbar) Hypothesen oder gar eine Theorie generieren lässt« (ebd., S. 284). Das Kriterium ist der Nutzen, den eine gefundene Variablen-Kombination bezüglich des in Frage stehenden Sachverhalts bietet.

Nehmen wir folgendes Beispiel: Jedes Jahr erreichen zwischen 2 und 3 % der Schüler*innen das Klassenziel nicht; sie ›bleiben sitzen‹, wie es umgangssprachlich heißt. Diese Rate ist Schuljahr für Schuljahr in etwa die gleiche. Mit mehr als 4 % jedoch sind die Sitzenbleiber*innen in der neunten Klasse besonders zahlreich. Warum gerade in der neunten Klasse? Hier muss man schon etwas Phantasie walten lassen, um zu einer prüfbaren Vermutung zu kommen.

Im Grunde treibt das abduktive Verfahren etwas auf die Spitze, was auch für die Induktion gilt und in der gesamten Phase der Themenfindung zumindest nicht schadet, gleich welche der drei Verfahren der Hypothesenbildung man wählt. Man muss – je nach Verfahren mehr oder weniger ausgeprägt – ebenfalls die Phantasie bemühen und Kreativität zeigen, auch das ungewöhnlich Scheinende nicht sofort ausschließen. Da kommt zweifellos die Forschendenpersönlichkeit zum Tragen und eine gewisse Subjektivität ins Spiel – was aber schon bei einem scheinbar so objektiven Vorgang wie der Lektüre der Forschungsliteratur der Fall ist, denn »Lesen heißt nicht einfach einem Text Wissen zu entnehmen, sondern verlangt Interpretationsarbeit« (Kruse 2010, S. 28). Interpretationsarbeit ist aber nichts anderes als eine Leistung des Subjekts. Weil sich dieses Subjektive nie ganz aus den ersten Phasen des Forschungsprozesses heraushalten lässt, gibt es Erziehungswissenschaftler*innen, die zumindest die Phase der Hypothesenbildung als nicht wissenschaftlich genug einer »vorwissenschaftlichen Suchphase« (Ruprecht 1978, S. 111) zuordnen. Es sind auch hier wieder v. a. die Vertreter*innen des Kritischen Rationalismus in der Erziehungswissenschaft, die das tun (z. B. Brezinka 1978, S. 129).

Übrigens muss am Ende der Themenfindung nicht nur *eine* Hypothese stehen, es können auch mehrere sein, mit denen dann weitergearbeitet wird. Wenigstens beim induktiven und beim abduktiven Verfahren ist das oftmals so. In diesen Fällen operieren die Forschenden anfangs, um den Suchprozess nicht vorschnell einzuengen, mit mehreren alternativen Hypothesen, die dann nach und nach ausgeschieden werden. Hier ist auf das Stichwort vom »hermeneutischen Zirkel« hinzuweisen, auf das wir später noch genauer eingehen werden.

Spätestens am Ende der Themenfindung muss zudem geprüft werden, ob die ins Auge gefasste Problemstellung methodisch realisierbar ist. Nicht jedem Erkenntnisinteresse entsprechen nämlich die notwendigen Erkenntnismöglichkeiten (vgl. von Alemann 1984, S. 60).

Ist diese Prüfung jedoch positiv verlaufen, dann treten wir nun in die Phase ein, die wir die Phase der Operationalisierung nennen wollen.

4 Die Operationalisierung

Teil des Hypothesenbildungsprozesses ist es, die Variablen genau zu bestimmen. Man spricht hier von der Festlegung der *Indikatoren*. Damit steht und fällt die Hypothesenprüfung. Variablen, hatten wir oben gesagt, seien Ausschnitte aus der Wirklichkeit, und zwar Ausschnitte, die jene Merkmale tragen, die im Forschungsprozess untersucht und deren Verhältnis zueinander geprüft werden muss. Also konkret: Um die Wirkung des Stuhlkreises auf den nachfolgenden Unterricht zu prüfen, weil der*die Forscher*in annimmt, der Stuhlkreis bewirke guten Unterricht, muss er*sie Merkmale für guten Unterricht festlegen. Einfach nur ›guten‹ Unterricht ins Auge fassen zu wollen, wäre nicht zielführend, denn was sollte denn konkret ins Auge gefasst werden? Das gleiche gilt für unser Beispiel von den Kinderfreundschaften. Woran mache ich eine enge Kinderfreundschaft genau fest? Wen Kinder selbst als ihre*n Freund*in bezeichnen? Oder quantifiziere ich die Interaktionshäufigkeit der Kinder untereinander, weil nur miteinander befreundete Kinder häufig interagieren werden? Oder die Variable »Konfliktverhalten«. Welches Verhalten ist gemeint, wenn von »Konfliktverhalten« die Rede ist? Beide Variablen, »enge Freundschaft« und »Konfliktverhalten«, sind sehr abstrakt. Die Forschenden müssen aber wissen, was sie konkret in den Blick nehmen sollen, wenn sie enge Freundschaftsbeziehungen oder das Konfliktverhalten von Kindern als Variablen behandeln wollen. Der*die Forschende muss im Zuge der Bestimmung der Variablen jene notwendige Konkretisierung des Untersuchungsgegenstands vornehmen, ohne die er*sie nicht arbeiten kann. Die genaue inhaltliche Beschreibung einer Variablen im Sinne der Festlegung von Indikatoren wird Operationalisierung genannt. Das ist der Vorgang, der jetzt erstmalig ansteht. Natürlich ist dies ebenfalls von einem gewissen Maß an Subjektivität geprägt, auch wenn an dieser Stelle erneut ein Blick in die Forschungsliteratur wichtig ist, denn zum Thema Kinderfreundschaften und ›guter‹ Unterricht gibt es viel Forschung, die Bestimmung von Indikatoren ist also nicht beliebig.

Im Rahmen der Planung einer Untersuchung werden Variablen nicht zuletzt nach der Zugänglichkeit bestimmt: Hier unterscheiden wir zwischen den direkt beobachtbaren, auch »objektiven Variablen« oder »manifesten Variablen« (oder exogenen Faktoren) – das Geschlecht eines*einer Jugendlichen etwa, oder das Alter eines Kindes – und den »latenten Variablen« (oder endogene Faktoren), die etwas bezeichnen, das nicht direkt beobachtbar bzw. messbar ist, sondern erst beobachtbar, messbar etc. gemacht werden muss. Intelligenz, Schulbildung, soziale Akzeptanz, Erziehungsstil u. ä. m., alles Phänomene, die erst in abfragbare, beobachtbare oder messbare Indikatoren übersetzt werden müssen. Die Variable »Intelligenz« z. B. kann erst durch die Entwicklung geeigneter Indikatoren bestimmbar gemacht werden. Der Intelligenzquotient (IQ) wäre ein solcher Indikator. Dasselbe gilt für die Schulbildung. Hier ist an Indikatoren wie Schulbesuchsdauer, Schulnoten, Schulabschluss etc. zu denken. Die enge Freundschaftsbeziehung zwischen Kindern – unser Beispiel – könnte man mittels eines skalierten Fragebogens bestimmen, der an die Kinder ausgegeben wird (»Wie gut bist Du mit … befreundet? Kreuze einen Wert von 1 bis 5 an«). Variablen können zudem aus mehreren Indikatoren zusammengesetzt sein. Wahrscheinlich lässt sich das meiste von dem, was im erziehungswissenschaftlichen Datenerhebungsprozess eine Rolle spielt, unter dem Label »latente Variable« klassifizieren.

Jetzt kommen wir noch auf zwei Fälle zu sprechen, die erst in späteren Phasen des Forschungsprozesses eine Rolle spielen, aber hier schon einmal genannt sein sollen.

- Im Rahmen der Durchführung einer Untersuchung werden Variablen auch anhand ihrer Stellung in der Untersuchung bestimmt: Hier sind die Begriffe »unabhängige Variable« oder auch »Kausalfaktor« bzw. »verursachender Faktor« und »abhängige Variable« oder »bewirkter Faktor« wichtig, auf die wir unten im Rahmen unserer Ausführungen zum »Experiment« als Datenerhebungsmethode genauer eingehen werden.
- Und schließlich spielen Variablen im Rahmen der Darstellung der Untersuchungsergebnisse eine Rolle und müssen dort näher bestimmt

werden. Das gilt besonders dann, wenn die Ergebnisse quantifiziert werden sollen. Dabei muss eine Skalierung der Ergebnisse einer Untersuchung auf unterschiedlichen Skalenniveaus vorgenommen werden. Die vier Skalenniveaus Nominalskala, Ordinalskala, Intervallskala und Verhältnisskala werden wir ebenfalls an anderer Stelle, nämlich im Rahmen der Fragebogenkonstruktion, aufgreifen und erläutern (▶ Kap. 6.2.2.3).

Nachdem also die Forschungsfrage formuliert und die Variablen operationalisiert worden sind, muss man sich Gedanken über das Design der Forschung machen.

5 Das Forschungsdesign

Die Erstellung des Forschungsdesigns stellt den letzten Schritt dar vor Beginn der Datenerhebung. Etwas vereinfacht ausgedrückt, klärt und begründet das Forschungsdesign – die Rede ist auch von »Untersuchungsplan« oder »Forschungsstrategie« – die einzelnen Schritte und Details der Methodenanwendung im Rahmen des Forschungsvorhabens. Manchmal fällt auch der Begriff »Versuchsplanung«. Das ist dann der Fall, wenn von Anfang an feststeht, dass die gewählte Erhebungsmethode das Experiment oder der Versuch ist. Welches sind nun die einzelnen Schritte, die das Forschungsdesign berücksichtigen sollte?

1. Zu Beginn, das kennen wir schon, wird die Forschungsfrage formuliert und das zu lösende Problem beschrieben.
   Beispiele:
   – Zeigt eine bestimmte pädagogische Maßnahme Wirksamkeit?
   – Was und wie denken Menschen über Erziehung?
   – Wie verarbeiten Kinder den Wechsel in eine weiterführende Schule?
2. Danach wird entschieden, woher die Daten stammen sollen, die im Zuge des Forschungsprozesses zur Hypothesenentwicklung oder -prüfung eingesetzt werden. Die Art der erhobenen Daten hängt natürlich von der Fragestellung ab, die wir in (1) formuliert haben.
   Beispiele:
   – Beobachtung von Schulkindern
   – Befragung von Schulkindern
   – Analyse schriftlicher Dokumente
   – Untersuchung von Bildern/Fotos/Filmen, webbasierten Inhalten und Gegenständen

An dieser Stelle bietet sich ein kleiner Exkurs an. Als wir die Differenz von Datenerhebungs- und Datenauswertungsmethoden eingeführt haben, stellten wir fest, es sei ein herausragendes Ziel jeder Forschung, neues Datenmaterial zu generieren. Diese im Grundsatz richtige Aussage gilt es in einer Hinsicht zu relativieren: Nicht immer ist es erforderlich, neue Daten zu generieren. Manchmal kann auf bereits vorhandene Daten zurückgegriffen werden. Man bezeichnet einen Forschungsprozess, der sich dieser Art von Daten bedient, die dann Sekundärdaten genannt werden, auch als *Sekundäranalyse*, weil die Interpretation der Daten in der Analysephase auf der Grundlage bereits vorhandenen Datenmaterials durchgeführt wird. Alternativ wird auch von *Metaanalyse* gesprochen. Eine Metaanalyse ist prinzipiell ein (statistisches) Verfahren, das die Ergebnisse verschiedener Studien quantitativ zusammenfasst und bewertet. Dabei fokussieren Metaanalysen Studien, die dieselbe Fragestellung in einem wissenschaftlichen Forschungsgebiet verfolgen.

In diesem Zusammenhang können wir zwei Fälle unterscheiden:

- Datengewinnung/-erschließung: In einem Forschungsprojekt werden Daten verwendet, die bereits erhoben vorliegen und in einer Vorgängerstudie interpretiert bzw. gedeutet worden sind. So könnte z. B. in der erziehungswissenschaftlichen Biographieforschung, weil den Forschenden Zweifel an den Befunden einer bereits vorliegenden Studie gekommen sind, auf genau jene Schüler*innentagebücher zurückgegriffen werden, die in besagter Vorgängerstudie bereits genutzt wurden. Streng genommen haben wir es dann mit einem erneuten Hypothesenprüfungsverfahren an denselben Primärdaten zu tun. Bei einigen der später noch genauer vorzustellenden Datenauswertungsmethoden wird in der Forschungspraxis ganz vornehmlich auf bereits existierende Primärdaten zurückgegriffen. Da der Begriff Datenerhebung in diesem Fall irreführend ist, da ja ein Erhebungsvorgang im eigentlichen Sinne nicht stattfindet, sondern nur eine (erneute) Datenauswertung, spricht man auch von Datengewinnung bzw. einer Datenerschließung im Sinne der Auswahl geeigneter Sekundärdaten (vgl. Diaz-Bone & Weischer 2015, S. 79).
- Sekundär-/Metaanalysen: Oftmals begegnen uns Sekundäranalysen bzw. Metaanalysen aber auch in jener empirischen Bildungsforschung, die gar

nicht mehr auf Primärdaten selbst, sondern auf die an ihnen betriebene Forschung zurückgreift, die einer erneuten Bewertung unterzogen wird. Zu verweisen ist hier z. B. auf die sog. »Hattie-Studie« – benannt nach dem neuseeländischen (in Australien lehrenden) Bildungsforscher John Hattie (geb.1950), der sie durchgeführt hat –, in der auf der Basis einer Metaanalyse von nicht weniger als 50.000 Einzeluntersuchungen an mehr als 250 Millionen Schüler*innen weltweit die verschiedensten Einflussfaktoren auf gute Schulleistungen (Elternhaus, Schulausstattung, Curricula, Lehrstrategien usw.) untersucht worden sind (Hattie 2013).

3. Gehen wir davon aus, dass die Daten im Zuge des Forschungsprozesses erhoben werden sollen, dann muss über die zu untersuchende Grundgesamtheit entschieden werden. Soll es eine Einzelfallanalyse sein? Eine Einzelfallanalyse kann sich auf eine Einzelperson, aber ebenfalls auf eine Schulklasse, auf das Kollegium einer Schule oder auf eine Familie beziehen. In jedem Fall handelt es sich um eine leicht überschaubare Anzahl an Personen. Die Einzelfallanalyse kann man im Vorfeld einer Untersuchung zum Zweck der Methodenprüfung einsetzen, um anschließend eine größere Gesamtheit zu untersuchen. Vor allem aber kommt die Einzelfallanalyse dann in Frage, wenn es um die Hypothesengenerierung geht. Darüber hinaus wenden sich Erziehungshistoriker*innen dem Einzelfall zu, etwa, wenn sie die Biographie eines*einer herausragenden Pädagog*in in der Vergangenheit erarbeiten wollen. Hier steht der interessante Einzelfall im Mittelpunkt, selbst wenn dieser Aspekte aufweisen sollte, die als typisch z. B. für eine bestimmte Epoche gelten können (Verallgemeinerbarkeit!).

Wenn Repräsentativität angestrebt wird, muss hingegen immer eine mehr oder weniger große Anzahl an Personen in die Untersuchung einbezogen werden. Die Anzahl der Auszuwählenden darf aber weder zu klein noch zu groß sein. Gerade letzteres kann schnell der Fall sein. Hans Oswald (2013, S. 190 f) beschreibt ein Forschungsprojekt, in dem geschlechterdifferente Unterschiede bezüglich unterschiedlicher Familientypen (zwei Familientypen) untersucht wurden, und zwar in Abhängigkeit vom Alter der Kinder (zwei Altersgruppen) und in Abhängigkeit von der besuchten Schulart (zwei Schularten). Schon in diesem relativ bescheidenen Design mit nur wenigen Variablen ergab sich sehr bald eine ganz erhebliche, kaum noch überblickbare Anzahl an einzubeziehenden Personen.

Man muss also auswählen, man muss eine Stichprobe ziehen. Auch die zu ziehende Stichprobe muss genügend groß, darf aber nicht zu groß sein. PISA z. B. testet 15-jährige Jugendliche. Hier ist also das Lebensalter das Kriterium, wobei man natürlich nicht alle 15-Jährigen (etwa einer Stadt oder gar eines Landes) nehmen kann, das wären zu viele. Also begrenzt man die Anzahl der Schulen, die in die Untersuchung einbezogen werden. Man hätte an den ausgewählten Schulen statt aller 15-jährigen auch alle Jugendlichen einer bestimmten Klassenstufe wählen können. Dann wäre das Auswahlkriterium ein anderes gewesen – eben die Jahrgangsstufe. Auch diese Entscheidung gilt es also zu treffen. Ein anderes Auswahlprinzip – nicht bei PISA, aber in vielen anderen Fällen – ist das Zufallsprinzip. Das scheint einfach, ist es aber nicht wirklich. Denn: Wie viele Personen sollen es sein? Und: Wie reagiert der*die Forschende, wenn sich, was gar nicht so selten ist, Menschen weigern, an wissenschaftlichen Untersuchungen teilzunehmen, selbst wenn Anonymität garantiert ist? Das Zufallsprinzip ist dann gestört. Man muss in diesen Fällen andere Methoden der Rekrutierung von Untersuchungspersonen wählen. Aber welche? Weitere Fragen, die sich stellen: Können sich die ins Auge gefassten Personen auch artikulieren, haben sie etwas zu sagen, wenn es z. B. um narrative Interviews geht? Haben sie Zeit? Schließlich müssen Schlüsselpersonen identifiziert werden, die aufgrund ihrer Stellung und ihres Wissens nicht zu ignorieren sind. Soll das Schulklima untersucht werden, dann kann auf den Einbezug der Schulleitung sicher nicht verzichtet werden. Aber müssen es alle Mitglieder der Schulleitung sein? Wenn nicht, soll man das Zufallsprinzip walten lassen? Oder die jeweils Ranghöchsten einbeziehen? Oder die Dienstältesten? Und so weiter. Zudem ist es in diesem Fall gewiss nützlich, Eltern zu befragen. Aber: Reicht es, wenn der*die Elternbeiratsvorsitzende interviewt wird? Haben wir uns für die Erhebung schriftlicher Daten entschieden, so muss geklärt werden, wie umfangreich der Fundus an – z. B. – Schulakten, Klassenarbeiten, unveröffentlichten Briefen sein soll, den wir heranziehen wollen.

Wie wir noch sehen werden, bieten einige der im Folgenden vorzustellenden Datenerhebungs- und -auswertungsmethoden die Möglichkeit, auf der Basis des jeweiligen Erkenntnisstandes den Kreis der zu Untersuchenden, die Stichprobe, im Verlauf des Forschungsprozesses immer wieder zu erweitern. Entweder geht es darum, das bisher Gefundene zu bestätigen, oder darum, die Datenbasis zu erweitern, um die Generalisierbarkeit der Befunde zu erhöhen. Von einem »theoretischen Sampling« spricht man dann, weil dieses wiederholte Erweitern der Untersuchungsgesamtheit der theoretischen Stärkung der Befunde und, stand die Hypothesenentwicklung im Mittelpunkt, der Konkretisierung der Hypothese dient. Insbesondere die Grounded Theory ist hier zu nennen (▶ Kap. 7.2.1).

4. Im Anschluss an die Festlegung der Stichprobe wird die anzuwendende Datenerhebungsmethode und, sofern mehrere Datenerhebungsmethoden miteinander kombiniert werden sollen, die Abfolge ihrer Anwendung festgelegt. Selbstverständlich erfolgt die Festlegung der Datenerhebungsmethoden in Abhängigkeit von der Beschaffenheit der Daten, die erhoben werden sollen, von ihrem quantitativen Umfang und nicht zuletzt vom Erkenntnisinteresse der Forschenden. Die Wichtigkeit, die richtige Datenerhebungsmethode zu wählen, lässt sich am Beispiel der Erforschung elterlicher Erziehungsstile verdeutlichen. Praktizieren die Eltern einen eher autoritären oder einen eher demokratischen Erziehungsstil? Hier fällt die Wahl der Methode auf die Beobachtung. Im Gegensatz zur Befragung kann nämlich nur beobachtend das tatsächliche erzieherische Verhalten erfasst werden. Die Befragung bringt dagegen nur Meinungen zum Vorschein (vgl. Döring & Bortz 2016, S. 323).

Zudem ist der Grad an Standardisierung festzulegen. Werden allen Befragten dieselben Fragen gestellt, die sie zudem nur mit Ja oder Nein beantworten können, wäre das ein maximal standardisiertes Verfahren, das übrigens wie das naturwissenschaftliche Experiment jederzeit wiederholt werden kann. In einem maximal nicht-standardisierten Verfahren ließe man die Befragten frei erzählen. Das ist dann ein singuläres Ereignis und nicht wiederholbar. Weil es viele Zwischenformen gibt, handelt es sich um ein Kontinuum, nicht um eine scharfe Kontradiktion. Wir werden darauf zurückkommen.

5. In einem weiteren Schritt werden der zeitliche Ablauf der Untersuchung und die Zeitbudgets für die jeweiligen Schritte im Forschungsprozess festgelegt. Dabei ist zu bedenken, dass sowohl die qualitative Forschung als auch die quantitative Forschung Datenerhebungen zu mehreren Zeitpunkten kennt. Insbesondere bei quantitativ angelegten Designs ist

dabei die Unterscheidung zwischen Querschnittsuntersuchung und Längsschnittuntersuchung relevant. In Querschnittsuntersuchungen werden die Daten nur einmalig erhoben, in Längsschnittuntersuchungen erfolgt die Datenerhebung zu mehreren Zeitpunkten hintereinander. Das können im Extremfall durchaus Jahrzehnte sein, wie z. B. in einer Studie, die dem Zusammenhang von Kind-Vater-Interaktionen und Partnerschaftsverhalten im jungen Erwachsenenalter nachgegangen ist (Grossmann et al. 2002). Schließlich ist darauf zu achten, dass insbesondere für die Datenauswertung und – nicht zu vergessen – für die Verfertigung des Forschungsberichts genügend Zeit eingeplant wird. Bei aufwendigeren Untersuchungen sollte überdies ein Kostenplan aufgestellt werden.

Zu professionell durchgeführter Forschung gehört auch ein *Forschungstagebuch*, in das alle relevanten Vorkommnisse des Forschungsprozesses Eingang finden. Nicht zuletzt dann, wenn die Datenerhebung und die Datenauswertung ineinandergreifen, wie das insbesondere bei theoretisch offener, eher hypothesengenerierender Forschung der Fall ist, oder wenn im Fortgang der Forschung ein Wechsel der Datenerhebungsmethode und/oder der Datenauswertungsmethode notwendig wird, ist dies genau zu dokumentieren. Gerade wenn das Forschungsdesign im Verlauf des Forschungsprozesses geändert wird, ist das Führen eines Forschungstagebuchs unerlässlich. Nur so lassen sich bei Bedarf die Forschungsergebnisse auch außerhalb des Kreises der unmittelbar Beteiligten nachvollziehen. Wir kommen damit zur Datenerhebung.

6 Die Datenerhebung

In der Phase der Datenerhebung gilt es zunächst zu klären, welche Art von Daten gesammelt werden sollen, um an ihnen die Hypothesenprüfung vorzunehmen bzw. die Hypothesenentwicklung voranzutreiben.

Nicht allein, aber auch von der Art und der Tiefe der Hypothese wird die Wahl der Datenerhebungsmethoden bestimmt. Steht schon am Anfang eine deduktiv gewonnene, theoriegeladene Hypothese, die getestet werden soll, dann kommen eher Methoden in Frage, die in der Analysephase einen quantifizierend-statistischen Zugriff erlauben bzw. ihn geradezu erfordern. In den anderen Fällen, wenn es in einem mitunter vielschrittigen Verfahren um die Erhärtung bzw. die Generierung von Hypothesen am Beginn des Forschungsprozesses geht, werden Datenerhebungsmethoden gewählt, die offenere Auswertungsmethoden erlauben.

Bevor wir die Datenerhebungsmethoden im Einzelnen vorstellen, wollen wir uns allerdings ein paar Gedanken machen zur Frage: Was sind eigentlich erziehungswissenschaftlich relevante Daten?

6.1 Erziehungswissenschaftliche Daten

Für die Erziehungswissenschaft als eine auf den Alltag des Erziehens gerichtete Handlungswissenschaft ist primär der Alltag des Erziehens der Forschungsgegenstand. Dieser liefert die benötigten Daten. Allerdings sind diese Daten von sehr unterschiedlicher Beschaffenheit. Wir wollen zwei (je nach Sichtweise auch drei) Fälle bzw. Arten von Daten unterscheiden. Wir können

1. die Produkte menschlichen Handelns untersuchen: Hier werden alle vom Menschen geschaffenen Gegenstände zum Forschungsobjekt. In erziehungswissenschaftlicher Hinsicht betrifft dies Bücher, Blogs, Webseiten, Social-Media-Accounts, Ton- und Bildaufzeichnungen, Bauten, Kleidung, Gegenstände usw. Hier geht es immer um (zum Teil seit Jahrhunderten) vergangenes Handeln. Nachdem diese Produkte/Daten unabhängig von Forschungsfragen bereits vorliegen, werden sie auch als *nonreaktive* Daten bezeichnet.
2. das Handeln im Vollzug (menschliches Handeln in actu) untersuchen: In diesen Fällen tritt der*die Forschende mit den Beforschten meist unmittelbar, mindestens aber mittelbar, in Kontakt. Dabei können sich beide, Forscher*innen und Beforschte, in ihrem Verhalten wechselseitig beeinflussen, was die Qualität der erhobenen Daten beeinträchtigen kann. Die so erhobenen Daten werden deshalb auch als *reaktive* Daten bezeichnet.

Schauen wir uns die beiden genannten Arten von Daten genauer an.

6.1.1 Nonreaktive Daten: Texte, Bilder und Dinge

1. Texte: Zu den wichtigsten erziehungswissenschaftlichen Daten gehören nach wie vor *Texte*, wobei hier nur solche Texte gemeint sind, die von dem*der Forschenden vorgefunden, nicht aber von ihm*ihr im Laufe des Forschungsprozesses, etwa am Ende als Forschungsbericht, selbst verfasst worden sind.

Auch nach dem Ende der Vorherrschaft der Geisteswissenschaftlichen Pädagogik sind Texte, nicht zuletzt die der klassischen pädagogischen Autor*innen, höchst relevant für die Erziehungswissenschaft. Die Subdisziplinen der Historischen und der Systematischen Pädagogik gehen vorrangig bis nahezu ausschließlich mit Texten um.

Mit Blick auf diese Texte spricht man auch von akzidentalen Texten (Atteslander 1975). Als akzidentale Texte werden Texte bezeichnet, die nicht zu Forschungszwecken erstellt wurden, wie z. B. die Texte der eben angesprochenen pädagogischen Klassiker. Dazu gehören aber auch Texte sehr persönlichen Inhalts, wie Briefe oder Tagebücher, oder Texte, die das Fühlen und Wahrnehmen der Jugendlichen spiegeln: Schüler*innenaufsätze, Tagebücher, Briefe, Lieder der Jugendbewegung, Texte aus Rap und Hip-Hop usw. Schließlich ist an den großen Bereich der belletristischen Literatur, hier insbesondere, aber keineswegs ausschließlich, an die Kinder- und Jugendliteratur zu denken. Wir erinnern an die »realistische Wendung«, von der im ersten Kapitel die Rede war, und die dort angesprochene Erweiterung des erziehungswissenschaftlich relevanten Textkorpus. Sodann ist an pädagogische Gebrauchstexte zu denken, die unmittelbarer als die Schriften der pädagogischen Denker den Erziehungsalltag reflektieren: Schulbücher, Lehrpläne, Verwaltungserlasse, Gesetze, Aktennotizen, Zeugnisse, Gerichtsurteile, Elternratgeber, pädagogische Gutachten, das Protokoll der Teamsitzung eines Erziehungsheims u. ä. m. Als systematische Texte werden dagegen Texte bezeichnet, die wissenschaftlichen Charakters sind. Auch sie spielen eine wichtige Rolle in der Erziehungswissenschaft, und zwar nicht nur als erziehungswissenschaftliche Texte, sondern ebenso als Texte aus den Nachbardisziplinen. Die Erziehungswissenschaft ist auf die Rezeption der Erkenntnisse der Nachbarwissenschaften angewiesen und lebt in hohem Maße vom Import philosophischer, soziologischer, psychologischer usw. Texte.

Die realistische Wendung hat neben den eben beschriebenen neuen Textarten auch noch eine ganz andere Spezies zu erziehungswissenschaftlich relevanten Daten gemacht, *Bilder*, und damit den »iconic turn« in zahlreichen Sozial- und Geisteswissenschaften (z. B. Maar & Burda 2004) auch in der Erziehungswissenschaft nachvollzogen. Weil es sich um eine noch recht junge Entwicklung handelt, wollen wir hier etwas weiter ausholen und grundsätzlich werden.

2. Bilder: Wir beginnen mit der Frage: Was ist eigentlich ein Bild? Für die Zwecke der Erziehungswissenschaft lässt sich mit einem relativ konventionellen Bildverständnis arbeiten. Damit ist eine Auffassung gemeint, die sich bis auf den griechischen Philosophen Platon zurückführen lässt, der die Welt in eine Welt der Ideen und in eine solche der Vergegenständlichung und der Abbildung dieser Ideen differenzierte (vgl. Hogrebe 1971). Die Semiotik (Lehre vom Zeichen) nutzt diese platonische Lehre von den zwei ontologischen Seinsweisen, indem sie Bilder als Zeichen mit Verweisungscharakter auf die reale Welt interpretiert. In ihrem Verweisungscharakter vermitteln Bilder einen Sinn, den schriftliche Dokumente so nicht haben. Und das gilt natürlich auch für ›pädagogische‹ Bilder.

6 Die Datenerhebung

Der Erziehungswissenschaftler Klaus Mollenhauer (1928–1998) hat den Fundus an erziehungswissenschaftlich relevanten Bildquellen einmal wie folgt differenziert (vgl. Mollenhauer 1997). Danach gibt es Bilder,

- die Erziehung thematisieren, ohne eine pädagogische Funktion zu haben. So ist uns aus dem spätrömischen Trier ein Grabmal für ein im Schulalter verstorbenes Kind bekannt, das eine Unterrichtsszene zeigt. Oder denken wir an die zahllosen Klassenfotos.
- die Erziehung nicht thematisieren, aber einen pädagogischen Verwendungssinn haben. Denken wir an die zahlreichen Darstellungen der Heiligenviten in mittelalterlichen Kirchen, mit denen die Gläubigen dazu gebracht werden sollten, den Heiligen nachzueifern.
- die einen pädagogischen Verwendungssinn haben und diesen auch zum Ausdruck bringen. Hier kann beispielhaft auf alle Abbildungen in didaktischen Zusammenhängen und zudem auf die reich illustrierte Kinder- und Jugendliteratur verwiesen werden.
- bei denen all dies nicht der Fall ist, die aber dennoch pädagogisch interpretiert werden können. Hier nimmt Mollenhauer nur die Einschränkung vor, dass sie, wie auch immer, das Generationenverhältnis zur Darstellung bringen müssen. Es genügt also schon das Porträt eines Kindes oder auch die Abbildung eines Schulhauses, um ein solches Bild zu einem pädagogisch interessanten Motiv werden zu lassen.

Der Vorschlag Mollenhauers ist nicht der einzige Versuch, ikonische Quellen unter pädagogischen Aspekten zu systematisieren. Der Erziehungswissenschaftler Franz Pöggeler (1926–2009) etwa gliederte nach Motiven bzw. Genres und unterschied dabei Vor-Bilder, Erinnerungsbilder, Milieubilder, Lehr- und Lernbilder, Karikaturen, Symbole und Allegorien (Pöggeler 1992).

Was man sogar bei Mollenhauer nicht findet, das sind Kinderzeichnungen, denn hier dominiert ein entwicklungspsychologisches Erkenntnisinteresse. Es geht darum, zu verstehen, warum und wie Kinder in bestimmten Entwicklungsaltern oder in bestimmten Lebenslagen malen und zeichnen (zum Zeichnen und Malen der Kinder vgl. als Einstieg Konrad & Schultheis 2008, S. 65–81; dort auch weitere Literatur).

Bezüglich der Gattungen müssen keine Einschränkungen vorgenommen werden. Sowohl künstlerische Darstellungen jeder Art kommen in Frage, auch beispielsweise Comics, Kinderbuchillustrationen, Abbildungen in Jugendzeitschriften, Werbung, Postkarten, Fotos, Filme, webbasierte Abbildungen, solche in sozialen Medien usw. – alles ist möglich. Übrigens gilt mit Blick auf Bilder im Prozess der Datenerhebung das, was wir oben schon hinsichtlich der Texte gesagt haben: Es geht an dieser Stelle um Bilder, die der*die Forschende vorfindet, nicht um Bilder, die er*sie im Forschungsprozess selbst anfertigt. Wir haben also, wenn man so will, einen Fall von Sekundäranalyse vorliegen.

Schließlich gehören Dinge, Gegenstände, konkrete Objekte, Sachen – in der Regel Artefakte – zu den erziehungswissenschaftlich relevanten Daten. Der Mensch verfügt über die »Greifhand«, wie Anthropologen sagen, um Dinge herzustellen, sich in ihnen auszudrücken und mit ihnen umzugehen. Dinge bilden gewissermaßen die Verlängerung der Hand.

3. Dinge: Wir beginnen wieder mit der Frage: Was ist eigentlich ein »Ding«? Hier können wir ähnlich wie im Falle des Bildes argumentieren. Zwar ist das Ding, wie Heidegger mit Verweis auf das alltägliche Begriffsverständnis schreibt, zunächst einmal »das Greifbare, Sichtbare u. s. f., das Vorhandene« (Heidegger 1987, S. 4), und insofern Teil der seh- und begreifbaren Realität, in der es eine Funktion erfüllt. Denken wir an das Stück Kreide in der Hand der Lehrkraft oder an den Tablet-Computer in der Hand des*der Schüler*in. Das Ding ist hier Werkzeug, ohne bereits einen spezifischen pädagogischen Sinn zu erfüllen. Die Suche nach diesem Sinn führt uns wieder zu Heidegger zurück, denn in Anlehnung an Platons ontologischen Dualismus erkennt Heidegger im Ding mehr als nur ein Werkzeug, nämlich ein Zeichen. Und genau daraus ergibt sich der spezifische pädagogische Sinn eines Dings. Die Schuluniform beispielsweise, wie sie in vielen Ländern von den Schulkindern getragen wird, ist nicht nur ein Kleidungsstück, sondern verweist auf die Funktion von Schule als einer egalisierenden Institution.

Diesen sinn- oder bedeutungsgenerierenden Verweisungszusammenhang des Dings haben die Erziehungswissenschaftler Klaus Rittelmeyer und Michael Parmentier (2001, S. 105 ff) genauer untersucht und dabei vier Kategorien der Bezugnahme unterschieden. Das Ding als

- Indiz: Das Ding dient hier als Zeugnis eines Vergangenen, es bestätigt, was einmal gewesen und wie es gewesen ist. So verweist die Schulbank, wie wir sie in einem Schulmuseum vorfinden, darauf, dass Unterricht stattgefunden hat und wie er stattgefunden (Ruhigstellung des Körpers).
- Exempel: Das Ding verweist hier auf die größere Klasse der Dinge, der es zugehört. In diesem Fall steht die Schulbank exemplarisch für die Klasse des Schulmobiliars, zu dem etwa auch das Schulkatheder (= Lehrer*innenpult), die Wandtafel u. a. m. gehören.
- Modell: Hier besteht eine Ähnlichkeitsrelation, die sich an den Übereinstimmungen im Äußeren leicht erkennen lässt. Die maßstabsgerechte Vergrößerung des menschlichen Auges, das im Unterricht Verwendung findet, ist hier zu nennen, ebenso das Feuerwehrauto, das dem Kind als Spielzeug dient.
- Metapher: Hier besteht ebenfalls eine Ähnlichkeitsrelation, eine solche allerdings, die sich nicht so ohne weiteres aufdrängt, man muss die Ähnlichkeit erkennen *wollen*. Wobei es weniger um ein bewusstes Erkennen geht als mehr um ein Empfinden. Von einem »Ahnen« hat Fröbel gesprochen und vom »Trieb des Kindes: in jedem Dinge Alles zu schauen« (Fröbel 1982, S. 40), einem Trieb, den nach Fröbel am besten der Ball, darum das »erste Spielwerk des Kindes«, befriedige, weil »schon das Wort Ball« anzeige, dass »der B-all gleichsam ein Bild vom All, ein Bild des All ist« (ebd., S. 13). Dieser All-Idee entspricht die runde, in sich abgeschlossene Gestalt des Balles, die nirgends einen Anfang oder ein Ende kennt und überall zugleich Anfang und Ende ist.

Meist gehören die Dinge mehreren dieser Kategorien zugleich an. Am Beispiel der Schulbank haben wir das schon gesehen. Dasselbe gilt für den Ball, der metaphorisch für das allseitig Ganzheitliche des kindlichen Empfindens, exemplarisch für die Klasse der Spielzeuge, im Museum als Zeuge einer vergangenen Kinderkultur (Indiz) und – von der Lehrperson eingesetzt, die daran den Lauf der Gestirne erläutert – modellhaft für die Erde stehen kann.

6.1 Erziehungswissenschaftliche Daten

Ein Problem ist nun, dass mehr noch als die Bilder »die Dinge um uns herum« (Heidegger 1987, S. 5) zu den Stiefkindern der Erziehungswissenschaft gehören. Die Auseinandersetzung mit Dingen spielt in der Erziehungswissenschaft eine sehr untergeordnete Rolle. Vor allem die Historische Erziehungswissenschaft gehört zu den Teildisziplinen der Erziehungswissenschaft, die sich noch am ehesten der Dinge angenommen hat und annimmt. Davon abgesehen fanden, dem Diktum des Begründers der Phänomenologie in Deutschland Edmund Husserl (1859–1938) folgend, der vorschlug »auf die Sachen selbst zurück[zu]gehen« (Husserl 1901, S. 7), die Dinge bisher im Wesentlichen in der Phänomenologischen Pädagogik breitere Beachtung (z. B. Langeveld 1968; Dörpinghaus & Nießeler 2012). So wurde, um ein Beispiel zu geben, in einem erziehungswissenschaftlichen Beitrag die Puppe als »ein Ding, an dem das Kind sein Selbstbewusstsein bildet« (Rittelmeyer 1990, S. 113), herausgearbeitet. Je nachdem, wie die Puppe physiognomisch gestaltet ist, kann das Kind im Spiel mit der Puppe symbolisch unterschiedliche Umgangsweisen zeigen, aber eben immer »nur soweit, wie das die Puppe zulässt. Es richtet sein Veräußern nur nach einem andern: der Eigenart der Puppe. So bildet es nicht nur sich gegen die Andersheit, sondern sein Spiel auch mit und nach dieser Andersheit« (ebd.). Auch die Beiträge zur Sammellust der Kinder sind der phänomenologischen Schule zuzurechnen (z. B. Duncker, Hahn & Heyd 2014). Und was sammeln kleine Kinder nicht alles: Schachteln und Tüten, leere Zahnpastatuben, Tablettenröhrchen und Silberpapier, vertrocknete Blumen und Tannenzapfen u. v. a. m. (Fatke & Flitner 1983). Die Versuche allerdings, aus der »Materialität pädagogischer Prozesse« (Nohl & Wulf 2013) eine komplette »Pädagogik der Dinge« zu deduzieren, also zu fragen, »Wie lernt man mit Dingen, indem man Können im Umgang mit ihnen und Wissen über sie erwirbt?« (Nohl 2011, S. 9), stehen, abgesehen von der didaktischen Forschung, noch sehr am Anfang. Ein kleiner Exkurs zur (Er)Klärung:

> Die Geringschätzung des Dings kommt nicht von ungefähr, denn »mit dem Beginn der systematischen Entfaltung von Erziehungs- und Bildungstheorien wuchs die Distanz zum Werkzeug-Ding« (Mollenhauer 1987, S. 41). In unserem Kulturkreis begann dieser Prozess ungefähr

im Zeitalter der Reformation und der Renaissance. Tatsächlich finden wir bei Comenius im 17. Jahrhundert in seinem Buch »Orbis Pictus« die Dinge der Welt nur noch als Abbildung. Die von ihm nachdrücklich geforderte »Anschaulichkeit« als didaktisches Prinzip hat Comenius nicht etwa über eine Realbegegnung mit den Dingen, sondern über Bilder von den Dingen hergestellt. Von dort aus zieht sich eine Linie über die Schulwandbilder des 19. Jahrhunderts bis zu den Videoclips im Schulunterricht des 21. Jahrhunderts. Wobei man allerdings sehen muss, dass dies nicht ein Problem des pädagogischen Denkens allein, sondern vielmehr ganz grundsätzlich eines unserer modernen Welt ist. Auf die kognitivistische Reduktion der Moderne weist die Erziehungswissenschaftlerin Käte Meyer-Drawe hin: »Das Subjekt der Neuzeit begreift sich v. a. vom Denken her. Es sieht, es riecht, schmeckt, hört oder fühlt das Ding nicht, es urteilt, dass das Ding so oder so ist« (Meyer-Drawe 1999, S. 330).

Dabei ist das Ding durchaus wichtig. Zwar stimmt es, dass die Schule, die ihre Existenz der Schrift verdankt und ihre zentrale Aufgabe in der Einführung in die Literalität findet, die Kinder und Jugendlichen von den Dingen und dem Handgebrauch, der die Dinge erst entstehen lässt, wegführt. Verschärft hat sich dies in unserer Gegenwart durch den Drang (und Zwang), auch in der Schule, die Kinder schon in einem sehr frühen Alter mit Tablets, PCs und Smartphones umgehen zu lassen, welche zwar auch Dinge sind, aber solche, die den Prozess der Abstrahierung um ein Vielfaches steigern. Lange Zeit haben die Dinge jedoch auch im Unterricht durchaus ihre Rolle gespielt. Erinnert sei an Tafel und Kreide, an Globen im Erdkunde- und ausgestopftes Getier im Naturkundeunterricht. Und sie tun es aller Digitalisierung zum Trotz heute ebenfalls noch, einfach, weil Anschaulichkeit und das haptische Erleben wesentlich für gelingendes Lernen sind.

Lebensgeschichtlich beginnt der Umgang des Kindes mit den Dingen schon sehr früh. Denken wir an das »Übergangsobjekt«, der Schlafhase, der Teddybär, ein Tuch, wie es der Psychoanalytiker Donald D. Winnicott beschrieben hat (Winnicott 1969). Später tritt der Umgang des

6.1 Erziehungswissenschaftliche Daten

Kindes mit seinem Spielzeug an die Stelle des Übergangsobjekts. Dann muss es lernen, mit Messer und Gabel umzugehen. Selbst in den Denkgebäuden der Klassiker der Pädagogik hat das Ding seinen Platz. Hat nicht Rousseau festgestellt, nicht zuletzt die Dinge erzögen den Menschen? Oder denken wir an die Fröbel-Pädagogik mit ihren Spielgaben oder an Georg Kerschensteiner (1854–1932) mit seinem Arbeitsunterricht, der die Dinge und den Umgang mit ihnen ganz in den Mittelpunkt rückt, oder an Montessori mit ihren Sinnesmaterialien. Es ist »der Widerstand, den das Material leistet, der das ›paedagogicum‹ ausmacht«, bringt es Klaus Prange (1939–2019) auf den Punkt: »Die Umarbeitung eines Widerstandes in eine Könnerschaft« (Prange 2012, S. 86). Ganz grundsätzlich ist keine pädagogische Beziehung frei von Dingen: Wir schenken einem Kind etwas; wir betrachten gemeinsam mit einem Kind ein Bilderbuch; wie verweisen im Gespräch auf die Dinge der äußeren Realität. Und so weiter. Man sieht also: Die Dinge sind auch und gerade unter pädagogischen Aspekten betrachtet nicht belanglos und die Erziehungswissenschaft sollte sie ernstnehmen.

Ähnlich wie im Falle des Bildes gibt es auch bei den Dingen nichts, was nicht von grundsätzlichem Interesse wäre. Viele Dinge haben neben anderem auch ihre pädagogische Bedeutung. Eine kleine Hacke z. B. kann Beleg für Kinderarbeit sein, aber eben überdies ein Spielzeug. Naheliegenderweise wird die erziehungswissenschaftliche Dinghermeneutik sich jedoch zuerst um Dinge bemühen, die einen pädagogischen Zweck unmittelbar erkennen lassen, also das schon erwähnte Spielzeug, der Griffel, der Rohrstock, die Wandtafel, die Schulbank, das Schulhaus usw. In einem erweiterten Sinn kann man ebenfalls den Schulraum, das Schulhaus und seine Einrichtung, zur dinglichen Umwelt des Kindes zählen. Hier ist die Forschung etwas ergiebiger (z. B. Göhlich 1993; Noack 1996; Burke 2005; Zschiesche & Kemnitz 2009). Erinnert sei in diesem Zusammenhang auch an die berühmte Feldstudie der Kinderforscherin Martha Muchow (1892–1933) über den »Lebensraum des Großstadtkindes«. Muchow zeichnet akribisch nach, wie Kinder im Grundschulalter ihre freien Nachmittage auf den Straßen, den Spielplätzen, in den Hinterhöfen und in den Kaufhäusern Hamburgs verbracht und dort ein enges Verhältnis zu den unterschiedlichsten Dingen aufgebaut haben (Muchow 1978). Mit dieser Studie ist Muchow zur Begründerin der qualitativen Kindheitsforschung geworden. Folgerichtig spielt in der modernen Kindheitsforschung und ihren Methoden (Mukherji & Albon 2018) der Raum als Ort kindlicher Weltaneignung eine wichtige Rolle und wird intensiv beforscht (Metzger 2010).

6.1.2 Reaktive Daten: Visuelle Daten und Verbale Daten

Wie schon erwähnt ist das menschliche Handeln, ist der Alltag, in dem sich die Menschen als Erziehende bewegen, ein weiterer wichtiger Datenlieferant, aktuell mit Abstand der wichtigste. Erneut müssen wir an die »realistische Wendung« erinnern und an die (rhetorische) Frage Heinrich Roths: »Muss die Forschung in der Pädagogik auf historische, philologische und hermeneutische beschränkt bleiben?« (Roth 1976, S. 28). Nein, das muss sie natürlich nicht, und das tut sie seit der »realistischen Wendung« auch nicht. Seither ist die erziehungswissenschaftliche Forschung nah an den Alltag von Erziehung und Bildung herangerückt, näher als dies Texte, Bilder und Dinge erlauben. Jetzt werden Erziehung und Bildung als menschliche Interaktion in actu untersucht. Wo unterrichtet wird, wo Kinder gemeinsam spielen, wo Eltern ihre Kinder loben oder ermahnen usw., findet Erziehung statt. Junge Menschen bilden sich, wen sie Theater spielen, durch Lektüre, durch den Besuch eines Rock-Konzerts, indem sie an Videospielen teilnehmen usw.

Mehr wollen wir an dieser Stelle dazu nicht sagen. Über den je spezifischen Charakter dieser »reaktiven Daten« werden wir im Rahmen der folgenden Ausführungen zu den Datenerhebungs- und Datenauswertungsmethoden informieren.

Deshalb nun zu den Datenerhebungsmethoden.

6.2 Die Datenerhebungsmethoden

Eine Bemerkung vorab. Die Erhebung von Textdaten, Bildern und Dingen, die Beobachtung, die Befragung, das Experimentieren, alle diese Erhebungsmethoden beruhen letztlich auf dem Menschen natürlicherweise verfügbaren Alltagskompetenzen. Sie sind »aus dem Handeln der Menschen im Alltag gewonnen und systematisch für die Zwecke der Wissenschaft weiterentwickelt« (Krotz 2019, S. 168) worden. Wer sich also für die betreffenden Erhebungsmethoden entscheidet, kann auf eine eingehende Methodenreflexion und das gezielte Einüben der Methoden nicht verzichten, will er*sie sie wissenschaftlich nutzen. Das wissenschaftliche Lesen von Texten, das wissenschaftliche Befragen, Beobachten und Experimentieren folgt Regeln und Grundsätzen, die genau zu beachten sind, und bedarf besonderer praktischer Kompetenzen, die über das, womit man im Alltag durchkommt, hinausgehen. Die Grundsätze und Regeln, die bei der Anwendung der Datenerhebungsmethoden zu beachten sind, sollen im Folgenden vorgestellt werden.

6.2.1 Erhebungsmethoden Nonreaktiver Daten

Beginnen wir mit den Texten. Hier sind die Verhältnisse wohl am wenigsten kompliziert. Zugänglich sind Bücher und Zeitschriften in Bibliotheken. Die Formen der Bibliotheksnutzung sind fachunspezifisch und gelten unterschiedslos für alle Geistes- und Sozialwissenschaften. Sie brauchen deshalb nicht eigens für die Erziehungswissenschaft ausgeführt zu werden. Wer sich mit Blick auf seine Forschungsarbeit über den Forschungsstand informieren will – wie wir gesehen haben ein »Muss« am Beginn jeder Forschung –, der*die sei exemplarisch verwiesen auf:

- Fachportal Pädagogik (https://www.fachportal-paedagogik.de): Zentraler Einstieg für Texte der Erziehungswissenschaft, erziehungswissenschaftlichen Bildungsforschung und Fachdidaktik
- Pedocs (https://www.pedocs.de/): Spezialisiert auf Texte der Bildungsforschung und Erziehungswissenschaft im deutschsprachigen Raum und Teil des Fachportals Pädagogik

- Deutscher Bildungsserver (https://www.bildungsserver.de/): Informationsangebot zum Thema Bildung weltweit
- ERIC (https://eric.ed.gov/): Digitale Online-Bibliothek für Bildungsforschung und -information
- Statistisches Bundesamt (https://www.destatis.de/): Statistische Informationen zu den Themen Wirtschaft, Gesellschaft und Umwelt
- Verbund FDB (https://www.forschungsdaten-bildung.de/): Infrastruktur zur Sammlung und Weitergabe empirischen Materials zur Bildungsforschung
- FDZ Bildung (https://www.fdz-bildung.de/home): Bereitstellung und Archivierung von Forschungsdaten und Erhebungsinstrumenten
- Erhebungsinstrumente (https://www.fdz-bildung.de/zugang-erhebungsinstrumente): Frei verfügbare Skalen und Items aus Fragebögen und Tests
- TBA-Zentrum (https://tba.dipf.de/de): Bereitstellung von Verfahren zur Erfassung von Lernergebnissen

Es sind v. a. Bildungshistoriker*innen, die mit unpublizierten Texten arbeiten, den sog. »Quellen«, deren Aufbewahrungsort das Archiv ist (zum Begriff der »Quelle« vgl. v. Brandt 2012, S. 48 ff). Wie keine andere erziehungswissenschaftliche Subdisziplin ist die Historische Pädagogik, wie alle historischen Disziplinen, neben der Bibliothek auf das Archiv angewiesen. Bezüglich der Archivnutzung gilt das gleiche wie für die Bibliotheken. Erziehungswissenschaftliches Forschen nutzt hier die in den historischen Wissenschaften allgemein eingeführten Techniken der Archivrecherche (vgl. dazu Franz 1999; Keitel 2018). Zum Einstieg seien genannt:

- Das Fachportal Pädagogik beim Deutschen Institut für Internationale Pädagogische Forschung (DIPF) (https://www.fachportal-paedagogik.de/start.html). In seiner Außenstelle in Berlin verfügt das DIPF auch über eine umfangreiche Fachbibliothek, die mit mehr als 700.000 Bänden als eine der größten ihrer Art in Europa geltende Bibliothek für Bildungsgeschichtliche Forschung, die allerdings eher für historische arbeitende Forschende in Frage kommt (https://bbf.dipf.de/de). Auskünfte zu den Beständen, sind sie nicht online verfügbar, kann man bei den meisten Fachbibliotheken telefonisch oder per E-Mail erhalten. Die

Bibliothek für Bildungsgeschichtliche Forschung verfügt auch über ein Archiv, das u. a. die persönlichen Nachlässe von Friedrich Fröbel, Adolph Diesterweg und anderen herausragenden Pädagog*innen der Vergangenheit sowie Aktenbestände pädagogischer Vereinigungen in großer Zahl enthält.

- Das UNESCO Archives Portal (https://unesdoc.unesco.org/archives) bietet einen Überblick über die weltweite Archivszene.
- Das Internetportal der deutschen Archive (https://www.archivportal-d.de/content/portalwegweiser) gibt einen Überblick über die deutsche Archivszene.
- Das Archiv der deutschen Jugendbewegung auf der Burg Ludwigstein (in Witzenhausen/Hessen) (https://www.burgludwigstein.de/forschen) ist eines von vielen erziehungswissenschaftlich nutzbaren Facharchiven.
- Das Internet: Die Gesamtausgabe der Briefe Friedrich Fröbels (https://editionen.bbf.dipf.de/exist/apps/briefedition-friedrich-froebel/index.html) beispielsweise ist direkt im Internet verfügbar.

Auch Bilder als (historische) Datenquellen sind nicht allzu schwer zu erschließen. Gelegentlich liegen sie sogar in Buchform publiziert vor. Allerdings gilt dies nicht für alle Handlungsfelder der Pädagogik in gleicher Weise. So existiert zwar eine ganze Reihe von Bildbänden zur Schulgeschichte (z. B. Schiffler & Winkeler 1999), kaum aber zur Geschichte der Vorschulpädagogik (Erning 1987) und zur Sozialpädagogik (Sachße & Tennstedt 1983; Zeller 1994). Zu Forschungszwecken bieten sich aber ohnehin v. a. Bilddatenbanken an, die über das Internet leicht verfügbar sind. Wir verweisen hier beispielhaft auf »Pictura Paedagogica Online – virtuelles Bildarchiv zur Bildungsgeschichte«, ursprünglich an der Universität Hildesheim entwickelt, inzwischen über das DIPF mit wenigen Klicks zu erreichen (https://pictura.bbf.dipf.de/viewer.index/). Aus diesem Fundus werden sich erziehungswissenschaftlich Forschende zuerst bedienen. Wenn man sich allerdings vor Augen führt, was wir oben zum Bild ausgeführt haben, wonach eben auch Bilder, die Erziehung gar nicht thematisieren, unter erziehungswissenschaftlichen Aspekten interessant sein können, dann muss man über die eben genannten erziehungswissenschaftlichen Fachdatenbanken hinaus allgemein auf jede Möglichkeit verweisen, auf Bildmaterial zuzugreifen.

Weitere Ausführungen hierzu erübrigen sich angesichts der Fülle an denkbaren Fundorten.

Ein Hinweis noch: Bei Fotos hat man es sehr häufig mit größeren Beständen zu tun, die jedoch nicht in toto interpretiert werden können. Gleichwohl müssen alle erreichbaren einschlägigen Fotos gesichert werden, weil sie im Rahmen der Auswertung zu Vergleichszwecken benötigt werden. So erfolgt z. B. die Hypothesenprüfung durch Abgleich mit dem Referenzbestand. Erst im Anschluss an die Sicherung des Gesamtbestands an für die jeweilige Forschungsfrage einschlägigen Fotos erfolgt die Auswahl jenes Bilds/jener Bilder, das/die exemplarisch interpretiert werden soll(en).

Zu den Dingen ist nicht viel zu sagen. Sie sind quasi überall. Sucht man gezielt nach historischen Dingen, dann ist als Fundort das Museum zu nennen, insbesondere natürlich das schon erwähnte Schulmuseum. Allerdings wird Forschung, die mit Dingen zu tun hat, sehr häufig keinen unmittelbaren Zugriff auf die Dinge haben, sondern sich mit Abbildungen begnügen müssen. So musste eine Untersuchung, die sich mit »Schülerschreibgeräten« befasste, zumindest was die Untersuchung der älteren Varianten anbetraf – also Meißel, Federkiel etc. – mit bildlichen Darstellungen vorliebnehmen (Jensen 2004).

6.2.2 Erhebungsmethoden reaktiver Daten

6.2.2.1 Die Beobachtung: Visuelle Daten

Wollte man mit der neben der Textlektüre meist genutzten erziehungswissenschaftlichen Forschungsmethode fortfahren, müsste man jetzt die Befragung folgen lassen. Wir wollen es anders halten und zuerst auf die älteste und grundlegendste Forschungsmethode überhaupt, die *Beobachtung*, eingehen. Vermutlich hat alle Forschung, sofern sie sich nicht mit Zeugnissen der Vergangenheit beschäftigt und sich deshalb mit Texten, Bildern und Dingen beschäftigt hat, mit der genauen und sorgfältigen Beobachtung der Wirklichkeit begonnen. »Alles wissenschaftliche Forschen kann man als eine gesteigerte und gesichertere Form des Beobachtens auffassen«, stellte schon er mehrfach zitierte Erziehungswissenschaftler

Heinrich Roth (1976, S. 42) fest. Auch in der Erziehungswissenschaft hat die Beobachtung als Forschungsmethode schon früh eine Rolle gespielt.

Aber wann eignet sich die Beobachtung als Forschungsmethode? Die Beobachtung ist dann das Mittel der Wahl, wenn z. B. ein Interesse daran besteht, dass sich die Beforschten nicht als Versuchspersonen wahrnehmen und deshalb ein unverstelltes Verhalten zeigen. Das kann auch beim Beobachten nicht immer sichergestellt sein und hängt nicht zuletzt von der gewählten Variante der Beobachtung ab – wir werden gleich darauf zurückkommen. Sodann entfallen bei der Beobachtung alle Probleme der sprachlichen Interaktion, was die Methode für die pädagogische Kindheits- oder Kinderforschung interessant macht, wo »die Perspektive der Kinder auf Lernen und Erziehen« (Schultheis 2016, S. 12; siehe auch Heinzel et al. 2009; Ulber & Imhof 2014) im Mittelpunkt steht. Im Kinderforschungs-Kontext wird häufig das Beobachten mittels der Kamera praktiziert, die sog. »Kamera-Ethnografie« als »rekonstruierende[r] Blick von außen« (Hebenstreit-Müller & Müller 2012, S. 12). Die so entstandenen Sequenzen werden dann in der Erzieher*innen-Ausbildung und -Fortbildung eingesetzt. Erfahrungsgemäß lassen sich Kinder von einer mitlaufenden Kamera kaum stören und ablenken, wenn ihr erstes Informationsbedürfnis erst einmal gestillt ist (»Was ist denn das?« »Was macht ihr da?«).

Nahezu konkurrenzlos ist die Beobachtung auch dann, wenn über einen Forschungsgegenstand noch wenig bekannt ist. Das war auch die Erkenntnisabsicht, die sich mit der Beobachtung in ihrem frühen außerpädagogischen Anwendungskontext, der Ethnologie, verband: über unbekannte Völker, schriftlose Kulturen, deren Sprache man nicht verstand, etwas in Erfahrung zu bringen. Später wurde die Beobachtung zur Erschließung fremder, unvertrauter Lebenswelten innerhalb der eigenen Kultur genutzt, und auch heute noch wird die Beobachtung – insbesondere die *teilnehmende Beobachtung* – mit der Absicht eingesetzt, etwas über Lebenswelten in Erfahrung zu bringen, die sich vom Durchschnitt der Mehrheitsgesellschaft abheben. Ganz in diesem Sinne spricht man von erziehungswissenschaftlicher Ethnographie, z. B. von »ethnographischer Schulforschung«, etwa dann, wenn die Realität einer Hauptschule, so wie sie von Schüler*innen und den Lehrkräften auf je differente Weise erfahren und bewältigt wird, mithilfe strukturierter Beobachtungen auf dem Pausenhof, im Klassenzimmer usw. erforscht wird (Aster 1990). Neben der Schul- und

Unterrichtsforschung – im letzteren Fall auch unter der Bezeichnung »Interpretative Unterrichtsforschung« (Terhart 1978) – findet eine solche, »ethnographisch« oder »ethnomethodologisch« genannte Forschung ihre Anwendung besonders dort, wo man sich mit den Realitätskonstruktionen und Handlungsstrategien von gesellschaftlichen Randgruppen befasst, v. a. also in der Sozial- und der Sonderpädagogik (z. B. Eberwein & Köhler 1984).

Um nicht in der naiven vorwissenschaftlichen Beobachterhaltung zu verharren, schlagen Atteslander (2010) und Döring und Bortz (2016) vor, besonders sorgfältig auf die theoretische Einbettung des Beobachtungsprozesses zu achten; den Beobachtungsprozess in allen seinen Schritten systematisch zu planen (z. B. die Auswahl der Beobachtungseinheit genau begründen); immer wieder Kontroll- und Prüfungsdurchgänge einzuschalten. Darüber hinaus gilt es, einen forschungsethischen Gesichtspunkt zu beachten. Beobachtungsdaten – wie aber auch alle Daten, die mit anderen Datenerhebungsmethoden gewonnen werden, die nicht auf Zeugnisse menschlichen Handelns, sondern auf die Handelnden selbst fokussieren – sollten wo immer möglich »nur mit Einwilligung der Beforschten erhoben werden« und diese sollten wo immer möglich »angemessen über den Zweck der Erhebung informiert werden« (Miethe 2013, S. 929). Dass diese Maßregel allerdings nicht nur mit Blick auf die eben angesprochenen kleinen Kinder, sondern auch sonst an Grenzen stoßen kann, wird sich gleich am Beispiel der Beobachtung zeigen.
Welches sind nun die gebräuchlichen Formen der wissenschaftlichen Beobachtung?

Die offene und die verdeckte Beobachtung

Bei der offenen Beobachtung gibt sich der*die Beobachtende den Beobachteten in seiner*ihrer Rolle als Forschende*r zu erkennen. Die Beobachteten wissen, dass sie beobachtet werden (und haben dem zugestimmt; siehe oben!). Bei der verdeckten Beobachtung ist das nicht der Fall. Ein Beispiel für eine verdeckte Beobachtung ist die Beobachtung spielender Kinder durch eine im Raum angebrachte Einwegscheibe. Für die verdeckte Beobachtung ist die Non-Reaktivität der Beobachtungssituation als Argument anzuführen. Damit ist gemeint, dass durch den verdeckten Beobachtungsvorgang die Authentizität des zu beobachtenden Verhaltens nicht beeinflusst wird. Allerdings kann bei der verdeckten Beobachtung das Erfordernis, die Beobachteten zu informieren und um ihr Einverständnis zu bitten, nicht erfüllt werden. Hier gilt es abzuwägen. Die ethische Pflicht zur Information steht gegen das Forschungsinteresse.

Die teilnehmende und die nicht-teilnehmende Beobachtung

Bei der Beobachtung begibt sich der*die Forschende ins Feld (teilnehmend) – oder er*sie platziert sich außerhalb des Feldes (nicht-teilnehmend). In einigen Lehrbüchern wird anstelle dieser Nomenklatur nach Friedrichs (1973/1990) und Becker und Geer (1984) von Beobachtungen mit hohem bzw. niedrigem Partizipationsgrad gesprochen (vgl. Atteslander 2010). Alternativ wird auch das Kontinuum aktive vs. passive Teilnahme angeführt (vgl. Thierbach & Petschick 2014, S. 856). Der Partizipationsgrad gibt an, inwieweit ein*e Beobachter*in eine Rolle im sozialen Feld einnimmt oder nicht. Nicht-Teilnahme indiziert einen geringen Partizipationsgrad, eine weitgehende Teilnahme einen hohen Partizipationsgrad. Im Fall der teilnehmenden Beobachtung mischt sich der*die Forschende als Akteur*in unter die Beobachteten und nimmt selbst am Interaktionsgeschehen teil. Aus den USA sind Schulforschungsprojekte bekannt, in denen die Forschenden monatelang am Unterricht aktiv teilgenommen und dabei beobachtet haben, sodass die Beforschten sie am Ende gar nicht mehr als Fremdkörper wahrgenommen haben (Wolcott 1988). Manche Methodentheoretiker*innen wollen von teilnehmender Beobachtung nur in diesem zuletzt genannten Fall sprechen, wenn also die Forschenden im Feld auch eine aktive Rolle spielen, am Leben und Handeln der Beforschten teilnehmen (Breidenstein 2006).

Welche Form der Beobachtung, teilnehmend oder nicht-teilnehmend, gewählt wird, hat natürlich auch damit zu tun, inwieweit das Protokollieren, das Verfertigen von Feldnotizen oder das Ausfüllen eines Beobachtungsbogens andere Tätigkeiten wie etwa die Mitwirkung am Unterricht, der beobachtet werden soll, überhaupt noch zulässt. In der Praxis dürften Mischformen dominieren, mal ist der*die Forschende mehr Beobachter*in, mal mehr Teilnehmende*r. Die Rolle als vollständig Partizipierende*r ist aus forschungspraktischen Gründen nur schwer zu realisieren. Die Sicherung der Forschungsdaten wäre sehr kompliziert und müsste sich ausschließlich auf Erinnerungsprotokolle stützen.

Die systematische und die unsystematische Beobachtung

Bei der systematischen Beobachtung wird ein standardisierter Beobachtungsbogen zur Dokumentation des beobachteten Verhaltens eingesetzt. Gleichzeitig sind der Beobachtungsgegenstand und die Art und Weise der Protokollierung vorgeschrieben (vgl. Gniewosz 2015, S. 111). Bei der unsystematischen Beobachtung wird entweder gar kein Beobachtungsbogen eingesetzt oder nur ein solcher, der wenige, grobe Kategorien enthält. Je differenzierter die Beobachtungskategorien formuliert sind, desto strukturierter läuft die Beobachtung ab.

Die Beobachtung in natürlichen und in künstlichen Situationen

Veraltet wird auch von Feldbeobachtungen und Laborbeobachtungen gesprochen. Meist erfolgen Beobachtungen im »Feld«, in der natürlichen Umgebung der Beobachteten, also in der Schulklasse, auf dem Pausenhof usw. (vgl. Willems, 2019). Es kann aber auch Gründe geben, z. B. spielende Kinder in einer künstlichen Situation, etwa in einem Labor, zu beobachten.

Die Selbst- und die Fremdbeobachtung

Werden ausschließlich Dritte beobachtet oder reflektiert der*die Beobachter*in sein*ihr eigenes Verhalten? In der Regel geht es darum, dass der*die Forschende andere beobachtet (Fremdbeobachtung). Ganz generell, aber auch zum Erwerb von Beobachtenden-Kompetenz, kann es jedoch eine wichtige Hilfe sein, den Blick einmal nach innen zu richten, »Introspektion, die Analyse eigenen Denkens, Fühlens und Handelns« (Mayring 2016, S. 31), zu praktizieren.

Im Kleinen dürfte der folgende Fall nicht selten sein: Einer*m Student*in ist es nicht gelungen, eine Seminararbeit fertigzustellen. Nun versucht er*sie, im Rückblick den Gründen auf die Spur zu kommen, die ihn*sie daran gehindert haben, die kleine Erhebung durchzuführen, die Gegenstand der Seminararbeit sein sollte. Er*sie schaut sich gewissermaßen selbst ›über die Schulter‹. Die Gründe, die er*sie glaubt, ausfindig gemacht zu haben, bespricht er*sie dann mit Dritten (Bolland 2005, S. 2).

Man kann an diesem Beispiel auch sehen, wie wichtig ein Forschungstagebuch ist. Hier können fortlaufend entsprechende Notizen eingetragen werden, die dann sogar helfen können, einen ins Stocken geratenen und vor dem Abbruch stehenden Forschungsprozess zu retten. Ein weiteres Beispiel, das die Bedeutung der Selbstbeobachtung unterstreicht, ist die Praxisforschung, die die Praktiker*innen in die Rolle der Forschenden rückt. Da diese gewissermaßen ihre eigene Praxis erforschen, ist es hier besonders dringlich, durch Selbstbeobachtung die nötige Distanz aufrecht zu erhalten.

Alle eben beschriebenen Formen der Beobachtung können miteinander kombiniert werden. So kann eine Beobachtung in natürlichen Situationen als verdeckte, nicht-teilnehmende und unsystematische Beobachtung durchgeführt werden, eine Beobachtung in einer künstlichen Situation als teilnehmende oder nicht-teilnehmende Beobachtung usw. Überhaupt wird die Beobachtung häufig eingesetzt, wenn es um *Methodentriangulation* geht. Aber auch umgekehrt gilt: Die Beobachtung verlangt häufig nach der Triangulation. Wir verweisen dazu noch einmal auf eine wissenschaftstheoretisch unumstrittene Erkenntnis, die wir oben, als es um die Frage ging, wie weit die Erhebung des Wissensstandes zu einem zu untersuchenden Problem gehen sollte, schon einmal angesprochen haben, wonach nämlich

> »das, was Beobachter sehen, die subjektiven Wahrnehmungen, die sie machen, wenn sie einen Gegenstand oder einen Vorgang betrachten, nicht einzig und allein durch die Bilder auf der Retina bestimmt wird, sondern auch von der Erfahrung, dem Wissen, und den Erwartungen des Betrachters abhängig sind« (Chalmers 2007, S. 10).

In diesem Sinne beginnen aufwendige Forschungsprozesse, um dieses Sehen durch zusätzliches Wissen und neue Erfahrungen zu schärfen, häufig mit einer Feldbeobachtung, die dann um andere Forschungsmethoden, wie z. B. Interviews, ergänzt wird. Wenn man etwa die sozialen Interaktionen von Schulkindern erforschen möchte, liegt es nahe, zuerst auf dem Pausenhof oder auch im Klassenzimmer Beobachtungen anzustellen, um danach einzelne Schüler*innen gezielt zu befragen (etwa die Schlüsselpersonen).

Kommen wir nun zu den verschiedenen Phasen oder Stufen des wissenschaftlichen Beobachtungsprozesses:

1. Schritt: Zuerst erfolgt die Auswahl jenes Ausschnitts aus der sozialen Wirklichkeit, der beobachtet werden soll: Kinder im Kindergarten beispielsweise (Festlegung des Beobachtungssettings).
2. Schritt: Daran schließt sich eine unspezifische sog. *deskriptive Beobachtung* an, die Eindrücke vom Untersuchungsfeld liefert und hilft, wesentliche und grundlegende Informationen zu gewinnen. Auf der Basis einer solchen deskriptiven Beobachtung können die Forschungsfragen präzisiert und Hypothesen modifiziert werden.
3. Schritt: Im folgenden Schritt können nun die Beobachtungseinheiten festgelegt werden. Das bedeutet, das bislang noch nicht genau bestimmte Feld wird eingegrenzt und es wird entschieden, was konkret beobachtet werden soll. Um beim gewählten Beispiel zu bleiben: Es wird das Spielverhalten der Kinder beobachtet.
4. Schritt: Anschließend werden die *Kategorien der Beobachtung* festgelegt. Da es jede*n Beobachter*in überfordern würde, das Spielverhalten der Kinder in toto zu beobachten, muss entschieden werden, ob es – beispielsweise – um die sprachlichen Interaktionen beim Spielen oder um den Umgang der Kinder mit dem Spielzeug gehen soll.
5. Schritt: Sodann muss die Beobachtungssequenz, also die Zeitdauer der Beobachtung, festgelegt werden. Über eine längere Zeitspanne hinweg ist kein konzentriertes Beobachten möglich. Nach etwa fünf bis acht Minuten lässt die Konzentration des*der Beobachtenden nach. Da die ausgewählten Beobachtungssequenzen repräsentativ für das Gesamtgeschehen sein sollen, ist hier besondere Sorgfalt geboten.

6. Schritt: Schließlich erfolgt die Bestimmung und ggf. die Schulung der Beobachtenden, die möglichst nah an den Phänomenen und wertungsfrei aufzeichnen, sich nicht mit den beobachteten Akteur*innen oder einzelnen unter ihnen identifizieren und sich im Beobachtungsprozess nicht ablenken lassen sollen. Das alles kann nur schwer im Stile einer konzentrierten Schulung erworben werden. Es gibt keinen Königsweg, der zum Erwerb von Beobachtungskompetenz führt – außer eben zu beobachten. Insofern sind erfahrene Beobachter*innen immer besser als unerfahrene. Außerdem ist es hilfreich und wird dringend empfohlen, mehrere Beobachter*innen einzusetzen. So ist am ehesten gewährleistet, dass nichts Relevantes übersehen wird und der subjektive Faktor weniger gravierend zu Buche schlägt. In bestimmten Fällen kann es auch erforderlich sein, dass der*die Beobachter*in über bestimmte Kompetenzen verfügt, die es ihm*ihr erst ermöglichen, als Beobachter*in zu agieren. Wer sich im Rahmen einer teilnehmenden Beobachtung unter spielende Kinder mischen will, muss mit Kindern umgehen, mit ihnen spielen können.

7. Schritt: Nach der ersten, deskriptiven Beobachtung findet auf der Grundlage der festgelegten Beobachtungssequenzen eine auf wenige ausgewählte Personen oder Prozesse fokussierende Beobachtung statt. So wird z. B. eine kleine Gruppe spielender Kinder in ihrem Interaktionsverhalten während des Spiels beobachtet. Um ein Beispiel zu geben: Forschende, die die Formen sozialer Interaktion in einer Berliner Grundschulklasse untersuchten, nahmen sich nicht etwa die ganze Klasse vor, sondern in einem gegebenen Zeitraum immer nur die zwei nebeneinander sitzenden Kinder, die sog. »Fokuskinder« (Oswald 2008, S. 75 ff).

8. Schritt: Zuletzt kann noch eine selektive Beobachtung folgen, nämlich dann, wenn im Zuge der Hypothesenschärfung eine weitere Einschränkung des Beobachtungsfelds vorgenommen werden soll, etwa ein einzelnes Kind in seinem Spielverhalten beobachtet werden soll (der Forschungsprozess als iterativer Prozess der Hypothesenprüfung!).

9. Schritt: Den Abschluss des Beobachtungsprozesses bildet die Abfassung eines Beobachtungsprotokolls bzw. die Zusammenstellung der Rohdaten, wie sie die Beobachtungsbögen liefern.

Wie werden die Beobachtungsdaten festgehalten? Erste Hinweise haben wir schon gegeben, als wir oben den »Beobachtungsbogen« oder das »Erinnerungsprotokoll« erwähnten. Zur systematischen Beantwortung dieser Frage kommen wir nun noch einmal auf die ebenfalls oben bereits vorgenommene Phasierung des Beobachtungsprozesses zurück und greifen zudem Atteslanders (2010, S. 131 ff) Hinweis auf die unterschiedlichen Grade an Strukturiertheit von Beobachtungen auf.

Eine deskriptive Beobachtung, wie sie häufig am Anfang eines Datenerhebungsprozesses steht, ist unstrukturiert. Hier verfügt der*die Beobachter*in gemäß seiner*ihrer beschränkten Vorkenntnisse nur über ein paar Anhaltspunkte, die seine*ihre Beobachtung leiten. Diese Beobachtungen kann er*sie mittels sog. *Feldnotizen* als einer unauffälligen Form der Protokollierung aufzeichnen, um sie nach Abschluss der Beobachtung zu einem *Beobachtungs-* oder *Erinnerungsprotokoll* auszuarbeiten. Dieses Protokoll wiederum nutzt er*sie, um seine*ihre Hypothese weiter zu schärfen. Sich nur auf das Gedächtnis zu verlassen und also während der Beobachtung ganz auf eine schriftliche Dokumentation (Feldnotizen) zu verzichten, um erst nach Abschluss der Beobachtung ein Beobachtungsprotokoll zu erstellen, kann nicht empfohlen werden, auch wenn es sich nicht immer wird vermeiden lassen.

Je fokussierter bzw. selektiver die Beobachtung angesetzt wird, desto strukturierter fällt sie aus. Strukturierte Beobachtungen basieren auf einer möglichst weitgehenden Kenntnis des Feldes, sodass bereits konkrete Hypothesen entwickelt werden können, die eine Kategorienbildung ermöglichen. Diese Beobachtungskategorien wiederum sind die Voraussetzung für die Erstellung eines mehr oder weniger differenzierten *Beobachtungsbogens*, den der*die Beobachter*in benutzt, um seine*ihre Beobachtungen zu fixieren. Die auf dem Beobachtungsbogen festgehaltenen Kategorien strukturieren die Beobachtung und dokumentieren die Ergebnisse. Je differenzierter diese Kategorien ausfallen, desto eher sind sie einer Quantifizierung und einer Überprüfbarkeit durch Wiederholung zugänglich. Ein Nachteil ist allerdings, dass ein Beobachtungsbogen die

Beobachtungen vorselektiert. Ein Beobachtungsbogen, v. a. ein differenzierter Beobachtungsbogen, lenkt und leitet das Interesse und die Aufmerksamkeit des*der Beobachter*in auf bestimmte Phänomene und unterdrückt die Wahrnehmung anderer. Je differenzierter bzw. strukturierter also der Beobachtungsbogen, desto stärker fällt die Selektionswirkung aus.

Liegt eine Form der teilnehmenden Beobachtung vor, wird es meist nicht möglich sein, einen Beobachtungsbogen zu führen, es sei denn, man kann sich gelegentlich zurückziehen, um einen solchen Bogen auszufüllen. Allenfalls sind nebenbei erstellte Feldnotizen möglich. Aus diesen und aus dem, woran man sich erinnert, kann man am Ende ein Protokoll erstellen. Das ist insgesamt ein wenig befriedigendes Verfahren, aber kaum anders zu handhaben. Der ethnographischen erziehungswissenschaftlichen Forschung, die auf teilnehmende Beobachtung setzt, hat dies auch den Vorwurf eingetragen, in methodischer Hinsicht defizitär zu sein. Manchmal kann in diesen Fällen das Verfahren der Triangulation sowie die Fähigkeit, das eigene Involviert-Sein reflexiv zu thematisieren, etwas helfen (Lüders 2017, S. 395).

Ist die Verwendung eines Beobachtungsbogens jedoch möglich und sinnvoll, dann müssen wir einiges beachten. So sollen keine wertenden Kategorien verwendet werden, es sollen konkrete, nah am tatsächlichen Geschehen sich bewegende Kategorien entworfen werden usw. Schließlich sollte ein Beobachtungsbogen so angelegt sein, dass auch jemand, der*die selbst nicht an der Beobachtung beteiligt war, im Stande wäre, damit weiterzuarbeiten. Da die Beobachtung als Methode der Datengewinnung inzwischen auf nahezu allen pädagogischen Handlungsfeldern an Gewicht gewonnen hat, liegt längst auch eine Vielzahl modellhaft zu nutzender Beobachtungsbögen vor, an denen man sich orientieren kann. In der Frühpädagogik wäre exemplarisch die sog. »Kindergarten-Einschätz-Skala« (KES), die zur Ermittlung der pädagogischen Qualität von Kindertageseinrichtungen entwickelt wurde (Tietze et al. 2017), zu nennen.

Zur Verdeutlichung dessen, wie ein solcher Beobachtungsbogen aussehen kann, wird im Folgenden eine Kategorie in der KES beschrieben. Hier findet sich unter der Überschrift »Feinmotorische Aktivitäten« eine Skala mit sieben Ausprägungen. Die erste davon ist mit »Unzureichend«, die drei mit »Minimal«, die fünf mit »Gut« und die sieben mit »Ausgezeichnet« überschrieben. Zudem finden sich unter der jeweiligen Ziffer noch konkrete Aussagen. Zur Ausprägung »Unzureichend« ist angegeben »1.1 Sehr wenige, dem Entwicklungsstand der Kinder angemessene, Materialien für feinmotorische Aktivitäten zum täglichen Gebrauch zugänglich.« und »1.2 Materialien für feinmotorische Aktivitäten sind allgemein in schlechtem Zustand oder unvollständig (z. B. fehlende Puzzleteile; kaum Nägel/Stifte für Nagelbrett vorhanden.« Auch der Ausprägung »Minimal« lassen sich zwei Aussagen zuordnen: »3.1 Einige, dem Entwicklungsstand der Kinder angemessene, Materialien unterschiedlicher Art zugänglich.« und »3.2 Die meisten Materialien sind in gutem Zustand und vollständig.« Zur Ausprägung »Gut« sind die Inhalte: »5.1 Vielfältige, dem Entwicklungsstand der Kinder angemessene, Materialien sind an einem wesentlichen Teil des Tages zugänglich«, »5.2 Materialien sind gut geordnet (z. B. Stecker und Steckbrett werden zusammen, Konstruktionsmaterialien unterschiedlicher Art werden getrennt aufbewahrt)« und »5.3 Materialien für unterschiedliche Fertigkeitsstufen sind zugänglich (z. B. verschiedene Arten von Puzzles entsprechen den unterschiedlichen feinmotorischen Fähigkeiten der Kinder).« Zur Ausprägung »Ausgezeichnet« finden sich die Aussagen: »7.1 Materialien werden regelmäßig ausgetauscht, um das Interesse der Kinder aufrechtzuerhalten (z. B. Materialien, an denen die Kinder schon länger kein Interesse mehr zeigen, werden aussortiert, andere Materialien werden hinzugefügt)« und »7.2 Zugängliche Behälter und Regale zur Aufbewahrung sind gekennzeichnet, um die selbstständige Nutzung zu erleichtern (z. B. Bilder oder Symbole werden zur Kennzeichnung an Behältern und Regalen genutzt; Beschriftung für ältere Kinder).« Zusätzlich gibt es zu den meisten dieser Inhalte noch ergänzende Hinweise, welche die jeweilige Ausprägung noch weiter explizieren. Für die Werte zwei, vier und sechs gibt es keine Verbalisierung (vgl. Tietze et al. 2017, S. 60 f).

Vielfach sind die Kategorien der Beobachtung auf diesen Beobachtungsbögen so trennscharf justiert, dass Skalierungen möglich sind, die eine statistische Auswertung nahelegen, womit wir wieder bei der Dokumentationsproblematik, also am Ende des Beobachtungsprozesses angelangt wären.

Alles in allem betrachtet, ist die Beobachtung, insbesondere die teilnehmende Beobachtung, eine wichtige, aber durchaus schwierig zu handhabende und zu Verzerrungen (Reaktanz) neigende Methode. Häufig eingesetzt wird die Beobachtung in Experimentalsettings, denn hier, in einer weitgehend kontrollierten Situation, können die Probleme, von denen gleich die Rede sein wird, leichter eliminiert werden.

Zu den vielfältigen Problemen, die mit der Anwendung der Beobachtung gegeben sind, gehören u. a.:

- Erfolgt die Beobachtung verdeckt, kann dies als ethisch fragwürdig empfunden werden. Darf man Menschen ohne deren Wissen beobachten (vgl. Gniewosz 2015, S. 113)? Wir haben das Thema oben schon angerissen.
- Erfolgt die Beobachtung offen, muss der*die Beobachter*in am Rande des Feldes so positioniert werden, dass er*sie die Aufmerksamkeit der Beobachteten nicht so sehr auf sich zieht, dass letztere in ihrem Verhalten beeinflusst werden. Wer sich beobachtet weiß, verhält sich anders, als wenn dies nicht der Fall ist.
- Erfolgt eine Beobachtung in künstlichen Situationen, entsteht die Frage nach der Übertragbarkeit der Ergebnisse. Verhalten sich die Kinder unter Laborbedingungen nicht anders als auf dem Spielplatz oder im Kindergarten?
- Erfolgt eine Beobachtung als teilnehmende Beobachtung, besteht die Schwierigkeit, sich überhaupt Zugang zum Feld verschaffen zu können. Unter Umständen geht das nur mithilfe Dritter, sog. »gatekeeper«, z. B. der Schulleitung, wenn es um die Beobachtung einer Unterrichtssequenz geht. Oftmals haben diese »gatekeeper« jedoch ihre ganz eigenen Interessen, denen die Forschenden nicht entsprechen können oder aus forschungsethischen Gründen nicht entsprechen sollten, was erneut Probleme aufwirft.
- Erfolgt eine Beobachtung als teilnehmende Beobachtung, kann der*die Forschende als Teilnehmer*in versucht sein, eine Beeinflussung des

Feldes sogar anzustreben, etwa indem er*sie bei den Akteur*innen ein bestimmtes von ihm*ihr erwünschtes Verhalten provoziert. Beeinflussungsprozesse können schon beim Führen eines Beobachtungsbogens auftreten, wie er in systematischen Beobachtungssituationen vorgesehen ist. Um wie viel größer ist die Gefahr der Beeinflussung, wenn der*die teilnehmende Beobachter*in sich in ein Gespräch mit den Zu-Beobachtenden verwickeln lässt (dazu Becker & Geer 1984, S. 146 ff)?

- Schließlich und endlich droht dem*der, der*die sich als engagierte*r Beobachter*in ›ins Feld‹ begibt, das »going native«, die Gefahr, ganz in der beobachteten Gruppe aufzugehen. Hat sich der*die Feldforscher*in erfolgreich Zugang zu der Gruppe verschafft, über deren Kultur und Alltagshandeln er*sie etwas erfahren möchte, schwebt er*sie immer in der Gefahr, sich zu sehr auf diese Gruppe einzulassen und die Beobachtetenperspektive zu übernehmen. Damit hätte er*sie jedoch seine*ihre wissenschaftliche Neutralität und Unabhängigkeit verloren und die Ergebnisse seines*ihres Beobachtens wären wertlos. Vor allem darf das Engagement des*der Forschenden niemals so weit gehen, dass er*sie potenziell in kriminelle Handlungen verstrickt werden kann. Bewegt sich der*die Beobachter*in in bestimmten jugendlichen Subkulturen, kann letzteres tatsächlich zum Problem werden.

Ein Mittel, um ein »going native« zu verhindern, ist erneut die Triangulation. Ob allerdings die Triangulation in der Person des*der Forschenden selbst durchgeführt werden kann, »indem die kulturell bedingte Subjektivität der eigenen Wahrnehmung bewusst gemacht wird« (Schründer-Lenzen 2013, S. 156), wie das in der Methodenliteratur zur Triangulation erwartet wird, erscheint doch eher fraglich.

Was auch bedacht werden muss: Zum einen ist bei keiner anderen Forschungsmethode der*die Forscher*in selbst mit der eigenen Persönlichkeit, mit den eignen Erfahrungen, dem eigenen Wissen und den eigenen Fähigkeiten so involviert wie bei der Beobachtung. Man könnte auch sagen: Der*die Forschende und das Instrument der Beobachtung sind eins. Was grundsätzlich für alle Forschung gilt, das trifft auf die Beobachtung als Forschungsmethode in potenzierter Form zu und birgt die Gefahr in sich, dass der*die Forschende nur sieht, was er*sie bereits weiß oder was er*sie sehen will. Dann aber wird er*sie nur bestätigt finden, was er*sie hypothetisch konstruiert hat. Zum andern: Selbst bei genauester Planung und einer am Ende hoch selektiven Durchführung der Beobachtung ist es unmöglich, alle relevanten Vorgänge zu beobachten. Man wird immer nur Ausschnitte aus dem sozialen Geschehen beobachten können. Dies dürfte selbst dann der Fall sein, wenn mehrere Beobachter*innen eingesetzt werden. Nur bei einer enormen Ausdehnung der Beobachtungszeit ließe sich diesem Manko ein Stück weit begegnen. Das aber würde zu anderen kaum lösbaren Problemen führen. Um diese eben genannten Schwierigkeiten zu umgehen, wird häufig zum Mittel der Videographie gegriffen, die auch in der Erziehungswissenschaft und dort wiederum besonders in der Frühpädagogik ihren Platz gefunden hat. Freilich ist die Videographie in der Anwendung so komplex, dass auch ihre Verfechter*innen betonen, man müsse sich immer die Frage stellen, »ob die arbeits- und zeitintensive Erhebung, Aufbereitung und Analyse audiovisueller Daten die Bearbeitung der gewählten Fragestellung befördert oder ob eventuell alternative Erhebungs- und Auswertungsmethoden zu bevorzugen oder mit einzubeziehen sind« (Herrle et al. 2013, S. 602). Die Beispiele, die uns aus der Frühpädagogik bekannt sind, tragen deshalb oftmals eher dokumentierenden als explorierenden Charakter.

Schließlich: Was die Beobachtung erfasst, die Kamera aufzeichnet und das Beobachtungsprotokoll dokumentiert, ist das sichtbare, das manifeste Verhalten der sozialen Akteur*innen. Was diese aber veranlasst, sich so zu verhalten, wie sie sich verhalten, was sie denken, fühlen und wollen, das enthüllt sich dem*der Beobachter*in nicht. Dazu bedarf es anderer Methoden. Davon im folgenden Kapitel mehr.

6.2.2.2 Das Interview: Verbale Daten

Können die Forschenden mittels der Beobachtung das Verhalten der Menschen systematisch erfassen, versucht man mittels der Befragung bzw. des Interviews zu klären, warum sie sich so verhalten (vgl. grundlegend Kruse 2015). Das Interview ist die Methode der Wahl, wenn man die Hintergründe menschlichen Verhaltens untersuchen will, die Meinungen und Ansichten der Menschen, ihre Einstellungen und Denkgewohnheiten, ihre Wünsche und Vorlieben, ihre epistemologischen Überzeugungen, ihr

Wissen, kurz: was sie in ihrem Alltag bewegt, so zu handeln, wie sie handeln. Oder noch einmal anders gewendet: Diese Methode wird gegenüber den Proband*innen angewandt, »um ihre Gedanken und ihr Handeln kennen zu lernen« (Scholl 2018, S. 9). Ein Beispiel: Aus den entsprechenden Anmeldeunterlagen eines Gymnasiums, die im Laufe des zweiten Schulhalbjahrs bei der Schulleitung eingehen, weiß ich, welche Kurse die Schüler*innen in der Oberstufe belegen wollen. Aber ich weiß nicht, was sie zu ihrer Wahlentscheidung motiviert hat. Oder, anderes Beispiel, es kann von Interesse sein, die Schulzufriedenheit von Schüler*innen zu erforschen, deren bislang so starkes Engagement in den Gremien der Schüler*innenmitverwaltung seit einigen Monaten merklich nachgelassen hat. In beiden Fällen kenne ich das Handeln der Betreffenden, weiß jedoch nicht, was sie zu diesem Handeln bewogen hat. Das zu eruieren geht nicht, ohne mit den Betroffenen ins Gespräch zu kommen. Eine Ausnahme bildet hier nur die (hoch) strukturierte Befragung, die nur Informationen vermittelt, aber keine Hintergründe. Dazu gleich mehr.

Das Interview – es wurde schon erwähnt – ist in den Sozialwissenschaften allgemein und auch in der Erziehungswissenschaft eine der am häufigsten verwendeten Methoden. Lehrer*innen, Schulleiter*innen, Schulverwaltungsbeamt*innen, Jugendamtsleiter*innen, Erzieher*innen, Eltern, Schüler*innen usw., sie alle werden täglich in zahllosen Studien zum Objekt von Befragungen bzw. Interviews. Selbst in die Historische Erziehungswissenschaft hat diese Methode Einzug gehalten – in Form des »Erinnerungsinterviews« als sog. »Oral History«, erzählte Geschichte: Das meint die Befragung von Menschen, die ein bestimmtes historisches Ereignis oder eine Epoche selbst erlebt haben und darüber Auskunft geben können (z. B. Schulzeit im Nationalsozialismus oder in der DDR). Zu unterscheiden ist das wissenschaftliche Interview vom natürlichen Gespräch, das auch zum Gegenstand von Forschung werden kann. Hierbei handelt es sich nicht um Gespräche, die von den Forschenden initiiert und strukturiert werden. Unter einem natürlichen Gespräch ist beispielsweise eine Teambesprechung in einer pädagogischen Beratungsstelle zu verstehen oder ein Gespräch am abendlichen Familientisch oder ein Gespräch, das ein*e Lehrer*in mit den Eltern eines*einer seiner*ihrer Schüler*innen führt. Diese natürlichen Gespräche sind nicht Gegenstand der folgenden Ausführungen.

Ebenfalls unberücksichtigt bleibt die Befragung von Kindern. Zwar werden in der Kindheitsforschung ebenfalls Gespräche mit Kindern geführt, werden Kinder befragt. Den Kindern eine Stimme zu geben, ihre Wahrnehmungen und Sichtweisen zur Geltung kommen zu lassen, ist ein wichtiges und ernstzunehmendes Anliegen der Kindheitsforschung und Kindheitspädagogik. Entsprechend vorbereitet sind solche Befragungen nicht nur möglich (Vogl 2015), sondern von der kinder- und entwicklungspsychologischen Forschung bereits anfangs des 20. Jahrhunderts praktiziert worden. Dennoch wird man von einer nur eingeschränkten Erkenntnisleistung derartiger Gespräche bzw. Interviews ausgehen müssen. Interviews mit Kindern sind vielfältigen Verzerrungen unterworfen. So neigen insbesondere jüngere Schulkinder »in Anlehnung an Schulerfahrungen ... zu der Annahme, sie müssten im Interview fehlerfreie Antworten geben« (Heinzel 2013, S. 711). Bei noch jüngeren Kindern, solchen im Vorschulalter, ist, gerade in unserer heutigen Migrationsgesellschaft, nicht selten die mangelnde Sprachkompetenz ein Hindernis. In diesen Fällen bleiben eigentlich nur die verschiedenen Formen der Beobachtung (vgl. Steudel 2008, S. 81–142).

Wie bei den nicht-verdeckten Beobachtungsverfahren und beim Experiment treten auch in der Befragungs- und Interviewsituation, oftmals – nicht immer! – eine Vis-à-vis-Situation, fast immer die Forschenden und das Objekt ihrer Forschungen einander unmittelbar gegenüber. Von den Ausnahmen hiervon wird noch die Rede sein. Die Gestaltung der Situation, in der verbale Daten erhoben werden sollen, kann unterschiedlich strukturiert sein, je nach dem Erkenntnisinteresse der Forschenden. In diesem Sinne unterscheiden wir fünf Grundformen oder Techniken (wobei es durchaus auch andere Vorschläge gibt, was die Grundformen betrifft (z. B. Friebertshäuser & Langer 2010, S. 437–455):

1. die *strukturierte Befragung*, die auch *standardisierte Befragung* genannt wird,
2. das *fokussierte Interview*, das auch als *themenzentriertes* oder *problemzentriertes Interview* bezeichnet wird,
3. das *narrative Interview*,
4. das *Gruppeninterview* bzw. die *Gruppendiskussion*,
5. das *Verfertigen eigener Texte durch die Informanten*, eine Form, die allerdings recht selten ist.

Alle diese Formen stellen Idealtypen dar, die Übergänge sind fließend, es gibt Zwischenformen.

1. Die *strukturierte/standardisierte Befragung* wollen wir an dieser Stelle nicht weiter erläutern. Vielmehr haben wir uns entschlossen, das zentrale Erhebungsinstrument der strukturierten/standardisierten Befragung, den Fragebogen, als eigenständige Datenerhebungsmethode im nächsten Kapitel zu behandeln. Anders als im Fall der anderen Grundformen findet bei der strukturierten/standardisierten Befragung nämlich in der Regel kein face-to-face-Kontakt zwischen Forscher*in und Informant*in statt. Zwischen die Forschenden und die Informant*innen tritt der Fragebogen als Medium. Die gesamte methodologische Energie fokussiert sich auf die Ausarbeitung des Fragbogens. Deshalb ist es auch nicht sinnvoll, bei der strukturierten/standardisierten Befragung von einem »Interview«, sondern besser von einer »Befragung« zu sprechen. Deshalb kommen wir gleich zu der nächsten Grundform.

2. Die zweite Form der Erhebung verbaler Daten ist das sog. *fokussierte* oder auch *themenzentrierte* bzw. *problemzentrierte Interview*. Von einer Fokussierung bzw. einer thematischen oder auch Problem-Zentrierung sprechen wir, wenn das Interview um ein bestimmtes, vorab festgelegtes Thema beziehungsweise Problem kreist. In einem Beitrag über diese Interviewform heißt es, der*die Forschende wisse »von den interviewten Personen, dass sie eine ganz konkrete Situation erlebt haben« (Merton & Kendall 1984, S. 171), welche dann den Anlass für das Interview bilde. Dabei ist der Begriff der »Situation«, wie er in diesem Zitat fällt, sehr weit zu fassen. Er kann sich auf ein Erlebnis beziehen, das alle Informant*innen gemeinsam gehabt haben, auf einen Film, den die Interviewten gesehen haben, auf ein Buch, das sie gelesen haben, auf bestimmte institutionelle Erfahrungen, die die Informant*innen teilen – z. B., weil sie alle an derselben Schule unterrichten oder in demselben Kindergarten arbeiten – oder auch auf ein gemeinsames Problem, mit dem die ins Auge gefassten Informant*innen konfrontiert sind.

Dass dieser unmittelbare, persönliche Bezug jedoch nicht zwingend ist, zeigen die berühmten »Dilemmageschichten« des amerikanischen Psychologen und Erziehungswissenschaftlers Lawrence Kohlberg (1927–1987) und seiner Mitarbeiter*innen (vgl. z. B. Colby & Kohlberg 1978).

In einer dieser Geschichten stand ein fiktiver Heinz vor der Wahl,
entweder seine todkranke Frau sterben zu lassen oder ein womöglich
lebensrettendes Medikament zu stehlen (das war das Dilemma). Kaufen
hätte er das Medikament nicht können, dazu fehlte ihm das Geld. Diese
Geschichte wurde Kindern und Jugendlichen verschiedener Altersstufen
erzählt und sie wurden gefragt, welche Empfehlung sie Heinz gegeben
hätten. Die Forschenden konnten zeigen, dass die Ratschläge und –
v. a. – die diesbezüglichen Begründungen der Kinder und Jugendlichen
in Abhängigkeit von ihrem jeweiligen kognitiven Entwicklungsstand
differierten. Aus diesen Forschungen ist auch in Deutschland in den
1970er und 1980er Jahren eine Fülle von Programmen zur pädagogischen Förderung moralischen Lernens hervorgegangen (z. B. Portele
1978).

Beim fokussierten Interview kommt es immer zu einem direkten Kontakt
zwischen dem*der Forschenden und dem*der Informant*in. Die Auswahl
der Informant*innen folgt nicht den Kriterien der statistischen Repräsentativität, sondern ist durch den gegebenen thematischen Fokus bestimmt.
So kann diese Auswahl z. B. das Kollegium einer Schule umfassen. Sie kann
sich aber auch auf die Leser*innen eines aktuellen pädagogischen Bestsel-
lers beziehen oder auf eine gerade erfolgte PISA-Untersuchung. Zumindest
in den beiden zuletzt genannten Fällen wäre der Kreis der potenziellen
Gesprächspartner*innen aber so groß, dass zusätzliche Kriterien entwickelt
werden müssten, um den Kreis der Informant*innen auf ein überschau-
bares Maß zu reduzieren. Dies könnten dann allerdings – müssen aber
nicht – auch solche sein, die der statistischen Repräsentativität folgen.

Zu groß darf der Kreis der Informant*innen deshalb nicht sein, weil im
Mittelpunkt des Interesses nicht mehr die Quantität, sondern die inhaltliche Qualität der Auskünfte steht, die die*der Forschende erhält. Im
fokussierten Interview geht es um die persönliche Sichtweise auf eine
Sache, um Motive, Einstellungen und Erfahrungen. In diesem Sinne will
man nicht nur wissen, ob der*die Informant*in die wesentlichen Ergebnisse der besagten PISA-Untersuchung kennt, sondern v. a., was er*sie von
ihnen hält und wie er*sie seine*ihre Meinung begründet. Dazu muss man
möglicherweise auf die Erfahrungen zu sprechen kommen, die der*die
Informant*in selbst mit Schule gemacht hat, sei es als Schüler*in, sei es als

Elternteil. Man will in diesem Zusammenhang vielleicht wissen, welchen Stellenwert Schulerfolg im persönlichen Wertekanon hat, wie der*die Informant*in die in Reaktion auf PISA ergriffenen bildungspolitischen Maßnahmen beurteilt. Lehnt der*die Informant*in die Einführung von Bildungsstandards ab? Wenn ja, warum? Nicht die Meinungsäußerung allein zählt, die Hintergründe, die zu einer bestimmten Meinung geführt haben, interessieren.

Auch wenn der*die Informant*in deshalb die Möglichkeit hat, Einfluss auf das zu nehmen, was im Interview zur Sprache kommt, ist das Interview gleichwohl nicht in seine*ihre Hand gegeben. Oftmals kommt entweder ein *Leitfaden* zum Einsatz oder es wird mindestens ein *Merkzettel* da sein, mit dessen Hilfe sichergestellt ist, dass keiner der geplanten Aspekte, auf die sich das Interview beziehen sollte, unter den Tisch fällt. Bei einem Leitfaden handelt es sich um vorab festgelegte Fragen, die im Interview als Orientierung dienen. Es sollte im Zuge des Interviews nichts Wesentliches übersehen oder vergessen werden. Das Problem der »missing data« kann später die Weiterarbeit mit dem erhobenen Material und eine Generalisierung der Ergebnisse erheblich erschweren. Leitfäden bzw. Merkzettel, das sei an dieser Stelle schon angemerkt, können nicht nur ganz grundsätzlich die Vergleichbarkeit der Interviews erleichtern, sondern später im Zuge der Auswertungsarbeiten bei einer ersten Sichtung des Materials wertvolle strukturierende Dienste leisten. Zudem gibt es in der Forschungspraxis Mischformen, in denen leitfadenorientierte Phasen und narrative Phasen abwechselnd vorkommen. Man spricht dann auch von »halbstrukturierten« Interviews (vgl. Döring & Bortz 2016, S. 358). Wird ein Leitfaden verwendet, besteht die Kunst des*der Interviewer*in darin, sich nicht zu eng am Leitfaden zu orientieren, also diesen nicht nur gleichsam ›abzuarbeiten‹ (was bei der strukturierten/standardisierten Befragung zwingend ist). Die Gesprächsführung könnte leicht einen unerwünscht direktiven Charakter annehmen und das Gespräch droht unter Umständen an inhaltlicher Breite einzubüßen. Von einer »Leitfadenbürokratie« (Hopf 2016a, S. 53), die möglichst zu vermeidenden sei, ist in der Literatur die Rede. Zudem ist die Gefahr gegeben, dass der Leitfaden vom Gespräch ablenkt und verhindert, dass dem*der Informant*in aufmerksam zugehört wird. Allerdings sollte auch keines der Themengebiete, die der*die Forschende sich vorgenommen hat, ausgelassen werden. Da hilft der

Leitfaden wiederum. Übrigens ist es durchaus zulässig, den Frageleitfaden dem*der Informant*in am Beginn des Interviews auszuhändigen. Anders als bei der standardisierten Befragung wählt der*die Interviewer*in beim fokussierten Interview die halboffene und durchaus auch schon die offene Frageform. Mithilfe halboffener und offener Fragen kann das, worauf es beim fokussierten Interview ankommt, am besten erfasst werden. Geschlossene Fragen kommen beim fokussierten Interview nur dann zum Einsatz, wenn ganz konkrete Sachverhalte erfragt werden sollen oder etwas offenkundig nicht richtig verstanden wurde.

3. Im *narrativen* (erzählenden) *Interview*, das gelegentlich auch erzählgenerierendes Interview genannt wird und das unter den bisher dargestellten Typen die offenste, am wenigsten bis gar nicht strukturierte Form repräsentiert, berichten die Interviewten retrospektiv von ihren persönlichen Erfahrungen, Einstellungen und Werten (Glinka 2016). Weil es im narrativen Interview noch mehr als im fokussierten Interview darum geht, die persönliche, subjektive Sichtweise des*der Interviewten herauszuarbeiten, besteht die zentrale Aufgabe des*der Interviewer*in darin, seine*n Gesprächspartner*in zum »Erzählen« (lat. narrare) zu bringen, Erzählungen zu generieren. »Erzählen« gilt als alltagsweltliche, natürliche Form der Kommunikation, die auf Seiten der Informant*innen keiner besonderen Voraussetzungen bedarf. Anders aber als beim fokussierten Interview und ohnehin bei der strukturierten Befragung ist die Gesprächsführung beim narrativen Interview non-direktiv, die ›Regie‹ liegt bei dem*der ›Erzähler*in‹, also bei dem*der Informant*in, er*sie hat die Fäden in der Hand. Vor allem in der erziehungswissenschaftlichen Biographieforschung hat das narrative Interview seinen Platz und kann sich in diesem Fall sogar über eine Zeitdauer von mehreren Stunden erstrecken.

Das narrative Interview kann so aussehen, dass der*die Forschende – das eine Extrem – den Verlauf des Gesprächs – das in diesem Fall dann kaum noch den Charakter eines Interviews trägt – ganz dem*der Gesprächspartner*in überlässt. Die*der Forschende setzt nur zur Eröffnung und selbstverständlich ebenfalls immer dann Impulse, wenn der Erzählfluss zu versiegen droht. Derartige Impulse müssen übrigens nicht verbale Stimuli sein, es können zudem Filmausschnitte und Fotos eingesetzt werden – im letzteren Fall spricht man auch von der »fotogeleiteten Hervorlockung« (Harper 2017, S. 415). Oder es kann die Aufforderung zum freien

Assoziieren erfolgen. In diesem Punkt gibt es eine gewisse Nähe zum fokussierten Interview. Als Faustregel gilt: Alles, was Erzählblockaden löst, Erinnerungen, Gefühle etc. aktiviert, also alles, was geeignet ist, das Erzählen in Gang zu bringen und in Gang zu halten, kommt in Frage. Im weiteren Verlauf ist es dem*der Interviewenden allenfalls erlaubt, gewisse Schwerpunktsetzungen vorzunehmen, z. B. eine biographische Erzählung auf bestimmte Aspekte der Lebensgeschichte zu konzentrieren. Manche Autor*innen rücken diese Form des narrativen Interviews sogar in die Nähe des therapeutischen Gesprächs. Hier ist allerdings Vorsicht angezeigt: Die*der Forschende ist kein*e Therapeut*in. Diesbezügliche Erwartungen des*der Beforschten sollte man rechtzeitig dämpfen, denn nicht selten öffnen sich die Befragten einem*einer Fremden gegenüber – und als ein*e Fremde*r tritt er*sie ja auf – in ungeahnter Weise und erhoffen sich Lebensrat usw. Umgekehrt darf die*der Forschende in seinem*ihrem Bemühen, Erzählblockaden aufzulösen, nicht zu weit gehen. Weil, wie gesagt, gerade in einem narrativen Interview nicht selten biographisch Heikles zur Sprache kommen kann, sind die entsprechenden Gefühlsausbrüche des*der Interviewten vielleicht nicht mehr beherrsch- und steuerbar. Der*die Befrager*in übernimmt in jedem Fall eine hohe forschungsethische Verantwortung (vgl. Miethe & Riemann 2008).

Einen Leitfaden gibt es beim narrativen Interview nicht. So etwas wie einen Merkzettel kann der*die Forschende aber bereithalten, um sicherzugehen, dass alle gewünschten Inhalte thematisiert werden. Sollte ein Inhalt nicht angesprochen werden bzw. angesprochen worden sein, wird mit Rückfragen, Ergänzungsfragen etc. in das Gespräch eingegriffen. Das tut der*die Interviewer*in auch dann, wenn der*die Gesprächspartner*in abzuschweifen droht.

Ganz und gar interaktive Formen nimmt das narrative Interview an, wenn sich der*die Forschende selbst in das Gespräch einbringt, indem er*sie dem*der Gesprächspartner*in seine*ihre Ansichten und Meinungen zu den angesprochenen Themen und Sachverhalten mitteilt. Roland Girtler hat mit Bezug auf die Praxis der ethnologischen Feldforschung den Begriff des »eroepischen Gesprächs« geprägt, das grundsätzlich damit beginnt, dass der*die Forschende sein*ihr Erkenntnisinteresse und seine*ihre Arbeitsweise mitteilt, und zwar so, dass bei dem*der Gesprächspartner*in Interesse geweckt wird und diese*r von selbst beginnt zu erzählen (vgl. Girtler 2001, S. 147–168).

Im gelingenden Fall wird das narrative Interview in seiner interaktiven Form zu einem dialogischen Prozess, zu einem Austausch zwischen dem*der Forschenden und dem*der Informant*in. Auch wenn sich beim narrativen Interview (ebenso wie beim fokussierten Interview) reaktive Effekte nicht immer ausschalten lassen, muss sich der*die Forschende doch mindestens hüten, provozierend aufzutreten, denn er*sie will seine*n Gesprächspartner*in ja nicht brüskieren, gar dazu treiben, das Gespräch abzubrechen. Dabei wird dem*der Interviewer*in schon im Gespräch eine hohe Verstehens-Leistung abverlangt, denn er*sie darf den inneren ›roten Faden‹, der ihn*sie durchs Gespräch leitet, nicht verlieren, zugleich muss er*sie aber die (mitunter unerwarteten) Äußerungen seines*ihres Gegenübers stets aufs Neue kreativ aufnehmen und in weiterführende Fragen transformieren. Er*sie muss also ›verstehen‹, was der*die Gesprächspartner*in mitteilen will und welche Bedeutung dieses Mitgeteilte für ihn*sie hat. Weil ein solches Gespräch in seinem Verlauf, wenn überhaupt, nur sehr begrenzt planbar ist, ist eine Vergleichbarkeit einzelner narrativer Interviews nur unter erheblichem methodischem Aufwand herzustellen.

Man kann auch eine Mischform des narrativen Interviews praktizieren. Danach könnte in einem ersten Teil der*die Informant*in frei und unbeeinflusst erzählen, während der*die Interviewer*in in einem zweiten Teil auf offen Gebliebenes eingeht, bestimmte, ihm*ihr wichtig erscheinende Sachverhalte vertieft usw. oder auch die demographischen Fragen hier stellt. Übrigens sollte man im Rahmen von fokussierten und narrativen Interviews die Fragen zur Person nicht geringschätzen und etwa auf sie (aus Zeitgründen z. B.) verzichten. Solche Interviews weisen, auch wenn es sich nicht um im eigentlichen Sinne biographische Interviews handelt, fast immer einen biographischen Hintergrund auf und lassen sich später leichter interpretieren, wenn man diesen Hintergrund wenigstens in Umrissen kennt.

4. Eine v. a. in der erziehungswissenschaftlichen Jugendforschung, in der erziehungswissenschaftlichen Biographieforschung (Krüger 2006) und in der Schulforschung, aber auch in der Sozialpädagogik und sogar in der Historischen Pädagogik seit längerem schon eingesetzte Methode zur Erhebung verbaler Daten ist das *Gruppeninterview* bzw. die *Gruppendiskussion*, um einen

»Zugang zu gruppenhaften Praktiken und Orientierungen« (Nentwig-Gesemann 2010, S. 261) zu gewinnen.

Das Gruppendiskussionsverfahren (Lamnek 2005; Loos & Schäffer 2021) wurde in den USA zuerst für die Marktforschung entwickelt, um dann im deutschen Sprachraum erstmals in den frühen 1950er Jahren in Arbeiten des Frankfurter Instituts für Sozialforschung (Adorno, Horkheimer) zur Ermittlung politischer Einstellungen ausgewählter Bevölkerungsgruppen (u. a. Bauern, Flüchtlinge, Arbeiter) eingesetzt zu werden. Schnell folgten auch die ersten Versuche im pädagogischen Feld, so z. B. bereits 1953/54 eine Untersuchung zu den Nutzer*innenmotiven in der Erwachsenenbildung (Schulenberg 1976).

Die Verfechter*innen der Methode der Gruppendiskussion gehen in quasi psychoanalytischer Manier davon aus, »dass die Diskussionssituation eher als die des Einzelinterviews zur Aktualisierung und Explikation ›tieferliegender‹ Meinungen und Einstellungen [beiträgt]« (Mangold 1960, S. 10). In der Tat hat es eine gewisse Plausibilität anzunehmen, dass in eher kontrovers geführten Diskussionen die eigene Meinung geschärft und zudem eher geäußert wird als im Einzelinterview. »Die Realgruppe«, so drückt dies ein Autorenpaar aus, »erscheint demnach als der valide Ort der Entstehung und Erfassung verhaltensrelevanter Einstellungen und Meinungen« (Dreher & Dreher 1995, S. 186). Die andere, soziologische, Bezugstheorie ist die frühe Soziologie Emile Durkheims, die die kollektive Seite betont. Durkheim spricht nämlich von »kollektiven Vorstellungen«, die sich in den Individuen, »aus denen die Gesellschaft sich aufbaut«, Geltung verschaffen, von diesen nicht autonom erzeugt werden »und somit über sie hinausgreifen« (Durkheim 1985, S. 71 f). Im Hin und Her von Rede und Gegenrede sowie aufgrund der gelegentlich starken Emotionalität, die in Diskussionen häufig auftritt, ist es evtl. besser, direkt »auf jene kollektiven Orientierungen, die die akteursvermittelte Sinnstruktur ausmachen« (Nohl, Schäfer, Loos & Przyborski 2013, S. 17), zuzugreifen. In Einzelinterviews würden diese kollektiven Orientierungen wegen der dort stärker wirksamen Abwehr- und Verdrängungsmechanismen oftmals gar nicht geäußert werden. Es trifft sicher zu, dass in subkulturellen Gruppen sowie in Bildungs-, Geschlechts- und sozialräumlichen Milieus, aber auch in bestimmten Generationenzusammenhängen überindividuelle Orientierungsmuster herrschen, die als spezifische Erfahrungskontexte das Denken,

6.2 Die Datenerhebungsmethoden

Fühlen und Wollen der Subjekte bestimmen. Also sollte man ihnen auch dort nachspüren, wo sie ihre Prägekraft entfalten, in eben diesen Gruppen, Milieus und Alterskohorten. Die Schulklasse übrigens vereinigt gleich mehrere dieser Elemente in sich: Sie bildet eine Gruppe, eine Alterskohorte, ein Bildungsmilieu, ggf. überdies ein sozialräumliches Milieu. Wie sehen diese kollektiven Orientierungsmuster aus? Wie kommen sie zustande? Wie prägen sie die Einstellungen, Meinungen und das Handeln der betreffenden Gruppenangehörigen? Welche Abgrenzungsstrategien werden angewandt? Zur Beantwortung solcher und ähnlicher Fragen eignet sich das Gruppendiskussionsverfahren zweifellos besser als Einzelinterviews, denn es wird davon ausgegangen, dass diese kollektiven Orientierungsmuster mehr sind als nur die Summe der Orientierungsmuster jedes einzelnen Mitglieds der betreffenden Gruppe. Interessant ist darüber hinaus, dass sich das Gruppendiskussionsverfahren einsetzen lässt, um Tabus oder Verdrängungen aufzubrechen. In einer Hauptschulklasse beispielsweise konnte erst in Gruppendiskussionen mit Schüler*innen das unterbewusst präsente, aber nie offen thematisierte Problem der Arbeitslosigkeit in den Familien der Schüler*innen angesprochen werden (vgl. Schindler & Wetzels 1985).

Aktuell ist das Gruppendiskussionsverfahren eine Methode, die in der Biographieforschung und dort als Methode zur Erhebung von Daten eingesetzt wird, die später mit den Mitteln der sog. dokumentarisch-rekonstruktiven Methode, die wir, wenn es um die Datenauswertung geht, noch genauer kennenlernen werden (▶ Kap. 7.2.4), weiter bearbeitet werden (z. B. Bohnsack 2010b). Die dokumentarisch-rekonstruktive Methode ist in den 1980er und 1990er Jahren aus der Interpretation von Diskussionen mit »Cliquen von Jugendlichen« (Bohnsack 2021, S. 35) entstanden, also aus der Anwendung des Gruppendiskussionsverfahrens heraus.

Seltener eingesetzt wird das Gruppendiskussionsverfahren in der Historischen Pädagogik, wobei die beiden Beispiele, auf die wir hier verweisen wollen, beide aus der sozialpädagogischen historischen Forschung stammen. Im ersten Fall wurden Mitglieder der Gilde Soziale Arbeit, »eine berufsständische Vereinigung aus der Mitte der sozialpädagogischen Bewegung mit starken Wurzeln in der Jugendbewegung und engen Verbindungen zur akademischen Geisteswissenschaftlichen

Pädagogik«, vom Forschenden zum Gespräch gebeten. Dabei stand die Frage im Mittelpunkt, »wie Berufspraktiker aus der sozialpädagogischen Bewegung die Krise des Weimarer Wohlfahrtsstaates und die Folgen des nationalsozialistischen Machtantritts wahrgenommen haben« (Schnurr 1997, S. 7). Das zweite Beispiel zeigt die offenen Grenzen dieses Verfahrens. Hier trafen sich Vertreter*innen der akademischen Disziplin Sozialpädagogik dreier Generationen mit der Absicht, zur Schaffung eines »kollektiven Gedächtnisses der Profession und Disziplin« (Homfeld, Merten & Schulze-Krüdener 1999, S. 3) beizutragen. Ein Beitrag zur Zeitgeschichte der Sozialpädagogik.

Ralf Bohnsack hat ein paar Regeln zur Durchführung von Gruppendiskussionen formuliert (Bohnsack 2017, S. 380 ff):

- Fragen, Aufforderungen etc. immer an die ganze Gruppe adressieren. Es soll keine Einflussnahme auf die Verteilung der Redebeiträge genommen werden.
- Nur lockere Themenvorgaben. Welche kollektiven Orientierungsmuster aktiviert werden, soll möglichst wenig beeinflusst werden.
- Nur vage, ›unpräzise‹ Fragen stellen. Nur so ist der Respekt gegenüber der Erfahrungswelt der Diskutanten gewahrt und zugleich gesichert, dass ein breiter Gesprächsfluss entsteht.
- Kein Eingriff in die Verteilung der Redebeiträge. Überhaupt sollen Eingriffe nur dann erfolgen, wenn die Diskussion zu versanden droht.
- Erst ganz am Ende können gezielte Nachfragen gestellt werden.

Worin bestehen die Schwierigkeiten, die mit der Anwendung der Methode der Gruppendiskussion verbunden sind? Bei weitem nicht alles ist geeignet, in der Gruppe thematisiert zu werden. Intimes und gesellschaftliche Tabus dürften in der Regel ausscheiden. Zudem ist Praktisches zu bedenken. Oft wird es schwerfallen, eine größere Gruppe von Informant*innen zu einem festgesetzten Zeitpunkt zu einem gegebenen Thema zu versammeln, ganz abgesehen von den methodischen Problemen, die sich bei einer Gruppenzusammenstellung zwangsläufig ergeben (Repräsentativität etc.). Das in der interpretativen Forschung zur Gewinnung von Gesprächspartner*innen häufig empfohlene sog. »Schneeballsystem« – die Weiterempfehlung auf informellem Wege – taugt in diesem Falle wenig. Die Reliabilität der Ergebnisse ist aber auch deshalb anfechtbar, weil Gruppendiskussionen per se nicht reproduzierbar sind. Und schließlich ist umstritten, ob es überhaupt zulässig sein soll, Gruppen zu bilden aus dem alleinigen Grund, ein Gruppendiskussionsverfahren durchzuführen. Schließlich ist die Dokumentation aufwendig, denn ebenso wie beim Einzelinterview sollten auch hier die nonverbalen Äußerungen der Gesprächsteilnehmer*innen protokolliert werden. Im Endeffekt würde dies auf die Kombination der Gruppendiskussion mit einer teilnehmenden/nicht-teilnehmenden Beobachtung hinauslaufen. Und schließlich können die gruppendynamischen Prozesse, von denen die Methode einerseits profitiert, andererseits auch zu Verzerrungen führen: Wer sich im Gespräch zurückhält, etwa weil er*sie sich mit seiner*ihrer Meinung im Kreis der anderen Gruppenmitglieder zu isolieren fürchtet, dessen*deren Meinung findet am Ende im Gesprächsprotokoll weniger Berücksichtigung. Das ist dann allerdings nicht problematisch, wenn man sich klarmacht, dass das Gruppendiskussionsverfahren zur Erhebung von Einzelmeinungen kaum geeignet ist. Deshalb ist eigentlich auch der Begriff der »Gruppendiskussion« dem des »Gruppeninterviews« vorzuziehen. Gut geeignet ist das Gruppendiskussionsverfahren hingegen, wenn man es am Beginn eines Forschungsprozesses auf unbekanntem Feld in explorativer Absicht einsetzt. So war über die Gründe, die Angebote von Volkshochschulen anzunehmen oder sie zu ignorieren, nichts bekannt – bis eben zu jener besagten o. e. Untersuchung aus den frühen 1950er Jahren. Auf dieser Pilotstudie konnte dann bis heute eine Vielzahl differenzierter Untersuchungen aufbauen. Letztlich stellt das Gruppediskussionsverfahren ein interessantes Verfahren zur Datenerhebung dar, das seinen Platz eher in einer frühen Phase der Hypothesengenerierung hat.

5. Zu den selten gewählten Befragungsformen gehört das Verfertigen eigener Texte durch die Informant*innen, obwohl diese Form der Datenerhebung es erlaubt, die Vorteile des narrativen Interviews, das möglichst ausführliche und unbeeinflusste Erzählen des*der Befragten, mit dem Vorteil der Fragebogenbefragung – die große Zahl – zu kombinieren. Außerdem ist das Verfahren durch die Abwesenheit eines*einer ›Interviewer*in‹ minimal reaktiv. Zum »Erzählen« wird der*die Befragte durch eine möglichst animierende Themenstellung gebracht. In einem Forschungsprojekt, in dem die Forschenden herausfinden wollten, wie Schüler*innen

über die Schule denken und urteilen (Czerwenka et al. 1990, S. 25), wurde den Schüler*innen in schriftlicher Form so etwas wie eine Auftaktgeschichte präsentiert, die die Befragten in sanfter Form zu der Fragestellung ›Was ist das eigentlich, Schule? Was mache ich da tagtäglich? Was bedeutet sie mir?‹ hingeführt wurden.

So viel zu den von uns unterschiedenen Grundformen der Erhebung verbaler Daten.

Wie ist nun der Prozess der Erhebung verbaler Daten in seinem Ablauf gestaltet?

Zunächst gilt es zu klären, welche der verschiedenen Formen der Befragung wann zum Einsatz kommen sollen. Grundsätzlich ist die Bandbreite an Einsatzmöglichkeiten für alle Formen sehr groß. Alle können an jeder Stelle des Forschungsprozesses verwendet werden, auch wenn natürlich die einzelnen Ansätze ihre je eigenen Stärken besitzen. Der offene, explorative Zugang z. B., wie sie das fokussierte und v. a. das narrative Interview bieten, erlaubt es in besonderer Weise, Daten zu sammeln, um so die Formulierung präziser Vermutungen oder erster Hypothesen möglich werden zu lassen. Diese können dann mittels strukturierter Befragungen oder zudem erneut in einem narrativen Interview geprüft und weiterentwickelt werden. Vielfach werden die einzelnen Ansätze auch im Sinne einer Triangulation mit anderen Datenerhebungsmethoden kombiniert. So kann man z. B. statistische Befunde oder Experimentaluntersuchungen mit fokussierten Interviews kombinieren, um damit die Plausibilität der Interpretation der experimentell gewonnenen Daten zu erhöhen (z. B. Merton & Kendall 1984, S. 175 ff). Experteninterviews, um einen anderen Fall des fokussierten Interviews zu nehmen, können ganz am Anfang eines Forschungsprozesses stehen, wenn in explorativer Absicht ein noch unbekanntes Feld erschlossen werden soll. Sie können aber ebenso ganz am Ende eines Forschungsprozesses stehen, wenn es um die finale Bestätigung einer Hypothese geht.

Sodann muss der Kreis der Informant*innen bestimmt werden. Hier können wir zwei Fälle unterscheiden:

- Bei der *strukturierten Befragung* muss eine angemessen große und den Kriterien der statistischen Repräsentativität genügende Anzahl an Informant*innen befragt werden, denn die quantitative, statistische

Repräsentativität der Stichprobe muss hier gewährleistet sein. Geschlecht, Alter, Familienstand und andere askriptive Merkmale spielen hierbei eine wichtige Rolle.
- Nicht so beim *fokussierten* und beim *narrativen* Interview sowie bei der Gruppendiskussion. Hier bedarf es dieser Art von Repräsentativität nicht bzw. nur sehr eingeschränkt. Zwar kann man ebenfalls beim fokussierten Interview die Stichprobe der Befragten nach Kriterien quantitativer (statistischer) Repräsentativität auswählen. In der Regel ist es jedoch anders, denn beim fokussierten und beim narrativen Interview »soll die Stichprobe ein Abbild der theoretisch relevanten Kategorie darstellen« (Hermanns 1992, S. 116). Diese theoretisch relevanten Kategorien – z. B. Abiturient*innen oder arbeitslose Jugendliche – werden vom Forschenden aus den zum Forschungsgegenstand bereits vorliegenden Informationen im Sinne vorläufiger Hypothesen entwickelt. Danach werden dann die Informant*innen ausgewählt. Besonders gut sichtbar wird dies erneut im Fall des bevorzugt in der Evaluationsforschung eingesetzten sog. Experteninterviews, das übrigens, so lautet die Empfehlung, immer als leitfadengestütztes fokussiertes Interview durchgeführt werden soll (Meuser & Nagel 2013): Der Experte ist Wissens-, nicht Merkmalsträger, er ist also im quantitativen Sinne nicht repräsentativ, sondern allein durch sein Wissen und seine Erfahrungen bezüglich des infrage stehenden Problembereichs ausgezeichnet. Man spricht in diesen Fällen auch von einer sog. »theoretischen Repräsentativität« (Hermanns 2012, S. 116).

Im nächsten Schritt erfolgt die Verfertigung des in der standardisierten Befragung einzusetzenden Fragebogens bzw. des im fokussierten Interview einzusetzenden Frage- oder Gesprächsleitfadens. Dieser Prozess verläuft in mehreren Schritten und kann selbst als Prozess der iterativen Hypothesenentwicklung verstanden werden. Alles Weitere zum Fragebogen im folgenden Kapitel dieses Buches.

Schließlich muss die Befragungssituation organisiert werden. Auch wenn in den meisten Fällen jeweils ein*e Interviewer*in einem*einer Gesprächspartner*in gegenübersitzt, sind Alternativen denkbar. So können auch zwei Forscher*innen gemeinsam ein Interview durchführen. Gleichgültig aber, wofür man sich entscheidet, gilt v. a. für das fokussierte und das narrative Interview, wo schon die schlichte physische Präsenz des*der Interviewer*in den Gesprächsverlauf (wenn auch i. d. R. für die Beteiligten unbewusst) beeinflusst: Viel hängt von den Fähigkeiten des*der Interviewer*in ab, weshalb die Schulung der kommunikativen Kompetenz der am Prozess der Datenerhebung Beteiligten, z. B. mithilfe von Probeinterviews, von größter Bedeutung ist.

Bevor wir zur *Dokumentation der Ergebnisse* kommen, ist es empfehlenswert, im Rahmen der Nachbereitung ein sog. *Postskriptum* anzufertigen, das die Umstände des Interviews bezüglich Zustandekommen und Verlauf in möglichst vielen Einzelheiten festhält. Gab es Störungen, Unterbrechungen, irgendwelche Auffälligkeiten? Ist jemand von einem zugesagten Interview zurückgetreten? Wann und wo hat das Interview stattgefunden? Und so weiter. Das alles hilft später bei der Datenauswertung.

Bezüglich der Dokumentation der Ergebnisse müssen wir wieder je nach Interviewart unterscheiden:

- Bei der *strukturierten Befragung* liegen standardisierte Fragebögen vor, die im Zuge der Datenauswertung nach den Regeln der Statistik weiter bearbeitet und zu »Rohdaten« aufbereitet werden.
- *Fokussierte* und *narrative Interviews* und *Gruppendiskussionen* werden häufig auf Tonträger aufgezeichnet und müssen anschließend transkribiert werden. Die Tonträgerdokumentation ist eine Form, die den Vorteil hat, ohne Verlust an Informationen auszukommen. Aufgezeichnet werden kann auf speziellen Aufnahmegeräten (beispielsweise von Olympus, Sony, Zoom oder Tsacam), mittels spezieller Konferenztools (wie Skype oder Zoom) oder auch mit dem Smartphone. Wegen des mit der Aufnahme verbundenen hohen Aufwands kann sie jedoch nicht immer praktiziert werden. Zudem fühlen sich die Informant*innen angesichts eines mitlaufenden Aufnahmegeräts gelegentlich gehemmt. Deshalb besteht alternativ die Möglichkeit, von einer dritten Person schriftlich mitprotokollieren zu lassen. Auch dies bleibt meist nicht ohne Einfluss auf das Gesprächsverhalten des*der Informant*in und ist obendrein mit einem nicht unerheblichen Verlust an Informationen verbunden. Die Möglichkeit eines nachträglich anzufertigenden Gedächtnisprotokolls seitens des*der Interviewer*in kann nicht empfohlen werden. Das Erinnerungsvermögen wird leicht überschätzt, der Verlust

an Informationen ist bei diesem Verfahren so groß, dass nicht mehr von einer sinnvollen Form der Datengewinnung gesprochen werden kann.

In den beiden Fällen des fokussierten und des narrativen Interviews beginnt der Datensicherungsprozess deshalb mit einer sorgfältigen Transkribierung der Tonträger (möglichst durch den*die Interviewer*in selbst), wobei auf wortwörtliche Wiedergabe des Gesprochenen zu achten ist – einschließlich aller weiteren hörbaren Äußerungen des*der Interviewten (Räuspern, Lachen etc.). Es muss immer darum gehen, das Ganze eines Kommunikationsvorgangs festzuhalten. Auf orthographische Richtigkeit kommt es bei der Transkription nicht an, sondern darauf, dass die Äußerungen des*der Interviewten so festgehalten werden, wie sie phonetisch klingen. Das kann z. B. bei Dialektsprechern eine mühsame Sache sein, ist aber unerlässlich, wenn man die Authentizität des Interviews erhalten will. Falls erforderlich, sind bestimmte subkulturelle (Jugendsprache!), schicht- oder regionalspezifische Begriffe oder Sprachmuster zu »übersetzen« bzw. zu erläutern. Dies ist besonders dann der Fall, wenn an der Interpretationsarbeit mehrere Personen beteiligt sein werden, von denen nicht zwingend vorausgesetzt werden kann, dass sie sich in den Milieus ebenso sicher bewegen wie der*die Interviewer*in. Schließlich sollten von dem*der Interviewer*in erinnerte nonverbale Eindrücke (Nervosität, langes Zögern des*der Interviewten vor Antworten, auffällige Körperhaltung usw.) sowie Angaben zur Interviewsituation im Interviewtranskript in Klammern [...] notiert werden. In aller Regel sind die erhobenen Daten aus Gründen des Datenschutzes zu anonymisieren, also Orts-, Namens- und Zeitangaben sind so zu verschlüsseln, dass bei der späteren Rezeption der Forschungsergebnisse keine Identifikation der Befragten möglich ist. Auf weitere, teils sehr spezifische Regeln, die beim Transkribieren einzuhalten sind, wie etwa die verschiedenen Formen einer Umschrift, die Vor- und Nachteile des wörtlichen Transkripts und die Bedeutung des Internationalen Phonetischen Alphabets (IPA) wollen wir hier nicht eingehen. Dazu verweisen wir auf die Literatur (zur ersten Übersicht Langer 2013). Um die Transkription zu vereinfachen, wurde eine Reihe an Software entwickelt. Gängige, jedoch kostenpflichtige Beispiele sind die Transkriptionsmöglichkeit in MAXQDA (https://www.maxqda.de/) und das Programm f4 (https://www.audiotranskription.de/f4transkript/), welches mittlerweile sogar KI-gestützte Transkription mit f4x anbietet.

Was nun in Textform vorliegt, das sind die »Rohdaten«, die freilich schon – allein durch den Akt des Transkribierens – Produkt einer Konstruktionsleistung sind. Das intensive Nachhören des Interviews, das Füllen ggf. vorhandener Lücken, das Beseitigen von Unklarheiten und die Verschriftlichung als solche sind eine Leistung der Transkribierenden, die intensives Sich-Einlassen auf den Text erfordern und gewissermaßen den ersten Schritt der nun folgenden Interpretationsarbeit darstellen. Sorgfalt ist hier oberstes Gebot. Immerhin: Was an Text vorliegt, muss zitierfähig sein! Deshalb sollten die Forschenden das Transkribieren, wenn irgend möglich, selbst erledigen und nicht delegieren. Falls dieser erste Schritt von verschiedenen Personen durchgeführt wurde, müssen die Texte, die die Rohdaten präsentieren, so abgefasst sein, dass sie wechselweise sowie auch für Personen verständlich sind, die an der Datenerhebung nicht beteiligt waren.

Wir kommen nun zu der dem Interview sehr ähnlichen bzw. zugehörigen Datenerhebungsmethode, dem Fragebogen, den wir aufgrund seiner großen Bedeutung im Alltag der erziehungswissenschaftlichen Forschung als eigenständige Erhebungsmethode behandeln wollen.

6.2.2.3 Der Fragebogen: Verbale Daten

Die Einsatzmöglichkeiten des Fragebogens sind vielfältig. Man kann mittels eines Fragebogens Informationen auf einem noch wenig bekannten Forschungsfeld sammeln, aber ebenfalls sehr präzise nachfragen, wenn schon viel bekannt ist, manches aber noch genauer untersucht werden will. Der Fragebogen eignet sich also sowohl zur Hypothesengenerierung als auch zur Hypothesenprüfung. Ein Vorteil des Fragebogens besteht darin, dass man ohne großen Aufwand und schnell an viele Daten kommen kann. Es ist ja, anders als beim klassischen Interview, keine persönliche Begegnung (Vis-à-vis-Situation) erforderlich. So kann ein Fragebogen als Paper-Pencil-Version direkt an die zu Befragenden übergeben werden oder es findet ein telefonischer Kontakt statt. Aber selbst solche minimalen Kontakte sind nicht zwingend. Denken wir nur an die Versendung von Fragebögen per Post und an die Online-Befragung. Die Online-Befragung ist vielleicht das aktuell optimalste Mittel, um schnell mit vielen Menschen in Kontakt zu kommen, ohne sie selbst treffen zu müssen. Beispielhaft können wir auf die vom Medienpädagogischen Forschungsverbund Südwest seit 1998 regelmäßig durchgeführten Umfragen zum Mediennutzungsverhalten von Kindern und Jugendlichen hinweisen. Die Befragungen finden auf unterschiedliche Art und Weise statt, für die JIM-Studie (Jugend, Internet, Medien) 2020 aber wurden zu 70 % telefonisch computergestützte Interviews (CATI) und 30 % Interviews im Rahmen eines Online-Access-Panels (CAWI) durchgeführt (JIM 2020). In der Nicht-Begegnung liegt nämlich neben der großen Zahl ein weiterer Vorteil des Fragebogens. Stichwort: Reaktanz. Außerdem sind zur Durchführung einer Befragung per Fragebogen keine besonderen Qualifikationen erforderlich. Beim Einsatz eines Fragebogens sollte es gleichgültig sein, wer die Befragung durchführt. Die erforderlichen Kompetenzen sind gering und schnell zu erwerben. Für die telefonische und die Online-Befragung sind computergestützte Hilfen verfügbar. Das in der wissenschaftlichen Community am meisten verwendete Tool zur Erstellung von Online-Fragebögen ist SoSci Survey (https://www.soscisurvey.de/). Je nachdem, wie viele Personen befragt werden sollen, wie hoch die Datensicherheit gehalten wird und welche methodischen Gestaltungsoptionen es gibt, kann auch auf LimeSurvey (https://www.limesurvey.org/de/), SurveyMonkey (https://de.surveymonkey.com/) und UniPark (http://www.unipark.com/de/umfragesoftware/) zurückgegriffen werden.

Selbstverständlich haben unpersönliche Befragungen, also die postalische, die telefonische und die Online-Befragung, auch Nachteile. So können die Antworten verzerrt ausfallen, weil die Befragten Dritte einbeziehen. Verständnisprobleme können (Ausnahme Telefon) nicht ausgeräumt werden, weil der*die direkte Ansprechpartner*in fehlt. Bei postalischen Befragungen kommt hinzu, dass die Rücklaufquoten erfahrungsgemäß eher gering sind (selten mehr als 20 %) (Diekmann 2021). Bei Online-Befragungen kann es schwerfallen, eine repräsentative Stichprobe zu gewinnen, da die Teilnahme an einen Internetzugang gebunden ist. Findet vorab keine Auswahl der zu Befragenden statt, verlieren die Forscher*innen bei Online-Befragungen leicht die Kontrolle über den Kreis der zu Befragenden. Die genaue Bestimmung eines Samples ist hier unabdingbar. Trotz dieser Schwierigkeiten überwiegen die Chancen, und deshalb ist auch in der Erziehungswissenschaft die Online-Befragung eine zentrale Methode, um an Daten zu gelangen.

Ist die Entscheidung für den Fragebogen gefallen, dann müssen wir uns um die Details kümmern. Zum Beispiel: Wer und wie viele Informant*innen sollen befragt werden? Mit welcher Rücklaufquote können wir rechnen? Welche Adressat*innen werden befragt? Inwieweit können wir die Befragten durch Fragen überfordern oder unterfordern? Außerdem sollte geklärt werden, in welcher Form der Fragebogen ausgegeben werden soll. Hier kann zwischen der schon erwähnten Paper-Pencil-Version, einer persönlichen Befragung, einer telefonischen Befragung oder einer Online-Befragung bzw. einem »Online-Survey« unterschieden werden. Wenn Repräsentativität angestrebt wird, ist die Rücklaufquote wichtig. Nur dann ist das nötige Maß an Objektivität gegeben, das wiederum die Voraussetzung für die Reliabilität (= Zuverlässigkeit; Grad der Genauigkeit, mit der ein bestimmtes Merkmal gemessen wurde) und der Validität (= Grad der Übereistimmung der erhobenen Daten mit dem, was erhoben werden sollte) der Ergebnisse bildet. Weiter gilt es zu klären: Welche Adressat*innen werden befragt? Kommen alle wünschbaren Adressat*innen in Frage? Befragte können durch Fragen überfordert oder ggf. auch unterfordert werden.

Jetzt geht es an die Erstellung des Fragebogens. Dazu müssen wir uns ein paar Grundgegebenheiten vergegenwärtigen.

Der Fragebogen hat die Aufgabe, den Inhalt, die Anzahl und die Reihenfolge der Fragen festzulegen. Zum Inhalt der Fragen ist an dieser Stelle nichts zu sagen. Das hängt vom Forschungsproblem ab. Klar ist auch, dass der Fragenkatalog nicht nur mit der Fragestellung der Untersuchung, sondern stets auch mit der Forschungsliteratur abgeglichen werden muss. Was die Anzahl und die Abfolge der Fragen betrifft, geben wir Hinweise dazu am Ende dieses Textes.

Vor allem aber ist zu klären: standardisierter oder nicht-standardisierter Fragebogen? In der Literatur zur Befragung tauchen immer wieder die Begriffe »strukturiert«, »teilstrukturiert«, »nicht-strukturiert« auf. Im Falle des Fragebogens spricht man von »standardisiert« (strukturiert), »teilstandardisiert« (teil-strukturiert) und »nicht-standardisiert« (nicht-strukturiert). Ob ein Fragebogen als standardisiert gilt, hängt übrigens nur bedingt von der Art der Fragen ab. Zwar kann man davon ausgehen, dass »standardisierte« Fragebögen »geschlossene« Fragen (siehe unten) enthalten. Ein weiteres Kriterium ist aber, ob der*die Befrager*in in den Ablauf der Befragung eingreift, etwa mit Hinweisen, Erläuterungen etc. – was natürlich die unpersönliche Form der Durchführung ausschließt. Bei standardisierten Fragebögen machen die Befragenden das nicht, vielmehr haben alle Befragten dieselben Anweisungen und Erklärungen erhalten. Im Idealfall werden die Fragen von allen Befragten gleich verstanden und der Befragungsvorgang wird vom Forschenden nicht beeinflusst. Deshalb sollten in diesem Fall am Anfang des Fragebogens genaue Anweisungen mit Beispielen gegeben werden, wie die einzelnen Frage- und Antworttypen zu kennzeichnen bzw. auszufüllen sind. Zudem kann es hilfreich sein, Beispiele für eine mögliche Verbesserung bei irrtümlichen Antworten zu geben. Alle im Fragebogen vorgesehenen Varianten von Bearbeitungsmöglichkeiten sollten berücksichtigt werden, sodass die Informant*innen ohne größere Überlegung oder Anstrengung antworten können.

Kommen wir nun zu den Fragen selbst. Je nach Frageform oder Befragungstyp kann der Fragebogen in Abhängigkeit vom Grad der Strukturierung sowohl zu Daten führen, die mittels zählender und messender Methoden ausgewertet, als auch zu solchen, die mittels interpretativer Methoden ausgewertet werden können. Wir müssen also wissen, ob wir einen Sachverhalt nicht in der Quantität, sondern eher in der Qualität abbilden wollen. Ein strukturierter Fragebogen beinhaltet nicht nur die vorab konzipierten Fragen, sondern gibt ebenfalls die entsprechenden Antwortmöglichkeiten vor, deren Reihenfolge, wie gesagt, festgelegt ist. Bei (teil-)strukturierten Interview-Formen können die Fragen frei(er) und auch ausführlich(er) beantwortet werden als bei strukturierten Interviews. Möchten wir auch Antwortmöglichkeiten mit einschließen, an die wir noch nicht gedacht haben, dann können wir nicht mit dem geschlossenen Fragetypus operieren. Der Fragebogen ist dann ein nicht-standardisierter Fragebogen.

Im Einzelnen können wir drei Haupttypen von Fragen unterscheiden:

1. Geschlossene Fragen,
2. Offene Fragen und
3. Halboffene Fragen.

1. Der erste Grundtyp sind die sog. *geschlossenen Fragen*. Es handelt sich dabei um distinktive Fragen mit eingeschränkten Antwortmöglichkeiten.

Ein Beispiel: Bei einer Umfrage, die das an der Universität Dortmund angesiedelte Institut für Schulentwicklungsforschung (IFS) 2004 durchgeführt hat (vgl. IFS-Umfrage (2004)), wurde u. a. gefragt, ob die Befragten für die Einführung des Zentralabiturs einträten. Auf diese Frage konnte nur mit »ja« oder »nein« geantwortet werden.

Die Antwortauswahl ist auf eine Nennung beschränkt und lässt keine weiteren Alternativen zu. Allenfalls kann zusätzlich noch die Möglichkeit eingeräumt werden, gar nicht zu antworten oder die Kategorie »keine Angabe« einzuführen. Allerdings kann eine solche Kategorie dazu verleiten, tatsächlich genutzt zu werden, und der*die Forschende erhält dann keine Informationen. Insofern ist dieser Kategorienzusatz mit einem Risiko verbunden. Eine geschlossene Frage ohne Mehrfachnennung ist auch: Wie viele Stunden benötigen Sie täglich zur Erledigung der Hausaufgaben? 0/bis 1/bis 2/bis 3/bis 4/mehr als 4?

Fragen mit einer vorgegebenen Anzahl an Antworten können allerdings auch die Möglichkeit der Mehrfachnennung besitzen. Mehrfachnennungen wären z. B. möglich bei der Frage: Auf welche Medien greifen Sie beim Lernen zurück? TV-Gerät/PC oder Laptop/Smartphone/Tablet-PC/Radio/Bücher und Zeitschriften?

Geschlossene Fragen eignen sich besonders für weitere Untersuchungen mit quantitativen Methoden, weil damit Informationen gewonnen werden, die sich i. d. R. gut für weitere statistische Operationen aufbereiten lassen.

2. Bei *offenen Fragen* sind keine festen Antwortmöglichkeiten vorgegeben. Ein Beispiel hierfür ist: Warum haben Sie sich für ein erziehungswissenschaftliches Studium entschieden? Da keine konkreten Antwortmöglichkeiten vorgegeben sind, kann der*die Befragte seine*ihre Meinung, seine*ihre Eindrücke, seine*ihre Motive usw. einbringen. Dadurch ergibt sich eine subjektive Antwort/Beschreibung/Darstellung.

Offene Fragen werden zum einen bevorzugt eingesetzt, wenn geringes Wissen über den Gegenstand der Frage besteht (wie häufig in explorativen Designs) und dem*der Forschenden die Bandbreite an Antwortmöglichkeiten noch unklar ist. Offene Fragen werden zum anderen dann verwendet, wenn vermieden werden soll, den*die Befragte*n aus einer Vielzahl von Antwortmöglichkeiten auf eine ganz bestimmte Antwort festzulegen. Wenn die Anzahl an Antwortmöglichkeiten sehr groß ist, spricht man auch von einem großen Universum der Antwortmöglichkeiten. Antworten auf offene Fragen werden oft mit qualitativen Verfahren ausgewertet (s. u.). Es gibt aber auch die Möglichkeit, quantitative Datenauswertungsverfahren einzusetzen, z. B., indem man die Schlüsselwörter zählt, die in einer Antwort vorhanden sind. Die Länge der Antworten kann bei offenen Fragen vorgegeben werden, etwa durch eine entsprechende Anzahl von Zeilen, die angeboten werden, oder, im digitalen Bereich, indem die maximale Zeichenanzahl festgelegt wird. Dadurch beschränken wir die Antwortmöglichkeiten oder erweitern diese.

3. *Halboffene Fragen* sind ein Hybrid aus offenen und geschlossenen Fragen. Sie werden verwendet, wenn zusätzliche Antwortmöglichkeiten zu den vorgegebenen Auswahlantworten möglich sind und diese auch in der Untersuchung berücksichtigt werden sollen. Ein Beispiel für eine halboffene Frage mit Mehrfachauswahl ist: Warum haben Sie sich für ein erziehungswissenschaftliches Studium entschieden (Sie können mehrere Gründe nennen)? Ich möchte mit Menschen arbeiten/Aufgrund der guten Berufsaussichten/Aufgrund der Vereinbarkeit von Familie und Beruf/Ich möchte die Welt besser machen/Eine Freundin, ein Freund hat es mir empfohlen/Sonstiges (bitte nennen!). Hier ist es möglich, mehrere Antworten anzukreuzen oder, wenn diese nicht genannt sind, unter »Sonstiges« die persönliche Antwort anzubringen. Wird die Antwortkategorie »Sonstiges« jedoch häufig angekreuzt, zeigt das, dass die Antwortmöglichkeiten nicht ausreichend auf die Zielgruppe hin abgestimmt waren. Meist ergeben halboffene Fragen nur dann Sinn, wenn die freien Antwortmöglichkeiten in ihrer Anzahl überschaubar bleiben. Ansonsten wäre eine offene Fragestellung von vornerein angebrachter.

Die Kategorie »Sonstiges« oder »Anderes« bei halboffenen Fragen dient nicht alleine der Gewinnung von eventuell nicht berücksichtigten Antwortkategorien. Sie besitzt darüber hinaus die Funktion, die Motivation der Befragten aufrecht zu erhalten, die sich eventuell in keiner der vorgegebenen Kategorien wiederfinden. Wenn dies öfter der Fall ist und der*die Befragte keine Antwortmöglichkeit wählen kann, kann dies der Motivation abträglich sein. Oft sind halboffene Fragen aber auch das Resultat einer Unentschlossenheit darüber, ob eine Frage offen oder geschlossen gestaltet werden soll.

Wie wir sehen, ist es von großer Bedeutung, dass wir die Fragen unseres Fragebogens richtig formulieren. Rolf Porst hat zehn Grundregeln zusammengestellt, die es bei der Konzeption eines Fragebogens zu beachten gilt: Wir sprechen hier von den »10 Geboten der Frageformulierung«:

»1. Du sollst einfache, unzweideutige Begriffe verwenden, die von allen Befragten in gleicher Weise verstanden werden!
2. Du sollst lange und komplexe Fragen vermeiden!
3. Du sollst hypothetische Fragen vermeiden!
4. Du sollst doppelte Stimuli und Verneinungen vermeiden!
5. Du sollst Unterstellungen und suggestive Fragen vermeiden!
6. Du sollst Fragen vermeiden, die auf Informationen abzielen, über die viele Befragte mutmaßlich nicht verfügen!
7. Du sollst Fragen mit eindeutigem zeitlichem Bezug verwenden!
8. Du sollst Antwortkategorien verwenden, die erschöpfend und disjunkt (überschneidungsfrei) sind!
9. Du sollst sicherstellen, dass der Kontext einer Frage sich nicht (unkontrolliert) auf deren Beantwortung auswirkt!
10. Du sollst unklare Begriffe definieren!« (Porst 2014, S. 99 f)

Es folgen weitere Erläuterungen/Anmerkungen zu den »Geboten« von Porst (2014, S. 99–118):

- Punkt 1: Dieser Hinweis besagt, dass die Fragen so gestaltet sein müssen, dass die Bedeutung der verwendeten Begriffe für alle Befragten gleichermaßen klar und eindeutig ist.
- Punkt 2: Je länger und komplexer, desto verwirrender. Deshalb sollte die Frage einfach, klar und deutlich formuliert werden. Es geht hier nämlich nicht darum, sein wissenschaftliches Know-how zu präsentieren, sondern eine Sprache zu treffen, die die Befragten teilen.
- Punkt 3: Hypothetische Fragen führen auch nur zu hypothetischen Antworten und sind deswegen zu vermeiden.
- Punkt 4: Doppelte Verneinungen sind für die Befragten oftmals zu komplex und verwirrend.
- Punkt 5: Wenn man suggestiv fragt, lenkt man die Person schon zu einer gewissen Antwort hin und kann damit eine bestimmte Antwort

provozieren, die eigentlich nicht mehr von der befragten Person »gesteuert« wird, sondern aufgrund von sozialer Erwünschtheit o. ä. zustande kommt. Es gibt in der Literatur allerdings auch das Plädoyer für den Einsatz von Suggestivfragen. So wird etwa vorgeschlagen, eine*n Interviewpartner*in ausdrücklich mit Suggestivfragen zu bedrängen, um ihn*sie damit zu einem möglichst energischen Bekräftigen seiner*ihrer Position zu animieren. Tut er*sie dies, haben die Hypothesen, denen der*die Interviewer*in folgt, einen Falsifikationsversuch bestanden und sind damit gültiger als zuvor. Wir erinnern uns: Eine Hypothese ist »umso gültiger und informationshaltiger, je mehr Falsifikationsversuchen sie widerstanden hat« (Bauer 2004, S. 182). Suggestivfragen aber sind nichts anderes als solche Falsifikationsversuche, und am Ende werden »nur Hypothesen [beibehalten], die solchen Destruktionsversuchen immer wieder standgehalten haben« (ebd.).

- Punkt 6: Es ist wichtig, in der Umfrageforschung die sog. Meinungslosen nicht mit einzuschließen. Diese Personen haben im Grunde keine Meinung zum Thema oder auch kein Wissen zu dem betreffenden Themengebiet.
- Punkt 7: Der zeitliche Bezug ist insofern sinnvoll, als die Befragten dann konkrete Ankerpunkte haben, um sich an etwas zu erinnern.
- Punkt 8: Wenn geschlossene Fragen verwendet werden, müssen alle denkbaren Antwortmöglichkeiten auch aufgelistet sein und diese dürfen sich nicht überschneiden. Dies würde eventuell zu Entscheidungsunfähigkeit führen.
- Punkt 9: Je nachdem, wie Fragen kombiniert werden, kann das Auswirkungen auf die jeweils folgenden Antworten haben. In diesem Fall spricht man von sog. Fragereiheneffekten. Deswegen müssen wir darauf achten, dass wir unsere gerade stattfindende Befragung möglichst wenig selbst durch solche Effekte beeinflussen.
- Punkt 10: Wenn ein bestimmter, schwieriger Terminus unbedingt mit in den Fragebogen muss, dann muss dieser selbstverständlich erklärt werden.

Kommen wir nun zu der Frage: Welche Skalierungen eignen sich für Fragebögen? Die Beantwortung dieser Frage hängt natürlich stark von der gewählten Frage und der geplanten Verwertung der gewonnenen Daten ab (etwa mittels statistischer Verfahren; ▶ Kap. 7.3). Um beispielsweise Mittelwertbestimmungen berechnen zu können, bedarf es mindestens intervallskalierter Daten. Das heißt aber nicht, dass wir mit Nominal- oder Ordinal-Daten nicht statistisch arbeiten könnten, sondern nur, dass die verteilungsabhängigen Verfahren mit Intervallskalen gestützt werden.

- Die *Nominalskala* hat das geringste Skalenniveau und lässt lediglich Aussagen über die Gleichheit und Verschiedenheit der Merkmalsausprägungen zu (z. B. Geschlecht, Schultypen). Sie arbeitet oftmals mit dichotomen Fragen, die mit ›ja‹ oder ›nein‹ beantwortet werden können bzw. mit Fragen, die einer Zuordnung zu mehreren mathematischen, nicht vergleichbaren Kategorien dienen. Ein Beispiel für eine solche Frage wäre: Wie heißt der Studiengang, in den sie eingeschrieben sind? Die Auswahlmöglichkeiten könnten sein: »Psychologie«, »Pädagogik«, »Soziologie«, »Anderes«. In dem Fall haben wir natürlich keine Rang- oder Reihenfolge, sondern eine Auflistung möglicher Kategorien, die einer Nominalskala entsprechen. Bei einer Nominalskalierung ist die deskriptive Auswertung vorrangig. Sobald wir das Ganze mit anderen Variablen kombinieren, können teilweise aber auch inferenzstatistische Verfahren zum Einsatz kommen.
- Die *Ordinalskala* bildet eine Rangfolge der Merkmals- oder Eigenschaftsausprägungen ab und erlaubt es, die Antworten einer bestimmten Wertigkeit und somit verschiedenen Rängen zuzuordnen. Ein Beispiel dafür wäre: »Wie bewerten sie ihren Lernerfolg in diesem Semester?« mit den drei Antwortmöglichkeiten »gut«, »weniger gut« und »nicht gut«. »Gut« ist eine graduell höhere Bewertung als »weniger gut«. Allerdings können keine Aussagen darüber gemacht werden, wie ausgedehnt oder eng der Abstand zwischen »gut« und »weniger gut« ist. Oder denken wir an die Variable »Schulbildung«, die als »niedrig«, »mittel«, oder »hoch« eingestuft werden kann, ohne dass man etwas über die Abstände sagen könnte, die auch noch zwischen den Kategorien schwanken können. Metrische Verfahren lassen sich mit den Daten deshalb nicht durchführen. Wir wissen also nicht, ob der Abstand von »nicht gut« zu »weniger gut« größer oder kleiner ist als der Abstand von »weniger gut« zu »gut«. Aufgrund dieses Ordinalskalenproblems ist es auch sehr schwierig, eine Ordinalskala als Intervallskala zu interpretieren. Häufig wird das aber

gemacht, um aussagekräftigere Analysemethoden verwenden zu können.
- Die *Intervallskala* bildet dagegen nicht nur die Rangreihe der Merkmalsausprägungen, sondern auch die Größe der Merkmalsunterschiede ab. Die Abstände zwischen den Skalenpunkten sind äquidistant, weisen also stets den gleichen Abstand auf. Intervallskalen besitzen jedoch keinen absoluten Nullpunkt (z. B. Intelligenzquotient). Die Intervallskala ist die Voraussetzung für viele statistische Verfahren wie die Korrelation oder die arithmetische Mittelwertbestimmung. Häufig wird versucht, im Fragebogen die Antwortmöglichkeiten so zu gestalten, dass Intervallskalenniveau erreicht wird. Eine reine Intervallskala zeichnet sich durch stets gleichmäßige Abstände aus, wie etwa im folgenden Beispiel: Bitte geben Sie an, wie viele Stunden Sie im Schnitt pro Tag auf die Nachbereitung des Unterrichts verwenden. Hier sind vier Stunden tatsächlich doppelt so viele wie zwei Stunden. Zwar ist bei einer Intervallskala der Nullpunkt oftmals nur gedacht bzw. nicht »natürlich«, aber die Abstände zwischen den einzelnen Messwerten sind exakt definiert.
- Die *Ratingskala* wird sehr häufig in den Sozialwissenschaften eingesetzt, also auch in der Erziehungswissenschaft. Meist geht es dabei um eine Selbsteinschätzung durch die Befragten. Die Antwortmöglichkeiten werden ähnlich wie bei der Ordinalskala in Form von »Items« vorgegeben. Jedoch wird nicht mehr jeder einzelne Punkt verbalisiert oder verschriftlicht, sondern die Abstufung müssen die Befragten selbst vornehmen. Sie müssen sich also zu jedem Punkt eine konkrete Vorstellung bilden. Wie etwa bei folgender Frage: Sind Sie der Meinung, dass Statistik ein interessantes Unterrichtsfach ist? Die Antwort würde dann lauten: Stimme gar nicht zu 0 1 2 3 4 5 6 7 8 9 10 Stimme voll zu.

Die Befragten haben in diesem Beispiel die Auswahlmöglichkeit zwischen den Polen »Stimme gar nicht zu« oder »Stimme voll zu«. Und sie können sich dazwischen positionieren. Was für sie genau die Stufe zwei, drei oder vier bedeutet, müssen die Befragten allerdings selbst entscheiden.

Streng genommen ist die Ratingskala ordinal skaliert, da die einzelnen Abstufungen zwischen den Endpunkten von den Befragten subjektiv und nicht intersubjektiv geschlossen werden. Ob der Abstand zwischen zwei Stufen subjektiv immer als gleich abstrahiert werden kann, ist fraglich. So ist die Stufe 4, die man als »Stimme eher zu« näher spezifizieren könnte, nicht einfach das Doppelte von einer Stufe 2 »Stimme eher nicht zu«. In der Praxis werden die Ratingskalen jedoch problematischerweise sehr häufig wie intervallskalierte Skalen verwendet. Bei der sog. Likert-Skala werden zumeist fünf oder sieben Auswahlmöglichkeiten vorgegeben. Bei drei Auswahlmöglichkeiten wie in unserem vorherigen Beispiel ist es sehr schwierig, aussagekräftige Antworten zu generieren, da der*die Befragte bei seinen*ihren Antworten nicht stark differenzieren kann.

Eine wichtige Frage, die sich bei einer Rating-Skala stellt, ist, ob wir eine gerade oder ungerade Anzahl von Antwortmöglichkeiten vorgeben? In dem Fall, dass eine gerade Zahl vorgegeben ist, kann beabsichtigt sein, dass es keine neutrale Mitte gibt und sich der*die Befragte für eine Tendenz entscheiden muss. Häufig werden dafür sechs Abstufungen gewählt. Haben wir einen Mittelwert oder etwas, das zumindest eine Mitte signalisiert, dann werden in der Regel ungerade Abstufungen gewählt. Beide Entscheidungen können zu Problemen führen. Wir kennen beispielsweise das Problem der Tendenz zur Mitte. Wir kennen aber auch das Problem, dass man eine*n Befragte*n durch bestimmte Antwortmöglichkeiten in eine Richtung drängt.

- Die *Verhältnisskala* (auch *Ratioskala* genannt) besitzt den höchsten Informationsgehalt. Sie ist eine Intervallskala, die zusätzlich noch einen natürlichen Nullpunkt besitzt. Dieser Nullpunkt entsteht nicht durch die Kodierung oder durch einen suggerierten Nullpunkt, sondern er existiert in dem Fall tatsächlich. Entsprechende Beispiele dafür wären etwa: die Frage nach der Anzahl der Computer-Arbeitsplätze in einer Schule, die Frage nach der Entfernung zur nächsten Stadt mit einer Universität usw. Nehmen wir die folgende Beispielfrage: Wie viele internetfähige Geräte gibt es in Deinem Zuhause, auf die Du zur Ausarbeitung eines Referats zurückgreifen kannst? 0 / 1 / 2 / 3 / 4 / mehr als 4?
In dem Fall habe ich »null«, »eins«, »zwei«, »drei«, »vier« oder »mehr als vier« als Antwortmöglichkeit. Hier ist die Null auch tatsächlich sinnvoll interpretierbar mit gleichen, exakt definierbaren Abständen. Intervallskala und Verhältnisskala zusammen werden auch als *Kardinalskala* bezeichnet.

Welche Skala ist die richtige?
Die Wahl des richtigen Messniveaus ist für die Sammlung und Auswertung von Daten sehr wichtig. Dabei muss bei der Konstruktion von Variablen darauf geachtet werden, dass die Kategorien sich nicht überlappen und dass sämtliche mögliche Beobachtungen in der Skala abgebildet werden können. Angenommen, wir wollen die Variable »Schulbildung« messbar machen, dann können wir diese dichotom auslegen und zwischen »Abitur« und »kein Abitur« unterscheiden. Wir können sie polytom auslegen, dann kommen wir auf die Ausprägungen Hauptschule/Realschule/Gymnasium/ Sonstiges. Wählen wir den Notendurchschnitt als Indikator für die Variable Schulbildung, dann bewegen wir uns auf Ordinalskalenniveau. Es ist die Forschungsfrage, die über die Wahl des Skalenniveaus entscheidet. Aus statistischer Sicht gelten erst intervallskalierte Skalen als quantitativ. Nominal oder Ordinalskalen werden hingegen als qualitativ betrachtet.

Wir sehen also: Die optimale Skala gibt es nicht. Alle Skalen haben ihre Vor- und Nachteile. Die Wahl der richtigen Skala hängt ansonsten von mehreren Faktoren ab. Dazu zählt etwa die Frage: Welche mathematischen, statistischen Berechnungen möchten wir mit den erhobenen Daten durchführen? Diese Überlegung sollte idealerweise auch schon in die Forschungsfrage einfließen. Für den Fall, dass wir bestimmte Analysemethoden wie Regressionsmodelle, Korrelationen, t-Tests oder Varianzanalysen verwenden möchten, brauchen wir dafür Skalen, die für die Berechnung geeignet sind.

Auch der Umfang des Fragebogens spielt bei der Fragebogenkonstruktion eine Rolle. Je länger der Fragbogen, desto wichtiger ist eine gute Strukturierung, damit die Motivation bei den Befragten nicht verloren geht. Lange »Fragebatterien« sind nicht besonders motivationsdienlich. Deswegen sollte man einen Fragebogen so kurz und bündig halten wie möglich. Jedoch geht das in manchen Untersuchungen nicht, und dann gilt es zu versuchen, dass man durch eine gezielte Struktur des Fragebogens einen größeren Motivationsverlust vermeidet.

Um schon zu Beginn das Interesse und die Motivation der Befragten zu sichern, wird häufig eine sog. »Eisbrecherfrage« gestellt. Diese sollte spannend und themenbezogen bzw. inhaltlich auf das Kommende bezogen sein. Sie sollte den*die Befragte*n persönlich betreffen, technisch einfach formuliert und von allen Befragten zu beantworten sein. Wenn wir bereits mit den ersten Fragen »filtern«, dann verlieren wir das Interesse aller derjenigen zu Befragenden, die sich durch die Wahl der Fragen nicht angesprochen fühlen.

Die Anordnung in Themenblöcke sollte in sich logisch aufgebaut und durch Übergänge verbunden sein. Es ist nicht ratsam, ohne triftigen Grund zwischen verschiedenen Themenblöcken hin und her zu springen. Deswegen: Lieber ein Themengebiet, dann das nächste usw. Außer, es handelt sich um eine Sonderform wie etwa einen psychometrischen Test, also einen Test, der Persönlichkeitsmerkmale (Intelligenz, Motivation. Kognition etc.) misst. In dem Fall können wir natürlich auch thematisch variieren.

Gerade bei langen Fragebögen oder großen Fragebatterien sollte darauf geachtet werden, dass keine Monotonie entsteht, da diese zur Musterbildung führen kann. Das heißt: Befragte könnten in dem Fall nach einem auf dem Papier sichtbaren Muster antworten und nicht mehr wirklich auf die gestellte Frage. Es lassen sich folgende, das Antwortmuster verzerrende Antworttendenzen feststellen:

- Ja-Sage-Tendenz (Akquieszenz): Zustimmung unabhängig von inhaltlichen Fragestellungen.
- Tendenz zur Mitte: Muster, bei dem verstärkt die mittlere Kategorie angekreuzt wird.
- Tendenz zur Milde/Härte: Muster, bei dem verstärkt die Extremantworten angekreuzt werden.
- Soziale Erwünschtheit: Die Befragten geben aus Angst vor sozialer Ablehnung die Antworten, von denen sie glauben, sie träfen eher auf allgemeine Zustimmung als die wahre Antwort.

Fragen, die die Befragten verärgern oder provozieren könnten, also negative Reaktionen auslösen, sollten vermieden werden. Wenn sie jedoch für die Forschungsfrage nicht entbehrlich sind, sollten sie möglichst ans Ende des Fragebogens gesetzt werden. An dieser Stelle wäre ein Abbruch der Bearbeitung des Fragebogens weniger gravierend als direkt zu Beginn. Das Gleiche gilt für demographische Fragen, also für Fragen nach dem Alter, dem Geschlecht usw., die als langweilig empfunden werden. Auch gibt es unangenehme Fragen, wie etwa die Frage nach einem etwaigen Drogenkonsum, die nicht gerne beantwortet werden.

Kommen wir nun abschließend zu den Formalia. Der Fragebogen sollte ein Deckblatt besitzen, das folgende Informationen enthält: Titel der Befragung und des Projekts, Datum, Anschrift und Name des*der Verantwortlichen oder des*der Befrager*in. Gegebenenfalls kommen hinzu: das Institut, E-Mail-Adresse und eventuell die Telefonnummer. Anschließend sollten die bereits genannten Hinweise zum Ausfüllen des Fragebogens folgen. Wir müssen also klare Instruktionen geben, was die Befragten leisten und wie sie antworten sollen. Ist sichergestellt, dass die Fragen verstanden werden? Welche Zusatzinformationen werden unter Umständen benötigt?

Der Fragebogen sollte im Rahmen von explorativen Vortests (pretests) erprobt und ggf. modifiziert werden; etwa indem die Reihenfolge der Fragen verändert wird und Formulierungen präzisiert werden usw. Der Fragebogen eignet sich übrigens sehr gut dazu, in Kombination mit anderen Erhebungsmethoden eingesetzt zu werden. So hat man z. B. in den IGLU-Untersuchungen und im Rahmen von PISA die jeweiligen Tests um eine Fragebogenerhebung ergänzt und die Leseinteressen der Kinder bzw. den soziodemographischen Hintergrund der Jugendlichen erfragt. Wir verweisen auf unsere Ausführungen zum Thema »Methodentriangulation« (▶ Kap. 6.2.2.6).

Die Befragung mittels Fragebogen hat viele Vorteile. Allerdings können mit ihr weder tatsächliches Verhalten noch Beziehungen, z. B. Freundschaftsbeziehung oder der Zusammenhalt in einer Schulklasse, erforscht oder ein Popularitätsindex erstellt werden. Denn alle diese Variablen sind als relational einzustufen. Sie können erst gebildet werden, wenn alle sozialen Relationen (Beziehungen) im Feld gemessen wurden. Hier kommt die soziale Netzwerkanalyse zum Zug. Kommen wir also nun zur sozialen Netzwerkanalyse, die zwar auch im Zuge der Datenanalyse eingesetzt wird, aber auch als Datenerhebungsmethode zum Einsatz kommt.

6.2.2.4 Soziale Netzwerkanalyse: Relationale Daten

Obgleich keine anderen Datenerhebungsverfahren angewandt werden als die, welche wir bisher schon kennengelernt haben, wird die soziale Netzwerkanalyse sehr häufig als eigenständige Datenerhebungsmethode geführt, weil sie thematisch so eindeutig auf Relationalität fokussiert ist. Und zwar hat die soziale Netzwerkanalyse die Ermittlung und Beschreibung von Beziehungen bestimmter Akteur*innen auf einem bestimmten sozialen Feld und die Wirkungen dieser Beziehungen auf die betreffenden Akteur*innen zum Gegenstand, also z. B. Freundschaftsbeziehungen unter Kindergartenkindern oder den Zusammenhalt in einer Schulklasse. Dabei kann der Begriff Netzwerk weit über den Offline-Bereich hinausgreifen und auch soziale Online-Netzwerke meinen.

Unterschieden werden dabei zum einen Gesamtnetzwerke, d. h. die Vernetzung der Akteur*innen in einem vordefinierten Bereich (z. B. die eben erwähnte Schulklasse), zum andern kennt man egozentrische Netzwerke (z. B. die Stellung eines*einer Schüler*in einer Schulklasse). Die Daten werden mittels Interviews bzw. Befragungen oder mittels Beobachtungen erhoben und mit den Mitteln der qualitativ-empirischen und der quantitativ-empirischen Verfahren ausgewertet. Greift man sowohl bei der Datenerhebung als auch bei der Datenanalyse zu qualitativ-empirischen Verfahren, dann sollen insbesondere die subjektive Sichtweisen der Akteur*innen auf ihre Netzwerke untersucht werden. Dadurch wird versucht, den inneren Zusammenhang eines Netzwerks und die darin wirksamen sozialen Mechanismen zu verstehen. Greift man zum Fragebogen und bei der Datenanalyse zu den quantitativ-empirischen Verfahren, geht es v. a. um statische Strukturbeschreibungen (z. B. Netzwerkgröße) und die Identifikation von Kausalzusammenhängen (Gamper 2020).

6.2.2.5 Das Experiment: Ein Multitalent

In der Literatur wird gelegentlich in Abrede gestellt, dass das Experiment überhaupt als eigenständige sozialwissenschaftliche Erhebungsmethode gelten kann. So heißt es etwa: »Das Experiment ist keine besondere Form der Datenerhebung«, vielmehr handele es sich beim Experiment nur um »eine besondere Form der Anordnung und des Ablaufs einer empirischen Untersuchung« (Eifler & Leitgöb 2019, S. 203). Was in den Naturwissenschaften selbstverständlich ist, das scheint in den Sozialwissenschaften und damit auch in der Erziehungswissenschaft keineswegs der Fall zu sein. Und in der Tat nutzt das Experiment die Beobachtung oder die Befragung oder es bedient sich des Tests zur Gewinnung der benötigten Daten, es wird also dem gängigen sozialwissenschaftlichen Arsenal an Datenerhebungsmethoden nichts grundsätzlich Neues hinzugefügt. So gesehen hätte man das Experiment ebenso gut unter dem Stichwort »Forschungsdesign« abhandeln können. In der Regel jedoch wird das Experiment als eigenständige sozial- und erziehungswissenschaftliche Forschungsmethode geführt. Manche Autoren sprechen dann vom »qualitativen Experiment« oder »explorativen Experiment«, um es vom »messenden« naturwissenschaftlichen Experiment zu unterscheiden (Kleining 1986). Später werden wir noch sehen, dass experimentelle Formen auch im Prozess der Datenauswertung eine Rolle spielen können. Im Grunde geht das Experiment auf das alltägliche Probieren zurück und ist insofern eine sehr alte Methode des Erkenntnisgewinns. In den Naturwissenschaften verfügt das Experiment über eine bereits im Mittelalter, in systematischer Form dann im 17. Jahrhundert beginnende wissenschaftliche Tradition. In der Psychologie kommt es gegen Ende des 19. Jahrhunderts in Gebrauch. In der Erziehungswissenschaft spielte das Experiment dagegen lange kaum eine Rolle, ist jedoch seit der erstmaligen Veröffentlichung von PISA im Zuge regelmäßig durchgeführter Schul(leistungs)vergleichsuntersuchungen stark im Kommen. Wir haben im ersten Kapitel des Buches bereits darauf hingewiesen (▶ Kap. 1).

Was aber ist ein Experiment? Ganz knapp hat das bereits anfangs des 20. Jahrhunderts der im ersten Kapitel dieses Buches erwähnte Pädagoge Aloys Fischer auf den Punkt gebracht. Fischer schrieb 1913: »Die systematische Beobachtung eines unter vollständig bekannten, willkürlich wiederholbaren und variablen Bedingungen erzeugten Tatbestandes bzw. Geschehens heißt Experiment« (Fischer 1964 [1913], S. 45). An dieser grundsätzlichen Bestimmung hat sich bis heute nichts geändert.

Etwas ausführlicher lässt sich Frage so beantworten: Das Experiment beruht auf der Annahme, dass es eine Kausalbeziehung (Ursache-Wirkungs-Zusammenhang) zwischen zwei Elementen bzw. Variablen der sozialen Wirklichkeit gibt und sich diese Kausalbeziehung nachweisen lässt, indem man auf eines dieser Elemente einwirkt (treatment) und es somit zum Kausalfaktor bzw. verursachenden Faktor macht (auch unabhängige Variable oder Variable A genannt), weil es mit Blick auf ein zweites

Element, den bewirkten Faktor (auch abhängige Variable oder Variable B genannt) bestimmte Wirkungen zeigt, die in Form einer Hypothese prognostiziert werden können. Mithilfe des Experiments soll dieser Zusammenhang nachgewiesen und die Hypothese damit bestätigt werden. In den Worten Ekkart Zimmermanns ist demnach ein Experiment

> »eine wiederholbare Beobachtung unter kontrollierten Bedingungen, wobei eine (oder mehrere) unabhängige Variable(n) derart manipuliert wird (werden), dass eine Überprüfungsmöglichkeit der zugrundeliegenden Hypothese (Behauptung eines Kausalzusammenhangs) in unterschiedlichen Situationen gegeben ist« (Zimmermann 1972, S. 37).

Damit das Experiment seine Funktion erfüllen kann, müssen bestimmte Bedingungen gegeben sein.

1. Es ist zwingend, dass es wenigstens zwei Proband*innen gibt, die in ein Verhältnis zueinander gebracht (konkret: miteinander verglichen) werden können. In der Regel – v. a. gilt dies für die Erziehungswissenschaft – handelt es sich allerdings um mehrere Proband*innen, sodass wir von einer sog. Experimental- oder Interventionsgruppe sprechen können, die einem bestimmten Treatment unterzogen wird, und einer sog. Kontrollgruppe, bei der das nicht der Fall ist. In den USA hat man auf diese Weise z. B. die Wirksamkeit vorschulischer Bildung geprüft. In mehreren Projekten kamen Kinder (meist aus sozioökonomisch benachteiligten Familien) in den Genuss eines frühpädagogischen Bildungsprogramms (Experimentalgruppe), während andere Kinder an diesen Bildungsangeboten nicht teilnahmen (Kontrollgruppe). Es zeigte sich dabei, dass die vorschulischen Bildungsprogramme nur bis in die Anfänge der Grundschulzeit hinein wirksam waren (vgl. Stamm 2010).
2. Externe Einflüsse, die das Ergebnis dergestalt beeinflussen können, dass die gesuchte kausale Erklärung des Ergebnisses nicht mehr möglich ist, müssen ausgeschaltet sein. Nur so lässt sich die sog. »interne Validität« eines Experiments sichern (Eifler & Leitgöb 2019, S. 207 ff). Eine der wichtigsten Voraussetzung hierfür ist die sog. Randomisierung, also die Verteilung der Proband*innen auf die verschiedenen Experimental- bzw. die Kontrollgruppe(n) nach dem Zufallsprinzip.

Wir wollen dies anhand eines Beispiels veranschaulichen: In einem
Forschungsprojekt soll eine neue Methode zum Erwerb der Lesekompetenz von Schüler*innen untersucht werden. Ist sie wirklich erfolgreicher als die alte? Zu diesem Zweck bildet man zwei Gruppen. Die erste Schüler*innen-Gruppe – Klasse 1a – wird nach der neuen Methode unterrichtet (treatment); sie ist die Experimentalgruppe. Die zweite Gruppe – Klasse 1b – wird in der herkömmlichen Weise unterrichtet; sie bildet die Kontrollgruppe. Beide Klassen, es handelt sich um Parallelklassen der ersten Jahrgangsstufe an derselben Grundschule, werden zu Beginn des Experiments, der mit dem Beginn des Schuljahrs zusammenfällt, einem Test unterzogen (Pretest), um den anfänglichen Lernstand aller beteiligten Schüler*innen zu erheben. Diese Lernausgangslagenerhebung bildet die Basis, bezüglich der die erwarteten Veränderungen gemessen werden sollen. Zur Messung dieser Veränderungen wird am Ende des Schuljahrs erneut ein Test durchgeführt (Posttest), dem sich die Schüler*innen beider Klassen unterziehen. Alle Randbedingungen werden so gehalten, dass keine Unterschiede zwischen 1a und 1b auftreten. Das heißt: Die Schüler*innen stammen aus demselben Stadtviertel und sie unterscheiden sich hinsichtlich ihres soziokulturellen Hintergrunds nicht. Beide Klassen sind bei der Einschulung nach dem Zufallsprinzip zusammengesetzt worden (etwa alphabetisch nach dem Anfangsbuchstaben des Nachnamens). Am Beginn des Schuljahrs bestehen bezüglich der Lesekompetenz der Kinder keine Unterschiede zwischen den beiden Klassen. In beiden Klassen finden sich gleich viele Kinder, die einzelne Buchstaben kennen, die ihren Namen schreiben können usw. Mit Blick auf die Lehrkräfte gilt: Sie gehören dem Kollegium derselben Schule an und unterscheiden sich hinsichtlich Alter, Geschlecht und Berufserfahrung nicht. Der einzige Unterschied ist der, dass die Lehrkräfte der Klasse 1a (Experimentalgruppe) eine Fortbildung in der neuen Leselernmethode mitgemacht haben. Bezogen auf die oben vorgestellte Nomenklatur bildet die neue Leselernmethode den verursachenden Faktor bzw. die unabhängige Variable A, die am Ende des Schuljahrs erreichte Lesekompetenz dagegen bildet den bewirkten Faktor bzw. die abhängige Variable B.

Die zu prüfende Hypothese besteht in der Erwartung, dass die nach der neuen Methode unterrichteten Kinder der Klasse 1a innerhalb eines Schuljahres größere Fortschritte im Lesen machen als die Kinder der Klasse 1b, die Kinder der Klasse 1a also am Ende des Schuljahrs über eine höhere Lesekompetenz verfügen als ihre Mitschüler*innen aus der Klasse 1b. Ergibt der abschließend durchzuführende Leistungserhebungstest (Posttest) für die Experimentalgruppe tatsächlich bessere Werte, dann kann die Hypothese als vorläufig bestätigt gelten.

Man kann dieses Experiment natürlich beliebig variieren. Man kann aus Gründen, die wir gleich noch erläutern werden, auf den Pretest verzichten (Kontrollgruppen-Plan). Man kann mit zwei Experimental- und zwei Kontrollgruppen arbeiten (Solomon-Vier-Gruppen-Plan) und die Experimentalgruppen unterschiedlichen Treatments aussetzen. Auf diese Weise kann nicht nur die Wirksamkeit eines Treatments als solchem, sondern die differente Wirksamkeit qualitativ unterschiedlicher Treatments ermittelt werden. Man kann im Rahmen eines »nonequivalent group design« noch mehr Experimentalgruppen in die Untersuchung einbeziehen, die sich dann z. B. mit Blick auf soziale Herkunft, Intelligenz, Geschlecht o. ä. unterscheiden, sodass man die Wirkung der neuen Leselernmethode(n) in Bezug auf den sozialen Hintergrund der Lerner*innen, ihre Intelligenz, das Geschlecht o. ä. untersuchen kann. Weil bei derartigen Untersuchungen das Zufallsprinzip ausgeschaltet ist, werden sie in der Literatur auch als nichtexperimentelle Verfahren bezeichnet. Man kann die Gruppe der Lehrkräfte nach den verschiedensten Merkmalen variieren (between-subject design), um z. B. herauszufinden, ob Alter und Berufserfahrung bei der Anwendung der einen oder der anderen Lese-Lern-Methode eine Rolle spielen. Schließlich kann man, bezogen auf eine Experimentalgruppe, nacheinander jeweils einzelne Teilelemente der Leselernmethode anwenden und danach jeweils Testungen durchführen, also zu je verschiedenen Zeitpunkten testen (within-subject design). Allerdings mindert sich bei Verfahren, die sich über einen längeren Zeitraum hinziehen, die erwähnte interne Validität, denn die Bedingungen zwischen den einzelnen Testungen können sich verändern.

6.2 Die Datenerhebungsmethoden

Neben den Standardformen des Experiments, wie wir sie bisher dargestellt haben, ist öfter auch die Rede vom »Nicht-Experiment«, dem »Quasi-Experiment« bzw. dem »Versuch«.

Der Versuch ist von seiner Anlage her nicht so streng verfahrend wie das Experiment. So kann beim Versuch auf den Einsatz einer Kontrollgruppe verzichtet werden, etwa wenn man einer Gruppe kleiner Kinder erst das eine, anschließend ein anderes Spielzeug in die Hand gibt, um zu sehen, wie sich das Spielverhalten ändert. Die Entwicklungspsychologie, die großen Einfluss auf die Erziehungswissenschaft ausübt, erzielt die meisten ihrer Befunde auf dem Wege des Versuchs (vgl. z. B. Goswami 2001). Zu nennen ist auch das im Anschluss an Harold Garfinkel (1967) entwickelte sog. »Krisenexperiment«, »die bewusste und inszenierte Störung des alltäglichen Ablaufs und der darin gewohnten Routinen« (Arztmann 2018, S. 57), das aber auch kein Experiment, sondern eben ein Versuch ist. So haben Schüler*innen unter Anleitung der Forschenden in einer Schule den eilig zum Mittagessen in die Mensa drängenden Mitschüler*innen ein großes Möbelstück in den Weg gestellt, um auf diese Weise zu erfahren, wie wohl auf die Störung reagiert werden würde.

Zur Gruppe der nicht- oder quasi-experimentellen Verfahren gehört zudem das ex-post-facto-Design, wie es z. B. die Erziehungsgeschichte liefern kann. Vom Experiment unterscheidet sich das folgende Beispiel zum einen durch die Abwesenheit des Kriteriums der Wiederholbarkeit, zum andern können bei diesem ex-post-facto-Design erst hinterher, nach dem Ereignis, die unabhängigen und die abhängigen Variablen voneinander getrennt werden. Man spricht deshalb auch von einem quasi-experimentellen Vergleich.

In einem Aufsatz ging eine amerikanische Bildungshistorikerin der Frage nach, warum sich die Fröbel-Pädagogik in ihrem Entstehungsland Deutschland im 19. Jahrhundert so viel schwerer durchsetzen konnte als in den USA (Allen 1989). Die Autorin geht hypothetisch davon aus, dass es der kirchliche Einfluss und die Rolle der Familie in der frühkindlichen Erziehung gewesen seien, die den Unterschied bewirkten. Beide Faktoren bilden sozusagen die unabhängigen Variablen, während das in Deutschland und den USA unterschiedlich ausgeprägte Ansehen der Fröbel-Pädagogik dann die abhängige Variable ist. Tatsächlich kann

Allen zeigen, dass die unterschiedlich ausgeprägte Wertschätzung der Herausnahme eines Kindes aus der Familie im frühen Kindesalter sowie die in beiden Ländern unterschiedliche Haltung der Kirchen zur Fröbel-Pädagogik das ohne diese vergleichende Betrachtung nur schwer verstehbare Phänomen des geringeren Ansehens der Fröbelpädagogik in Deutschland bewirkten. Die Hypothese konnte also bestätigt werden.

Die Bedeutung des von der Historischen Bildungsforschung gern genutzten quasi-experimentellen Vergleichs unterstreicht der (empirische) Bildungsforscher Jürgen Baumert 2010 in einem Interview. Gefragt, warum es der empirischen Bildungsforschung nicht gelinge, den Nutzen (oder den fehlenden Nutzen) einer längeren gemeinsamen Grundschulzeit zu belegen, antwortet Baumert:

»Das ist keine einfache Frage! Eine klare Antwort setzt voraus, dass zwei Systeme parallel gefahren und Schüler*innen und Lehrkräfte auf beide Optionen per Zufall verteilt werden. Dies ist nicht möglich. Deshalb muss die Forschung historisch bedingt unterschiedliche Entwicklungen für quasi-experimentelle Vergleiche nutzen. Ein solcher Vergleich fehlt für die heutige vier- und sechsjährige Grundschule« (Baumert 2010).

Wie die Ergebnisse der Historischen Bildungsforschung können übrigens auch die Befunde der Vergleichenden Bildungsforschung, also der Vergleich zweier oder mehrerer nationaler Bildungssysteme, quasi-experimentell gelesen werden. Sie können gewissermaßen »in bestimmtem Umfang Ersatzfunktionen für das in den Sozialwissenschaften nur in eingeschränktem Maße mögliche Experiment übernehmen« (Schriewer 1982, S. 223), wie ein Vertreter der Vergleichenden Bildungsforschung einmal treffend feststellte.

Dass das Experiment in der Erziehungswissenschaft bis heute keine dominante Rolle spielt, hat sicher u. a. mit der spezifischen Tradition des Faches zu tun. Wir erinnern an den oben im ersten Kapitel erwähnten Max Frischeisen-Köhler, der das Experiment nur in der Unterrichtsforschung akzeptieren wollte. Auch wann manche der von Frischeisen-Köhler und anderen vorgetragenen Argumente inzwischen entkräftet sind: Tatsächlich kann man mit dem Experiment nichts anfangen, wenn erziehungs- und bildungsphilosophische Fragen im Mittelpunkt stehen, also wenn es z. B.

um normative Fragen – etwa bei der Diskussion von Erziehungszielen – geht. Abgesehen von diesen spezifisch die Erziehungswissenschaft betreffenden Einschränkungen gibt es jedoch eine Reihe grundlegender Probleme, die mit dem Experiment verbunden sind, seine »interne Validität« bedrohen und seinen Einsatz zu einer Herausforderung machen:

1. Jede Unachtsamkeit bei der Auswahl und Kontrolle der relevanten externen Faktoren führt zu Verzerrungen oder gar zu Verfälschungen der Befunde und gefährdet die Validität der Ergebnisse. Das beginnt schon mit der Ziehung der Stichprobe, denn nicht immer kann man einfach auf Schulklassen zurückgreifen, die, wie in unserem Beispiel, als Untersuchungsgruppen dienen können.
2. Hat man es mit freiwilligen Teilnehmer*innen zu tun, dann muss man mit einer besonders hohen Motivation rechnen, was die Ergebnisse mutmaßlich positiv beeinflussen wird. Es ist deshalb grundsätzlich sinnvoll, einen Pretest durchzuführen, denn sonst würde man die beim Posttest ermittelten Messwerte unter Umständen fälschlicherweise dem Treatment zuschreiben. Allerdings kann sich die Durchführung eines Pretests wiederum verzerrend auf den weiteren Verlauf der Untersuchung auswirken, etwa durch eine motivierende Wirkung, die von ihm ausgeht.
3. Sodann ist der Umstand zu beachten, dass die Versuchspersonen allein schon durch ihr Wissen, an einem Experiment teilzunehmen, in ihrem Verhalten beeinflusst werden können. Wenn den Schüler*innen aus unserem Beispiel bewusst ist, dass sie an einem Experiment teilnehmen, wird sie das möglicherweise besonders anspornen und leistungsbereit zur Sache gehen lassen. Auch mag die Abwechslung, die ein Experiment in den schulischen Alltagstrott bringt, stimulierend wirken.
4. Andererseits ist der Gewöhnungseffekt nicht zu unterschätzen. Wer schon mehrfach an experimentellen Untersuchungen teilgenommen hat, könnte sich leichter tun und besser abschneiden als der*diejenige, für den*die das eine neue Erfahrung ist. Immer wieder ist in diesem Sinne die Vermutung geäußert worden, das unerwartet mäßige Abschneiden der deutschen Teilnehmer*innen an der ersten PISA-Untersuchung habe auch damit zu tun gehabt, dass deutsche Schüler*innen

diese Art von Schulleistungstests nicht gewohnt waren. In dem Maße, in dem diese Testungen auch in Deutschland zur Routine wurden, hätten sich dann auch die Ergebnisse verbessert.

5. Und schließlich konnte man in Experimentalsituationen immer wieder feststellen, dass die Teilnehmer*innen versucht haben, den mutmaßlichen Erwartungen des*der Versuchsleiter*in besonders gut gerecht zu werden. Das verzerrt die Befunde ebenfalls. Besonders extrem trat dies in einer bis heute immer wieder zitierten US-Studie aus den 1960er Jahren zu Tage, in der man zu Beginn des Schuljahrs den teilnehmenden Lehrer*innen gesagt hatte, bei bestimmten – tatsächlich aber völlig willkürlich ausgewählten – Schüler*innen handele es sich um intellektuelle Spätentwickler, von denen im Laufe des Schuljahrs besondere Leistungszuwächse zu erwarten seien. Genau diese Schüler*innen wurden nun, als man am Ende des Schuljahrs denselben Test wiederholen ließ, von den Lehrer*innen deutlich besser bewertet als die übrigen Schüler*innen (vgl. Rosenthal & Jacobson 2003).

Um diesen Beeinträchtigungen zu begegnen, kann man natürlich einiges unternehmen. Ganz grundsätzlich dürfte es sich empfehlen, insbesondere pädagogische Experimente in natürlichen Situationen eingebettet durchzuführen, also z. B. im Klassenzimmer, im Rahmen des gewöhnlichen Unterrichts und so weiter. Man spricht dann auch von einem Feldexperiment im Unterschied zu dem in den Naturwissenschaften und der Psychologie vorherrschenden Laborexperiment. Das Problem der Reaktanz, also der Umstand, dass die Probanden sich in ihrem Verhalten der Experimentalsituation anpassen, kann damit ausgeschlossen bzw. minimiert werden.

Es gibt noch weitere Möglichkeiten, Beeinträchtigungen zu verringern. Wir haben oben die Variante mit mehreren Experimental- und mehreren Kontrollgruppen erwähnt. Um mögliche Verzerrungen durch Pretests zu vermeiden, kann man auf diese Variante zurückgreifen und jeweils mit bzw. ohne Pretest arbeiten und die Ergebnisse vergleichen. Man kann auch versuchen, die Versuchspersonen darüber im Unklaren zu lassen, dass sie an einem Experiment teilnehmen. Vor allem wenn es um Kinder geht, ist das meist gar nicht so schwer. In einem weiteren Schritt könnte man sowohl die Versuchspersonen als auch den*die Versuchsleiter*in über das Erkenntnisziel des Experiments im Unklaren lassen (Doppelblindversuch). Schließlich könnte man den*die Versuchsleiter*in ganz ausschalten, indem man ihn*sie durch ein anderes Medium, z. B. den Computer oder Tablets, ersetzt. In jedem Fall muss sich der*die Versuchsleiter*in seiner*ihrer besonderen Verantwortung bewusst sein und jede Suggestion vermeiden – ähnlich, wie das ja auch bei bestimmten Formen des Interviews für Interviewer*innen gilt.

Ungeeignet ist das Experiment, sobald die zu untersuchende soziale Wirklichkeit an Komplexität zunimmt, die Zahl der zu variierenden Faktoren zu groß wird. Versuche etwa, eine ganze Schule experimentell auf den Prüfstand zu stellen, müssten so komplex angelegt sein, dass dort

> »zu wenig Bedingungen konstant [blieben], um einigermaßen verlässlich schließen zu können, worauf es zurückzuführen ist, wenn die neue Schule erfolgreich gearbeitet hat: ob es an den neuen Organisationsformen liegt oder am Curriculum oder am Engagement der Lehrer*innen oder an den neuen Medien und Methoden oder an der Zusammensetzung der Schüler*innenschaft oder an irgendeiner Kombination dieser Bedingungen« (Klauer 2005, S. 45).

An absolute Grenzen stößt das Experiment unter ethischen Gesichtspunkten. »So ist es moralisch nicht vertretbar«, betont auch ein dem Experiment sonst sehr zugeneigter Autor, »den Einfluss von Lohn und Strafe auf das Lernen zu untersuchen, indem jede denkbare Art von Belohnung und jede denkbare Art von Bestrafung experimentell durchvariiert würde« (Klauer 2005, S. 31). Zudem sei es selbstverständlich ausgeschlossen, »im Erziehungsexperiment absichtlich die Erlernung aggressiver oder egoistischer Haltungen variierend herbeizuführen« (ebd., S. 150). Als in ethischer Hinsicht besonders abschreckendes Beispiel wird immer wieder das 1963 publizierte Experiment des Amerikaners Stanley Milgram zitiert, der die Gehorsamsbereitschaft erwachsener Versuchspersonen experimentell prüfen wollte, indem er diese aufforderte, anderen, die angeblich ein Lernexperiment durchführten, bei Fehlern Strafen in Form von (sich steigernden) Stromstößen zu verabreichen (Milgram 1963).

Einen gerade von den Vertreter*innen der geisteswissenschaftlichen Pädagogik schon früh gegen das Experiment in der Pädagogik vorgetragenen Einwand konnten die Verfechter*innen des Experiments allerdings entkräften. Die durch das Experiment manipulierte Wirklichkeit gilt auch für viele Erziehungssituationen, die ebenfalls in dem Sinne künstlich sind, als sie absichtsvoll geplant und methodisch durchgeführt werden (Klauer 2005, S. 32).

Uns ist klar, dass wir das Experiment an dieser Stelle gewissermaßen in seiner Grundform und damit auf das Wesentliche reduziert dargestellt haben. Im Zuge der empirischen Großforschung
rund um PISA, IGLU, ICILS usw. sind aber längst hochkomplexe erziehungswissenschaftliche Experimentaldesigns in Gebrauch, die über das hier Dargestellte hinausgehen. Wir verweisen dazu auf unsere Ausführungen in Kapitel 7 dieses Buchs (▶ Kap. 7.3). Zudem lässt sich beobachten, dass auch auf anderen erziehungswissenschaftlichen Arbeitsfeldern, die im Zuge der Diskussionen rund um PISA eine forschungspolitische Aufwertung erfahren haben, wie z. B. in der Frühpädagogik, das Experiment an Bedeutung gewonnen hat und weiter gewinnt (Anders 2018, S. 43–46).

6.2.2.6 Die Methodentriangulation (Mixed Method Research)

Zuletzt wollen wir noch eine Methode der Datenerhebung vorstellen, die ebenfalls ausschließlich die bereits bekannten Erhebungsmethoden nutzt, sie aber in unterschiedlicher Weise miteinander kombiniert. Da es häufig keine Methode zur Datenerhebung gibt, die alleine ausreichend oder ohne jede ›Nebenwirkung‹ ist, oder man unterschiedliche Perspektiven – die der Forschenden und die der Beforschten – zur Geltung kommen lassen möchte, können mithilfe der Kombination unterschiedlicher Erhebungsmethoden, der sog. Methodentriangulation, die Ergebnisse verbessert werden. Deshalb an dieser Stelle einige Worte zur Methodentriangulation. Zunächst ein Beispiel.

In den 1980er Jahren wurde in Berlin ein Forschungsprojekt durchgeführt, in dem es darum ging, herauszufinden, wie Kinder untereinander kommunizieren, d. h. sich streiten, sich helfen, etwas aushandeln usw., und welche Formen der Vergemeinschaftung sich daraus ergeben (Gruppe, Geflecht usw.). Dabei wurden folgende Methoden angewandt: nichtteilnehmende und teilnehmende Beobachtungen im Klassenzimmer und auf dem Pausenhof; Videoaufnahmen im Klassenzimmer;

halbstrukturierte Interviews mit ausgewählten Kindern; strukturierte Interviews mit ausgewählten Eltern; Auswertung von Schulunterlagen zu den Kindern (Dokumentenanalyse) (Oswald & Krappmann 1988; Krappmann & Oswald 1995).

Ein anderes Beispiel betrifft die Erforschung der Effektivität unterschiedlicher Unterrichtsmethoden. Hier wurden die Fachleistungen der Schüler*innen getestet, ergänzend wurde der Unterricht beobachtet und videographiert, und zwar mit der Absicht, den Zusammenhang von Unterrichtsprozess und Lernerfolg besser nachvollziehen zu können (Schründer-Lenzen 2013, S. 149).

Die Kombination unterschiedlichster Erhebungsmethoden (= Methodentriangulation) unterliegt praktisch keinen Einschränkungen. Hier ist alles erlaubt, was sinnvoll und praktikabel ist und die Ergebnisse im Sinne einer Erhöhung ihrer Validität, ihrer gesteigerten Generalisierbarkeit oder eines tieferen Verständnisses des untersuchten Sachverhalts verbessert (Flick 2017, S. 318). Immer geht es darum, die Dichte der gewonnenen Daten bzw. ihre Aussagekraft zu erhöhen, indem man das Methodenrepertoire erweitert, sodass mehrere Methoden mit je anderen Stärken und Schwächen zur Anwendung kommen. Besonders bei hoch reaktiven Erhebungsmethoden – z. B. dem narrativen Interview – empfiehlt es sich, ergänzend nichtreaktive Methoden der Datengewinnung – z. B. schriftliche Dokumente – heranzuziehen.

Von einer *Methodentriangulation* (auch Datentriangulation genannt) spricht man auch,

- ganz generell, wenn es um die Kombination von offenen, rekonstruktiv-interpretierenden und messenden Erhebungsmethoden geht. In der Literatur wird dieses Vorgehen gelegentlich ebenfalls als Mixed-Methods-Research und ganz eigenständige Erhebungsmethode bezeichnet (Kelle 2014). Dabei versteht man unter Mixed-Method -Research die Kombination und Integration von qualitativen und quantitativen Methoden im Rahmen des gleichen Forschungsprojekts, wobei die Integration der beiden Methodenstränge sowohl enger als auch weiter erfolgen kann (vgl. Kuckartz 2014, S. 33).

- wenn unterschiedliche rekonstruktiv-interpretierende Erhebungsmethoden eingesetzt werden, z. B. narrative Interviews und Videoaufzeichnungen (hier ist auch gelegentlich von der Datentriangulation die Rede).
- wenn eine bestimmte Datenerhebungsmethode im Zuge des Datenerhebungsprozesses zu unterschiedlichen Zeitpunkten sowie ggf. an unterschiedlichen Proband*innen angewandt wird, also z. b. eine Lernstandserhebung am Anfang, im Verlauf und am Ende des Forschungsprozesses durchgeführt wird.
- wenn innerhalb derselben Methode verschiedene Messinstrumente eingesetzt werden.

Von einer *Forscher-Triangulation* spricht man hingegen, wenn mehrere Personen im Datenerhebungsprozess zum Einsatz kommen, die sich derselben Datenerhebungsmethode bedienen, also z. B. mehrere Beobachter im Feld eingesetzt werden. Einzelne Forschende weisen zudem noch auf die *Theorien-Triangulation* hin (z. B. Marotzki 2006, S. 125 f), was nichts anderes bedeutet, als im Prozess der Datenauswertung verschiedene Theorien anzuwenden, um einer Verengung des Blickwinkels zu begegnen.

Obwohl sich die Triangulation zur Verbesserung der Ergebnisse immer empfiehlt, sind damit nicht alle Probleme gelöst. Was heißt das konkret?

Ein häufig angewandtes Mittel der Triangulation – wir haben es eben angesprochen – ist der Einsatz mehrerer Personen bei einem Beobachtungsvorgang, denn es ist bekannt: »Jede Beobachterin und jeder Beobachter erzeugt ... ein Bild der Wirklichkeit, das u. a. von ihren bzw. seinen Einstellungen, Erwartungen und Vorerfahrungen abhängt« (Hussey et al. 2013, S. 62; vgl. auch Higgins & Bargh 1987). Wir haben auf dieses Phänomen oben schon einmal hingewiesen. Der Einsatz mehrerer Personen im Datenerhebungsprozess führt also nicht nur zu einer besseren Abdeckung des Felds und damit zu einer Erhöhung der Aussagekraft der Befunde, sondern eben ebenfalls zueinander sich nicht unbedingt wechselseitig deckenden Daten. Insbesondere in der Literatur zur Beobachtung als Datenerhebungsmethode ist auf dieses Problem schon früh in allgemeiner Weise hingewiesen worden (z. B. Friedrichs & Lüdtke 1971, S. 29). Je mehr das Gender-Thema in der Forschung aktuell wurde, hat sich der Blick insbesondere auf geschlechtsspezifische Unterschiede in den Wahrnehmungsweisen geschärft. Es kann also auch mit Blick auf den Einsatz der

Triangulation nicht darum gehen, die eine und einzige Wahrheit zu entdecken, denn die gibt es nicht. Das unterscheidet die soziale Wirklichkeit von der Natur. Und so geraten auch beim erziehungswissenschaftlichen Forschen verschiedene Wahrheiten in den Fokus, denen sich die Forschenden immer nur akzidenziell anzunähern imstande sind. Insofern wird das Bild von der sozialen Realität, das mit dem Einsatz unterschiedlicher, sich wechselseitig korrigierender und ergänzender Methoden erzeugt wird, vielschichtiger, aber nicht zwingend eindeutiger. Wenn wir oben davon sprachen, die Datenerhebung gelte es so objektiv wie möglich zu gestalten, müssen wir diese Aussage also nunmehr relativieren. Eine Einsicht, die sich erst in der jüngeren Vergangenheit unter dem Einfluss konstruktivistischen Denkens Geltung verschafft hat. Dementsprechend hat sich ebenfalls die Funktion, die der Triangulation zugedacht ist, verschoben. Die Validitätsfunktion der Triangulation ist nicht obsolet geworden, sie ist aber relativiert worden. Während sie früher allein dominierte, hat sich das Interesse inzwischen »von der ursprünglichen Validitätsfunktion hin zu einer Explikationsfunktion« (Schründer-Lenzen 2013, S. 151) verlagert. Es geht um ein tieferes Verständnis und ein Mehr an Erkenntnis. Wenn z. B. im Rahmen der internationalen Schulleistungsstudie PISA neben den Leistungstests auch Fragebögen eingesetzt werden, dann geschieht dies, um ganz neue Informationen – in diesem Fall den sozialdemographischen Hintergrund der Schüler*innen betreffend – zu gewinnen, die nicht etwa die Ergebnisse der Leistungstests validieren, wohl aber deren Zustandekommen explizieren sollen. So konnte es überhaupt erst zu den bekannten öffentlichen Debatten um den Zusammenhang von sozialer Herkunft und schulischem Erfolg kommen, die im Gefolge von PISA geführt wurden und werden.

Nur am Rande soll angemerkt werden, dass das Mittel der Triangulation natürlich zudem im Prozess der Datenauswertung angewandt werden kann. Die Gründe sind die gleichen, das Verfahren ebenfalls. Nur dass in diesem Fall eben unterschiedliche Methoden der Datenauswertung kombiniert werden oder mehrere Personen an der Datenauswertung beteiligt sind.

7 Die Datenanalyse – Verschiedene Zugänge

Wir kommen nun zu den Methoden der Datenauswertung und -interpretation. Wir haben oben gesagt, dass es problematisch ist, von streng zu unterscheidenden Methodengruppen zu sprechen. Das gilt sowohl für die Datenerhebungsmethoden wie auch für die Datenauswertungsmethoden. Zwar ist es nicht falsch, von »hermeneutischen«, »verstehenden«, »interpretativen«, »rekonstruktiv-interpretativen« oder »qualitativen« Methoden zu sprechen, und diesen die »messenden«, »zählenden«, »quantifizierenden« oder »quantitativen« Methoden gegenüberzustellen. Man muss aber immer bedenken: Auch Forschende, die messen, zählen, quantifizieren, interpretieren ihre Daten ebenfalls. Gerade die neuen multivariaten Verfahren kommen ohne Interpretationsarbeit gar nicht aus. Also wollen wir im Falle der Datenauswertungsmethoden nicht von einem antagonistischen Gegensatz, sondern von einem Methodenkontinuum ausgehen.

Wir kommen zuerst zur Gruppe der Methoden, die sich in der Tradition des »kunstmässigen Verstehens«, wie Dilthey (1981, S. 267) das genannt hat, bewegen. Das gilt v. a. für das »Verstehen« von Texten, Bildern und Dingen, die alle Gegenstand der klassischen Hermeneutik sind. Aber auch das, was wir mittels Befragung und Beobachtung herausfinden, muss ›verstanden‹ werden. Hierauf beziehen sich die oben genannten Begriffe der »interpretativen«, »rekonstruktiv-interpretativen« oder »qualitativen« Methoden, die aber letztlich nichts anderes sind als »verstehende« Methoden, und manches, was uns aus der klassischen Hermeneutik vertraut ist, taucht hier wieder auf.

Deshalb zu Beginn allgemein ein paar grundsätzliche Anmerkungen zur Hermeneutik.

7.1 Verstehen, Geschichte, Sinnsuche: Hermeneutik in der Erziehungswissenschaft

Die Kunst, den Sinn und die Mitteilungsabsicht zunächst fremd und unverständlich erscheinender Zeugnisse menschlichen Tätigseins durch Auslegung dem Verstehen systematisch zu erschließen, seien dies Texte, Bilder oder Dinge im weitesten Sinne, wird als »Hermeneutik« bezeichnet. Präzisierend spricht man auch je nach Objektbereich von der Text-, der Bild- oder der Dinghermeneutik, wobei die Texthermeneutik in der Erziehungswissenschaft die ursprünglichste und bis heute wichtigste ist (zur Geschichte der Hermeneutik und zur Hermeneutischen Pädagogik immer noch lesenswert: Broecken 1975).

7.1.1 Vorbemerkungen zur Klassischen Hermeneutik

Der Begriff »Hermeneutik« wird auf die griechische Mythologie und dort auf den Götterboten Hermes zurückgeführt, der den Menschen die ihnen von den Göttern zugedachten und zunächst unverständlichen und deshalb auslegungsbedürftigen Botschaften überbringt.

Für unseren Zusammenhang wichtig ist, dass Dilthey das auf den Einzelfall gerichtete und von ihm geisteswissenschaftlich genannte Erkenntnisverfahren als »Verstehen« charakterisiert und damit in der jahrhundertealten theologisch-philosophischen hermeneutischen Tradition verortet hat. Während die ›natürlichen‹ Erkenntnisobjekte der Naturwissenschaften dem forschenden Subjekt äußerlich blieben, begegneten, so Dilthey, die Phänomene der Geisteswissenschaften dem Menschen als »Objektivierungen des Geistes in gesellschaftlichen Gebilden« (Dilthey 1981, S. 98). Deshalb der Begriff »Geisteswissenschaften«. Solche Objektivierungen sind z. B. Religion, Kunst, Philosophie, Wirtschaft, Recht, Erziehung usw. (vgl. Dilthey 1981, S. 240). Dies alles, mithin »alles, dem der Mensch wirkend sein Gepräge aufgedrückt hat, bildet den Gegenstand der Geisteswissenschaften«, so Dilthey (1981, S. 180). Der Modus der Geisteswissenschaften ist das Verstehen, ein Vorgang, »in welchem wir aus sinnlich gegebenen Zeichen ein Psychisches, dessen Äußerungen sie sind, erkennen« (Dilthey 1976, S. 14), so noch einmal Dilthey. Heute sprechen wir allerdings meist nicht mehr von den »hermeneutischen« Methoden, auch wenn das durchaus korrekt wäre, sondern präziser von den »interpretativen«, »rekonstruktiv-interpretativen« oder »qualitativen« Methoden, die aber, um es noch einmal zu betonen, nichts anderes sind als »verstehende«, eben hermeneutische Methoden.

Wie wichtig das »Verstehen« in der Erziehungswissenschaft ist, soll uns im nächsten Abschnitt beschäftigen.

7.1.2 Verstehen in der Erziehungswissenschaft

Zwei Beispiele am Anfang:

Die Lehrerin einer ersten Grundschulklasse reagiert auf sauber erledigte Hausaufgaben ihrer Schüler*innen mit Lob, Anerkennung und Fleißbildchen. Wer sie zu erledigen ›vergessen‹ oder schlampig erledigt hat, muss dagegen mit Tadel und Strafe rechnen. Die Lehrerin verfügt über Ziele und eine Strategie, wie sie zu erreichen wären. Möglicherweise hat sie in ihrem erziehungswissenschaftlichen Studium ein Referat über behavioristische Lerntheorien gehalten, an das sie sich nun erinnert. Möglicherweise hat sie aber nur die Erfahrung gemacht, dass ein vergleichbares Verhalten in der Vergangenheit den gewünschten Erfolg gebracht hat. Vielleicht hat sie den Tipp von einem*einer Kolleg*in erhalten. Wie auch immer: Dieses ›Wissen‹ hilft ihr, die Situation, in der sie sich befindet, zu verstehen und entsprechend zu handeln.

Auch der*die Erziehungswissenschaftler*in, der*die an der Weiterentwicklung lernpsychologischer Theorien arbeitet, versucht zu verstehen. Deshalb beobachtet und dokumentiert er*sie die unterrichtliche Kommunikation, er*sie spricht mit dem*der Lehrer*in und befragt die Schüler*innen. Er*Sie untersucht den familialen Hintergrund der Kinder, analysiert deren Wohnsituation: Haben sie ein eigenes Zimmer, in dem sie in Ruhe ihre Hausaufgaben erledigen können? Ist das Elternteil alleinerziehend und berufstätig und hat deshalb keine Zeit, sich um die Hausaufgaben seiner Kinder zu kümmern? Es gibt sogar eine erziehungswissenschaftliche Subdisziplin, die nach Auffassung ihrer Vertreter*innen im Kern ganz und gar auf Verstehen aufgebaut ist: die Sozialpädagogik. Der Sozialpädagoge sei ein Helfer und Anwalt, schreiben Roland Merten und Thomas Olk (1996, S. 577), der mit »der stellvertretenden Deutung von Problemen der Lebenspraxis« befasst sei. Dazu aber muss der*die Sozialpädagog*in die Lebensprobleme seiner*ihrer Klientel ›verstanden‹ haben.

Verstehen ist in der Erziehungswissenschaft deshalb so wichtig, weil Erziehen als praktisches Handeln nie sinnfrei erfolgt. Ganz unabhängig davon, ob ihnen dies in jedem Augenblick ihres Handelns auch bewusst ist oder nicht, verbinden Menschen, die erziehen, damit stets einen Sinn, denn sie wollen etwas bewirken, was sie für sinnvoll halten. Dies gilt sowohl mit Blick auf ihr praktisches Handeln, aber ebenso dann, wenn sie über Erziehung reden, sich schriftlich zu Erziehungsfragen äußern, wenn sie Gegenstände verfertigen, die pädagogisch genutzt werden können usw. Folglich muss auch die Wissenschaft versuchen, unabhängig von den Methoden, die sie zur Datenerhebung verwendet, den Sinn, den die Menschen ihrem pädagogischen Handeln beimessen, zu erfassen.

Und noch in einer anderen Hinsicht ist die Erziehungswissenschaft auf ›Verstehen‹ angewiesen. Erziehen ist ein Abstraktum. Man kann Erziehen nicht beobachten, allenfalls trifft dies auf einzelne pädagogische Handlungsformen zu, wie beispielsweise das Unterrichten. Erziehen ist stets in konkrete Handlungsformen – Spielen z. B., ein Gespräch führen oder eben Unterrichten – eingelagert. Man muss derartiges Handeln, um es zu einem Thema für die Erziehungswissenschaft werden zu lassen, als erzieherisches Handeln erst erkennen – also ›verstehen‹.

Im Folgenden wollen wir uns mit Methoden befassen, die das »kunstmässige Verstehen« (Dilthey) jener Daten anleiten, die zuvor mit den oben dargestellten Datenerhebungsmethoden gewonnen wurden. Dabei wenden wir uns zuerst der Datengruppe zu, die im Forschungsprozess nicht erst erzeugt werden muss, sondern die die Forschenden schon vorfinden.

7.1.2.1 Texthermeneutik

Bevor wir uns genauer mit der Texthermeneutik befassen, noch einmal ein kurzer grundsätzlicher Ausflug in die hermeneutische Theorie.

Für den verstehenden Umgang auch mit erziehungswissenschaftlichen Texten ist die folgende Unterscheidung wichtig; wir meinen die Unterscheidung in einerseits die zetetische Hermeneutik und andererseits die dogmatische Hermeneutik (vgl. z. B. Geldsetzer 1989).

Als zetetische Hermeneutik wird die forschende Erschließung eines noch unbekannten Textsinnes bezeichnet. Man spricht auch von forschender Hermeneutik (griechisch »zetein« = forschen), weil der Sinn des jeweiligen Textes erst erforscht werden muss. Das Gütekriterium ist die (natürlich stets nur näherungsweise erreichbare) Wahrheit. Wahr ist eine Deutung dann, wenn sie mit dem vorhandenen Wissen (den vorhandenen Theorien) zum Untersuchungsgegenstand in einem nachprüfbar plausiblen Zusammenhang steht. Ein Beispiel für die zetetische oder forschende Hermeneutik in der Erziehungswissenschaft ist die Deutung des »Stanser« Briefes von Johann Heinrich Pestalozzi durch Wolfgang Klafki (vgl. Pestalozzi über seine Anstalt in Stans (1980)).

Bei der dogmatischen Hermeneutik (griechisch »dogma« = Lehrsatz, Meinung, Beschluss) geht es darum, einen durch entsprechende Forschung geklärten Textsinn mit Blick auf eine gegebene Lebenssituation fruchtbar zu machen, ihn auf Problemlagen anzuwenden, um diese so (besser) lösen zu können. In diesem Falle richtet sich das Verstehen auf die Lebenssituation, die verstanden werden muss. In der Erziehungswissenschaft ist an die Lehrkraft zu denken, die den Lehrplan mit der Lebenssituation ihrer Schüler*innen in Übereinstimmung zu bringen hat, damit erfolgreicher Unterricht möglich ist. Weil die dogmatische Hermeneutik anwendungsorientiert ist, ist ihr Gütekriterium die Angemessenheit, die technische Effizienz.

Für eine Praxiswissenschaft wie die Erziehungswissenschaft ist diese Bipolarität der Texthermeneutik wichtig. Man will die pädagogischen Texte ja nicht nur verstehen, sondern ist ebenfalls an der Anwendung der

Erkenntnisse interessiert, die solchen Dokumenten zu entnehmen sind. Wir erinnern an das, was wir oben unter dem Stichwort »angewandte Forschung« ausgeführt haben.

Sowohl die dogmatische als auch die zetetische Hermeneutik haben ihre Regelwerke, die das Verstehen systematisch anleiten. Dazu muss man noch einmal an Dilthey erinnern, der sagt, die »gesellschaftlichen Gebilde« also auch Erziehung, bestünden nicht, wie die Natur, »unabhängig vom Wirken des Geistes«, sondern seien sichtbar gewordener Ausdruck geistiger Tätigkeit und könnten deshalb auch nur aufgrund derselben geistigen Tätigkeit verstanden werden, der sie sich verdanken (Dilthey 1981, S. 141). Verstehen ist also vom verstehenden Subjekt und seiner Persönlichkeit nicht zu trennen. Der Philosoph Hans-Georg Gadamer: »Der produktive Beitrag des Interpreten gehört auf eine unaufhebbare Weise zum Sinn des Verstehens selber« (Gadamer 1974, Sp.1070). Eine »schöpferische Tätigkeit« nannte Gadamers Kollege Manfred Frank (1979, S. 62) das Verstehen einmal. Und Frank war es auch, der mit einem anschaulichen Vergleich das Wesen des (Text-)Verstehens verdeutlichte: »Der Text liefert die Partitur: der sie aufführen wird, ist nicht der Autor, sondern der Leser« (Frank 1979, S. 62). Jürgen Habermas ergänzte: »Der Resonanzboden aller vorwissenschaftlich akkumulierten Erfahrungen schwingt mit« (Habermas & Luhmann 1973, S. 182).

Verstehen ist also eine durchaus persönliche Sache, aber als wissenschaftliche Methode nicht beliebig. Deshalb braucht es Regeln, die angeben, wie das Verstehen methodisch durchgeführt werden kann. Im Fall der zetetischen Hermeneutik gibt es allgemeine Regelwerke, die angeben, was man tun muss, um den unbekannten Sinn von Texten zu erschließen; im Fall der dogmatischen Hermeneutik legen die jeweiligen Fächer fest, was der*die Anwender*in wissen muss, um den Sinngehalt der im betreffenden Fach einschlägigen Texte verstehen zu können.

Mit Blick auf das wissenschaftliche Verstehen sollten wir uns zunächst mit dem sog. »hermeneutischen Zirkels« als der wichtigsten hermeneutischen Grundregel vertraut machen. Dieses Prinzip geht ebenfalls auf Dilthey zurück, der einmal schrieb, in den Geisteswissenschaften sei alles vom »Verhältnis gegenseitiger Abhängigkeit« (Dilthey 1981, S. 173) bestimmt, um dies sodann in eine methodische Regel zu übersetzen:

> »In einer doppelten Richtung bewegt sich so die Methode. In der Richtung auf das Einmalige geht sie vom Teil zum Ganzen und rückwärts von diesem zum Teil, und in der Richtung auf das Allgemeine besteht dieselbe Wechselwirkung zwischen diesem und dem Einzelnen« (Dilthey 1981, S. 177).

An anderer Stelle hat Dilthey davon gesprochen, aus den einzelnen Worten und deren Verbindungen solle das Ganze eines Werkes verstanden werden, wobei das volle Verständnis des einzelnen Worts schon das Verständnis des ganzen Textes voraussetze. Die spätere hermeneutische Diskussion hat diesen Gedanken aufgenommen. Etwa Gadamer:

> »Wer einen Text verstehen will, vollzieht immer ein Entwerfen. Er wirft sich einen Sinn des Ganzen voraus, sobald sich ein erster Sinn im Text zeigt. Ein solcher zeigt sich wiederum nur, weil man den Text schon mit gewissen Erwartungen auf einen bestimmten Sinn hin liest. Im Ausarbeiten eines solchen Vorentwurfs, der freilich von dem her revidiert wird, was sich bei weiterem Eindringen in den Sinn ergibt, besteht das Verstehen dessen, was dasteht« (Gadamer 1965, S. 251).

Anders ausgedrückt: Der Sinn eines Textes wird am Anfang des Deutungsprozesses von dem*der Interpret*in hypothetisch antizipiert (Ausgangshypothese), denn nur so kann der*die Interpret*in überhaupt einen Zugang zum Text gewinnen. Mit dem im Fortgang der Arbeit immer tieferen Eindringen in den Text muss der anfängliche Gesamtsinn immer wieder überprüft und korrigiert werden. Von dieser jeweils neuen Einsicht in den Gesamtsinn aus ergibt sich wiederum ein neues Verständnis der Einzelheiten des Ganzen. Und so weiter. Man könnte auch von einem wiederholten Hypothesenprüfungsprozess sprechen. Wir werden später sehen, dass dieses Prinzip des hermeneutischen Zirkels auch für die modernen Verfahren der Textdatenauswertung, wie Grounded Theory, Qualitative Inhaltsanalyse usw., konstitutiv ist. Auch dort wird im Zuge des Interpretationsvorgangs derselbe Textkorpus immer wieder aufs Neue durchgearbeitet und dabei in jedem Durchgang ein höheres Erkenntnisniveau erreicht (▶ Abb. 3).

Bevor wir auf die Regelwerke eingehen, noch ein weiterer systematischer Hinweis: In der zetetischen Hermeneutik gilt es, sich zu vergegenwärtigen: Man kann Texte mit einem primär systematischen oder mit einem primär historischen Erkenntnisinteresse lesen. Wir geben ein Beispiel, um das Gemeinte zu erläutern: Ein*e Erziehungswissenschaftler*in untersucht einen Text, den Friedrich Fröbel im ersten Drittel des 19. Jahrhunderts zum Kinderspiel geschrieben hat.

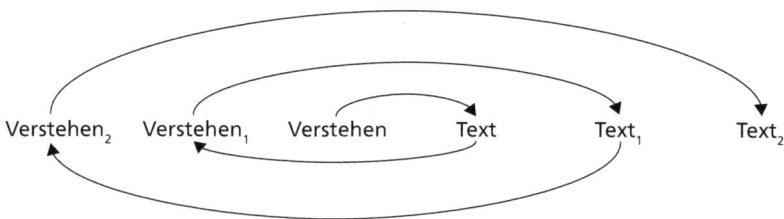

Abb. 3: Der hermeneutische Zirkel

Wenn der*die Erziehungswissenschaftler*in dies tut, weil er*sie an der Entwicklung einer umfassenden Theorie des Kinderspiels arbeitet, muss er*sie auch den Text von Fröbel lesen, der damit in einer langen Reihe historischer und aktueller, deutscher und internationaler Beiträge zum Kinderspiel steht. Hier wird der Text systematisch und mit Blick auf die Frage untersucht, was er möglicherweise zu einer noch zu entwickelnden Theorie des Kinderspiels beiträgt.

Der*die Erziehungswissenschaftler*in kann die Lektüre betreiben, weil er*sie eine Fröbel-Biographie oder eine Geschichte der frühkindlichen Erziehung schreiben will. In diesem Fall besteht ein historisches Interesse und es stellen sich Fragen wie die folgenden: Wann wurde der Text geschrieben? Stammt er tatsächlich von Fröbel? Wer ist der*die Adressat*in des Textes gewesen? Und so weiter. Später entwickelte Theorien zum Kinderspiel müssen nicht rezipiert werden.

Selbstverständlich handelt es sich hier um eine idealtypische Unterscheidung, denn beide Interessen können in einer Untersuchung zusammenfließen.

Kommen wir nun zu den Regeln des Verstehensprozesses. Von einzelnen Regelwerken jüngeren Datums (vgl. z. B.; Danner 2006, S. 100 ff; Klafki 2001; Lamnek 2016, S. 82 f; Rittelmeyer 2013, S. 237 ff) haben wir uns anregen lassen und die folgenden Regeln zusammengestellt. Die Liste beansprucht zwar, die wichtigsten, nicht aber alle derartigen Regeln zu umfassen:

Eine Textinterpretation

- beginnt mit einer sorgfältigen *Erstlektüre*, die nicht zuletzt der Ermittlung der sprachlichen Besonderheiten eines Textes dient. Fallen einzelne Begriffe, Wendungen, grammatische Konstruktionen, rhetorische Figuren etc. ins Auge? Wie ist die Gesamtstruktur des Textes beschaffen? Auf die Erstlektüre kann unmittelbar die semantische Prüfung des Textes (s. u.) erfolgen.
- macht *Text- und Quellenkritik* erforderlich: Ist der*die angegebene Autor*in tatsächlich der*die Autor*in des Textes? Gibt es möglicherweise eine*n Auftraggeber*in? Gibt es weitere Texte im Oeuvre des*der Autor*in, die mit dem zu interpretierenden Text in einer inhaltlichen Beziehung stehen? An wen hat sich der*die Autor*in mit seinem Text gewandt und was wollte er*sie erreichen? Auf welchen Beitrag eines*einer Dritten hat der*die Autor*in möglicherweise mit seinem*ihrem Text reagiert? Gerade pädagogische Texte sind meist in einer ganz bestimmten Kommunikationssituation, nicht selten im Zuge von Kontroversen, entstanden. Hier ist es wichtig, den genauen Kontext, in dem ein Text steht, zu kennen, weil dieser Kontext in die Interpretationsarbeit einbezogen werden muss. Im weitesten Sinne gehören alle biographischen Daten, die den*die Verfasser*in betreffen, hier her. Zum andern geht es um den Text selbst: Um welche Textsorte handelt es sich? Zeitungsartikel, Rede, Brief, Tagebuchnotiz, Denkschrift usw.? Liegt der Text als Fragment oder ganz und ungekürzt vor? Wann wurde der Text geschrieben bzw. publiziert? Handelt es sich um eine Übersetzung, muss ggf. das fremdsprachige Original vergleichend herangezogen werden. Manchmal ist es wichtig zu klären, ob mehrere verschiedene Auflagen vorliegen und der*die Autor*in jeweils Überarbeitungen vorgenommen hat. Geht es um historische Texte, insbesondere um die Klassiker der Pädagogik, dann sind die sog. »Kritischen Ausgaben« zu benutzen, deren Bedeutung darin liegt, dass deren Herausgeber*innen die Textkritik bereits erledigt haben.
- muss eine *semantische Prüfung* vornehmen. So haben z. B. das Rechtswesen und auch die Verwaltung ihre ganze eigene Sprache entwickelt, die erst entschlüsselt werden muss, will man pädagogisch einschlägige Gerichtsurteile verstehen oder Schulakten deuten. Besonders wichtig

aber ist die semantische Prüfung bei älteren Texten. Begriffe, Bezeichnungen, Namen und Wörter verändern im Laufe der Zeit ihre Bedeutung. Die »Realschule« des 19. Jahrhunderts z. B. ist keineswegs identisch mit dem, was wir uns heute unter einer Realschule vorstellen. Christian Rittelmeyer schreibt zutreffend, »dass wir uns in Texten nicht nur als Individuen äußern, sondern auch als Teilhaber an einer historisch gewordenen Sprachgemeinschaft mit bestimmten grammatischen, semantischen und pragmatischen überindividuellen oder intersubjektiven Regeln« (Rittelmeyer 2013, S. 244). Selbst ein und derselbe Begriff zur selben Zeit, von verschiedenen Autor*innen gebraucht, meint keineswegs dasselbe. Prüfen Sie das einmal am Beispiel der »Einheitsschule«, wie sie die Reformpädagog*innen unterschiedlichster Couleur gefordert haben! Hier können erziehungswissenschaftliche Fachlexika, vielleicht auch eine gezielte Internetrecherche, etymologische Wörterbücher oder das Grimmsche Wörterbuch der Deutschen Sprache gute Dienste leisten. Auch kommt es vor, dass Autor*innen bestimmte Begriffe verwenden, die nicht per se zu verstehen sind. So spricht Herman Nohl in zahlreichen seiner Texte von der »Deutschen Bewegung«. Was aber hat er damit gemeint? Hier hilft nur die ausgiebige Lektüre weiterer Texte desselben Autors. Dieser Hinweis berührt einen so wichtigen Aspekt, dass wir daraus eine eigene Regel machen:

- muss *weitere Texte oder Datenquellen* (z. B. Bilder) einbeziehen. Das können Texte desselben*derselben Autor*in sein oder solche anderer Autor*innen, Texte zum selben Thema, Texte desselben Genres usw. Bestimmte Textgattungen, denken wir an Tagebücher Jugendlicher, müssen in diachroner Weise verglichen werden. Eine rein immanente Interpretation reicht i. d. R. nicht aus. Immerhin will man, lässt man sich von einem primär historischen Interesse leiten, über den Einzeltext hinaus etwas vom Geist der Epoche erfassen. Lässt man sich von einem primär systematischen Interesse leiten, ergibt der Einzeltext ohnehin nur Sinn im Vergleich mit thematisch verwandten Texten, denn nur so wird sein systematischer Stellenwert deutlich.
- kann *experimentell* verfahren. Die Interpretierenden können dem zu interpretierenden Text z. B. einen anderen Schluss verpassen. Sie können Paraphrasen in wörtliche Rede übersetzen usw. Aus der Differenz zum tatsächlich vorliegenden Text können Erkenntnisse erwachsen.

- sollte von einem *Forschungstagebuch* unterstützt werden, in dem alle Einfälle, Gefühle, Gedanken etc. der Interpretierenden beim Umgang mit dem Text festgehalten werden.
- muss den *Argumentationsgang* des*der Autor*in *nachzeichnen*. Was sind die wichtigen Thesen? Verdeutlicht der*die Autor*in das Gemeinte anhand von Beispielen? Wird logisch argumentiert? Wo finden sich Widersprüche? Und so weiter. Empfohlen wird, dies schriftlich in Form kurzer Notizen zu tun.
- ist *zirkulär* aufgebaut. »Nicht so sehr das gradlinige Zusteuern auf ein bestimmtes Ergebnis, sondern das vorsichtige Umkreisen, das Nachfragen, das immer wieder erneute Sich-belehrenlassen sind methodische Kennzeichen einer anspruchsvollen hermeneutischen Analyse« (Rittelmeyer 2013, S. 238). Für die praktische Textarbeit folgt daraus: Den Text immer wieder aufs Neue als Ganzen zu lesen. Beachten Sie, was wir zum hermeneutischen Zirkel ausgeführt haben.
- Gewissermaßen als letzte Grundregel lässt sich die Einsicht formulieren, dass alles »Verstehen« auch seine *Grenzen* hat. Man kann einen anderen Menschen und seine Äußerungen – seien dies Texte, Bilder, Gegenstände oder menschliches Verhalten im Vollzug (in actu) – nie restlos verstehen. Es bleibt immer Unverstandenes zurück. Man spricht, um das zu kennzeichnen, auch von einer »hermeneutischen Differenz«. Weil diese hermeneutische Differenz mehr oder weniger groß sein kann und von den subjektiven Voraussetzungen des*der Interpret*in abhängt, haben Vertreter*innen einzelner wissenschaftstheoretischer Schulen – denken wir wieder beispielhaft an die Vertreter*innen des Kritischen Rationalismus – in der klassischen Hermeneutik keine vollgültige Methode erkennen wollen, andere dagegen sprechen von einer »unverzichtbaren Hilfswissenschaft« (Lamnek 2016, S. 192).

Wenn wir im Folgenden nun die Bild- und die Dinghermeneutik behandeln, so gilt es, sich zu vergegenwärtigen, dass auch hier immer wieder mit Texten gearbeitet wird. So münden z. B. die verschiedenen Schritte des bildhermeneutischen Prozesses stets in einen Text, der die erzielten Ergebnisse festhält. Man sieht also schon an dieser (scheinbaren) Äußerlichkeit, dass wir, auch wenn wir es nicht mehr mit Texten als Datenquellen zu tun haben, das Gebiet der (Text-)Hermeneutik nicht wirklich verlassen.

7.1.2.2 Bildhermeneutik

Im Folgenden werden wir uns auf die Deutung von ›stehenden‹ Bildern beschränken. Sie machen den Löwenanteil des ikonischen Datenmaterials in der Erziehungswissenschaft aus. Zu den bewegten Bildern verweisen wir auf die Beiträge in einem einschlägigen Handbuch, das zahlreiche Hinweise auf forschungspraktische Zugänge sowie eine ausgiebige Darstellung methodologischer Fragen enthält (Ehrenspeck & Schäffer 2003).

Auch bezüglich der erziehungswissenschaftlichen Bildhermeneutik gilt es festzustellen – ähnlich wie in der Texthermeneutik –, dass es neben dem im Folgenden vorgestellten Verfahren noch andere Vorschläge gibt (wir verweisen exemplarisch auf Rittelmeyer & Parmentier 2001, S. 72 ff).

Wie die Erziehungswissenschaft beim interpretierenden Umgang mit Texten aus der langen theologischen und philosophischen hermeneutischen Tradition schöpfen kann, hält sie sich im Falle des Bildes an die kunstgeschichtliche Bildwissenschaft. Dementsprechend soll im Folgenden in Anlehnung an den Kunsthistoriker Erwin Panofsky (vgl. Panofsky 1979) ein mehrschrittiges Verfahren der Bildinterpretation vorgestellt werden, wie es auch in der Erziehungswissenschaft Anwendung finden kann. Dieses Verfahren gilt ebenfalls bei der Interpretation von Fotografien als angemessen (so Jäger 2000, S. 65 ff.; Mietzner & Pilarczyk 2003; Pilarczyk & Mietzner 2005, bes. S. 133 ff). Deshalb haben wir, als es um die Frage nach den erziehungswissenschaftlichen Bildquellen ging, auch das Klassenfoto in die Beispielsammlung aufgenommen. Allerdings ist bei Fotografien in den meisten Fällen, anders als z. B. bei künstlerischen Abbildungen, ein größerer Fundus an Bildern vorhanden. Es können aber meist nur einzelne Fotos in einer exemplarischen Einzelbildanalyse interpretiert werden. Deshalb ist in diesem Fall der Schritt der Bildauswahl der eigentlichen Bildinterpretation vorzuschalten. Außerdem stellen sich aufgrund der unbegrenzten Möglichkeiten der digitalen Bildbearbeitung bzw. Bilderstellung durch KI Fragen der ›Echtheit‹ beim Foto mit größerer Dringlichkeit, wobei der eigentliche Vorzug des Fotos vor der künstlerischen Darstellung, der im direkteren Bezug des Fotos zur abgebildeten Wirklichkeit liegt, im Falle der Bildbearbeitung bzw. Bilderstellung verloren geht. Auch aus diesem Grund spielt das Foto als erziehungswissenschaftliche Datenquelle bis heute eine untergeordnete Rolle. Sein Wert liegt v. a. in seiner veranschaulichenden Ergänzungsfunktion, etwa im Sinne einer Methodentriangulation, oder im Rahmen eines narrativen Interviews als gezielt gesetzter Impuls. Das Foto hat mehr noch als das künstlerische Bild eine Hilfsfunktion.

Nun aber zu den verschiedenen Schritten oder Ebenen der Bildhermeneutik (an einem Beispiel aus der Erziehungsgeschichte erläutert; vgl. Konrad 2009).

1. Schritt: *Bildkritik*
Der Status, die Herkunft und der dingliche Kontext des Bildes sind zu klären und zu sichern. Um welche Art von Bild handelt es sich (künstlerische Darstellung; dokumentarische Fotografie etc.)? Verwendungszweck des Bilds? Liegt das Bild als einzelnes Werk vor oder ist es Teil einer Serie, eines größeren thematisch gleichgerichteten Bestands? Handelt es sich um einen Bildausschnitt? Was ist zur Aufnahme- bzw. Wiedergabetechnik zu sagen? Wer hat das Bild produziert? Wo und wann ist das Bild entstanden und (erstmals) publiziert worden? Gibt es mehrere Publikationsorte? In welchem unmittelbaren Kontext ist das Bild publiziert worden? Bei Fotografien, die stärker als andere Bilder von Technik geprägt sind, können noch Fragen nach den folgenden Details hinzukommen: Art der Kamera (Digitalkamera); Schwarzweiß- oder Farbaufnahme; Objektiv; Blendenwahl; Verschlusszeiten; Schärfe/Unschärfe; lassen sich Manipulationen (insbesondere bei Digitalaufnahmen durch nachträgliche Bildbearbeitungen) ausschließen usw.?

2. Schritt: *Phänomenologische Bildbeschreibung*
Hier rücken erstmals die Bildinhalte in den Mittelpunkt. Jetzt geht es darum, die auf einem Bild dargestellten Gegenstände und ihren Verwendungszusammenhang als »Beispiele der materiellen Kultur einer vergangenen Wirklichkeit« (Talkenberger 1994, S. 291) zu verstehen. Dabei bewegt sich der*die Interpret*in immer noch an der sichtbaren Oberfläche des Bildes, die sich gewissermaßen als eine primäre Sinnschicht begreifen lässt. Das Verfahren ist die einfache, möglichst genaue Bildbeschreibung. Diese bleibt ganz im Formalen, Positivistischen. Die aus der Bildkritik gewonnenen Erkenntnisse

dürfen in die Bildbeschreibung allerdings einfließen. Weiteres Hintergrundwissen spielt jedoch noch keine Rolle, zumindest nicht in absichtsvoller Weise. Dass sich Vorwissen, Vorkenntnisse, auch Vorurteile, etwa ästhetischer Art, nie völlig ausschließen lassen, liegt in der Natur des Verstehensprozesses, der, wie wir schon öfter festgestellt haben, immer ein subjektiv gefärbter ist.

3. Schritt: *Ikonologische Beschreibung*
Nun gilt es, eine zweite Sinnschicht der Bildinhalte aufzudecken. Jetzt wird gezielt auf Kontextwissen zurückgegriffen. Das wird in erster Linie den allgemeinen zeitgeschichtlichen Hintergrund des abgebildeten Geschehens betreffen. Deshalb war die im ersten Schritt der Bildbetrachtung vorgesehene, möglichst genaue Datierung so wichtig. Kontextwissen kann aber auch – v. a. natürlich bei künstlerischen Abbildungen – kunstgeschichtliche Kenntnisse betreffen oder fotografie- und filmgeschichtliche Kenntnisse (Vergleich mit anderen Bildern ähnlichen Inhalts). Symbolhafte Darstellungen müssen entschlüsselt werden. Bei pädagogischen Motiven ist erziehungsgeschichtliches Wissen gefragt, das hier eine hinweisgebende Rolle spielt.

4. Schritt: *Ikonologische Interpretation*
Hier geht es um die Aufdeckung dessen, was man auch als Dokumenten- oder Wesenssinn bezeichnen kann, eine tertiäre Sinnschicht. Jetzt erst kann von einer Interpretation im eigentlichen Sinne gesprochen werden.

Die Betrachtung eines Bildes ist nicht der gleichsam unverstellte Blick auf eine vergangene Realität. Bilder sind nie die objektive Wiedergabe einer gewesenen Wirklichkeit, vielmehr ist ein Bild in der Regel, sehen wir einmal von den Gelegenheitsfotos ab, wie sie Amateurfotograf*innen in großer Zahl anfertigen, bewusst, d. h. mit einer bestimmten Aussageabsicht gestaltet, ja, geradezu inszeniert worden. Hier ist zunächst der*die Bildschöpfer*in angesprochen, der*die sich meist in der stärkeren Position befindet; er*sie arrangiert, er*sie ordnet die Szene, denken wir an Klassenfotos u. ä. Es sind aber auch die Fotografierten an der Inszenierung beteiligt, indem sie sich vor der Kamera in bestimmter Weise präsentieren und damit ihre eigenen Absichten ins Spiel bringen. Beide, Bildschöpfer*in und Abgebildete, wollen in dem*der Betrachter*in etwas bewirken. Davon zu unterscheiden sind tiefenpsychologische Herangehensweisen an Bilder. In diesen in der Forschungspraxis allerdings eher seltenen Fällen wird das Bild als Ausdruck des Unbewussten seines*seiner Schöpfer*in betrachtet.

Gehen wir von einem bewussten Akt der Bildschöpfung aus, muss das Bild als Teil einer Kommunikation aufgefasst werden, die über es selbst hinausweist. Damit gerät der Zusammenhang zwischen den in den ersten Schritten des bildhermeneutischen Prozesses ermittelten Bildinhalten und den Rezeptionsbedingungen eines Bildes zum Zeitpunkt seiner Entstehung und ggf. auch noch später in den Aufmerksamkeitshorizont des*der Interpret*innen. In diesem vierten und letzten Schritt der Bildbetrachtung wird der Schwerpunkt aus dem Bild heraus verlagert und es werden die externen Bedingungen reflektiert.

Dass Bilder bis heute in der erziehungswissenschaftlichen Forschung eine eher untergeordnete Rolle spielen, hat viele Gründe. Zum einen praktische: Erziehung hat nicht zuletzt die Aufgabe, die Kinder vom konkret Anschaulichen zum Abstrakten – also vom Bild weg – zu führen. Innerwissenschaftlich bedurfte es erst des »iconic turn«, der sich im Zuge der realistischen Wendung ebenfalls in der Erziehungswissenschaft niedergeschlagen hat, um auch dem Bild größere Aufmerksamkeit zukommen zu lassen. Bilder können Texten durchaus überlegen sein. Besonders Fotos sind stark darin, die Existenz einer außerhalb ihrer selbst liegenden Realität zu belegen, gewissermaßen zu bestätigen, was einmal gewesen ist. »Fotos liefern Beweismaterial«, hat Susan Sontag einmal pointiert gesagt (Sontag 1978, S. 11). Grundsätzlich aber gilt: Worte müssen Bildern (er-)klärend an die Seite treten. Nicht für sich, erst in der Bild-Text-Verbindung kann das Bild seine spezifische Botschaft vermitteln und seinen Reiz als Quelle sui generis ausspielen. Eben dieses Misstrauen dem eigenständigen Quellencharakter von Bildern gegenüber hat dazu geführt, dass »visuelles Material« in der Regel »mit anderen Methoden und Daten trianguliert [wird]« (Flick 1995, S. 171).

Der Vollständigkeit wegen wollen wir schon an dieser Stelle auf die dokumentarische Methode der rekonstruktiven Sozialforschung hinweisen, auf die wir später noch eingehend zurückkommen werden (▶ Kap. 7.2.4). Fotos spielen in diesem Ansatz der Datenauswertung eine wichtige Rolle (vgl. z. B. Bohnsack, Michel & Przyborski 2015), obgleich wir der Meinung sind, dass die Bildinterpretation nach der dokumentarisch-rekonstruktiven Methode in der Forschungspraxis im Vergleich zu unserem Vorschlag einer klassischen Bildhermeneutik, was das methodische Vorgehen betrifft, nichts grundlegend Innovatives bietet. Das zeigt sich schon daran, dass auch in der dokumentarisch-rekonstruktiven Methode der Bildinterpretation an entscheidender Stelle der Verweis auf Panofsky erfolgt (z. B. im Rahmen der Interpretation einer bebilderten Broschüre zum naturwissenschaftlichen Lernen von Vorschulkindern: Staege 2015). Es wird nur eine andere Terminologie verwendet, nämlich die in der dokumentarisch-rekonstruktiven Methodendiskussion gebräuchliche. So folgt auf die formulierende Interpretation, die das enthält, was der*die Betrachtende an Bildinhalten sieht (bei uns: Phänomenologische Bildbeschreibung) und wie er*sie dies mithilfe von Kontextwissen deutet (bei uns: ikonologische Beschreibung), die reflektierende Interpretation, die die Bildkomposition zum Gegenstand hat. Anschließend wird der weitere Bildkontext einbezogen (im eben angesprochenen Fall der Broschürentext). Auch bei der Bildinterpretation nach der dokumentarisch-rekonstruktiven Methode zeigt sich, dass Bilder als Quellen allenfalls ergänzenden Charakter tragen, aber kaum eigenständig stehen können. Im Fall des naturwissenschaftlichen Lernens von Vorschulkindern sollen die Bilder die ko-konstruktive Art des Lernens illustrieren bzw. deren »Überzeugungskraft und Kohärenz« (Staege 2015, S. 299) visuell belegen.

7.1.2.3 Dinghermeneutik

Wenn Martin Heidegger Recht hat mit seiner Aussage, ein Ding sei der »Träger vieler an ihm vorhandener und dabei wechselnder Eigenschaften« (Heidegger 1987, S. 26), dann ist es das Ziel der erziehungswissenschaftlichen Dinghermeneutik, diese Eigenschaften, soweit es sich um pädagogisch relevante Eigenschaften handelt, zu klären, sie in ihrem pädagogischen Sinn zu verstehen. Zum Beispiel: Was bewirkt die Schulbank an den Kindern, die in sie eingezwängt den Ausführungen des*der Lehrer*in folgen? Nicht zufällig ist in der Volkskunde, neben der Archäologie die ›Dingwissenschaft‹ schlechthin, von der »Macht der Dinge« (Hartmann et al. 2011) die Rede. Dabei können die Dinge diese Macht nur ausüben, weil sie in entsprechender Weise eingesetzt werden. Am Beispiel der Schulbank gilt es also zu verstehen, für welche Schul- und Unterrichtskultur und damit für welche Gesellschaft ein bestimmtes Schulmöbel signifikant ist. Vergleichen wir nur die festgeschraubte Schulbank in einem Klassenzimmer des wilhelminischen Kaiserreichs, die den Kindern eine ganz bestimmte Körperhaltung aufgezwungen hat, mit den im Raum frei gruppierbaren Tischgruppen heutiger Klassenräume. Das Schulmuseum will genau dies: über das Zeigen einzelner Dinge und das Einrücken in ihren sozialen Kontext einen Eindruck von der pädagogischen Kultur, die sie repräsentieren, vermitteln.

Eine Systematik, wie wir sie im Falle der Text- und auch der Bildhermeneutik entwickeln konnten, liegt im Falle der Dinghermeneutik nicht vor. Allerdings gibt es Wissenschaften, die immer schon einen Zugang zu den Dingen besaßen, weil die Dinge für sie als Erkenntnisträger unverzichtbar waren. Zu denken ist hier an die schon erwähnten Disziplinen Archäologie und Volkskunde (Köstlin & Bausinger 1983). Andere Fächer, wie z. B. die Ethnologie (Samida, Eggert & Hahn 2014) und die Geschichtswissenschaft (z. B. v. Brandt 2012), haben ebenfalls immer schon über einen Zugang zu den Dingen verfügt, allerdings in einer limitierten Auswahl, etwa im Rahmen der historischen Numismatik zu Münzen. Überdies sind alte Urkunden und Handschriften in ihrer materialen Erscheinung ein haptisches Ereignis. In einem breiten Sinne mussten dingliche Zeugnisse der Vergangenheit erst neu entdeckt werden. Wie um diesen »turn to the things« oder auch »material turn« noch zu bekräftigen, hat sich seit den 1980er Jahren von Großbritannien ausgehend eine kulturwissenschaftliche Querschnittsdisziplin herausgebildet, die »Material Cultural Studies«, die sich auf Dinge als Träger kulturellen Sinns in Vergangenheit und Gegenwart konzentriert (Dant 1999). Zu den Disziplinen, aus deren methodischem Arsenal diese »Material Cultural

Studies« sich bedienen, gehören auch die Bildwissenschaften, die Kunstgeschichte etwa. Es ist deshalb nicht falsch, wenn wir im Folgenden eine Schrittfolge der Dinghermeneutik vorschlagen, ähnlich wie wir sie schon aus der Bildhermeneutik kennen.

1. Schritt: *Dingbeschreibung*
   Hier geht es darum, das Ding in seiner Materialität, seinem Aussehen, seiner Dreidimensionalität zu beschreiben. Um welche Art von Ding handelt es sich? Wie ist die Materialbeschaffenheit? Weist es Gebrauchsspuren auf? Wie groß ist das Ding? Wer hat es hergestellt? Wann ist das Ding hergestellt worden? Was ist der Verwendungszweck des Dings? Ggf. muss der Fundort beschrieben werden.
2. Schritt: *Ding-Mensch-Verhältnis*
   Wenn sich in Dingen der Sinn manifestiert, den Menschen ihrem Handeln geben, dann muss dieses Ding-Mensch-Verhältnis untersucht werden. In Anlehnung an einen bereits in den 1920er Jahren entwickelten Vorschlag können wir hier drei Modi unterscheiden (vgl. König 2005, S. 11): den rationalen, den traditionalen, den affektionalen. Alle diese Modi können sich in einem und demselben Ding verdichten. Im Teddybären z. B., der Spielzeug (traditional), Handelsobjekt (rational) und abendliche Einschlafhilfe (affektional) zugleich ist. Es bestätigt sich also, was wir oben schon angesprochen haben, als es um das Ding als Datenquelle ging, dass Dinge nämlich gerade in pädagogischen Kontexten einen mehrfachen Sinn aufweisen können. So wie auch der Stock in der Hand des*der Lehrer*in ein Zeigeinstrument ist, aber auch der Bestrafung unbotmäßiger Schüler*innen dienen konnte.
3. Schritt: *Kontextualisierung*
   Hier werden Bezüge zu anderen Dingen hergestellt, die zwar demselben zeitlichen und Verwendungskontext angehören – und dennoch ungleichzeitig wirken können. Der Kunstpädagoge Gert Selle schreibt: »Die Dinge fristen ihr Neben- und Miteinander im Gebrauch und legen einen Schnitt durch alle Kulturepochen« (Selle 1997, S. 24). Man denke an die Wandtafel in einem Klassenzimmer, in dem die Schüler*innen ihre Tablets benutzen. Auch kann man die

Dinge einem chronologischen Vergleich unterwerfen: Wie hat sich die Kinderkleidermode verändert? Am ersten Auftreten von Kindermode (im Biedermeier) lässt sich ein neues Bewusstsein für das Kind festmachen. Eine Forscherin analysierte den über die Jahrhunderte sich hinziehenden Wandel in der Möblierung der Schulräume samt der darin sich ausdrückenden unterschiedlichen pädagogischen Maximen mittels der vergleichenden Betrachtung des jeweils zeittypischen Schulmobiliars (Hnilica 2003). Das zuletzt genannte Beispiel zeigt allerdings, dass in diesem Schritt ergänzend weitere Quellenarten wie z. B. Fotografien herangezogen werden müssen. Der Schulmobiliar-Vergleich wurde nämlich auf der Basis von Abbildungen mittels eines seriell-ikonographischen Vergleichs durchgeführt. Im Zuge der Kontextualisierung können auch literarische Zeugnisse, Autobiographien usw. eingesetzt werden.

4. Schritt: *Pädagogische Kontextualisierung*
Das Ding wird nun in den pädagogischen Kontext eingeordnet, dem es entstammt: die Fröbelschen Spielgaben etwa in die Fröbel-Pädagogik, Montessoris Sinnesmaterialien in die Montessori-Pädagogik, eine Spielkonsole in ein zeitgenössisches Kinderzimmer usw.

5. Schritt: *Methodentriangulation*
Hier können ergänzend z. B. Beobachtungen und Befragungen/Interviews durchgeführt werden. Vielfach werden einzelne Schritte der Dinghermeneutik anders gar nicht bewältigbar sein. Um beispielsweise das Ding-Mensch-Verhältnis in einem Forschungsprojekt zu unterschiedlichen architektonischen Typen von Schulhäusern und deren Wirkung auf die Schüler*innen zu erforschen, mussten Befragungen und Experimente durchgeführt werden (Rittelmeyer 1994).

Wie sehr dieses mehrschrittige Vorgehen letztlich dem hermeneutischen Zirkel entspricht, macht eine Bemerkung aus einem volkskundlichen Text deutlich, wo es heißt: »Die kreisenden Deutungsbewegungen führen zu den Kontexten, erschließen Diskurse, machen Praktiken sichtbar, prüfen Abbildungen und Vergleichsobjekte. Sie gehen gleichsam vom Objekt aus und führen kontrolliert zu ihm zurück« (König 2012, S. 21). Das belegt zugleich den grundsätzlich hermeneutischen Charakter auch der Analyse von Dingen. Methodologisch darf die erziehungswissenschaftliche Dinghermeneutik als noch wenig entwickelt gelten, obgleich sie in mancher Hinsicht wertvolle Einsichten ermöglichen kann. Das häufig vergebliche Bemühen, den Kindern das Schreiben beizubringen, wie es den Unterricht der Elementarschule über Jahrhunderte geprägt hat, kann besser begreifen, wer einmal das dürftige Schreibgerät, das den Kindern zur Verfügung stand, in der Hand gehabt oder wenigstens betrachtet hat. Dennoch wird man Dingen nur einen beschränkten Erkenntniswert zusprechen können. Etwa so, wie das die eben zitierte Kulturwissenschaftlerin zum Ausdruck brachte, der wir noch einmal das Wort geben wollen: »Wissen, das aus schriftlichen oder bildlichen Quellen gewonnen wurde, kann durch die Untersuchungen am Objekt korrigiert und umgelenkt werden, insbesondere wirft der materielle Befund häufig neue Fragen auf« (König 2012, S. 22). Von einem »Veto der Dinge« spricht die Autorin deshalb auch ganz zurecht.

Im folgenden Kapitel kommen wir auf die Fälle zu sprechen, in denen die erziehungswissenschaftlichen Daten nicht bereits in Gestalt von Texten, Bildern oder Dingen vorliegen, sondern mittels Befragung und Beobachtung oder im Rahmen eines Experiments erst gewonnen werden mussten.

7.2 Zusammenfassen, Explizieren, Strukturieren: Qualitative Verfahren in der Erziehungswissenschaft

Wir kommen nun zur Darstellung der verschiedenen Datenauswertungsmethoden. Dabei wird sich zeigen, dass uns manches aus der Beschäftigung mit der Texthermeneutik schon bekannt ist. Dies ist nicht zuletzt dadurch begründet, dass auch im Umgang mit Texten, die aus Befragungen, Interviews oder Beobachtungen hervorgegangen sind, im Grundsatz die allgemeinen Regeln der Texthermeneutik gelten.

Trotz möglicher Redundanzen und Wiederholungen haben wir uns entschlossen, alle Verfahren vollständig und in sich geschlossen darzustellen. Die im Folgenden gewählte Reihenfolge der Darstellung ist übrigens nicht zwingend. Alle hier behandelten Auswertungsmethoden verbaler Daten finden gleichermaßen in der Erziehungswissenschaft Anwendung. Wir beginnen aber mit der, wenn man so will, offensten und zugleich meist angewandten Methode.

Noch eine Vorbemerkung: Nicht selten wird unter den im Folgenden darzustellenden sog. qualitativen Verfahren der Datenauswertung auch die »Inhaltsanalyse«, »Qualitative Inhaltsanalyse« oder »Qualitative Datenauswertung« als eigenständige Datenauswertungsmethode geführt. Wir haben darauf verzichtet, diesem Vorschlag zu folgen, weil die Qualitative Datenauswertung in ihrem Vorgehen weitestgehend der Grounded Theory entspricht. Wir behandeln sie deshalb in einem Kapitel.

7.2.1 Gegenstandsbezogene Theoriebildung (Grounded Theory) und Qualitative Inhaltsanalyse

Die Qualitative Inhaltsanalyse und die Gegenstandsbezogene Theoriebildung oder Grounded Theory, wie sie von den Soziologen genannt wurde, die letztere entwickelt haben (Strauss 1998; Glaser & Strauss 2010), sind sehr offene Methoden. Sie sind so offen und flexibel einsetzbar, dass manche Autor*innen den Methodenbegriff gar nicht anwenden wollen, sondern sagen, es handele sich, z. B. bei der Grouded Theory, einfach um einen »besonderen, relativ freizügigen Forschungsstil« (Hülst 2013, S. 281). Wenn man so will, dann repräsentieren beide Methoden von allen im Folgenden zu beschreibenden Methoden dasjenige Paradigma mit der weitgehendsten theoretischen Offenheit, um den Forschenden möglichst unverstellte Erfahrungen zu ermöglichen.

Der Ursprungsort der Grounded Theory, soweit dies Anselm Strauss (1916–1996) betrifft, liegt in den 1960er Jahren an der Universität von Chicago, die sowohl als eine Wiege der qualitativen Forschung (William Thomas, Florian Znaniecki) als auch der philosophischen Schule des Pragmatismus (George H. Mead, John Dewey) gilt. Der andere Begründer

der Grounded Theory, Barney Glaser (1930–2022), arbeitete an der Columbia University. Entwickelt wurde die Grounded Theory in Opposition zu der damals die Soziologie beherrschenden Schule des Strukturfunktionalismus (z. B. Talcott Parsons) sowie des Behaviorismus (Edward L. Thorndike), der das Verhalten des Menschen als Reaktion auf äußere Reize interpretierte (Reiz-Reaktions-Modell). Die Grounded Theory dagegen ging und geht nicht von abstrakten soziologischen Groß-Theorien aus, wie der Strukturfunktionalismus eine ist, sondern konzentriert sich auf den Erkenntnisgewinn im überschaubaren und konkreten Bereich des Alltags. Sie interessiert sich für die intrapsychischen verhaltenssteuernden Gefühle, Meinungen und Kognitionen und geht darin über den Behaviorismus deutlich hinaus. Die Vertreter*innen der Grounded Theory sprechen sehr unkompliziert von einem »Untersuchungsbereich« oder »Gegenstandsbereich«, den sie erkunden wollen (Strauss & Corbin 1996, S. 8 f). Nicht um die Testung ausgereifter Hypothesen geht es, sondern primär um die Hypothesengenerierung oder sogar im Vorfeld der Hypothesengenerierung schlicht um das Erkunden des bislang Unbekannten. Die Qualitative Inhaltsanalyse hat sich aus der Quantitativen Inhaltsanalyse entwickelt, die schon in den 1940er und 1950er Jahren in den USA im Rahmen der Kommunikationsanalyse zur Untersuchung großer Textbestände (z. B. ganzer Zeitschriftenjahrgänge) entstand. Hier ging es zunächst nur um formale Aspekte des Textes, also bestimmte Begriffe oder Kategorien, die ihrerseits auf einem von den Forschenden festgelegten Set von Wörtern, Begriffen etc. beruhten. In Deutschland wurde dieser Ansatz in den 1980er Jahren v. a. von Philipp Mayring zuerst in der Psychologie, dann auch in der Erziehungswissenschaft, zur Qualitativen Inhaltsanalyse weiterentwickelt (Mayring 1985; Merten 1995).

Der Forschungsprozess verläuft in der Grounded Theory und in der Qualitativen Inhaltsanalyse in einem mehrstufigen, in Schleifen sich vollziehenden, rekursiv-iterativen Verfahren, das, wie wir noch sehen werden, nicht streng nach Datenerhebung und Datenauswertung trennt (Strübing 2019, S. 63). Datenerhebung und Datenauswertung gehen vielmehr Hand in Hand. Dies werden wir an einem Beispiel erläutern, das wir der Literatur entnehmen und das zugleich zeigt, worin sich die hier behandelten Verfahren von anderen Verfahren unterscheiden:

»Es ist einfach, über Computerspieler eine Hypothese aufzustellen – etwa der Art, dass Jugendliche, die gerne Computerspiele mit gewalthaltigen Inhalten spielen, eher aggressiv sind und zu gewalttätigen Handlungen neigen. Diese Hypothese kann man empirisch testen und, weil sie in der allgemeinen Form nicht haltbar ist, dann differenziertere Hypothesen entwickeln, diese wieder testen und so weiter. Mit dem Ziel einer gegenstandsbezogenen Theorie würde man dagegen ganz anders vorgehen. Man würde erst einmal einige Computerspieler befragen, wie und warum sie spielen, wie sie leben und was sie sonst machen. Man würde zudem einige Computerspieler beobachten und zwar sowohl solche, die gerne gewalthaltige Spiele spielen, als auch solche, die das nicht mögen. Man würde natürlich zudem die soziale und kulturelle Umwelt von solchen Computerspielern untersuchen, Experten wie etwa Lehrer oder Medienpädagogen befragen, was sie für Erfahrungen damit haben und so weiter. Das alles geschähe in verschiedenen Schritten. Wenn man einige Daten erhoben hat – zum Beispiel einige Spieler befragt und beobachtet hat –, würde man versuchen, aus deren Aussagen allgemeinere Aussagen zu gewinnen. Etwa derart, dass manche die These für nicht zutreffend halten, andere sie aber sehr wohl bejahen, aber nur für andere, nicht für sich selbst. Wieder andere meinen, dass das nur in bestimmten Fällen gilt oder dass Computerspiele generell des Teufels sind. Man würde in allen diesen Fällen natürlich nicht nur die jeweiligen Äußerungen festhalten, sondern auch die Begründungen dafür. Man würde ebenso nach Bedingungen suchen, wieso die einen so etwas meinen und die anderen nicht, aber auch nach Bedingungen, unter denen die angenommene Hypothese zu gelten scheint bzw. nicht zu gelten scheint. Man würde in der Folge vielleicht feststellen, dass man verschiedene Ausgangssituationen voneinander unterscheiden muss, die zu Gewaltspielen führen – jemand hat vielleicht vorher ein Frustrationserlebnis gehabt, ein anderer spielt dagegen gewohnheitsmäßig gewaltnahe Spiele –, beides ermöglicht wahrscheinlich unterschiedliche ›Wirkungen‹. Vielleicht hängt es ja auch vom Spiel ab, ob die Hypothese stimmt – ein realitätsnahes Autorennen, bei dem man Fußgänger überfährt und dafür Punkte erhält, ›wirkt‹ vielleicht anders als eines, bei dem man als Zeichentrickfigur auf dem Bildschirm herumläuft und abstrakte Raumschiffe vernichtet. Was immer man tut im Forschungsprozess – man erzeugt einerseits Daten im Feld, die man andererseits auswerten und auf die man Theorien oder theoretische Aussagen entwickeln kann« (Krotz 2019, S. 180 f.).

Man sieht also, wie die Forschenden immer mehr über Computerspieler in Erfahrung bringen, wobei das Beispiel auch zeigt, dass, unbeschadet der Tatsache, dass beide Verfahren in der Regel als Datenauswertungsmethode geführt werden, man sie, wenn man so will, ebenfalls den Datenerhebungsmethoden zurechnen könnte. Wie auch immer: Am Ende dieses Prozesses der wechselweisen Datenerhebung und Datenauswertung wird oft nicht eine alles erklärende Theorie stehen, sondern vielmehr eine

Hypothese. Es geht also, wie gesagt, nicht selten um die Hypothesengenerierung oder einfach darum, mehr über einen Gegenstandsbereich zu erfahren. In der Regel aber geht es darum, »eine Theorie zu entwickeln« (Strauss & Corbin 1996, S. 22), und zwar eine Theorie, die – und das soll durch den Begriff »grounded« in Grounded Theory angezeigt werden – bei aller Vorläufigkeit in den Daten verankert ist. Von einer »gegenstands- oder datenverankerten Theoriebildung« oder auch von einer »wirklichkeitsverankerten Theoriebildung« ist deshalb auch die Rede. Dem pragmatischen Charakter beider Ansätze entspricht zudem, dass der Prozessverlauf, den sie beschreiben, zwar regelgeleitet sein soll, diese Regeln aber mehr als Hinweise, Anregungen oder Leitlinien zu verstehen sind und nicht eng ausgelegt werden sollen. Wie das Leben stets in Bewegung und in Veränderung ist, so sollen auch diese hier zu beschreibenden Methoden stets in Bewegung und veränderungsbereit sein. Von den meisten anderen Methoden zur Auswertung verbaler Daten unterscheidet sich v. a. die Grounded Theory dadurch, dass sie auf Seiten der Forschenden den subjektiven Faktor durchaus zulässt. Forschende sollen ihre Vorerfahrungen, ihr spezifisches Vorwissen aktiv im Prozess des Interpretierens zur Geltung kommen lassen, aber überdies stets bereit sein, dieses Vorwissen, das sie mitbringen, zu revidieren.

Die häufigsten Datenerhebungsmethoden, die der Anwendung der Grounded Theory und der Qualitativen Inhaltsanalyse vorausgehen, sind offene Interviews und Beobachtungen, seltener, aber auch möglich, leitfadengestützte Befragungen. Sogar visuelle Daten, wie Bilder und Filme, können Gegenstand einer Auswertung nach den im Folgenden darzustellenden Prinzipien sein. Darüber hinaus erhebt die Qualitative Inhaltsanalyse den sehr weitgehenden Anspruch, alle Produkte menschlicher Tätigkeit untersuchen zu können (Atteslander 2010). In der Forschungspraxis sind es jedoch fast ausschließlich im Forschungsprozess produzierte Texte, die das Material der Auswertungsarbeit stellen.

Vorab ein wesentlicher Punkt, den man im Folgenden nicht aus den Augen verlieren sollte: Worum geht es Grounded Theory und Qualitativer Inhaltsanalyse? Es geht natürlich darum, streng regelgeleitet und intersubjektiv nachvollziehbar den Sinn und die Aussageabsicht von Texten (Filmen, Bildern etc.) zu eruieren. Aber nicht irgendwelcher Texte, sondern Textmengen, die aufgrund ihres erheblichen Umfangs mit andere Mitteln nicht bearbeitet werden könnten. In einem frühen Projekt der qualitativen Inhaltsanalyse wurden 75 arbeitslose Lehrer*innen über ein Jahr hinweg alle zwei Monate in halbstrukturierten Interviews befragt; 20.000 Seiten an Interviewprotokollen kamen so zusammen (Mayring 1985, S. 207)! Es ist einleuchtend, dass hier reduziert werden musste, und so ist das Prinzip der Reduktion bis heute leitend für die Qualitative Inhaltsanalyse. Nicht ein gesamter Textkorpus soll also ausgewertet werden, es soll vielmehr auf der Basis festgelegter Kategorien selektiv vorgegangen werden. Diese Kategorien wirken »wie ein Rechen, der durch das Material gezogen wird und an dessen Zinken Materialbestandteile hängen bleiben« (Mayring & Brunner 2013, S. 324), die dann der Textanalyse zur Verfügung gestellt werden können.

Wie sieht der idealtypische Prozess der Datenauswertung aus? Wie soll der Rechen durchs Material gezogen werden? Über das eben gegebene Beispiel hinausgehend, wollen wir die folgenden Schritte unterscheiden.

> 1. Schritt: *Transkription*
> Wenn wir beispielhaft vom offenen, nur wenig strukturierten Interview als Datenerhebungsmethode ausgehen – wobei wir annehmen wollen, die Frage habe gelautet: Wie ist das Klima an unserer Schule und wie können wir es ggf. verbessern? –, dann beginnt die Auswertung mit der Transkription der Interviews, die mit den Lehrkräften an der betreffenden Schule geführt wurden. In der Regel wird es sich um ein Transkript handeln, dass den wörtlichen Verlauf des jeweiligen Interviews beinhaltet. In der Sprache der Qualitativen Inhaltsanalyse wird das einzelne Transkript auch als »Auswahleinheit« (sampling unit) bezeichnet. Hat man einen Mitschnitt erstellt, dann kann man die Audiodatei auf den Computer überspielen und dort transkribieren. Mit der Grounded Theory ist es durchaus vereinbar, nicht jeweils die ganzen Interviews zu transkribieren, sondern nur diejenigen Passagen, die die Forschenden interessant und wichtig finden. Stellt sich später heraus, dass mehr Material benötigt wird, etwa weil sich die Fragestellung geändert hat, kann man die bislang nicht transkribierten Passagen nach-transkribieren. Auch das ist gemeint, wenn von einem iterativen Vorgehen und dem

Grundsatz die Rede ist, mit einer offenen Fragestellung zu beginnen, die sich nach und nach im Prozess der Datenauswertung fokussiert. Die Regel allerdings ist auch bei der Grounded Theory das vollständige Transkribieren des erhobenen Datenmaterials im ersten Durchgang mit anschließendem Ausscheiden irrelevanter Stellen. In das Transkript können Beobachtungen und Wahrnehmungen des*der Interviewenden aufgenommen werden, die rund um das Interview gemacht wurden.

2. Schritt: *Lektüre des Protokolls*
Es folgt die aufmerksame und mehrfache Lektüre des Protokolls. Hier können, falls der gesamte Bestand transkribiert wurde, irrelevant erscheinende Textstellen ausgeschieden werden. Ebenso wichtig: Was beim Durchlesen des Transkripts nicht nachzuvollziehen ist, muss notiert werden. Es könnte ja ein Protokollfehler, ein Missverständnis o. ä. vorliegen. Gelegentlich kommt es aber auch vor, dass ein*e Informant*in bestimmte sprachliche Eigentümlichkeiten aufweist, etwa indem er*sie einzelnen Begriffen eine ganz persönliche, nur ihm*ihr geläufige Bedeutung beilegt. Diese Auffälligkeiten werden als sog. »Memos« schriftlich festgehalten.

3. Schritt: *Inhaltliche Grobrasterung*
Entweder schon im Zuge der Transkription oder nach der ersten Lektüre wird eine inhaltliche Grobrasterung vorgenommen, und zwar, soweit es sich um Texte handelt, die aus einem fokussierten Interview gewonnen wurden und deshalb ein Interviewleitfaden vorhanden ist, nach den Vorgaben des Interviewleitfadens. Im Falle des narrativen Interviews muss die Sortierung des manifesten Inhalts auf andere Weise erfolgen. Besonders in biographischen Interviews dürfte das jedoch nicht schwer fallen, lassen sich hier doch biographische Zäsuren oft auch als Zäsuren in der Erzählung ausmachen und kennzeichnen, denn oft machen die Interviewten durch entsprechende sprachliche Wendungen selbst darauf aufmerksam, dass sie nun über eine neue Phase in ihrem Leben berichten wollen. In der Biographieforschung hat es sich als hilfreich erwiesen, an dieser Stelle des Datenauswertungsprozesses eine Kurzbiographie des*der Interviewten zu schreiben, die auch auf Informationen zurückgreift, die

> nicht aus dem Interview selbst stammen, sondern separat erhoben wurden. Als nächster Schritt kann insbesondere bei narrativen Interviews noch eine hierarchische Anordnung des Inhalts erfolgen, dergestalt, dass die Inhalte, über die der*die Interviewte am ausführlichsten berichtet, an den Anfang des Interviewprotokolls rücken, die weniger ausführlich berichteten Inhalte dagegen nachgeordnet werden. Auf diese Weise wird schon äußerlich eine gewisse Stufung der Inhalte sichtbar, in der sich die Wichtigkeit der verschiedenen im Interview thematisierten Inhalte für den*die Interviewte*n spiegelt. Am Ende dieses Prozesses wird das Material in einer Weise neu geordnet vorliegen, die oftmals schon schlanker ist als zuvor und inhaltlichen Kriterien, nicht aber mehr dem Gesprächsverlauf entspricht. Diese Vorarbeiten stellen eine erste Inhaltsanalyse, aber noch keine Interpretation dar.

Die Qualitative Inhaltsanalyse kennt an dieser Stelle eine leicht abweichende Variante, die »Fallzusammenfassung« (case summary), die allerdings demselben Zweck dient, nämlich eine »faktenorientierte, eng am Text arbeitende Komprimierung« (Kuckartz 2018, S. 58) des Textes zu liefern. Es geht darum, »durch Abstraktion einen überschaubaren Corpus zu schaffen, der immer noch Abbild des Grundmaterials ist« (Mayring 2015, S. 67). Diese Fallzusammenfassungen werden für jedes Interviewtranskript erstellt, sodass ein späterer Vergleich leichter möglich ist.

> **4. Schritt:** *Kommunikative Validierung*
> Das um Redundanzen und Wiederholungen bereinigte, wo nötig und möglich sachlich, nicht mehr chronologisch strukturierte Gesprächsprotokoll wird nun ggf. – jedenfalls sieht die Grounded Theory dies so vor – an den*die Informant*in zurückgegeben. Diese*r wird um Kontrolle, Ergänzungen und um das Korrigieren des Textes gebeten (hier können die erwähnten Memos hilfreich sein). Vor allem aber kann der*die Informant*in Aspekte nachtragen, die er*sie im Gespräch nicht erwähnt hat, die ihm*ihr nun aber im Zuge der Lektüre des Gesprächsprotokolls einfallen und wichtig erscheinen.

> Die Rückmeldungen werden aufgenommen und der vorliegende Text wird entsprechend überarbeitet. Vor der eigentlichen Interpretationsarbeit kann noch ein Zwischenschritt erforderlich sein.
> 5. Schritt: *Verfeinerung der Forschungsidee*
> Haben die Forschenden nämlich aufgrund der Rückmeldung der Informant*innen die Einsicht gewonnen, auf der Basis des bisherigen Wissenstandes, mithilfe der bisher zu Grunde gelegten Vermutung(en)/Hypothese(n) nicht weiterzukommen, dann muss erneut wissenschaftliche Literatur konsultiert oder auf Informationsquellen anderer Art zurückgegriffen werden. Es ist übrigens jederzeit zulässig, in der Anfangsphase des Forschungsprozesses mit mehreren Hypothesen zu arbeiten, die am Material geprüft und nach und nach ausgeschieden werden.

Erweist es sich als nicht ausreichend, nur weitere Literatur heranzuziehen, dann kann auch die Datenbasis erweitert werden. So können bislang teiltranskribierte Interviews nun vollständig transkribiert werden, es können aber auch neue Interviewpartner*innen gewonnen werden, solche, die sich bisher noch nicht im Wahrnehmungsfeld des*der Forschenden befunden haben, deren Einbezug jetzt aber sinnvoll erscheint, bzw. es können ergänzend andere Datenerhebungsmethoden angewandt, etwa Beobachtungen angestellt oder Versuche durchgeführt werden. Auch ist es durchaus möglich, dass sich die Forschenden zum Zweck einer klareren Urteilsbildung ins Feld begeben, im vorliegenden Fall – »Schulklima« – also die Schule besuchen, um dort gezielt Beobachtungen anzustellen oder mit Schüler*innen zu sprechen. In der Terminologie der Grounded Theory wird diese Form der sich nach Bedarf erweiternden Datenauswahl »theoretisches Sampling« (sampling) genannt. Jederzeit kann die Phase der Datensammlung von Neuem gestartet werden, wenn auch auf jeweils höherem Niveau der Erkenntnis. Dieser Prozess kommt erst ans Ende, wenn sich keine neuen Erkenntnisse mehr ergeben, »wenn es keine weiteren Gruppen gibt, deren Vertreter man befragen oder beobachten sollte, von denen neue, präzisierende, kontrastierende oder einschränkende Einsichten zu erwarten sind« (Krotz 2019, S. 210). Man spricht dann von einer »theoretischen Sättigung«. Das ist keine sehr befriedigende Maßregel, die aber akzeptiert werden kann, weil sich Grounded Theory und Qualitative Inhaltsanalyse mehr als andere Methoden unter dem Gesichtspunkt der Vorläufigkeit sehen.

Wurden ergänzende Interviews geführt, werden diese in derselben Weise wie bisher dargestellt behandelt. Alles neue Material sowie die Überlegungen, die zu seiner Erhebung geführt haben, werden als »theoretische Memos« dem Material hinzugefügt.

> 6. Schritt: *Kodieren*
> Nun beginnt die eigentliche Datenanalyse, die Interpretationsarbeit. Sie besteht im sog. »Kodieren«. Dabei soll im Sinne des eben Gesagten noch einmal betont werden, dass auch alle die Arten des Kodierens, von denen im Folgenden die Rede sein wird, von Prozessen der neuerlichen Datenerhebung begleitet bzw. unterbrochen werden können. Von der »ständige[n] Vermischung von Datensammlung und Datenanalyse« (Glaser & Strauss 1984, S. 95) ist in der Literatur die Rede.

Ein letztes diesbezügliches Zitat:

»Die Forschungsphasen Datenerhebung, Kategorienbildung und theoretische Modellierung sind prinzipiell in allen möglichen Kombinationen sinnvoll – etwa Wege von Memos zu neuer Datenerhebung (nach Theoretical-Sampling Gesichtspunkten), von Memos zu neuen Kodierdurchgängen, vom Kodieren zu weiterer Datenerhebung. Induktive und deduktive Züge sind in unterschiedlichen Schrittfolgen produktiv« (Breuer 1996, S. 24).

Beim Kodieren werden die folgenden, in der Regel aufeinander aufbauenden Arten unterschieden:

- das offene Kodieren: Das ist der Teil der Arbeit, der die Interpretationsarbeit eröffnet und »der sich besonders auf das Benennen und Kategorisieren der Phänomene mittels einer eingehenden Untersuchung der Daten bezieht« (Strauss & Corbin 1996, S. 44). Die Rede ist auch vom »Aufbrechen« eines Textes, seiner Zerlegung in einzelne Sinnabschnitte, die untereinander oder mit ähnlichen oder auch anders gelagerten Sinnabschnitten in den weiteren Interviewtranskripten (oder Fallzusammenfassungen) verglichen werden. Es geht darum, das Wesentliche einzelner Sinnabschnitte zu identifizieren und die wesentlichen Indikatoren zu »benennen« oder zu »kategorisieren«. Diese Benennungen bzw. Kategorisierungen können entweder nahe am Text erfolgen, möglicherweise als direkte Zitate prägnanter Begriffe oder in Form kurzer Sätze (sog. »in-vivo-Codes«). Oder man nimmt Begriffe, die aus der Fach- bzw. Theoriesprache stammen (»Lehrer*innenrolle«; »Lehrer*innen-Schüler*innen-Interaktion« o. ä.; sog. »theoretische Codes«). Es gibt in diesem Fall – Thema: »Schulklima« – reichlich Literatur, aus der einschlägige Begriffe gewonnen werden können (z. B. Fend 1977; Argyrokastriti 2008). Anderes Beispiel: In einer Untersuchung der psychischen Bewältigungs- und Verarbeitungsstrategien nach der »Wende« arbeitslos gewordener ehemaliger DDR-Lehrkräfte wurde gefragt, welches Berufsverständnis die Untersuchten zur Zeit ihrer Berufstätigkeit in der DDR entwickelt hatten. Dabei wurden folgende Kategorien induktiv am Material gebildet (Mayring 2017, S. 473): Freude am Lehrberuf; Erfüllen bestimmter Funktionen in der Schulorganisation; positive Kollektiverfahrungen; Interesse am Fach; Anerkennung und Achtung: Umsetzung von politischen Zielen. Daraus wurden durch Zusammenfassung zwei Oberkategorien gebildet: Lehrer*in aus Freude am Beruf; Lehrer*in aus Engagement für den Sozialismus. Liegt den Interviews ein Leitfaden zugrunde, dann kann auch dieser zur Kategorienbildung herangezogen werden. Ergänzende Informationen und Erläuterungen, wie die Benennungen bzw. Kategorien zustande gekommen sind, warum man sich für sie entschieden hat und was sie ausdrücken, sollen in Form der schon bekannten »Memos« notiert werden.

Oftmals stößt man erst im Zuge dieser Feinanalyse der Texte auf Unklarheiten, etwas, was man nicht mehr rekonstruieren kann (Was hat der*die Informant*in gemeint, als er*sie dieses oder jenes gesagt hat?). In dieser Situation ist es erlaubt, den*die Informant*in erneut zu befragen und um Klarstellungen oder weitere Informationen zu bitten. Im Bedarfsfall können auch in größerem Stil neue Daten gesammelt werden, und zwar gezielt zu den offenen Kategorisierungsproblemen. Das Kodierverfahren ist in dieser Phase sehr offen, baut auf das Hintergrundwissen der Forschenden und lädt durchaus auch zur vertiefenden Lektüre von (Fach-)Literatur ein. Sind die neu gewonnenen Informationen eingearbeitet, sind die bisher gewonnenen Kategorien im Lichte der neuen Informationen überprüft, dann bilden die Memos, zusammen mit den am Text gewonnenen Kategorien, die Ausgangsbasis für den nächsten Schritt.

- das axiale Kodieren: Hier geht es darum, nach dem »Aufbrechen« und »Kodieren« der Daten diese über das Entdecken von Querbeziehungen gewissermaßen wieder zusammenzusetzen. Die intensive Auseinandersetzung, die im Rahmen des offenen Kodierens mit den Texten stattgefunden hat, hat ein erstes umrisshaftes und vorläufiges Gesamtverständnis entstehen lassen, das es jetzt erlaubt, in hypothetischer Form Beziehungen zwischen den Kategorien zu beschreiben. So kann in unserem Beispiel (»Schulklima«), die Kategorie »Zusammenarbeit im Kollegium« mit der Kategorie »schüleraktivierender Unterricht« zusammengeführt werden. Das könnte entweder geschehen, weil die Befragten selbst diesen Zusammenhang herstellen, oder weil in der Forschungsliteratur ein solcher Zusammenhang hegestellt wird, oder weil die Forschenden einen solchen Zusammenhang erkannt zu haben glauben. Nun muss in den Daten nach Belegen gesucht werden, die diesen Zusammenhang und damit die Hypothese bestätigen, beides habe miteinander zu tun, andernfalls muss nach anderen Zusammenhängen gesucht werden, weil sich die Hypothese nicht bestätigt hat. Man kann auch tentativ (versuchsweise) vorgehen und auf den ersten Blick weit auseinanderliegende Kategorien probehalber zusammenführen, etwa »Schüler*innenleistung« und »Raumausstattung«. Je länger und intensiver man sich mit den Texten auseinandersetzt, desto eher fallen mögliche Querbeziehungen zwischen einzelnen Kategorien auf. Zur Veranschaulichung kann man erneut Diagramme zeichnen, die die Querbeziehungen visuell zur Erscheinung bringen. Auch wird empfohlen, die Querbeziehungen mit Begriffen zu belegen, um damit ggf. neue Kategorien bzw. Unterkategorien zu den bestehenden Kategorien zu gewinnen. Es ist ebenso erlaubt, Dritte, am Forschungsprozess Unbeteiligte, zu fragen, ob ihnen die Querverbindungen einleuchten, die man hypothetisch ausgemacht hat, oder nicht. An dieser Stelle könnte, nebenbei bemerkt, das Gruppeninterviewverfahren im Zuge der Hypothesengenerierung zum Einsatz kommen.

Geht es nur darum, Hypothesen zu entwickeln oder erstes Licht in einen bislang unerforschten Bereich hineinzubringen, kann man den Datenanalyseprozess an dieser Stelle beenden und den Forschungsbericht schreiben. Sind die Prüfung weit gediehener Hypothesen und die Theorieentwicklung das Ziel, muss noch ein nächster Schritt folgen.

- das selektive Kodieren: Hier geht es darum, das »zentrale Phänomen, um das herum alle anderen Kategorien integriert sind« (Strauss & Corbin 1996, S. 94), zu identifizieren, die gesuchte »Zentralkategorie«. In unserem Fall also »Schulklima«. Alle herausgearbeiteten Kategorien müssen gewissermaßen zu der Zentralkategorie »Schulklima« zusammengefügt werden. Es muss deutlich werden, wie alles mit allem zusammenhängt. Hat man zuvor die Kategorien ausführlich inhaltlich beschrieben, entsteht jetzt in diesem abschließenden Schritt über die Beschreibung der Beziehungen, die zwischen den einzelnen Kategorien und gegenüber der Hauptkategorie »Schulklima« bestehen, eine »beschreibende Erzählung«. Diese muss am Material validiert sein und ihre Stichhaltigkeit auch kommunikativ belegt haben. Zum Beispiel kann man sie mit Dritten diskutieren, aber durchaus auch den Informant*innen selbst. Überzeugt die Theorie nicht, können erneut und gezielt Daten erhoben werden, um etwaige Lücken zu füllen. Hat sich die Geschichte jedoch als überzeugend und damit als brauchbar erwiesen, dann kann sie zu einer Theorie verdichtet, d. h. in allgemeinen Begriffen ausgedrückt werden.

Als hilfreich hat es sich übrigens erwiesen, wenn die Kodierarbeit in Forschendengruppen erfolgt, die ihre Kodiervorschläge untereinander abgleichen und die jeweiligen Plausibilitäten ihrer Deutungen abwägen. Wenig plausible und unhaltbare Interpretationen können so schnell ausgeschieden werden. Zudem kann die Gefahr minimiert werden, dass sich der*die einzelne Forschende zu früh von einer einmal entwickelten Hypothese leiten lässt und die Datenauswahl dementsprechend selektiv betreibt. Wenn alle Forschenden an den entscheidenden Materialausschnitten zu denselben oder wenigstens sehr ähnlichen Ergebnissen kommen, gilt das Verfahren als reliabel. Inzwischen gibt es Software, die mittels vorab festgelegter Stichwörter die Kodierarbeit unterstützt bzw. sogar ganz übernimmt. Wie auch immer: Am Ende steht ein Koderleitfaden bzw. ein Kodierhandbuch, in dem alle Kategorien aufgeführt und inhaltlich beschrieben werden, die interpretationsrelevant sind.

7. Schritt: *Anwendung der Kategorien*
Auf der Basis dieses Kodierleitfadens/Kodierhandbuchs werden die Kategorien mittels einer Fundstellenmarkierung sukzessive auf den gesamten Textkorpus übertragen. Das geschieht so, dass die Texte Satz für Satz durchgearbeitet werden und entschieden wird, unter welche Kategorie die betreffende Textstelle fällt. Dabei werden erneut Textstellen ausgeschieden, und zwar solche, die keiner Kategorie subsummiert werden können. Sie sind interpretationsirrelevant. Stellt sich heraus, dass einzelne Kategorien nicht trennscharf sind, werden sie neu formuliert. Gegebenenfalls werden neue Kategorien entwickelt. Zweitens können kategorisierte Textstellen zusammengefasst und paraphrasiert werden. Es kann aber auch in einem ersten quantifizierenden Zugriff das Gewicht jeder Kategorie per Häufigkeit und Umfang im Verhältnis zum Gesamtkorpus ermittelt werden. Am Ende dieses Durchgangs durch das Material ist der gesamte Text erstens in seinem Umfang weiter reduziert und zweitens sind alle Textstellen je einer Kategorie zugeordnet.
8. Schritt: *Erneute Datenerhebung*
Letztmalig an dieser Stelle kann, falls notwendig, erneut in den Prozess der Datenerhebung eingetreten werden. Wie gesagt, die Grounded theory und die Qualitative Inhaltsanalyse sind relativ offene Verfahren, die es zulassen, auf neue Aspekte, wie sie im Auswertungsprozess sich jederzeit ergeben können, situativ zu reagieren.
9. Schritt: *Schreiben und interpretieren von Zusammenfassungen*
Jetzt können quer zu allen Transkripten jeweils zu den einzelnen Kategorien Zusammenfassungen geschrieben werden. Im nächsten Schritt werden dann diese Zusammenfassungen interpretiert.

Man kann aber auch vom Einzelinterview ausgehen und dort die kategorisierten Fundstellen interpretieren. Auch so wird das gesamte Material interpretiert. Wenn die Kategorien entsprechend eng abgefasst sind, kann an dieser Stelle erneut und ergänzend auch eine quantitative Datenauswertung eingeschoben werden. Ebenfalls ist es möglich, im Stile eines Kombinationsverfahrens nur einen Teil des Materials zu interpretieren und das dabei gefundene Ergebnis als Hypothese anhand einer quantitativen Auswertung des Gesamtbestandes an Textdaten weiter zu prüfen. Man kann dann fast von einer Triangulation sprechen. Schließlich bleibt noch die Möglichkeit, auf das am Anfang des Materialdurchgangs ausgeschiedene Material zurückzugreifen oder sogar ergänzend ganz neues Material (Nachschlagewerke, Internetquellen etc.) heranzuziehen. Alles ist erlaubt, was zur Klärung einer bestimmten Textstelle hilfreich ist.

> 10. Schritt: *Zusammenfassung der kategoriengestützten Interpretationen der Fundstellen*
> Am Ende wird das Ergebnis der Interpretation im Sinne einer Zusammenfassung der kategoriengestützten Interpretationen der Fundstellen verschriftlicht. Nach Auffassung vieler ihrer Vertreter*innen (z. B. Kuckartz 2018, S. 46) ist die Qualitative Inhaltsanalyse ein so offenes Verfahren, dass an ihrem Anfang nicht unbedingt eine Hypothese stehen muss, sie vielmehr bevorzugt eingesetzt wird, wenn es um ein erstes Eintauchen ins Feld oder die Weiterentwicklung von Vermutungen/Annahmen zu Hypothesen geht.

Grounded Theory und Qualitative Inhaltsanalyse unterscheiden sich von den im Folgenden vorzustellenden Datenauswertungsmethoden in zwei Hinsichten: Zum einen fokussieren sie auf die Beschreibung der Phänomene aus der Sicht der untersuchten Subjekte und deren Intentionen. Zum anderen verzichten sie auf einen anspruchsvollen theoretischen Überbau. Sie suchen im Gegenteil den »möglichst enge[n] Bezug zur vortheoretischen sozialen Wirklichkeit« (Hülst 2013, S. 292). Auch mag zu ihrer Beliebtheit beitragen, dass der Interpretationsvorgang jederzeit abgebrochen werden kann. Man kann jederzeit darauf verzichten, aufs Neue ins Feld zu gehen, um neue Daten zu erheben – freilich um den Preis reduzierter Erkenntnis. Vollständig, in allen ihren Schritten vollzogen, sind Grounded Theory und Qualitative Inhaltsanalyse sehr aufwendige und zeitintensive Verfahren. Beide stellen »an Forscher besondere Ansprüche hinsichtlich ihrer Kreativität« (Böhm 2017, S. 484). Es braucht Erfahrung und Phantasie, um ihre Vorzüge wirklich nutzen zu können.

Damit sind wir schon bei Grenzen der Methoden. Aus dem Anspruch eines engen Bezugs zur unverstellten sozialen Wirklichkeit ergibt sich, dass Grounded Theory und Qualitative Inhaltsanalyse in ihren Analysen gewissermaßen an der Oberfläche des Gesagten bzw., im Falle von Beobachtungen, des Verhaltens der Untersuchten verbleiben, eine Oberfläche, die sie nur sehr zurückhaltend durchstoßen. Oder wie es Berelson, einer der Begründer der modernen Inhaltsanalyse ausdrückt: »Content analysis is a research technique for the objective, systematic, and quantitative description of the manifest content of communication« (Berelson 1952, S. 18). Wobei Berelson sich selbst gleich wieder in Frage gestellt hat, indem er behauptet hat, über den Text hinaus gehen zu können und auch über den*die Kommunikator*in (Sender*in) und dessen Rezeption (Empfänger*innen) mithilfe der Qualitativen Inhaltsanalyse etwas sagen zu können:

> »In the communication process a central position is occupied by the content. By communication content is meant that body of meanings through symbols (verbal, musical, pictorial, plastic, gestural) which makes up the communication itself. In the classic sentence identifiying the process of communication – ›who says what to whom, how with what effect‹ – communication content is the what« (Berelson 1952, S. 12).

Gleichwohl bewegen sich beide Methoden, Grounded Theory und Qualitative Inhaltsanalyse, letztlich sozusagen auf der Ebene der epistemologischen Überzeugungen der Befragten bzw. des manifesten Verhaltens der Beobachteten. Zudem ist die Hypothesen- und Theorieentwicklung trotz aller rekursiver Schleifen und immer abstrakter werdender Begriffe und Kategorien, die eine zunehmend größere Anzahl an empirischen Sachverhalten beschreiben, an den untersuchten Gegenstandsbereich gebunden. Eine jede mithilfe der Grounded Theory und der Qualitativen Inhaltsanalyse erzeugte Theorie »präsentiert nur eine Spielart möglicher Beschreibungen der Wirklichkeit« (Hülst 2013, S. 284). Es wird immer einen Fall geben, der im Rahmen der gefundenen Theorie nicht darstellbar und erklärbar ist. Das freilich gilt mehr oder weniger für alle induktiv operierenden Verfahren. Wir erinnern an die oben in diesem Kapitel angesprochene Kritik des Kritischen Rationalismus.

Zwei Anmerkungen noch, bevor wir zur nächsten Datenauswertungsmethode kommen. Im ersten Kapitel dieses Buches haben wir auf die

Aktions- oder Handlungsforschung hingewiesen, für die charakteristisch ist, dass mit dem Forschen stets das Ziel verbunden war (und ist), die beforschte Praxis zu verändern, und zwar im laufenden Prozess und im engen Austausch mit den Beforschten (▶ Kap. 1). Forschungsergebnisse werden deshalb in jedem Stadium des Forschungsprozesses mit den Praktiker*innen diskutiert, gemeinsam mit diesen wird die Hypothesenentwicklung und -prüfung betrieben, über die zu verwendenden Forschungsmethoden entschieden, werden aber auch Veränderungen des Feldes eingeleitet, so wie sie sich im Lichte der (jeweils vorläufigen) Forschungsbefunde nahelegen. In einschlägigen Schulforschungsprojekten kam es regelmäßig zur Zusammenarbeit von Forschenden und Lehrkräften, wobei letztere selbst in eine forschende Rolle hineinwuchsen und zu Forschenden wurden (vgl. z. B. Radtke 1979). Weil die Grenzen zwischen Datenerhebung, Datenauswertung und Rückkopplung mit der Praxis fließend sind, lässt sich von einer gewissen Verwandtschaft von Handlungsforschung und Grounded Theory bzw. Qualitativer Inhaltsanalyse sprechen. Dass beide zwischen Forschenden und Beforschten trennen und auch nicht das Eingreifen im Forschungsfeld wollen, unterscheidet sie allerdings von der Handlungs- oder Aktionsforschung.

Die zweite Anmerkung betrifft die schon erwähnte Quantitative Inhaltsanalyse. Sie dient nicht der Hypothesenentwicklung, sondern der Hypothesenprüfung. Die einzelnen Arbeitsschritte sind jedoch im Wesentlichen die der Qualitativen Inhaltsanalyse.

1. Schritt: *Theorien festlegen*
   Zu Beginn werden, wie bei jedem hypothesenprüfenden Vorgehen, Hypothesen aus der Theorie abgeleitet. Die Auswahl der Theorien wird von dem*der jeweiligen Forscher*in getroffen und im abschließenden Forschungsbericht begründet dargelegt.
2. Schritt: *Kategorien aus Theorie ableiten*
   Die Kategorien dienen dazu, das zu untersuchende Material zu systematisieren. Sie leiten sich aus der festgelegten Theorie ab und repräsentieren dadurch »ein theoretisches Gliederungsprinzip« (Früh 2015, S. 147) in Bezug auf die Forschungsfrage sowie »eine Identifizierungs- und Klassifizierungsstrategie« (ebd.) hinsichtlich des

untersuchten Materials. Eine Kategorie wird üblicherweise mit einem Wort oder einem Ausdruck betitelt. Um Klarheit über die Inhalte und Definition zu wahren, wird jede Kategorie in Stichworten expliziert. Bezüglich der Kategorie »berufliche Kompetenz« könnten Begriffe wie »PC-Kenntnisse«, »Führungserfahrung«, »längere Berufspraxis« eine Rolle spielen.

3. Schritt: *Kodierhandbuch erstellen*
Sind die einzelnen Kategorien erarbeitet und definiert, werden sie in einem Kodierhandbuch zusammengefasst. Dieses besteht üblicherweise aus den formalen Identifikationszahlen für die Analyseeinheiten, allgemeinen Kodierhinweisen, dem Kategoriensystem und den Kategoriendefinitionen.

4. Schritt: *Kodierer*innen festlegen*
Die Auswahl verlässlicher Kodierer*innen ist für die Qualität der Ergebnisse wichtig. Sämtliche Kodierer*innen werden im Rahmen einer Kodiererschulung mit den im Codebuch formulierten Kategorien und ihren Interpretationsweisen vertraut gemacht.

5. Schritt: *Kodieren*
Das Kodieren des Materials findet regelgeleitet am Material statt. Dafür wird das Material zufällig auf die Kodierer*innen verteilt.

6. Schritt: *Ausprägungen bestimmen*
Zum Ende der quantitativen Inhaltsanalyse werden sich die kodierten Materialausschnitte nochmals durchgesehen und in Ausprägungen der jeweiligen Kategorie unterteilt.

7.2.2 Objektive Hermeneutik

Die Methode der Objektiven Hermeneutik wurde ab den späten 1960er Jahren im Zuge von Arbeiten zur Bedeutung von sprachlicher Kompetenz für den Schulerfolg (elaborierter vs. restringierter Code) und von Arbeiten zur Formulierung einer Sozialisationstheorie, also durchaus pädagogikaffin, von dem Soziologen Ulrich Oevermann und Mitarbeiter*innen entwickelt (z. B. Oevermann, Allert, Konau & Krambeck 1979; Oevermann, Allert & Konau 1980; Oevermann 1986; Reichertz 2019). Im

Grundsatz handelt es sich um eine Weiterentwicklung der klassischen geisteswissenschaftlichen Hermeneutik. Anders als in der klassischen Hermeneutik soll im menschlichen Handeln jedoch nicht das Einmalige gesehen und untersucht werden, das es in einer Haltung des kongenialen Nacherlebens und kraft der »Genialität eines einzelnen Interpreten« (Garz & Kraimer 1994, S. 13) zu »verstehen« gilt. Sie erinnern sich: Eine »schöpferische Tätigkeit« hat Manfred Frank (1979) das Verstehen im Kontext der klassischen Hermeneutik genannt. Die Objektive Hermeneutik will auch nicht den Sinn eruieren, den Menschen ihrem Handeln innerhalb des kulturellen Sinnsystems geben, in dem sie sich bewegen, wenn man sie danach fragt, also nicht die je individuellen epistemologischen Überzeugungen der Untersuchten herausarbeiten. Vielmehr sehen die Vertreter*innen der Objektiven Hermeneutik das Verhalten der Menschen von überindividuellen sozialen Regeln und Mustern bestimmt, die den Handelnden nicht bewusst sind, aber gleichwohl da sind und damit das Handeln steuern. Von »regelgeleitetem Handeln« (z. B. Oevermann 1986, S. 22 f) spricht Oevermann, das aus dem Wirken dieser »kulturübergreifenden, allgemeineren Strukturierungsgesetzlichkeiten und Regeln« (Oevermann 1986, S. 35) resultiert. Ohne derartige Orientierungsmuster wäre der Mensch in seiner Lebenswelt kaum handlungsfähig und wäre Gesellschaft nicht denkbar. Weil sie auf die Offenlegung genau dieser strukturellen Orientierungsmuster abzielt, wird die Objektive Hermeneutik auch als »strukturale Hermeneutik« bezeichnet (Matthes-Nagel 1982; Aufenanger & Lenssen 1986; Reichertz 2019). Insofern sie auf die Tiefenschicht der sozialen Phänomene abzielt, könnte man sie ebenfalls als strukturale Tiefenhermeneutik bezeichnen. In mancher Hinsicht ist sie mit der zur selben Zeit unter Führung des amerikanischen Soziologen Harold Garfinkel entwickelten sog. Ethnomethodologie verwandt, der es ebenfalls darum geht, handlungsbestimmende und sinnstiftende Strukturen der Alltagswelt – Routinen, Riten und Gebräuche – in der eigenen und in fremden Gesellschaften sichtbar zu machen und in ihrer Wirkung auf die Betroffenen zu beschreiben (z. B. Weingarten, Sack & Schenkein 1976). Diese Strukturen sind in Abhängigkeit von sich ändernden Umweltgegebenheiten in ständiger Transformation begriffen. In der Literatur ist deshalb auch die Rede von »lernenden Strukturen« (Reichertz 1995, S. 383).

Zur Veranschaulichung dessen, wovon die Objektive Hermeneutik ausgeht, wird von Oevermann selbst auf die Grammatikalität der Sprache hingewiesen, die den Ablauf einer jeden Sprechhandlung und damit sozialen Handlung steuert – jedenfalls solange die Absicht besteht, mit anderen Menschen auf vernünftige Weise zu kommunizieren. In der Literatur zur Objektiven Hermeneutik wird immer wieder auf die sog. generative Transformationsgrammatik des amerikanischen Linguisten Noam Chomsky verwiesen (z. B. Oevermann 1986, S. 24; Garz 1997, S. 537), die alle konkreten sprachlichen Äußerungen (Performanz) durch latente (angeborene) syntaktische Strukturen (Kompetenz), die die Regeln der Spracherzeugung enthalten, hervorgebracht sieht. Weil die Objektive Hermeneutik von der Überzeugung getragen ist, »dass sich die sinnstrukturierte Welt durch Sprache konstituiert und in Texten materialisiert« (Wernet 2009, S. 11), ist gerade der Verweis auf die Sprache und ihre Grammatikalität zur Erläuterung gut geeignet. Zu denken ist aber auch an die Strukturen des (kindlichen) Denkens, wie sie der Psychologe Jean Piaget herausgearbeitet hat, dessen Ansatz deshalb auch »genetischer Strukturalismus« genannt wird (Fetz 1988). Schließlich geht es aber ebenso um verfestigtes (Alltags-)Wissen, prägende biographische Erfahrungen, bestimmte Aspekte des Rollenhandelns, Alltagsroutinen usw.; in pädagogischen Zusammenhängen sind es pädagogische Maximen, die ebenfalls als »latente Sinnstrukturen« verstanden werden können und auf dem Wege systematisch-planvollen Interpretierens durch Dritte bewusst gemacht werden sollen. In einer Ende der 1970er Jahre in einem Kindergarten durchgeführten Forschungsarbeit wurde zum Beispiel das tägliche ›Aufräumen‹ nach dem Freispiel, auf das die Erzieher*innen großen Wert legten, untersucht und in seiner tatsächlichen Bedeutung für die Erzieher*innen analysiert. Dabei zeigte sich, dass es in erster Linie weniger um das Ordnungschaffen am Ende der Freispielphase ging. Das Beharren auf dem Aufräumen erwies sich vielmehr als ein Mittel, nach einer von den Erzieher*innen als eher chaotisch empfundenen Phase das Heft des Handelns wieder in die Hand zu bekommen, um so ihre Autorität zu sichern, was den Erzieher*innen sehr wichtig war (Weber 1981). Die Objektive Hermeneutik weist Überschneidungen mit der

> Deutungsmusteranalyse auf, die sich ebenfalls mit den »stereotypen Sichtweisen und Interpretationen von Mitgliedern einer sozialen Gruppe« befasst, »die diese zu ihren alltäglichen Handlungs- und Interaktionsbereichen entwickelt haben« (Arnold 1983, S. 894). In der Deutungsmusteranalyse – auch Deutungsmusteransatz genannt; beide Begriffe hat Oevermann geprägt – geht es ebenfalls darum, »solche manifesten Äußerungen von Personen so zu erläutern bzw. zu übersetzen, dass etwas sichtbar wird, das in irgendeiner Weise hinter den Manifestationen wirksam ist« (ebd., S. 895).

Arbeitsgrundlage der Objektiven Hermeneutik ist immer ein Textprotokoll in seiner unbearbeiteten Form, meist als Interviewtranskript. Oevermann vertritt die Ansicht, es gebe keine soziale Wirklichkeit außerhalb und hinter dem Text, wobei man sich allerdings von einem klassischen und engen Textverständnis lösen muss. ›Text‹ ist regelgeleitete soziale Wirklichkeit, wobei die Sprache die angemessenste Form von Regelhaftigkeit repräsentiert. Bei dem Textprotokoll kann es sich demnach auch um das Transkript einer Videosequenz oder einer Beobachtungssequenz handeln. Beides spielt nicht zuletzt in der frühpädagogischen Forschung eine wichtige Rolle, da kleine Kinder kaum systematisch befragt werden können. Dort werden dann oftmals Erzieher*in-Kind- bzw. Kind-Kind-Interaktionen aufgezeichnet und transkribiert. Meist aber, wie gesagt, geht es um Interviews. Da es auf Genauigkeit ankommt, eignen sich keine Gedächtnisprotokolle, es sollten Wort-für-Wort-Protokolle angefertigt werden. Vorgängige Feldbeobachtungen, das Heranziehen schriftlicher Dokumente, das Vorsortieren des Interviewprotokolls u. ä. m., alles, was in anderen Auswertungsverfahren zur Verbesserung der Qualität der Interpretationsarbeit empfohlen wird, scheidet, folgt man der reinen Lehre, in der Objektiven Hermeneutik aus. In der Praxis werden allerdings sehr häufig ergänzend weitere Daten erhoben und Zug um Zug in die Interpretation eingespeist.

Ein Beispiel: Im Folgenden geht es um einen knappen Auszug aus dem Protokoll eines Dialogs zwischen einem Lehrer (L) und seinen Schüler*innen, fünf Jahre alt und Mitglieder der Eingangsklasse einer

Berliner Grundschule (Caesar-Wolf & Roethe 1983, S. 159 f). Der Dialog fand während der sog. »Freiarbeit« statt, wo den Interessen der Kinder Raum gegeben wird und diese sich frei beschäftigen können sollen, die Lehrer*innen dagegen aus ihrer Rolle als Lehrende schlüpfen und mit den Kindern ins Gespräch kommen sollen, um ein persönliches, freundschaftliches Verhältnis zu den Kindern aufzubauen. Anfangs der 1980er Jahre, als die kleine Sequenz aufgezeichnet wurde, war das neu und galt als »progressive Pädagogik«, deren Gelingen bzw. Misslingen das besagte Forschungsprojekt nachgehen wollte.

1 L:		Na, was macht deine Kette, wie weit bist du denn?
2 C:		(Christine murmelt leise etwas, unverständlich)
3 L:		Was willst du denn da als dein Muster legen?
4 C:		Grün erst
5 L:		Grün, und dann?
6 C:		(antwortet nicht)
7 L:		(zeigt auf die goldgelben Perlen) Was ist denn das für eine Farbe?
8 C:		Braun
9 A:		(Andreas, ein anderes Kind, das das sich dazu gesellt hat) Gold
10 C:		(hat sich wieder ihrer Kette zugewandt und fädelt weiter Perlen auf)
11 L:		Gold? Ich würde sagen, orange ist das. Gold, ja Gold könnte man auch bald sagen … sieht so ähnlich aus.
12 S:		(Sven, der sich ebenfalls dazu gesellt hat) Dit is orange
13 L:		(zu Dirk (D), der ebenfalls hinzugekommen ist) Was würdest du sagen, was das für eine Farbe ist?
14 D:		Gold
15 L:		Gold? (wendet sich an die Gruppe) Wollen wir bei Gold bleiben?
16 Alle:		Ja
17: L:		(zu C) Findste auch, dass das Gold ist? Ja? Goldgelb. Goldgelb, nicht?
18 C:		(schüttelt den Kopf)
19 M:		(Manuela, ebenfalls hinzugekommen) Is ja ooch egal, wat dit für'ne Farbe is.

| 20 L: | Na, egal ist das nicht.
| 21 N: | (Nadja) Braucht man ja nich zu wissen
| 22 L: | Ne Farbe muss man wissen! (wendet sich ab)

Die Arbeit am Text geht so vonstatten, dass der*die Interpret*in das vorliegende Protokoll in möglichst kleine Sinneinheiten, Sequenzen, zerlegt. In der Regel handelt es sich um einen, allenfalls zwei Sätze, es können aber auch nur einzelne Wörter oder knappe Wendungen sein, die nacheinander interpretiert werden. Man spricht insofern von einer »Sequenzanalyse« (praktische Beispiele zur Sequenzanalyse in der Objektiven Hermeneutik, allerdings ohne pädagogischen Hintergrund, in: Erhard & Sammet 2018). In einem ersten Zugriff werden diese Sinneinheiten dergestalt »dekontextualisiert« (Oevermann), dass die Abschnitte des Gesprächsprotokolls, die auf die zu interpretierende Sinneinheit folgen, unberücksichtigt bleiben, denn vorderhand geht es darum, sich ausschließlich auf die zu interpretierende Textstelle zu fokussieren und deren Bedeutungstiefe auszuloten, indem sie mit unterschiedlichen Lesarten konfrontiert wird. Zu diesem Zweck muss der*die Interpret*in neue Kontexte erfinden, etwa indem er*sie sich überlegt, welche Fortsetzung die gerade vorliegende Sprechhandlung erfahren könnte. Um nicht abgelenkt oder vorschnell auf eine bestimmte Lesart festgelegt zu werden, werden die im Protokoll folgenden Textstellen abgedeckt. Dann fällt es auch leichter – ein kleiner Kunstgriff –, Geschichten zu erfinden, in denen die betreffende Sequenz vorkommt (vgl. Wernet 2009, S. 39 ff). Detlef Garz hat den oben mitgeteilten Satz: »Na, was macht deine Kette, wie weit bist du denn?« experimentell einem Feldwebel, der sich nach dem Zustand einer Panzerkette erkundigt, in den Mund gelegt, und weitere sechs Dialogsituationen erfunden – darunter auch zwei pädagogische (Garz 2013, S. 257). Die Triftigkeit der einen oder anderen Lesart wird dann am Kontext, in den die ausgewählte Sinneinheit eingebettet ist, geprüft. Dazu werden die zuvor abgedeckten Textstellen wieder aufgedeckt. Eine weitere Möglichkeit liegt im freien Assoziieren zu der Textstelle. Letztlich geht es immer darum, eine vordergründig vertraute Wendung zu verfremden, um diese damit aus einer neuen, ungewohnten Perspektive in den Blick zu nehmen. Man will die lebensweltlichen Grenzen, innerhalb derer sich der Text bewegt, überwinden, um übergreifende Regeln und Normen aufzudecken. Der Umgang mit dem Text gleicht in dieser Phase einer Gratwanderung. Einerseits zwingt die akribische Auseinandersetzung mit dem Text zu einem ebenso akribisch genauen Sich-Einlassen auf den Text, über den andererseits im Zuge der Lesartenbildung hinausgegangen werden soll. Die Lesarten können dann nach strukturellen Gemeinsamkeiten und Unterschieden gruppiert werden, um so die Arbeit am Text auf die Ebene der Hypothesenbildung zu heben.

Um diesen Prozess weiter zu optimieren, setzt die Objektive Hermeneutik auf den Einsatz mehrerer Interpret*innen, womit sichergestellt werden soll, »dass sowohl eine Vielfalt an Deutungsalternativen (Lesarten) in die Diskussion eingebracht werden kann als auch die Möglichkeit zur intensiven Auseinandersetzung bei einem ›Kampf um den Text‹ besteht« (Garz 2013, S. 255). Es müssen diese Interpretierenden übrigens keineswegs mit den Personen identisch sein, die an der Datenerhebung beteiligt gewesen sind. Im Gegenteil. Die Interpretation kann nach Auffassung der objektiven Hermeneutiker nur an Objektivität gewinnen, wenn die Interpret*innen mit dem Fall, den das Protokoll dokumentiert, nicht vertraut sind und dem Text daher unbefangen gegenübertreten.

Die Interpretationsgemeinschaft behandelt die differenten Lesarten, die jeweils bezogen auf die zu interpretierende Sinneinheit von den einzelnen Interpret*innen in den Diskurs eingebracht werden, als Hypothesen, die es zu bestätigen oder zu verwerfen gilt, bis jedes mögliche, aber als unplausibel und unangemessen erkannte Deutungsangebot ausgeschieden und nur die allen am Interpretationsprozess Beteiligten einleuchtendste Lesart übriggeblieben ist. Vom »intuitiven Urteil der Angemessenheit« spricht hier Oevermann (1986, S. 41). Was nicht ›passt‹, also nicht als angemessen gewertet wird, wird dennoch festgehalten und bleibt als Hypothese, die zu einem späteren Zeitpunkt jederzeit aufgegriffen werden kann, im Spiel. Zur Plausibilitäts- bzw. Angemessenheitsprüfung kann in einem zweiten Durchgang auch die Rekontextualisierung der zunächst dekontextualisierten Sinneinheit beitragen, in der Weise, dass nunmehr auch der weitere Fortgang des Textprotokolls sukzessive in die Deutungsarbeit einbezogen und die Plausibilität einer jeden der vorgetragenen Lesarten daran geprüft wird. Ist eine bestimmte Sequenz auf diese Weise ›ausinterpretiert‹, wenden sich die Interpret*innen der nächsten Sinneinheit zu. Mit diesem konsequenten Schritt-für-Schritt-Verfahren soll die für die Klassische Hermeneutik charakteristische Zirkularität des Interpretierens (hermeneutischer Zirkel), das immer das Einzelne vor dem Hintergrund des Ganzen und umgekehrt sieht, durchbrochen werden.

Alles in allem handelt es sich bei der Objektiven Hermeneutik um ein aufwendiges Verfahren der Text-Analyse, das von Oevermann übrigens nicht als Methode, sondern als »Kunstlehre« bezeichnet wurde, um damit deutlich zu machen, dass die Objektive Hermeneutik über keine eindeutigen Regeln der Methodenanwendung verfügt. Aufwendig ist das Verfahren, weil es häufig umweghaft verfährt. In vielen Fällen erweisen sich nämlich die zu einer Sequenz unter großem Arbeitseinsatz erzeugten Lesarten als offenkundig nicht ›passend‹, jedenfalls dann, wenn man den Kontext des Interviewprotokolls berücksichtigt, der sich ja allen methodischen Umständen zum Trotz am Ende nicht ignorieren lässt. Die objektiven Hermeneutiker*innen setzen dem jedoch den besonderen heuristischen Wert dieses Vorgehens mit dem Argument entgegen, gerade aus dem ›Nichtpassen‹ vieler Lesarten ergebe sich eine anders nicht zu erzielende Vielfalt an Verstehensoptionen – die besagten Lesarten. Diese erst eröffneten, gedankenexperimentell eingesetzt, den Zugang zu den tiefer liegenden »latenten Sinnstrukturen« einer Sprechhandlung.

Bei aller Betonung des strukturellen Moments entspricht es übrigens nicht der Absicht der Objektiven Hermeneutik, das Individuelle in den menschlichen Äußerungen zu leugnen. Vielmehr wird von einem Mit- und Ineinander von Determination und Autonomie ausgegangen. Die handlungsleitenden Strukturen sind den Individuen nämlich nicht in gleicher Weise unveränderlich gegeben. Zweifellos trifft dieses Merkmal auf die grammatischen Regeln der linguistischen Kompetenz zu, ohne deren Vorhandensein das Phänomen des Primärspracherwerbs nicht erklärbar wäre, oder auf die Strukturen des Denkens, wie sie der schon erwähnte Jean Piaget beschrieben hat, die beide – Grammatikalität und kognitive Strukturen – deshalb auch zu Recht als universal gelten dürfen. Anders dagegen sind historisch spezifische Normen, religiöse Überzeugungen, aber auch die zeitgeschichtlichen Umstände, die ökonomische Verfassung einer Gesellschaft in einer Epoche, bestimmte biographische Erfahrungen u. ä. m. zu beurteilen. Dasselbe gilt beispielsweise für die Regeln einer

Einzelsprache im Verhältnis zu den sich in ihr manifestierenden universalgrammatischen Regeln. Regeln besonders geringer Reichweite sind z. B. solche milieuspezifischer Art oder Benimmregeln. Auch pädagogische Überzeugungen gehören hierin. Sie besitzen ebenfalls nur eine geringe Reichweite, einen wenig hohen bis geringen Grad an Stabilität und Verbindlichkeit und sind dem steten Wandel unterworfen und der Gestaltung durch die Menschen zugänglich. Galt früher die Prügelstrafe als angemessenes Erziehungsmittel, ist sie heute verpönt; was heute als progressive Pädagogik gilt, verfällt morgen vielleicht der Ablehnung. Solche Regeln geringer Reichweite sind Resultate der Sozialität des Menschen, nicht deren Voraussetzung, wie etwa Sprache und Denkstrukturen.

Zwar beansprucht die Objektive Hermeneutik Geltung für »die gesamte soziale Alltäglichkeit« (Oevermann 1986, S. 51). De facto aber handelt es sich bei der Objektiven Hermeneutik um eine Forschungsmethode, die dann angewendet wird, wenn es um Texte geht, die auf der, so Oevermann, kommunikativen und damit sozialen Normalform, der face-to-face-Interaktion, beruhen. Die soziale Welt besteht für Oevermann aus einem permanenten Strom an Interaktionen nach dem face-to-face-Schema, aus dem sich jeweils individuelle Sprechhandlungen herauslösen lassen.

Nehmen wir als weiteres Beispiel ein Projekt, in dem eine kurze sprachliche Interaktion zwischen Kindergartenkindern und ihrer Erzieherin analysiert wurde (Aufenanger 1986). Interpretiert wurde im Kontext einer umfänglichen Szene ein kurzer Wortwechsel, in dem die Erzieherin bestrebt war, ein neues Spiel mit den Kindern auszuhandeln. Der offene Charakter der Aufforderung an die Kinder – »Wollt ihr noch mal das Spiel machen …?« – scheint ihren Wunsch nach einem demokratischen Umgangsstil zu belegen. Die Interpretation des folgenden knappen Wortwechsels zeigt jedoch, dass die Erzieherin nicht demokratisch agiert, also den Kindern die Entscheidung überlässt, sondern ihrer pädagogischen Maxime folgt, in kompensatorischer Absicht ganz bestimmte Kinder, die sie der Unterstützung für bedürftig hält, gezielt zu fördern. Bei der Vergabe von attraktiven Spielrollen muss sie deshalb eingreifen und die betreffenden Rollen genau diesen Kindern geben, was ihren nur vordergründig favorisierten demokratischen Handlungsstil als Schein entlarvt.

7.2 Zusammenfassen, Explizieren, Strukturieren

Ganz ähnlich lässt sich die oben mitgeteilte kleine Freispiel-Sequenz aus der Grundschuleingangsklasse deuten: So lautet denn auch das Urteil der Forschenden in diesem Fall: »An der analysierten Sequenz wird deutlich, dass der Lehrer sich den Ansprüchen der progressiven Pädagogik durchaus verpflichtet fühlt. Das zeigt sich an dem ›subjektivierenden‹ Sprachstil, der Vermeidung offen-autoritären Verhaltens und dem Bemühen um ›demokratische‹ Formen der Wissensvermittlung. Allerdings wird dieser Anspruch in seinem Handeln hier nur auf der Oberflächenebene von Stilelementen und zudem standardisiert ohne Reflexion des individuellen Kontextes angewandt. Auch inhaltlich wird die Interaktion insofern standardisiert, als das Spiel des Kindes nurmehr als Aufhänger für die Durchführung eines ›Curriculums‹ zur Vermittlung von Wissensbeständen, hier: richtige Farbbezeichnung benutzt, wird. Damit wird die Realisierung der Prinzipien der progressiven Pädagogik notwendig verfehlt« (Caesar-Wolf & Roethe 1983, S. 168).

Im Ergebnis der Interpretationsarbeit lässt sich zeigen, welche latenten Sinnstrukturen in den beiden Fällen wirksam geworden sind. Während der Lehrer in der Rolle des progressiven Pädagogen gescheitert ist, weil sich die klassische Lehrerrolle als stärkere Sinnstruktur seines Handelns erwiesen hat, war es in dem Kindergartenbeispiel so, dass die Erzieherin sich in ihrer Rolle als kompensatorisch wirkende Pädagogin durchaus sicher war – zu ›sicher‹, denn sie hat sie unflexibel ›durchgezogen‹, von einem »Klammern an ein pädagogisches Programm« spricht der Interpret (Aufenanger 1986, S. 222). Dies hat zwar ihrem Handeln Sinn verliehen und dieses strukturiert, zugleich aber verhindert, sich als die demokratische Erzieherin zu präsentieren, als die sie eigentlich hatte erscheinen wollen.

Auch wenn sie sich im Arsenal der qualitativen Datenauswertungsverfahren etabliert hat, ist die Objektive Hermeneutik nicht ohne Kritik geblieben. So wurde, ganz grundsätzlich, die Frage aufgeworfen, ob es tatsächlich möglich sei, die Welt »vollständig zu vertexten« (Reichertz 1995, S. 403). Sodann ist der Objektiven Hermeneutik, weil sie so sehr auf die Wirkmacht der »latenten Sinnstrukturen« abhebt, der Vorwurf des Konservatismus gemacht worden. Sie bestätige nur die Repressivität der gesellschaftlichen Verhältnisse (vgl. dazu Oevermann 1995, der diese Kritik zurückweist). Schließlich bleibt es fragwürdig, die Klassische Hermeneutik mit ihrem Verständnis vom kreativen Schöpfertum des*der Interpret*in zu kritisieren, sich zugleich aber methodologisch wesentlich auf im Interpretationsvorgang anzustellende »Gedankenexperimente« zu stützen. Das dürfte nicht weniger vage und unkontrolliert sein wie dies, jedenfalls aus der Sicht der Objektiven Hermeneutik, der Interpretationsprozess in der Klassischen Hermeneutik sein soll (Sutter 1994). Schließlich kann das Verfahren der Objektiven Hermeneutik aus Gründen der Arbeitsökonomie immer nur auf kleine Textkorpora angewendet werden. Im oben erwähnten Fall der Erzieherin im Kindergarten (Weber 1981) wurden Sequenzen von höchstens zwei Minuten Dauer interpretiert. Lassen sich daraus tatsächlich verallgemeinerbare Erkenntnisse gewinnen? Für die Vertreter*innen der Objektiven Hermeneutik steht das außer Frage, gehen sie doch davon aus, »strukturrekonstruktive Operationen« auch »an geringen Datenmengen vollständig durchführen« zu können (Wernet 2009, S. 33). Schon Oevermann wollte die Objektive Hermeneutik nur in der Einzelfallanalyse eingesetzt sehen. Standardisierte und großflächige Erhebungen werden abgelehnt.

Im Zuge der Orientierung an sozialwissenschaftlichen Methoden ist die Objektive Hermeneutik auch in der Erziehungswissenschaft rezipiert worden und hat sich den eben formulierten Einwänden zum Trotz in nahezu allen erziehungswissenschaftlichen Teildisziplinen und Forschungsrichtungen zur Geltung bringen können. Naturgemäß ist hier nicht zuletzt an die Biographieforschung zu denken, wo es ja gerade um die Erforschung der den »Handlungen zugrundeliegenden grammatischen Strukturen geht« (Marotzki 2006, S. 112), wie ein Vertreter der Biographieforschung erläutert. Allerdings wird die Objektive Hermeneutik, wenn wir recht sehen, meist in Kombination mit anderen Auswertungsmethoden und in explorativer Absicht eingesetzt. Es ist interessant, dass selbst eine so bescheidene Aufgabe wie die Interpretation des Briefes einer Schulleitung an die Elternschaft eines Gymnasiums nicht ohne Rekurs auf die Klassische Hermeneutik auskommt. In dem Beitrag von Stefan Aufenanger u. a. lesen wir nämlich:

> »Wir hatten eingangs den Anspruch erhoben, die Fruchtbarkeit einer objektiv-hermeneutischen Analyse für die Aufhellung des Phänomens ›Schulatmosphäre‹ darzulegen. Natürlich kann ein Brief allein nicht als ausreichend für die Bestimmung in einer Institution angesehen werden; es müssen andere

Dokumente und Materialien herangezogen werden« (Aufenanger, Garz & Kraimer 1994, S. 244).

Das ist nichts anderes als Klassische Texthermeneutik.

Zu den tiefenstrukturellen Methoden gehört auch und insbesondere die Psychoanalytische Textinterpretation, der wir uns im folgenden Kapitel zuwenden wollen.

7.2.3 Psychoanalytische Textinterpretation

Unter den psychologischen Schulen dürfte die psychoanalytische Richtung diejenige sein, die am unmittelbarsten auf Verstehen beruht. Ziel einer Analyse ist es, zu verstehen, was dem*der Klient*in unverständlich ist, während er*sie z. B. über ein lebensgeschichtlich bedeutsames Ereignis spricht oder wiedergibt, was er*sie nachts geträumt hat. Auch schriftliche Äußerungen, sprich: Texte, können als Äußerungen des Unbewussten gelesen werden. Kinderanalytiker*innen wissen zudem um die Bedeutung des Spiels oder der Zeichnung als Spiegel des kindlichen Unbewussten. Eine gewisse Nähe weist die Psychoanalytische Textinterpretation zur Deutungsmusteranalyse auf (Wiedemann 1989, S. 212).

Erstmals 1900 stellte Sigmund Freud die Technik der Psychoanalyse vor, und zwar am Beispiel der Traumdeutung. In diesem Zusammenhang unterschied Freud den sog. manifesten Trauminhalt – das, woran sich der*die Träumende nach dem Aufwachen erinnert, und sei es noch so verworren – vom sog. latenten Trauminhalt. Der latente Trauminhalt ist dem*der Träumenden nicht bewusst, sondern Teil seines*ihres unbewussten seelischen Lebens. Das Unbewusste ist Sitz der Triebe, der Emotionen und alles Verdrängten und für den manifesten Trauminhalt verantwortlich. Dabei kommen Mechanismen wie die Verschiebung, die Verdichtung, die Überdeterminierung und die symbolische Verkleidung zum Tragen, die den latenten Trauminhalt so ummanteln und umgestalten, dass er die Zensur umgehen und geträumt werden kann. Versagen diese zensierenden Mechanismen, dann erwacht der*die Träumende – schweißgebadet, wie es so schön heißt – aus seinem Traum, der sich als Albtraum erwiesen hat. Zugleich sind diese Mechanismen dafür verantwortlich, dass Träume häufig als unverständlich, der Deutung bedürftig, empfunden werden (Freud 1982).

Ganz in dieser Weise sucht nun die von dem Soziologen und Psychoanalytiker Alfred Lorenzer (z. B. Lorenzer 1970; 2006) und anderen in den 1970er und 1980er Jahren ausgearbeitete Psychoanalytische Textinterpretation in Texten nach Spuren des Unbewussten. Die Konzentration primär auf die textliche Oberfläche, die sprachliche Gestalt eines Textes, wie sie die Klassische Texthermeneutik betreibt, wird als unzureichend abgelehnt, weil es eben noch eine andere, darunterliegende Schicht, eine textliche Tiefenstruktur gebe, die es zu entschlüsseln gelte. Mit anderen Worten: Es geht um den »Einbezug des Unbewussten als bedeutungsvolle Kategorie« (Klein 2013, S. 263). »Das wichtigste Merkmal der psychoanalytischen Hermeneutik«, schreibt Lorenzer, sei die »Bewusstmachung unbewusster Inhalte« (Lorenzer 1977). Zu diesem Zweck darf man nicht auf der sprachlichen, der manifesten Ebene verharren, sich in der Beschreibung der Phänomene erschöpfen. Wie schon angedeutet, will die Psychoanalytische Textinterpretation mehr, nämlich »zu den aus der Sprache ausgeschlossenen unbewußten Gehalten des Textes vordringen, zu den psychosozialen Strukturen und Mechanismen, die das sprachliche Geschehen gleichsam als ihre Unterwelt bewegen« (Volmerg 1988, S. 253). Anstelle von Psychoanalytischer Textinterpretation spricht man deshalb auch von »tiefenhermeneutischem Interpretieren« bzw. von »Tiefenhermeneutik« (König 1997). Über Freud hinausgehend jedoch, der diese auch als »Es« bekannte »Unterwelt« ungeschichtlich behandelte, wird das »Es« in der Psychoanalytischen Textinterpretation als Ergebnis von Bildungsprozessen aufgefasst, verstanden als Interaktion von Individuum und Umwelt bzw. von Sozialisation als der Wirkung gesellschaftlicher Prozesse auf das Individuum. Von »gesellschaftliche[n] Produktionsprozesse[n]« (Volmerg 1981, S. 249) ist die Rede, wenn die Entstehungsgeschichte des »Es« angesprochen ist. Lorenzer konzeptualisierte die Psychoanalyse als kritische Sozialwissenschaft auf historisch-materialistischer Grundlage (Lorenzer 1976), und in der Folge ist viel theoretischer Aufwand getrieben worden, die Spiegelungen des Gesellschaftlichen im Bewusstsein des Einzelnen zu untersuchen (z. B. Leithäuser & Volmerg 1979). Bezüge gibt es auch zur sog. Ethnopsychoanalyse (Paul Parin u. a.) und natürlich zu der in der Literaturwissenschaft beliebten Methode der psychoanalytischen Deutung literarischer, d. h. fiktionaler Texte. Überhaupt war dieser Anwendungsbereich außerhalb der klassischen Therapie der ursprüngliche, nahm Freud selbst doch eine innere Verwandtschaft von Traumarbeit und künstlerischer Arbeit an (Volmerg 1975, S. 15, 28). Beide hätten sie die Funktion der Wunscherfüllung. Auch Lorenzer begann mit der Analyse literarischer Texte.

Zur Anwendung kommt die Psychoanalytische Textinterpretation entweder in der Biographieforschung als narratives Interview, wo die Psychoanalytische Textinterpretation als gewissermaßen unbeabsichtigte Nebenwirkung geradezu kurative Wirkungen entfalten kann. In der biographischen Sozialen Arbeit mit psychisch Kranken spricht man auch vom »aktiven Zuhören«, wobei »das Erzählen und das Zuhören wichtige Funktionen für die Kranken bei der Entwicklung und Aufrechterhaltung von Sinn im eigenen Leben mit und trotz der Krankheit haben« (Dörr 2003, S. 132). Oder es liegen Textprotokolle vor, die soziale Beziehungen dokumentieren, wie sie etwa in einer Gruppendiskussion erkennbar werden. Grundsätzlich können psychoanalytische Einsichten aber ebenso – z. B. – im Rahmen einer ikonologischen Interpretation in der Bildhermeneutik zur Anwendung kommen, denn »ihre Erkenntnisse hat die Psychoanalyse von allem Anfang an stets auch an ästhetischen Gegenständen gebildet und geschärft« (Angeloch 2013, S. 526). Ausgewertet wird – nicht zwingend, aber idealerweise – in Gruppen von Forschenden.

Der Regelfall sind, wie schon gesagt, Texte, die dokumentieren, wie die Forschenden versucht haben, psychodynamische Prozesse zu stimulieren, um sie mit Blick auf das tieferliegende seelische Geschehen zu interpretieren. Dabei wird Wert darauf gelegt, dass die Datenerhebung und die Datenauswertung in einer Hand liegen. Um das Gespräch zu initiieren, wird gerne auf die Impulsmethode zurückgegriffen, etwa indem die Diskussion mithilfe eines Textes, den alle Gruppenmitglieder vorab gelesen haben, in Gang gebracht wird. Dazu können – eng an die psychoanalytische Methode der freien Assoziation angelehnt – die Gesprächsteilnehmer*innen spontan ihre Einfälle, Eindrücke, Gefühle etc. äußern. Während des Gesprächs changiert die Rolle des*der Gesprächsleiter*in gleich der des*der Analytiker*in im psychoanalytischen Setting zwischen Passivität und beobachtender Zurückhaltung (die »gleichschwebende Aufmerksamkeit« des*der Analytiker*in einerseits und aktiv-eingreifendem Agieren andererseits, das notwendig sein kann, um Verdrängungen und Blockaden im Unbewussten zu lösen. Wenn möglich sollte ein weiteres Mitglied der

Forschungsgruppe entweder aktiv mitdiskutieren oder eine beobachtende Rolle einnehmen. Das Verfahren nimmt dann in dieser Hinsicht Züge der teilnehmenden Beobachtung an. Ergänzend sollen alle Besonderheiten, die das Interview im Vorfeld begleiten, notiert werden: Wird ein Termin nicht eingehalten? Wird ein Telefonat nicht erinnert? Lässt sich der*die angekündigte Interviewpartner*in durch eine andere Person vertreten? All das könnte einen Hinweis geben auf Verborgenes, Verdrängtes, Unbewusstes.

Bei der Auswertung der Textprotokolle wird so vorgegangen, dass sich das Mitglied der Forschungsgruppe, das die Erhebung der Daten besorgt hat – sprich: das Interview durchgeführt, das Gruppengespräch moderiert hat –, das Textprotokoll vornimmt und dieses in Sinnabschnitte gliedert. Im folgenden Schritt werden diese Sinnabschnitte noch einmal in kleinere Einheiten zerlegt, die dann Satz für Satz interpretierend durchgearbeitet werden (»Sequenzanalyse«). Dabei wird in besonderer Weise auf bestimmte Auffälligkeiten geachtet: Werden bestimmte Sachverhalte von den Gesprächsteilnehmer*innen mehrfach wiederholt; ist ein*e Gesprächsteilnehmer*in in auffälliger Weise emotional engagiert; wird von eigenen Erlebnissen/Erfahrungen berichtet; wird eine bestimmte Äußerung abgebrochen; finden sich im Textprotokoll Widersprüche, schwer verständliche Äußerungen, sonderbare Begriffe, überraschende Metaphern usw.; reagiert ein*e Interviewpartner*in aggressiv/verstört usw.? Derartige Auffälligkeiten an der Oberfläche deuten auf in der Tiefenstruktur Verborgenes hin. In diesen noch rein deskriptiven Prozess fließen auch die Vorfeldnotizen sowie Beobachtungen ein, die rund um das Gespräch angestellt wurden: auffällige Unruhe bei einzelnen Gesprächsteilnehmer*innen in einzelnen Phasen des Gesprächs; verschlossener Gesichtsausdruck; Verweigerungshaltung usw. Deshalb die Vorgabe, die Datenerhebung und die Datenauswertung in eine Hand zu legen.

Die Ergebnisse dieses ersten interpretatorischen Durchgangs durch das Material, auch »psychologisches Verstehen« genannt, werden in die Forschungsgruppe gegeben und dort diskutiert. »Frei assoziierend, deutungsoffen, äußerst irritabel, manchmal textnah, manchmal textfern stellen die Gruppenmitglieder ihre Eindrücke zur Debatte« (Klein 2013, S. 274). ›Spielen mit dem Material‹, heißt die Devise. Dabei ist Subjektivität durchaus erwünscht, geht es doch darum, in der Deutungsarbeit die Beforschten »von der eigenen Lebenserfahrung her [zu] verstehen« (König

1993, S. 199). Die Verläufe der Diskussion unter den Forschenden sollen ihrerseits ebenfalls protokolliert und später tiefenhermeneutisch ausgewertet werden. Am Ende soll jedenfalls »jedes Interpretationsergebnis auf einem ... Gruppenprozess [beruhen], in dem individuelle Abirrungen des einzelnen Interpreten durch die anderen zurückgewiesen werden« (Würker 1987, S. 310). Da der den Perspektivenwechsel ermöglichende Vergleich ein wichtiges methodisches Element ist, können in besonders aufwendigen Settings zwei oder mehr Gruppen unabhängig voneinander auf dasselbe Textstück angesetzt werden, um sich anschließend mit Blick auf die Befunde wechselseitig zu kommentieren. Zudem sieht die Psychoanalytische Textinterpretation die Möglichkeit vor, den Gesprächsteilnehmer*innen die Interpretations(zwischen)ergebnisse vorzulegen, sie mit ihnen zu diskutieren, um diese Rückmeldungen erneut von den Forschenden interpretieren zu lassen. In Zweifelsfällen kann zudem auf Videoaufzeichnungen zurückgegriffen werden, was ausdrücklich zugelassen ist.

Den Vertreter*innen der Psychoanalytischen Textinterpretation ist durchaus bewusst, dass bei der Interpretationsarbeit nicht nur das Unbewusste der Befragten, sondern auch ihr eigenes Unterbewusstes ins Spiel kommt. Insofern wird Subjektivität »nicht als weitestgehend zu eliminierende oder zu neutralisierende Störungsquelle ... gesehen, sondern als maßgebliches Erkenntnisinstrument« (Klein 2013, S. 270). Der sinnauslegende Prozess wird geradezu so aufgefasst, dass der*die Interpret*in sich so lange mühen muss, »bis sich die fremden Lebensentwürfe von der eigenen Lebenserfahrung her verstehen ... lassen« (König 1993, S. 201). Erst durch das sensible Hören auf das eigene Empfinden und dessen Artikulation beim Lesen des Textes werden diese verstehbar, denn »jeder Text weist auch eine implizit-unbewusste Affektstruktur auf, die der Leser unweigerlich mit eigenen unbewussten Gefühlen und Vorstellungen beantwortet« (Angeloch 2013, S. 539). Diese gewissermaßen unbewusste Rezeption, wie sie in diesem Zitat für den fiktionalen Text der Dichtung konstatiert wird, trifft ebenso auf das Protokoll des biographischen Interviews zu. In einem Forschungstagebuch sollen deshalb auch die Gefühle, Emotionen, Gedanken, Assoziationen usw., die sich beim Interpretieren einstellen, akribisch festgehalten werden. Die auf dieser Basis erfolgende ständige selbstreflexive Infragestellung des Interpretierten, gewissermaßen als Korrektiv im Prozess der Datenanalyse verstanden, gilt als eine wichtige methodische Maßnahme.

Ein Letztes: Dass die Ergebnisse psychoanalytischer Textinterpretation, weil sie das Unbewusste tangieren, Forschende und Beforschte nicht selten betroffen machen und berühren, liegt auf der Hand. Hier ist seitens des*der Forschenden besondere Sensibilität, Rücksichtnahme und forschungsethische Verantwortung erforderlich.

Ein Problem der Psychoanalytischen Textinterpretation liegt darin, dass die Forschenden über sehr gute Kenntnisse in der Psychoanalyse verfügen müssen. Ebenso aber sollten die Rezipient*innen derartiger Forschungen mit der Psychoanalyse vertraut sein. Ansonsten bleiben wesentliche Erkenntnisse des Deutungsprozesses unverstanden.

Damit verlassen wir die tiefenstrukturellen Methoden und kommen zu den Methoden, die auch als deskriptiv-typologisierende Methoden bezeichnet werden.

7.2.4 Die dokumentarisch-rekonstruktive Methode

Einleitend müssen wir die Nähe der im Folgenden zu beschreibenden dokumentarisch-rekonstruktiven Methode zur Methode der Objektiven Hermeneutik betonen. Beide wollen erforschen, was sich in den sprachlichen und nichtsprachlichen Äußerungen Einzelner an überindividuellen Orientierungsmustern ausdrückt. Entwickelt wurde die dokumentarisch-rekonstruktive Methode von dem Soziologen Ralf Bohnsack und seinen Mitarbeiter*innen, die sie in einer Vielzahl theoretischer Beiträge ausgearbeitet und in der Forschungspraxis erprobt und verfeinert haben (z. B. Bohnsack 1995; 2021). Weil es in der dokumentarisch-rekonstruktiven Methode, die von Wissenschaftstraditionen wie der Soziologie Emile Durkheims und Karl Mannheims, der Ethnomethodologie Harold Garfinkels und der Habitustheorie Pierre Bourdieus inspiriert ist, nicht nur darum geht, diese Orientierungsmuster zu identifizieren und zu analysieren, sondern auch deren Genese im sozialen Kontext zu rekonstruieren, wird die Methode eben »rekonstruktive« (auch »genetische«) Interpretation genannt. Anders als in der Objektiven Hermeneutik wird in der dokumentarisch-rekonstruktiven Methode deshalb jenes Wissen offensiv einbezogen, das die Handelnden auf Nachfrage selbst explizieren (Oberflächenebene). Von da aus aber wird nach den impliziten Orientierungsmustern (Tiefenschicht) zurückgefragt, die für die Entstehung des manifesten Wissens der Beforschten verantwortlich, diesen aber als »latente Sinnstrukturen« – ein Begriff, der aus der Objektiven Hermeneutik übernommen wurde – nicht bewusst sind. Es werden deshalb in der dokumentarisch-rekonstruktiven Methode zwei Ebenen der Interpretation unterschieden: die »formulierende Interpretation« (auch formale Interpretation genannt), die sich an der Oberfläche des Gesagten bzw. dessen, was beobachtet wurde, bewegt, und die »reflektierende Interpretation« (auch semantische Interpretation genannt), die die darunterliegende Tiefenstruktur aufzudecken versucht. Die Datenerhebungsmethode der Wahl ist die Gruppendiskussion, was mit der eben angesprochenen sozialen Fokussierung der dokumentarisch-rekonstruktiven Methode zusammenhängt, aber ebenfalls das narrative Einzelinterview, seltener die Beobachtung, neuerdings ergänzend auch die Bild- und Videoanalyse.

Mit der formulierenden Interpretation kann schon vor der Transkription eines Interviews begonnen werden, etwa auf der Basis eines Audiomitschnitts, der abgehört wird. In einem ersten Schritt werden die Themen festgehalten, die die Interviewten angesprochen haben. Bei Gruppendiskussionen ist es zudem wichtig, darauf zu achten, an welchen Stellen besonders engagiert diskutiert wurde, weil das Rückschlüsse darüber zulässt, welche Themen besondere Relevanz für die Gruppe haben. Hier könnte ein gemeinsames gruppenspezifisches Orientierungsmuster verborgen liegen. Schließlich muss beim Vorliegen mehrerer Interviews darauf geachtet werden, welche Themen in allen oder zumindest in mehreren Interviews angesprochen werden. Auch das lässt auf gruppenspezifische Orientierungsmuster schließen. Besonders interessant sind natürlich solche Fälle, in denen dasselbe Thema angesprochen, aber jeweils ganz anders abgehandelt wird. Das macht den späteren Vergleich besonders ergiebig. Auf der Grundlage dieser ersten Sichtung entscheiden die Forschenden dann, welche Themen und damit Abschnitte des (Gruppen-)Interviews für die Forschungsfrage von besonderem Interesse sind. Je offener die Forschungsfrage ist, je unpräziser die Annahme oder Hypothese ausfällt, desto zahlreicher sind natürlich die thematischen Abschnitte, desto größer ist das thematische Spektrum, das in die Auswertung einbezogen werden muss. Nur die ausgewählten Abschnitte werden transkribiert, eine Totaltranskription findet nicht statt. Als nächster Schritt der formulierenden Interpretation kann eine zusammenfassende Paraphrase der ausgewählten

Abschnitte durch die Forschenden stehen (deshalb auch: formulierende Interpretation). Ein solches Vorgehen bietet sich bei besonders großen Datenmengen an. Wie differenziert man diese Phase auch immer anlegt, in der formulierenden Interpretation geht es kurz gesagt darum, die Themen herauszuarbeiten, die die Befragten bewegen, ihre Erfahrungen, Meinungen, Deutungen, ihre epistemologischen Überzeugungen zur Darstellung zu bringen, und zwar so, wie die Befragten sie äußern.

Anders als in der Objektiven Hermeneutik wird in der dokumentarisch-rekonstruktiven Methode das kollektive Moment betont. Deshalb haben wir das Gruppendiskussionsverfahren in diesem Fall als ideale Datenerhebungsmethode bezeichnet: Viele unserer epistemologischen Überzeugungen entstehen im Kontakt mit anderen Menschen, werden durch die Erfahrung gelingender Kommunikation gefestigt und prägen Kollektive. Dabei gibt es kollektive Lagerungen, die einen sehr ›objektiven‹, dem Individuum entrückten Charakter tragen. Das können solche generationeller Art, der sozialen Herkunft oder des Geschlechts sein. Die Vertreter*innen der dokumentarisch-rekonstruktiven Methode wollen jedoch zudem kollektive Orientierungsmuster minderer Reichweite – sie sprechen auch von konjunktiven Erfahrungen und Orientierungen –, wie sie sich in Schulkollegien, Schulklassen, bestimmten Organisationen, wie z. B. einer Schulbehörde, aber ebenfalls in subkulturellen Milieus, wie den Hooligans, bilden, aufdecken und analysieren. Die Analyse von Orientierungsmustern in Hooligans-Gruppen waren eines der frühen Forschungsfelder der dokumentarisch-rekonstruktiven Methode (Bohnsack 1995; ders. u. a. 1995). Derartige Kollektive sind in ihren Prägungen zwar überindividuell wirksam, aber sie existieren nicht unabhängig vom konkreten Individuum, das Gegenstand der Forschung ist, und sind von diesem gestaltbarer, als es die Geschlechtsrolle oder bestimmte Generationserfahrungen sind. Akteur*in und Struktur stehen hier in einem dauernden wechselseitigen Beeinflussungsprozess.

Im sequenzanalytischen Vorgehen der Datenauswertung lehnt sich die dokumentarisch-rekonstruktive Methode stark an die Objektive Hermeneutik sowie die Grounded Theory an. Wie in der Objektiven Hermeneutik werden auch in der dokumentarisch-rekonstruktiven Methode, wie eben ausgeführt, auf der Oberflächenebene die erwähnten Erzählabschnitte bzw. Paraphrasen isoliert. Die dort identifizierten Themen werden als vom

7.2 Zusammenfassen, Explizieren, Strukturieren

Einfluss tiefer liegender Orientierungsmuster geprägt angesehen. Aufgabe der an die »formulierende« anschließenden »reflektierenden Interpretation« ist es, diese Orientierungsmuster aufzudecken. Dies geschieht so, dass die betreffenden Erzählabschnitte jeweils gewissermaßen experimentell mit einer Reihe hypothetischer Anschlüsse konfrontiert werden. Wie könnte die Erzählung weitergehen? Auf diese Weise werden zwei Sequenzen verkoppelt, von denen die eine dem zu interpretierenden Interview entnommen ist. Die Anschlussäußerung, der alternative »Gegenhorizont«, wird nun aber nicht, wie in der Objektiven Hermeneutik, von den Forschenden gewissermaßen gedankenexperimentell entworfen, sondern ist insofern real, als er einem anderen Interview entnommen ist, in dem zwar dasselbe Thema angesprochen wird, aber der zugrundliegende Orientierungsrahmen ein differenter und folglich auch die Erzählung auf der Oberflächenebene eine differente ist. Auf diese Weise wird rekonstruiert, »wie dieselbe in einer ersten Äußerung geschilderte Thematik auch auf ganz andere Art und Weise bearbeitet werden kann« (Nohl 2017, S. 38). Aus dieser Absicht ergibt sich der grundlegend komparative Charakter, den die dokumentarisch-rekonstruktive Methode mit der Grounded Theory teilt. Vergleicht man die jeweiligen Erzählsequenzen miteinander, kann man auf der Basis einer genügend großen Anzahl an Interviews die in den Tiefenschichten verborgenen Orientierungsmuster auf dem Wege des Vergleichs identifizieren.

Wir greifen zur Illustration auf ein Beispiel aus der Literatur zurück (vgl. Nohl 2017, S. 39).

Es geht um den ersten Schultag und den Beginn der Schulzeit. Die ausgewählte Interviewäußerung (Interview 1) lautet: »Und dann kam ich in die Schule«. Nun wird in einem zweiten Schritt geschaut, wie es weitergeht. Im Interview 1 sagt der Befragte: »Ich war ganz allein.« Zum Vergleich werden zwei weitere Interviews herangezogen. Alle drei Interviews verbindet, dass sich die Befragten an ihren ersten Schultag erinnern. Aber im Vergleich zu Interview 1 werden die Erinnerungen in den beiden anderen Interviews anders akzentuiert. In Interview 2 heißt es in der Folgesequenz: »Meine ganze Verwandtschaft war zum Fest gekommen.« In Interview 3 hören wir: »Ich wollte endlich schreiben lernen.« Man kann den Vergleich auch noch weitertreiben und die nächstfolgende Äußerung einbeziehen. Da heißt es in Interview 1: »In der Schule traf ich auf ganz viele fremde Kinder.« In Interview 2: »Wir haben zwei Tage lang gefeiert.« In Interview 3: »Leider haben wir die ersten Wochen nur Bilder gemalt.«

Das klingt doch recht unterschiedlich, zugleich zeigt sich hier die Bedeutung des Vergleichs. Im Vergleich wird jeweils die Regelhaftigkeit, die sich durch die drei Interviewsequenzen hindurchzieht, leicht erkennbar. In Interview 1 dominiert die Orientierung an den sozialen Beziehungen in der Schule, in Interview 2 sind es die familiären Beziehungen und in Interview 3 bildet das schulische Lernen das Orientierungsmuster. Gemeinsam ist allen dreien der starke Eindruck, den der Schulanfang hinterlassen hat. Sehr unterschiedlich aber fallen diese Erinnerungen im Detail aus. Hier scheinen ganz bestimmte epistemologische Überzeugungen zu wirken, die die Sicht der drei Befragten auf Schule und ihre Schulerfahrungen prägen: Schule als unbekannter Ort, Schule als Erweiterung des Familialen, Schule als Lernort. Jedenfalls wäre das eine Hypothese, mit der man als Forschende*r weiterarbeiten kann.

Die dokumentarisch-rekonstruktive Methode bleibt allerdings nicht bei der Identifizierung des jeweils im zu analysierenden Einzelfall gegebenen individuellen Orientierungsmusters stehen. Während in der quantitativen Forschung das Repräsentative von Interesse ist, zielt die qualitative Forschung über den Einzelfall hinaus auf das Allgemeine, das sich am Ende dann auch in eine Theorie fassen lässt. Im vorliegenden Fall verdichtet sich das Allgemeine in »Typen«, in verallgemeinerungsfähigen Orientierungsmustern, die dieselben Merkmalsausprägungen besitzen und sich von anderen Orientierungsmustern auffällig unterscheiden. Der Wert einer solchen Typenbildung besteht nicht zuletzt darin, dass damit »eine Systematisierung und Reduzierung einer komplexen sozialen Realität« (Miethe 2020, S. 177) möglich ist. Bernhard Haupert (1991, S. 240 ff) – um ein Beispiel zu geben – führte auf der Basis narrativer Interviews mit arbeitslosen Jugendlichen einen solchen Typisierungsprozess durch und kam dabei zu den folgenden Typen: der »Kompetente« (Typ A), der »Träumer und Resignierte« (Typ B), der »Gelegenheitsarbeiter« (Typ C) und der »Sozialhilfeempfänger« (Typ D). Typen, die sich nicht zuletzt hinsichtlich ihrer Lebensbewältigungsstrategien deutlich voneinander unterscheiden. In einem anderen Forschungsprojekt, in dem es um Fragen der Medienerziehung im Vorschulalter ging, wurden auf der Basis von Interviews mit Erzieher*innen zwei Habitustypen generiert. Im einen Fall verstanden die Erzieher*innen die Kindertagesstätte als Schutzraum und sahen ihre Aufgabe darin, die Kinder vor der digitalen Welt abzuschirmen; im anderen Fall sollte Erziehung in der Kindertagesstätte auch unter Einbezug digitaler Medien (Computer etc.) erfolgen (Friedrichs-Liesenkötter 2016).

Auch mit Blick auf den Typisierungsprozess ist das vergleichende Verfahren – und zwar auf der Grundlage möglichst vieler Interviews – notwendige Voraussetzung. Denn:

> »Wenn nicht nur in einem Fall, sondern in mehreren Fällen eine bestimmte Art und Weise, ein Problem ... zu bearbeiten, identifiziert werden kann, und wenn dieser Orientierungsrahmen zudem von kontrastierenden Orientierungsrahmen (von anderen Bearbeitungsweisen derselben Problemstellung) unterschieden werden kann, dann lässt sich dieser Orientierungsrahmen vom Einzelfall ablösen und zum Typus ausarbeiten« (Nohl 2017, S. 9).

Dabei unterscheidet die dokumentarisch-rekonstruktive Methode eine sinngenetische Typenbildung und eine soziogenetische Typenbildung. Der erste Fall – sinngenetische Typenbildung – ist in unserem Beispiel gegeben. Soziales vs. familiales vs. curriculares Orientierungsmuster, das sind sinngenetische Typen von Orientierungsmustern. Gewissermaßen quer dazu liegen Geschlecht, Beruf, sozialer Status usw.; das sind soziogenetische Typen von Orientierungsmustern. Natürlich überschneiden sich fast immer beide Typen bei einem und demselben Menschen. So ist hinlänglich bekannt, dass die Einstellung zum Lernen, was wir hier die curriculare Orientierung genannt haben, bei den beiden Geschlechtern durchaus differiert.

In diesem Zusammenhang hat die empirische Schulforschung schon vor längerem ein interessantes Ergebnis erbracht.

Bereits 1987 fand die Erziehungswissenschaftlerin Marianne Horstkemper in einer Studie über die Stabilisierung des Selbstbildes (Selbstbewusstsein, Selbstvertrauen) bei Mädchen und Jungen im Jugendlichenalter heraus, dass es bei der Ausbildung von Selbstvertrauen in schulischen Kontexten bedeutsame geschlechtsspezifische Unterschiede gibt und in diesem Zusammenhang auch die unterschiedlichen Schulleistungen eine erhebliche Rolle spielen. Es zeigte sich nämlich, dass es bei den Mädchen mit Blick auf die Selbsteinschätzung und das Selbstbild eine geringere Rolle spielt, wie sie von den Mitschüler*innen gesehen und bewertet werden, dass dagegen die Rückmeldungen der Lehrer*innen und die Schulleistungen – sprich: gute Noten – eine große Rolle spielen. Anders hingegen bei den Jungen. Hier war die Peer-Kommunikation, also wie sie von den Gleichaltrigen gesehen wurden, fürs Selbstbild deutlich wichtiger als die Schulleistungen und die Rückmeldungen durch die Lehrer*innen. Mit anderen Worten: Die Mädchen waren mit Blick auf ihr Selbstbild von einem curricularen Orientierungsmuster beherrscht, während die Jungen von einem sozialen Orientierungsmuster bestimmt waren (Horstkemper 1987).

Das dokumentarisch-rekonstruktive Paradigma findet man auf allen Feldern der Erziehungswissenschaft, z. B. in der Sozialpädagogik (Jakob & von Wensierski 1997; von Wensierski 2010), und dort z. B. im Rahmen von Studien zum Umgang mit Jugendlichen migrantischen Hintergrunds (Bohnsack 2010a, S. 255). Auch im Bereich der Schulentwicklungsforschung (Zala-Mezö, Häbig & Bremm 2021) sowie in Bild- und Videoanalyse hat sich die dokumentarisch-rekonstruktive Methode etabliert (Bohnsack 2011; Loos et al. 2013, S. 189–283). Da die dokumentarisch-rekonstruktive Methode vergleichend vorgeht, kommt bei der Interpretation von Fotos die serielle Foto-Analyse in Frage. Diese eignet sich besonders gut zur Auswertung großer Bestände an Fotos aus pädagogischen Einrichtungen wie Schulen, Kindergärten usw., wo dann »Häufungen bestimmter Themen, Motive und Darstellungsarten für bestimmte Zeiten und über Zeiträume hinweg als Typen, die einen Zeitstil repräsentieren« (Pilarczyk & Mietzner 2005, S. 144), festgestellt werden können. Oben haben wir im Rahmen der Dinghermeneutik auf den Fall eines seriellen Vergleichs von Abbildungen von Schulmobiliar aus verschiedenen Jahrhunderten hingewiesen (Hnilica 2003). Während sich die dokumentarisch-rekonstruktive Methode bei der Foto-Analyse an die von uns vorgestellte

7.2 Zusammenfassen, Explizieren, Strukturieren

Methode nach E. Panofsky anlehnt, wird bei der Video-Analyse wie bei der Text-Interpretation ein mehrschrittiges Vorgehen praktiziert. Die Videographie hat den Vorteil, dass sich ebenfalls non-verbale Signale festhalten lassen, und zwar ›objektiver‹, als dies bei einem Beobachtungsvorgang möglich ist, der immer von der Beobachter*in-Subjektivität beeinträchtigt ist. Auch kann man videographisch das Gleichzeitige und das Ungleichzeitige festhalten. Dafür sind die Auswertungsprobleme erheblich.

Sehr vereinfacht dargestellt: Man beginnt mit der Transkription der Tonspur. Sodann wird die Bildspur anhand mehrerer ausgewählter Standbilder, die bestimmte Konstellationen zeigen, zu denen die Analysegruppe Hypothesen äußert, was die Bilder zeigen, worum es geht usw., in Text übersetzt. Dann werden typische Teilsequenzen bewegter, aber tonloser Bilder von nur wenigen Sekunden Dauer genommen und ebenfalls auf diese Weise interpretiert. In einem dritten Schritt werden die Tonspuren dazugeschaltet und mit den Ergebnissen der Bildanalysen verglichen. Abschließend wird ein längerer Bild-Tonausschnitt interpretiert. Das Ganze kann noch durch handgefertigte Skizzen ergänzt werden (Herrle et al. 2013). Eine andere Sichtweise der Analyse von Videos und Filmen wird u. a. von Hickethier (2012) vertreten. Dabei wird davon ausgegangen, dass Bild und Ton zusammen analysiert werden müssen, da durch die Verbindung mehr vermittelt werde als nur Bild oder nur Ton. Analysesoftware wie MAXQDA erlaubt die Kodierung direkt am Filmmaterial.

Kleiner Exkurs zur Evaluationsforschung: Wir wollen noch einmal, wie oben (▶ Kap. 1.2.2) bereits angekündigt, auf die sog. Evaluationsforschung als auffälligste Form der angewandten Forschung zu sprechen kommen. Unter den von uns vorgestellten Datenauswertungsmethoden haben nur wenige explizit den Evaluationsgedanken aufgegriffen und zu einem eigenständigen Schwerpunkt ausgebaut. Die selbst in einem praktischen Kontext (Analyse von Prozessen der Beratung) entstandene dokumentarisch-rekonstruktive Methode bildet da eine Ausnahme. Weil die dokumentarisch-rekonstruktive Methode bei großer Offenheit des Erhebungsinstrumentariums das erhobene Material nicht in toto, sondern unter bestimmten – z. B. vom Auftraggeber einer Evaluationsstudie – vorgegebenen Fragestellungen interpretiert, eignet sie sich gut für evaluative Zwecke (Bohnsack & Nentwig-Gesemann 2010, S. 12). Ferner ist zu beachten, dass die dokumentarisch-rekonstruktive Methode einen Zwischenschritt vorsieht, der ebenfalls aus evaluativer Sicht bedeutsam ist. Gemeint ist jener Zwischenschritt vor der Typenbildung, wo die Forschenden sog. »Diskursbeschreibungen« anfertigen, die den Forschungsprozess punktuell öffentlich werden lassen.

> »Mit der Diskursbeschreibung beginnt die Vermittlung der Ergebnisse der Textinterpretation an eine Öffentlichkeit, die die einzelnen Arbeitsschritte nicht nachvollzogen hat, und die auch mit den Diskurstexten, den Transkripten, nicht vertraut ist. Die Diskursbeschreibung gewinnt ihren Stellenwert primär von dieser Aufgabe der vermittelnden Darstellung, Zusammenfassung und Verdichtung her« (Bohnsack 2021, S. 54).

Genau das ist der Punkt, denn auf der Grundlage der Diskursbeschreibung kommen die Forschenden mit denjenigen ins Gespräch, die Gegenstand der Evaluation sind, um die Forschungsbefunde einem gemeinsamen Deutungsprozess zu unterziehen. Das beginnt damit, dass die Forschenden versuchen, den Beforschten bewusst zu machen, was letztere in ihrem Handeln leitet, denn erst dann können in der Praxis des Handelns Veränderungsprozesse greifen. Wir haben ja festgestellt, welche Rolle epistemologische Überzeugungen im Alltag spielen und wie sie bei der Suche nach Problemlösungen hinderlich sind. Die Forschenden agieren hier nicht in einer Rolle der Außenstehenden und Besserwisser, sondern von Gleich zu Gleich. Sie lassen sich auf die Binnensicht der Beforschten ein und konfrontieren diese mit den alternativen Lesarten, mit denen sie im Datenauswertungsprozess gearbeitet haben. Vielleicht erweisen sich diese Lesarten ja als ein Angebot, um Handlungsalternativen zu eruieren. Schließlich versuchen die Forschenden, die hier in eine moderierende Rolle schlüpfen, unter Anwendung der bekannten Beratungstechniken die Beteiligten in ein Gespräch über Entwicklungsperspektiven und konsensuell geteilte Handlungsziele zu bringen. So kann dann, wenn alles klappt, ein längerfristiger Qualitätsentwicklungsprozess angeschoben werden.

Man unterscheidet die formative oder auch prozessorientierte Evaluation und die summative Evaluation.

- Die formative oder prozessorientierte Evaluation wird bei noch laufenden Programmen durchgeführt, um ad hoc in den Prozess steuernd eingreifen zu können.

- Als summative Evaluation bezeichnet man Evaluationen, die nach Abschluss eines Projekts/Programms durchgeführt werden.

In allen Phasen des Forschungsprozesses können immer wieder in der eben dargestellten Weise die Ergebnisse zwischen den Forschenden und den Beforschten rückgekoppelt werden.

Eine weitere Unterscheidung, die getroffen werden kann, ist die in eine interne und eine externe Evaluation. Erstere wird auch als Selbstevaluation bezeichnet.

- »Eine interne Evaluation liegt … vor, wenn die Evaluation von derselben Organisation vorgenommen wird, die auch das zu evaluierende Programm durchführt« (Kuckartz & Rädiker 2012, S. 205). Bei der internen Evaluation sind die zu evaluierende Einrichtung bzw. die an einem pädagogischen Programm Beteiligten die »process-owner«. Sie formulieren das Erkenntnisinteresse, sie setzen die Standards und organisieren den Forschungsprozess. Vollends ist dies in jenen Fällen gegeben, wo einzelne Praktiker*innen Verlauf und Resultate ihres eigenen, individuellen Handelns evaluieren, um dieses zu verbessern, wie das z. B. in der Sozialpädagogik und Sozialarbeit oft der Fall und gut beschrieben ist. Hier wird Selbstevaluation häufig als Mittel zur Weiterbildung der Mitarbeitenden eingesetzt (Heiner 1994), ebenso wie in jenen Forschungsprojekten, in denen die Lehrer*innen selbst ihren Unterricht erforschen und die Ergebnisse reflektieren (Altrichter & Posch 2018; siehe auch Altrichter et al. 2013).
- Bei der externen Evaluation kommen die Evaluator*innen von außen, sie gehören nicht der zu evaluierenden Organisation an und sind auch nicht identisch mit denen, die finanzieren. Sie setzen die Standards und wenden jene Methoden an, die ihnen sinnvoll erscheinen. Ein Muster-Beispiel für eine externe Evaluation ist die Evaluation, der das bayerische Kultusministerium seit 2004 im Rahmen einer Qualitätssicherungsoffensive alle bayerischen Schulen unterzieht (vgl. Bayerisches Staatsministerium für Unterricht und Kultus 2005). Andere Bundesländer fahren vergleichbare Programme. Im Falle Bayerns setzen sich die einzelnen Evaluationsteams aus externen erfahrenen Lehrkräften, Leiter*innen anderer Schulen, Seminarlehrer*innen, Elternvertretungen und schul-

fremden Personen (Wirtschaft) zusammen, die organisatorisch an die Schulaufsicht angebunden sind. Das Staatsinstitut für Schulqualität und Bildungsforschung (ISB) begleitet und koordiniert die Arbeit der Teams. Die anzuwendenden Datenerhebungsmethoden – Beobachtung, standardisierte Befragung, Interview, Dokumenten- bzw. Inhaltsanalyse, Schulbegehung – sind vorgegeben.

7.2.5 Abschließende Bemerkungen

Damit sind wir am Ende mit unserer Darstellung jener Datenauswertungsmethoden, die in er Literatur auch die »qualitativen« Methoden genannt werden.

Eine Frage, die alle hier vorgestellten Datenauswertungsverfahren betrifft, ist die nach dem Ende der Arbeit an den Texten. Hier bieten sich drei Alternativen:

- Sollen die Ergebnisse in die Praxis zurückgespiegelt werden, kann man diesen Prozess früher beenden. Das fällt insbesondere dann nicht schwer, wenn, wie in der Praxisforschung, Praktiker*innen in den Forschungsprozess einbezogen waren. Wo nicht, müssen die Texte konkret und anschaulich sein, schließlich sollen sie dazu dienen, um mit Vertreter*innen der pädagogischen Praxis ins Gespräch zu kommen.
- Geht es um die Hypothesengenerierung und besteht deshalb die Absicht, den Prozess der methodisch gelenkten Datenerhebung fortzusetzen, sollte die Textarbeit erst beendet werden, wenn es möglich ist, auf seiner Grundlage das Design des folgenden Forschungsvorhabens zu entwickeln.
- Ging es dagegen um die Prüfung einer schon weit entwickelten Hypothese, wird man die Arbeit am Text so lange weitertreiben müssen, bis ein so hoher Grad an Abstraktion und theoretischer Stringenz erreicht ist, dass die Interpretationen theoretisch anschlussfähig sind.

Im Folgenden wollen wir nun auf jene Datenauswertungsmethoden eingehen, die in der Literatur auch als »quantitative« Methoden bezeichnet werden. Jetzt kommt die Statistik ins Spiel.

7.3 Zählen, Messen, Quantifizieren: Quantitative Verfahren in der Erziehungswissenschaft

Quantitative bzw. statistische Verfahren werden im Auswertungsprozess dann angewendet, wenn im Datenerhebungsprozess Datenmengen erzeugt wurden, die mit Blick auf verallgemeinerbare Aussagen (Gesetze) und mit dem Anspruch der Repräsentativität analysiert werden sollen. Welche (statistischen) Verfahren im Einzelnen im Auswertungsprozess anzuwenden sind, hängt vom konkreten Erkenntnisinteresse und den zuvor im Forschungsprozess getroffenen Entscheidungen ab. In einem ersten Zugriff wollen wir die folgenden drei Hauptgruppen statistischer Verfahren unterscheiden – mit allerdings unterschiedlicher Relevanz für die Erziehungswissenschaft: die explorative (entdeckende) Statistik (1), die deskriptive (beschreibende) (2) und die schließende (induktive) oder Inferenz-Statistik (3).

1. Auch im Rahmen *explorativer Forschung*, wenn also kein oder kaum Vorwissen und dementsprechend keine oder kaum Theorien zu einer Problemstellung vorhanden sind, kann die Anwendung statistischer Methoden in Frage kommen. Sie sollen dann der Hypothesengenerierung dienen. Angesichts der inzwischen erreichten Vielzahl an theoretischen Erklärungsversuchen, die es zu den verschiedensten pädagogischen Problemstellungen gibt, kommt exploratives Forschen auf statistischer Basis in seiner Reinform in der Erziehungswissenschaft allerdings recht selten vor. Wir wollen deshalb hier nicht weiter auf diesen Fall eingehen.
2. Sehr allgemein gesprochen geht es in der *deskriptiven Statistik* darum, die vorliegenden Daten so aufzubereiten, dass man sie in Tabellen, graphischen Darstellungen o. ä. präsentieren kann. Normalerweise begegnet uns Statistik im Alltag in genau dieser Form. Sie dient dann nicht der Forschung, sondern der Präsentation und Veranschaulichung von Informationen allgemeinen Interesses. So kann man den über Jahrzehnte wachsenden Schulerfolg von Mädchen und jungen Frauen gut

nachvollziehen, wenn man in langen Zeitreihen die Entwicklung der Abiturientinnenzahl darstellt. Dabei erkennt man, dass vor 100 Jahren kaum ein Mädchen eine Abiturprüfung ablegte, es heute dagegen mehr Mädchen als Jungen sind, die dieses tun. Daraus kann sich dann Forschung entwickeln. Man will z. B. wissen, ob sich der Schulerfolg der Mädchen in Gestalt eines überdurchschnittlichen Studienerfolgs an der Universität fortsetzt. Man sammelt also an allen Hochschulen die entsprechenden Daten und bringt sie in geeigneter Form zur Darstellung. Wenn sich in dieser Darstellung Auffälligkeiten ergeben – etwa eine unterdurchschnittliche Repräsentanz von jungen Frauen an den Hochschulen, eine hohe Studienabbruchquote oder eine sehr einseitige Konzentration auf wenige Studienfächer – kann dies zum Weiterforschen anregen und zu hypothetischen Annahmen über die Ursachen besagter Auffälligkeiten führen. Deskriptive Statistik wird also sehr oft im Vorfeld der Hypothesenbildung eingesetzt.

3. Anders in der *schließenden Statistik*. Hier ist man schon einen Schritt weiter. Man hat ein Problem und eine Grundgesamtheit (Population) bestimmt und kann Hypothesen formulieren. Die schließende Statistik ist der Normalfall der Forschung. Sie dient der Hypothesenprüfung, und zwar wird mittels geeigneter Verfahren aus einer Stichprobe auf die Grundgesamtheit geschlossen. Man will wissen, ob sich das, was man bezüglich der Grundgesamtheit annimmt, mit einer vorgegebenen Wahrscheinlichkeit auf der Grundlage der Stichprobenergebnisse bestätigen lässt. Um bei dem eben gewählten Beispiel zu bleiben: Man hat eine hohe Repräsentanz von jungen Frauen in erziehungswissenschaftlichen Fächern festgestellt. Um nun die Annahme zu prüfen, dass dies etwas mit bestimmten frühen sozialisatorischen Erfahrungen zu tun hat, werden einige Tausend Studentinnen an ausgewählten erziehungswissenschaftlichen Fachbereichen gebeten, einen entsprechenden Online Survey (Fragebogen) auszufüllen, der genau diese Thematik abfragt.
Die schließende Statistik kann weiter unterteilt werden in a) die parametrischen (verteilungsabhängigen) und b) die nicht-parametrischen (verteilungsunabhängigen, verteilungsfreien) Analysen. In beiden Fällen geht es um das Verhältnis der Stichprobe zur Grundgesamtheit. Bei der parametrischen Analyse wird davon ausgegangen, dass die Stichprobe aus einer Grundgesamtheit mit bekannter Verteilung (z. B.

Normalverteilung) stammt. Bei der nicht-parametrischen Analyse ist das nicht der Fall.

Wir wollen nun fragen: Was kann Statistik leisten? Mit dem Einsatz von statistischen Verfahren können folgende Ziele verfolgt werden:

- Man kann eine Informationsverdichtung bzw. eine Informationsreduktion vornehmen (vgl. Raithel 2012, S. 120). Wenn es eine Aufgabe der Statistik ist, Informationen aus Datensätzen zu gewinnen, dann ist es ein Problem, dass die Rohdatensätze, also jene Datensätze, die nach dem Abschluss des Datenerhebungsprozesses vorliegen und noch nicht bearbeitet wurden, oftmals unübersichtlich und damit nicht unmittelbar analysierbar sind. Insbesondere bei Befragungen werden oftmals viel zu viele Daten erhoben, die nicht alle in die Analyse eingehen müssen bzw. können. Mithilfe von einfachen strukturierenden Verfahren in SPSS® (z. B. transformieren, aggregieren, umcodieren), aber natürlich auch komplexeren statistischen Verfahren lassen sich mit Blick auf das Erkenntnisinteresse des*der Forschenden relevante Informationen aus der unsortierten Rohdatenmasse herausfiltern. Hierzu muss der Rohdatensatz allerdings erst in eine Form gebracht werden, die es ermöglicht, aus der Fülle denkbarer Informationen die wesentlichen zu gewinnen. Mithilfe von statistischen Reduktionsverfahren kommt es zur Komprimierung des ursprünglichen Datensatzes. Reduktion kann auf unterschiedlichem Wege erfolgen, z. B. durch Transformation einzelner Variablen oder Variablenausprägungen, indem umkodiert, klassifiziert oder zusammengefasst wird. Zudem lassen sich im Rahmen der deskriptiven Statistik Kennzahlen, Rangfolgen etc. bilden. Elaboriertere statistische Methoden, z. B. Clusteranalysen oder die explorative Faktorenanalyse, tragen ebenfalls dazu bei, einen Datensatz übersichtlicher zu gestalten. Mithilfe der Clusteranalyse werden anhand vorgegebener Variablen Gruppen von Fällen (also Propand*innen) zusammengefasst. Das Clustern dient der Ermittlung von ähnlichen Strukturen, die so in den Daten erstmal nicht erkennbar waren. Bei der explorativen Faktorenanalyse dagegen reduziert man die Anzahl der Variablen, indem einzelne Items zu übergeordneten Faktoren zusammengefasst werden. Beide Verfahren haben, genau wie die einfachen statistischen Operationen, den Zweck, einen Datensatz zu komprimieren und wesentliche von unwesentlichen Informationen zu trennen. In manchen Fällen reicht es bereits aus, überflüssiges Datenmaterial, d. h. einzelne Variablen oder Kategorien, aus dem Datensatz zu löschen. Was als redundant, also überflüssig gelten soll, muss der*die Forschende unter Einbezug seines*ihres Erkenntnisinteresses entscheiden. Prinzipiell ist die Systematisierung des Rohdatensatzes von den aufgestellten Hypothesen abhängig. Deshalb ist es sinnvoll, schon bei der Planung von Studien festzulegen, welche Variablen Berücksichtigung erfahren und welche Variablen verzichtbar sein werden. Ziel jeglicher Datenreduktion sollte es sein, den Rohdatensatz so zu komprimieren, dass man nach der Erhebung in der Lage ist, mit wenigen Daten zielführend arbeiten zu können. Bei der Reduktion sollte der objektive Informationsverlust möglichst gering, der subjektive Informationsgehalt des Datenmaterials dagegen möglichst hoch sein (vgl. Hammann & Erichson 2000, S. 249). Informationsverdichtung schafft Transparenz hinsichtlich des Datenmaterials und erlaubt, zwischen wichtigen und unwichtigen Informationen zu unterscheiden.

- Man kann Zusammenhänge zwischen einzelnen oder mehreren Variablen nachweisen. Ausgedrückt werden solche Zusammenhänge als Korrelations- oder Regressionsmaße. Methoden der schließenden Statistik ermöglichen es, lineare oder auch nicht-lineare Abhängigkeiten zwischen Variablen darzustellen. Anhand statistischer Ergebnisse können sich aufgestellte Zusammenhangshypothesen bestätigen lassen oder sie müssen verworfen werden. Der Nachweis einfacher, bivariater statistischer Zusammenhänge zwischen Variablen, also der Zusammenhang zwischen zwei Variablen, bildet oftmals den Grundstock für weitere, komplexere Berechnungen in Form von multivariaten Verfahren (Zusammenhang zwischen mehr als zwei Variablen), deren Ergebnisse auch Aussagen bezüglich des Ursache-Wirkungsprinzips zulassen, also nicht nur bestätigen, dass zwei Variablen nicht unabhängig voneinander sind, sondern zudem nachweisen, dass eine Variable für die Veränderungen der anderen verantwortlich ist. Wir sprechen hier von gerichteten Zusammenhangshypothesen, die z. B. mit Regressionsmodellen berechnet werden können.
- Man kann signifikante Unterschiede zwischen den Mittelwerten von Variablen oder Variablengruppen aufzeigen. Das ist besonders interes-

sant, wenn es darum geht, Unterschiedshypothesen zu prüfen. Angenommen, man misst den Intelligenzquotienten verschiedener Schulklassen und erhält unterschiedliche Durchschnittswerte pro Klasse, wobei eine Schulklasse einen überdurchschnittlichen Wert erzielt. Der*die Erziehungswissenschaftler*in möchte natürlich wissen, ob dieser Unterschied zufällig oder nicht zufällig zustande kommt, also ob die Mitglieder der Schulklasse mit dem höheren Testergebnis tatsächlich intelligenter sind als die der anderen Klasse. Kann nachgewiesen werden, dass der Unterschied in den erzielten IQ-Werten nicht zufällig zustande kommt, dann spricht man von einem statistisch signifikanten Unterschied. Um Unterschiedshypothesen zu untersuchen, bietet die Statistik einen breiten Fundus an Methoden an. Neben dem t-Test sind v. a. Varianzanalytische Verfahren (ANOVA) zu nennen, die hierbei zum Einsatz kommen. Der t-Test ist eine statistische Methode zum Vergleich der Mittelwerte von ein oder zwei Populationen mittels Hypothesentests. Liegen mehr als zwei Gruppen vor, wird auf die Varianzanalyse zurückgegriffen. Die Unterschiedsberechnung kann mit der Zusammenhangsberechnung kombiniert werden (in vielen statistischen Verfahren ist dies der Fall), jedoch sind ihre Prämissen andere. Zudem zielen die zugrundeliegenden Unterschiedshypothesen auf einen anderen Aspekt der Informationsgewinnung im Vergleich zu Zusammenhangsberechnungen.

An welche Voraussetzungen ist der Einsatz statistischer Verfahren im Analyseprozess idealerweise gebunden? Statistische Verfahren anzuwenden, bietet sich nur an, wenn zu einer Problemstellung bereits Forschung und dementsprechend Theoriebildung vorliegt, aus der – ungeachtet ihres grundsätzlichen heuristischen Charakters – Hypothesen, die ihrerseits theoretischen Status beanspruchen können, deduzierbar sind. Wie erwähnt ist das für die Vertreter*innen des Kritischen Rationalismus der einzig denkbare Fall, den sie als wissenschaftlich akzeptieren würden. Wenn dagegen Bezüge von erhobenen Daten zu Theorien unklar oder nicht nachvollziehbar sind bzw. es solche Beziehungen gar nicht gibt, spricht man auch von einem empirizistischen Vorgehen. Das jedoch wäre unwissenschaftlich (vgl. Atteslander 2010). Insbesondere die Vertreter*innen des Kritischen Rationalismus unterstellen, dass diese Bezüge bei der klassischen Hermeneutik und bei den anderen interpretativen Verfahren, die wir in diesem Buch vorgestellt haben, tatsächlich zumindest unklar oder nicht nachvollziehbar, weil subjektiv gefärbt, seien. Daraus erklärt sich die Reserve dieser wissenschaftstheoretischen Schule diesen Datenerhebungs- und Datenauswertungsmethoden gegenüber, die sie deshalb als vorwissenschaftlich ansehen und nur bei der Hypothesenentwicklung, also im Zuge der Exploration des Forschungsfeldes, die noch nicht Teil des Forschungsprozesses i. e. S. sein soll, gelten lassen will. Von einer »vorwissenschaftlichen Suchphase« (Ruprecht 1978, S. 111) haben wir oben gesprochen. Tatsächlich kann in der Erziehungswissenschaft bei Forschungsvorhaben, bei denen zunächst die Hypothesengenerierung im Mittelpunkt steht, zu Verfahren gegriffen werden, die die Anwendung statistischer Verfahren im späteren Analyseprozess ausschließen. Es wird dann eben keine breitgestreute Fragebogenuntersuchung durchgeführt, es werden vielmehr, beispielsweise, narrative Interviews mit ausgewählten Personen geführt. Explorative Forschung ist die Domäne der hermeneutischen und qualitativen Verfahren.

Kommen wir jetzt aber zurück zu den Fällen, in denen statistische Verfahren auch in der Erziehungswissenschaft eine wichtige Rolle spielen.

7.3.1 Statistik in der Erziehungswissenschaft

Wie im ersten Kapitel dieses Buches ausgeführt, haben statistische Verfahren der Datenauswertung in der erziehungswissenschaftlichen Forschung lange keine Rolle gespielt. Möglicherweise ist das Vorherrschen der Texthermeneutik auch darauf zurückzuführen, dass im Alltag von Bildung und Erziehung das Quantifizieren kaum eine Rolle spielt. Ein*e Lehrer*in rechnet den Notendurchschnitt einer Klassenarbeit aus; die Schulleitung sammelt Daten zu ihren Schüler*innen, um gegenüber dem Schulträger den Bedarf an Schulsozialarbeit begründen zu können. Sehr viel mehr ist in der Regel nicht. Allenfalls in der Schulverwaltung und in der Bildungspolitik wird in größerem Stil mit Zahlen hantiert. Dennoch hat sich seit der »realistischen Wendung« (Roth 1962) in der Erziehungswissenschaft einiges getan. Der Übergang von der »Pädagogik« zur »Erziehungswissenschaft« ist nicht zuletzt mit dem Einsatz statistischer Auswertungsverfahren verbunden gewesen. Und das ist bis heute so geblieben. Wir erinnern an PISA und die Testung großer Schüler*innenpopulationen. Aber kleinere Populationen werden ebenfalls längst mithilfe quantifizierender Methoden beforscht. »Statistical literacy«, die Fähigkeit, statistische Ergebnisse, die unser tägliches Leben durchdringen, zu verstehen und kritisch zu bewerten (vgl. Wallmann 1993), wird auch in Zukunft in der Erziehungswissenschaft eine bedeutende Rolle spielen.

Wenn man in Anlehnung an das bildungstheoretische Literacy-Konzept in den Mittelpunkt von statistical literacy den Gedanken der Anwendungsorientierung und der praktischen Handlungskompetenz stellen will, dann ist »statistical literacy« für die Erziehungswissenschaft deshalb so wichtig, weil es in der Erziehungswissenschaft weniger um die Weiterentwicklung spezifischer Formeln und besonderer statistischer Verfahren, sondern primär um die Anwendung der bekannten Verfahren geht. Das gilt auch für die meisten anderen Disziplinen (Betriebswirtschaftslehre, Politologie, Medizin u. a.). Für sie präsentiert sich Statistik als angewandte Statistik, die es ermöglicht, im Forschungsprozess erhobene Daten mit geeigneten Methoden auszuwerten, um zu Aussagen über theoretisch vermutete Annahmen, die in hypothetischen Sätzen ausgedrückt werden, zu kommen. Es gibt allerdings auch der Erziehungswissenschaft benachbarte Disziplinen, allen voran die Psychologie, aber zudem die Soziologie, die sich neben der Anwendung intensiv der Weiterentwicklung ausgewählter statistischer Verfahren widmen. Ganz zu schweigen natürlich von der Mathematik.

Was man im erziehungswissenschaftlichen Sinne als »statistical literacy« oder als grundlegende Kompetenz im Umgang mit statistischen Verfahren bezeichnet, beinhaltet mehreres. Zum einen die Fähigkeit, empirische Forschungsarbeiten planen und die gewonnenen Daten auch unter Zuhilfenahme quantifizierender Verfahren auswerten zu können. Zum anderen die Kompetenz, empirische Forschungsergebnisse einordnen und die Rechenoperationen, die zu diesen Ergebnissen geführt haben, nachvollziehen zu können. Gerade letzteres stellt angesichts des Zuwachses an empirisch-quantitativ ausgerichteten Arbeiten eine Basiskompetenz dar, die allein deshalb rechtzeitig erworben werden sollte, um dem Diskurs in der Erziehungswissenschaft – zumindest, soweit er sich quantifizierender Methoden bedient – überhaupt folgen zu können. Kurz und gut: So begrüßenswert es ist, dass die Erziehungswissenschaft neben anderen ebenfalls den quantifizierenden Erkenntnisweg wählt, um ihre theoretischen Konstrukte zu bestätigen (verifizieren) bzw. zu revidieren (falsifizieren), so sehr lässt dies auch die Notwendigkeit sichtbar werden, schon im Studium gründliche statistische Kenntnisse zu erwerben. In noch höherem Maße gilt dies für jene, die – etwa im Rahmen von Bachelor- und Masterarbeiten oder einer Promotion – selbst mit quantifizierenden Verfahren arbeiten wollen.

Dabei ist die Sache nicht ganz einfach. Nur ein kleines Beispiel: Schon die Begrifflichkeit ist gewöhnungsbedürftig. Statistiker*innen pflegen nämlich eine fachspezifische Semantik, in denen Begriffe wie »Schätzwert«, »Korrelationsmaß«, »Richtungsmaß«, »Maß der zentralen Tendenz«, »Signifikanzniveau« u. a. m. eine Rolle spielen. Gerade diese Terminologie muss der*die Studienanfänger*in erstmal lernen. Hinzu kommt noch der Umstand, dass in der Statistik Buchstaben des altgriechischen Alphabets als Bezeichnungen für einfachere oder komplexere mathematische Formeln oder Maße verwendet werden. Schon die ersten Buchstaben des Alphabets, α (Alpha), β (Beta) und dann alle anderen, stehen für spezifische Rechenwege. So bezeichnet z. B. $\eta 2$ (Eta Quadrat) die Effektstärke eines statistischen Zusammenhangs. Was aber ist ein Effektmaß? Welche Rolle spielt es in erziehungswissenschaftlichen Zusammenhängen? An dieser Stelle vorweggenommen: Ein Effektmaß wird zur Verdeutlichung der praktischen Relevanz der Ergebnisse statistischer Tests eingesetzt.

Aber zurück zu unserem eigentlichen Thema und zu ein paar Worten über die Auswertung quantitativer Daten.

Da der Prozess der quantitativen Datenanalyse heute meistens computergestützt verläuft, gibt es hierfür längst allgemeine und spezielle Softwareprogramme, die das Auswerten selbst von umfassenden, mehrschichtigen Datensätzen gestatten. Für viele Verfahren stehen spezielle Softwareangebote zur Verfügung, die sowohl kostenfrei (open source) als auch kostenpflichtig (kommerziell) sind. Von der Auswertung kleiner Datensätze (z. B. in empirischen Hausarbeiten) bis hin zu komplexen, groß angelegten (large scale) Untersuchungen bietet der Markt ein reiches

Repertoire an Analysesoftware. Allen voran IBM® SPSS® (steht ursprünglich für Statistical Package for the Social Sciences), welches als gängiges Analysetool im Bereich der Grundlagen- und Bedarfsforschung eingesetzt wird. Da Universitäten im deutschsprachigen Raum häufig über Netzwerklizenzen dieses Programms verfügen, kann es als weitverbreitetes Analyseprogramm im Hochschulbereich ausgemacht werden.

Der Vorteil von SPSS® ist es, dass es neben einer Syntax (eigene Computersprache) zudem über eine menügestützte Oberflächenstruktur verfügt, die die Anwendung statistischer Verfahren vereinfacht. Eigens entwickelte Lehrbücher für die Handhabung von SPSS® sind zahlreich vorhanden. Brosius (2013), Bühl (2019), in Teilen auch Raithel (2012) oder das umfangreiche englischsprachige Werk von Field (2018) geben einen guten Überblick über statistische Verfahren in der Anwendung mit SPSS®. Neben der Basisausführung, die die gängigsten Analyseverfahren beinhaltet, verfügt SPSS® zudem über Programmerweiterungen, z. B. IBM® SPSS® Modeler oder auch AMOS (Analysis of Moment Structures), welches für die Berechnung von Strukturgleichungsmodellen bzw. Pfadanalysen herangezogen werden kann.

Neben den Vorteilen, die SPSS® bietet, müssen aber zudem Nachteile erwähnt werden. Unter den häufigen Systemupdates hat die Stabilität des Programms gelitten. So kann es durchaus sein, dass zwei Softwareversionen bei der Berechnung derselben Daten zu leicht unterschiedlichen Ergebnissen kommen. Zudem muss bedacht werden, dass sich die menügesteuerte Fassung eingeschränkter bzw. festgefahrener darstellt, als wenn über Syntax-Befehle gearbeitet wird. Komplexe Untersuchungsdesigns, die anstreben, mehr als zwei abhängige Variablen einzusetzen (z. B. bei Multiplen Regressionsmodellen), können nur bedingt ausgewertet werden. Ein Hauptproblem von SPSS® liegt aber ausgerechnet in seiner Bedienungsfreundlichkeit. Man kann SPSS® nämlich auch weitestgehend ohne statistische Vorkenntnisse anwenden und durch einfaches Klicken zu Ergebnissen gelangen, die dann aber weder theoretisch noch praktisch Sinn ergeben. Das Computerprogramm ist im wahrsten Sinne des Wortes geduldig und erlaubt teilweise unnütze bzw. falsche Analysewege. Wie das Programm rechnet und welche Formeln hierzu die Grundlage bilden, wird bei der Berechnung nur begrenzt transparent gemacht und ist im Output (der Ergebnisübersicht von SPSS®) nicht sichtbar. Trotz dieser Einwände darf SPSS® als Standardprogramm gelten, das bei der Auswertung von wissenschaftlichen Daten sehr hilfreich sein kann und zudem über ein mittlerweile gutes Tutorial und Hilfe-Features verfügt.

Neben SPSS® sind noch die Programme R (vgl. Sauer 2019), Stata (vgl. Kohler & Kreuter 2017), SAS (vgl. Krämer et al. 2018) und Mplus (vgl. Geiser, Crayen & Enders 2022) zu nennen, die ebenfalls über einen hohen Beliebtheitsgrad verfügen.

Aus der Fülle kommerzieller und nicht-kommerzieller Anbieter soll auf die Bedeutung des Programms R kurz eingegangen werden. R hat viele Vorteile, da es sich um eine frei nutzbare Computersprache zur statistischen Auswertung handelt (www.r-project.org). R kann in einer Client-Server Umgebung, aber auch lokal genutzt werden. Es stehen mehrere tausend Pakete zur Verfügung, die fast sämtliche statistischen Analyseverfahren ermöglichen und im Funktionsumfang sowie in Bezug auf Flexibilität und Einbindung in Datenbanken und andere Softwareprogramme kommerzielle Programme übertreffen (vgl. Sauer 2019). Mittlerweile lassen sich auch R-Programme in SPSS® nutzen. Zwar benötigt es Zeit, sich in die R-Syntax einzuarbeiten, aber angesichts der vielen Features und Pakete ist danach die Auswahl an statistischen Berechnungen vielfältig und stellt zudem eine kostensparende Alternative dar. Die ursprüngliche R-Benutzeroberfläche besteht aus einer Kommandozeilenumgebung, die mittlerweile durch mehrere grafische Oberflächen erweitert werden kann (z. B. RStudio, GUI oder RKWard u. a.) und somit das Lernen von und das Arbeiten mit R erleichtern.

7.3.2 Deskriptive Statistik

Um statistische Verfahren anwenden zu können, müssen natürlich erst einmal empirische Daten gesammelt werden. Möchte man z. B. den Notendurchschnitt einer Klassenarbeit ermitteln, sind die Informationen zu den erzielten Noten und das Wissen um die Anzahl der Schüler*innen, die an der Schularbeit mitgeschrieben haben, vonnöten. Statistische Verfahren kommen dann zum Einsatz, wenn man versucht, gewonnene empirische Informationen sinnvoll darzustellen. Daher nennt man auch die statistischen Methoden, die Daten in Form von Tabellen, Graphiken oder einzelnen Kennwerten darstellen, deskriptive Statistik (vgl. Bortz 2005). Durch Verfahren der deskriptiven Statistik erhält man den Überblick über die Verteilung der Daten und bündelt die Einzelinformationen zu einem sinnvollen Ganzen (Mittelwerte, Modalwerte, Prozentränge etc.).

Welche deskriptiven Kennwerte berechnet werden können, hängt natürlich von der Skalierung, d. h. dem Messniveau der vorliegenden Daten ab. Das arithmetische Mittel, auch der Mittelwert genannt, gehört zu den Lagemaßen der deskriptiven Statistik. Lagemaße werden auch als Maße der zentralen Tendenz bezeichnet.

Das Arithmetische Mittel bzw. der Mittelwert ist die Summe aller Beobachtungen geteilt durch die Anzahl der Beobachtungen. Die Berechnung des Mittelwerts setzt metrische Daten voraus, d. h. intervall- oder verhältnisskalierte Daten. Wir verweisen auf unsere Ausführungen oben zum Fragebogen. Der Mittelwert gibt Auskunft darüber, wo die Mitte der Verteilung liegt, wie beispielsweise die Durchschnittsnote der Klasse in einer Schulaufgabe (sofern man eine Notenskala als Intervallskala interpretiert).

Die Varianz ist das Streuungsmaß, welches die Verteilung von Werten bzw. deren Abweichung vom Mittelwert kennzeichnet. Die Berechnung der Varianz setzt die Berechnung des Mittelwerts voraus. Die Varianz wird über die quadrierte, summierte Abweichung der Einzelwerte vom Mittelwert ermittelt (zur Verdeutlichung siehe Beispiel im nächsten Abschnitt). Betrachten wir z. B. die Punktezahl, die eine kleine Gruppe von Student*innen in ihrem letzten Kahoot-Quiz erzielt hat. Mit der Varianz berechnen wir die quadrierte durchschnittliche Entfernung vom Mittelwert.

Nehmen wir an, die einzelnen Punktezahlen unserer Student*innen sind 15, 19, 20, 24 und 25. Der Mittelwert beträgt demnach $\frac{100}{5} = 20$ Punkte. Die Studierenden möchten jetzt aber wissen, wie weit sie als Gruppe durchschnittlich quadriert vom Mittelwert (= 20 Punkte) entfernt liegen. Hierzu berechnet man erstmal die Abweichungen der einzelnen Messwerte vom Mittelwert: $15 - 20 = -5$, $19 - 20 = -1$, $20 - 20 = 0$, $24 - 20 = 4$ und $25 - 20 = 5$.

Im Anschluss werden die berechneten Abweichungen quadriert. Die quadrierten Abweichungen betragen in unserem Beispiel 25, 1, 0, 16, 25 und ergeben eine Summe von 66. Die Varianz beträgt somit $\frac{66}{5} = 13{,}2$ Punkte².

$$var(x) = s^2 = \frac{1}{n}\sum_{i=1}^{n}(x_i - \overline{x})^2$$
$$= \frac{(x_1 - \overline{x})^2 + (x_2 - \overline{x})^2 + \ldots + (x_n - \overline{x})^2}{n}$$

n = Anzahl der Beobachtungswerte
x_i = i-ter Beobachtungwert
$\overline{x}$ = Mittelwert

Im Beispiel ist zu erkennen, dass die Varianz aufgrund der Quadrierung eine andere Einheit besitzt als die beobachteten Messwerte. Dadurch ist es nicht möglich, eine konkrete Aussage über die Streuungsbreite abzuleiten. Zur Interpretation wird daher häufig die Standardabweichung herangezogen, die sich aus der Quadratwurzel der Varianz ergibt.

Die Standardabweichung (s) oder auch *SD* (standard deviation) genannt ist ein Maß, das die standardisierte Streuung der Werte um ihren Mittelwert angibt. Die Standardabweichung ist definiert als die Quadratwurzel der Varianz. Als Streuungsmaß beschreibt die Standardabweichung, wie stark die Werte einer Merkmalausprägung vom Mittelwert abweichen.

Aus obigem Beispiel ergibt sich eine Standardabweichung von 3,63 Punkten. Im Durchschnitt weichen die Punktzahlen der Studierenden um 3,36 Punkte vom Mittelwert (= 20 Punkte) ab.

Ist die Standardabweichung hoch, müssen die Werte weit entfernt vom Mittelwert liegen, womit eine hohe Streuung vorliegt. Umso kleiner die Standardabweichung, desto näher liegen die gemessenen Ausprägungen eines Merkmals um den Mittelwert. Ist sie gleich Null, lässt sich keine Varianz feststellen, die gemessenen Werte müssen identisch sein. Die Standardabweichung kann keinen negativen Wert annehmen. Die Standardabweichung kann im Bildungsbereich als ein wichtiger Indikator herangezogen werden, z. B., um zu erkennen, wie konstant die Leistungsfähigkeit von Schulklassen oder einzelnen Schüler*innen ausfällt oder wie im Jahresverlauf die Noten einzelner Klassen oder Schüler*innen schwanken. Aber man kann noch etwas anderes herauslesen. Ist die Häufigkeitsverteilung normalverteilt (wird im nächsten Abschnitt beschrieben), lassen sich folgende Ableitungen treffen. In einem Intervall, das von $[\bar{x} - s; \bar{x} + s]$ verläuft, treten ca. zwei Drittel aller Fälle (68,27 %) auf. Oder einfacher ausgedrückt: Charakteristisch für die Normalverteilung ist, dass ca. 68 % aller Messwerte innerhalb der Entfernung einer Standardabweichung zum Mittelwert liegen. Erweitern wir den Bereich auf zwei Standardabweichungen $[\bar{x} - 2s; \bar{x} + 2s]$, so finden sich in diesem Intervall ca. 95 % aller Fälle. Erhöhen wir auf drei Standardabweichungen, dann liegen 99,7 % der Messwerte innerhalb dieses Bereichs, im Grunde fast alle. Jetzt muss aber zunächst geklärt werden, was unter Normalverteilung zu verstehen ist.

Die Normalverteilung ist eine eingipflige, unimodale Verteilung. Der Graph der Normalverteilung verläuft symmetrisch sowie glockenförmig und wird nach dem deutschen Mathematiker Johann Carl Friedrich Gauß (1777–1855) auch Gauß'sche Glockenkurve oder Normalverteilung genannt. *Modus* (der häufigste Werte, der in einer Stichprobe vorkommt), *Median* (der Wert, der eine Datenreihe halbiert, wenn man die Werte der Größe nach ordnet) sowie *arithmetisches Mittel* sind bei gegebener Normalverteilung identisch. Die Normalverteilung wird charakterisiert durch die zwei bekannten Parameter – den Mittelwert und die Standardabweichung.

Um den Zusammenhang zwischen Mittelwert und Standardabweichung besser zu veranschaulichen, werfen wir einen Blick auf Intelligenz und den Intelligenzquotienten (IQ). Bei der Intelligenz handelt es sich, wie auch bei der Körpergröße, um ein annähernd normalverteiltes Merkmal. Dies bedeutet beispielsweise, dass die meisten Menschen durchschnittlich intelligent sind. Nur wenige Menschen weichen von diesem Durschnitt ab.

Der Mittelwert des Intelligenzquotienten (IQ) beträgt nach Definition 100 und die Standardabweichung 15. Somit weisen zwei Drittel der Menschen einen Intelligenzquotienten zwischen 85 bis 115 auf und 95 % der Menschen haben Werte zwischen 70 und 130. Von Hochbegabung kann man z. B. ab einem IQ von 130 sprechen. Das entspricht einem Prozentrang von 97,7 auf der Skala. Mit Prozentrang wird beschrieben, wieviel Prozent der Vergleichsgruppe gleich große oder kleinere Werte erzielt. Im Fall von einem Prozentrang von 97,7 ist zu folgern, dass nur 2,3 % der gleichaltrigen Menschen gleich große oder bessere Werte erzielen. Mit anderen Worten: Mit einem IQ von 130 gehört man zu den 2,3 % der

Besten. Nach dieser Definition ist Hochbegabung lediglich 2,3 % der Bevölkerung vorenthalten.

Die Normalverteilung ist eine der wichtigsten Verteilungen in der Statistik und Voraussetzung für viele Testverfahren wie beispielsweise Varianzanalyse, Regression oder t-Test.

Zum besseren Verständnis sehen Sie sich folgendes Beispiel an: Bei einem Jahrgangstest der 12. Klassen, an dem 142 Jugendliche teilgenommen hatten, erreichten im Mittel die Schüler*innen ein Testergebnis von 6,65 Punkten. Bei einer Standardabweichung von 1,6 erreichten 68 % der Schüler*innen ein Testergebnis zwischen 5,05 bis 8,25 Punkten. 95 % der Schüler*innen erreichten ein Testergebnis zwischen 3,45 und 9,85. Folgende Grafik veranschaulicht das Ergebnis des Jahrgangstests der 12. Klassen, das annähernd normalverteilt ist (▶ Abb. 4).

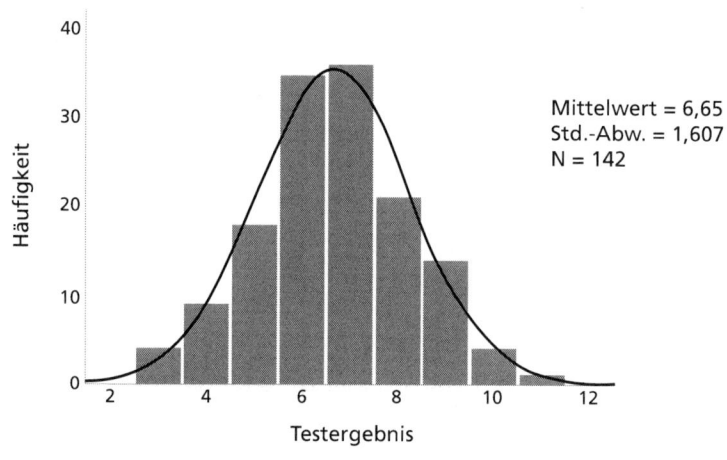

Abb. 4: Normalverteilung

7.3.3 Inferenzstatistik

Neben der Möglichkeit, eine Beschreibung von empirischen Daten vorzunehmen, kann man auch versuchen, aus den Daten Erkenntnisse und Schlüsse zu ziehen, d. h., signifikante Zusammenhänge oder Unterschiede zwischen Variablen festzustellen. Diesen Teilbereich der Statistik nennt man auch Inferenzstatistik, sprich: schließende Statistik. Inferenzstatistik kommt dann zum Tragen, wenn aufgestellte Hypothesen einer Prüfung bedürfen, indem Zusammenhänge oder Unterschiede zwischen zwei Variablen (bivariat) oder mehreren Variablen (multivariat) statistisch ermittelt werden. Die Inferenzstatistik dient dazu, über die Richtigkeit von wissenschaftlichen Hypothesen entscheiden und somit Rückschlüsse auf die Grundgesamtheit treffen zu können.

»Grundgesamtheit, auch Population, bezeichnet alle (potenziellen) Untersuchungseinheiten, auf die sich eine Fragestellung bezieht« (Diaz-Bone & Weischer 2015, S. 166). Eine Grundgesamtheit wird in der Regel anhand einer Stichprobe untersucht. Die Stichprobe stellt die Auswahl der Einheiten dar, die aus einer zuvor bestimmten Gesamtheit (Grundgesamtheit) gezogen wurde (vgl. Diaz-Bone & Weischer 2015, S. 396). Die Stichprobe (auch sample genannt) wird durch ein kontrolliertes Auswahlverfahren gewonnen, der Prozess wird auch gerne als Sampling bezeichnet. Nehmen wir an, wir wollen die Berufszufriedenheit von Hochschulabsolventen messen, dann müssen wir zuerst festlegen, wer als Hochschulabsolvent zählt. Also müsste man klären, ob auch Absolventen von Hochschulen für angewandte Wissenschaften oder Berufsakademien darunterfallen. Zudem müssten wir festlegen, welche Abschlüsse Hochschulabsolventen besitzen. Zählen Bachelor, Master, Staatsexamen, Diplom-, Magister-, und auch die Promotionsabschlüsse hierzu oder muss man gewisse Einschränkungen vornehmen? Diese und weitere Fragen müssen exakt beantwortet werden, sodass unsere Population für die Fragestellung bestimmt werden kann. In der Tat müssen wir sozusagen definitorisch festlegen, welche Merkmale unsere Grundgesamtheit aufweist. In diesem Beispiel wäre als Hochschulabsolventen die Personengruppe bestimmt, die erfolgreich ein Studium an einer Universität, Hochschule oder einer vergleichbaren Bildungseinrichtung abgeschlossen hat und dies mit einer Urkunde und einem Abschlusszeugnis belegen kann. In einem nächsten Schritt können wir dann mit zahlreichen und unterschiedlichen Stichprobenverfahren eine Teilmenge dieser Grundgesamtheit ziehen (bestimmen), die wir dann befragen, beobachten und/oder testen (möchten). Ziel von Stichprobenziehungen ist es natürlich, eine verkleinerte Abbildung der Population zu erhalten, sodass Studienergebnisse wieder auf die Population übertragen werden können (vgl. Bortz 2005, S. 86). Dies ist aber nur möglich, wenn die Stichprobengröße angemessen, also groß genug ist und wir nach Kriterien der Repräsentativität unsere Stichprobe ausgewählt haben. Dies ist jedoch nicht für alle Forschungsfragen zu gewährleisten und auch nicht immer erstrebenswert. In unserem Beispiel könnten wir untersuchen, wie z. B. sich die Berufszufriedenheit von Hochschulabsolventen unterschiedlicher Bildungseinrichtungen und Studiengängen nach einer Berufstätigkeit von fünf Jahren unterscheidet.

Im Unterschied zur deskriptiven Statistik steht im Zentrum der Inferenzstatistik das Schätzen bzw. Testen; diese ermöglicht zudem die Informationsbewertung sowie eine Überprüfung der theoretischen Annahmen. Die Punkt- und Intervallschätzung sowie Hypothesentests sind wichtige Instrumente der Inferenzstatistik.

Zu beachten ist, dass die getroffenen Aussagen zu einer Stichprobe auf der Grundgesamtheit basieren und womöglich nur aufgrund eines Zufalls getroffen wurden. Daher können die aufgestellten Hypothesen immer nur mit einer gewissen Wahrscheinlichkeit bestätigt oder widerlegt werden.

Je nachdem, welche Aussage über die Grundgesamtheit getroffen bzw. welche Fragestellung untersucht werden soll, werden bei der Inferenzstatistik verschiedene statistische Verfahren und Hypothesentests eingesetzt. Zu den bekanntesten Testverfahren der Inferenzstatistik, mit denen Unterschiede zwischen Gruppen untersucht werden, gehören der t-Test, der Chi-Quadrat-Test und die Varianzanalyse. Darüber hinaus gibt es Methoden, mit deren Hilfe ein Zusammenhang von Variablen bzw. Merkmalen nachgewiesen werden kann. Dazu gehören die Korrelations- und die Regressionsanalyse. Diese Analyseverfahren werden durchgeführt, um nachzuweisen, ob ein theoretisch angenommener Zusammenhang zwischen den untersuchten Variablen wirklich vorliegt und signifikant ist.

7.3.3.1 Signifikanz und Signifikanzniveau

Um zu beurteilen, ob statistisch gewonnene Ergebnisse tatsächlich eine Aussagekraft bzw. Gültigkeit besitzen, wird die Signifikanz zu Rate gezogen. Vereinfacht lässt sich das Verfahren der Signifikanztests wie folgt beschreiben: Hypothesen sind Aussagen über vermutete empirische Zustände oder Zusammenhänge.

Greifen wir auf folgendes Beispiel von Schulze und Preisendörfer (2013) zurück. In ihrer Studie, die den Bildungserfolg von Kindern in Abhängigkeit von der Stellung in der Geschwisterreihe untersucht, kommen die Autoren zu folgender Hypothese: »Später geborene Kinder in bildungsfernen oder statusniedrigen Familien profitieren hinsichtlich der Bildungsaspiration ihrer Eltern, wenn früher geborene Geschwister bereits den Sprung auf höhere Bildungswege geschafft haben (Lernen am Modell)« (ebd., S. 346).

Diese Hypothese behauptet, dass der schulische Erfolg der älteren Kinder in statusniedrigen Familien die subjektiv eingeschätzte Wahrscheinlichkeit, dass auch die jüngeren einen weiterführenden Bildungsabschluss erreichen können, positiv beeinflusst und deren Bildungschancen steigert (vgl. Schulze & Preisendörfer 2013, S. 246). Die Forscher möchten dies mit der Vorbildfunktion der älteren Geschwister erklären, dass also die jüngeren Geschwister sich am Vorbild der schulerfolgreichen Älteren orientieren und von ihnen lernen können (Lernen am Modell). Forschungspraktisch betrachtet stellen die Forscher*innen aber zwei Hypothesen auf, eine, die davon ausgeht, dass der genannte empirische Zusammenhang vorliegt, und eine andere, die davon ausgeht, dass der empirische Zusammenhang nicht vorliegt; also, dass später geborene Kinder nicht von den positiven Schulerfahrungen ihrer älteren Geschwister profitieren. Die Annahme, dass in der Realität ein empirischer Zusammenhang festzustellen ist, wird mit der Alternativhypothese (H1) ausgedrückt. Die Nullhypothese (H0) geht vom Gegenteil aus. In der Folge wird dann versucht, die Nullhypothese anhand einer Stichprobe aus der Grundgesamtheit zu falsifizieren, also zu widerlegen, was gleichzeitig einer Annahme der Alternativhypothese entspricht (Diaz-Bone & Weischer, S. 183). Dazu wird das Signifikanzniveau α, auch maximale Irrtumswahrscheinlichkeit, festgelegt, mit der angenommen wird, dass eine wahre Nullhypothese fälschlicherweise abgelehnt wird (vgl. Bortz 2005).

Sind die Ergebnisse signifikant, dann stellt sich die Frage, ob dies zufällig zustande gekommen ist oder nicht. Die Prüfstatistik hat entsprechende

Verfahren entwickelt, die aus den gegebenen Stichprobenwerten bzw. den daraus resultierenden Kennwerten Prüfgrößen berechnen. Diese Prüfgrößen folgen bestimmten theoretischen Verteilungen wie z. B. der t-Verteilung oder F-Verteilung, welche die Berechnung der Irrtumswahrscheinlichkeit erlauben.

Die Irrtumswahrscheinlichkeit (p) bezeichnet die Wahrscheinlichkeit, sich zu irren, wenn man die Nullhypothese verwirft und stattdessen die Alternativhypothese annimmt (vgl. Raithel 2012, S. 123). Die Irrtumswahrscheinlichkeit (p) kann Werte zwischen 0 und 1 annehmen. Bei welchem Wert man sich entschließt, die Nullhypothese zu verwerfen und die Alternativhypothese anzunehmen, muss im Einzelfall entschieden werden. Je näher der Wert an Null liegt, desto geringer ist die Wahrscheinlichkeit, fälschlicherweise die Nullhypothese verworfen zu haben. In der Regel wird ein Signifikanzniveau von 5 % ($p \leq .05$) gewählt. Es hat sich dennoch folgende Konvention durchgesetzt, die sich mittlerweile auch in verschiedenen Lehrbüchern findet (▶ Tab. 1).

Tab. 1: Interpretation des Signifikanzniveaus

Irrtumswahrscheinlichkeit	Bedeutung	Symbol
$p > .05$	nicht signifikant	Ns
$p \leq .05$	Signifikant	*
$p \leq .01$	sehr signifikant	**
$p \leq .001$	höchst signifikant	***

Bei Signifikanzberechnungen wird in der Regel der exakte p-Wert angegeben und das verwendete Signifikanzniveau (Alpha-Level) auf .05 (5 %) festgesetzt. Im Einzelfall muss das Signifikanzniveau angeglichen und dadurch andere Niveaus gewählt werden. Wie gesagt, in der Forschung fährt man sichersten, das Signifikanzniveau niedrig zu halten (1 % oder 0,1 %), um zu vermeiden, die Nullhypothese zu verwerfen, obwohl sie richtig ist. Diesen Irrtum nennt man auch Fehler 1. Art oder α-Fehler. Wenn in SPSS® der exakte Wert p = 0.000 ausgegeben wird, dann gibt man in der

Regel nicht diesen Wert an, sondern p < .001, denn p nimmt äußerst unwahrscheinlich einen Wert von Null an. Vielmehr nähert sich dieser Wert Null an.

Empirische Forschung möchte natürlich signifikante Ergebnisse erzielen. Trotzdem kann es vorkommen, dass die Ergebnisse nicht signifikant sind. Was ist dann zu tun? Dann gilt es, zu entscheiden, ob die Ergebnisse eine Tendenz zeigen oder nicht.

Bei einem p-Wert von .10 oder kleiner kann man z. B. angeben, dass die Ergebnisse das vorgegebene Signifikanzniveau (knapp) verfehlt haben. Wenn der p-Wert aber größer .10 ist, dann kann nur im Einzelfall festgestellt werden, dass die Ergebnisse einen nicht-signifikanten Trend in die vorhergesagte Richtung abbilden. Hier heißt es aber: Vorsicht! Denn dieser Trend muss tatsächlich auch mit Erkenntnissen belegt sein, die aus den Daten gewonnen wurden oder theoretisch begründbar sind. Ansonsten könnte man jedes nicht-signifikante Ergebnis einfach als signifikant erklären oder zumindest behaupten, dass der Trend in diese Richtung geht.

In der Studie von Schulze & Preisendörfer (2013) zeigte sich auf einem Signifikanzniveau von 5 %, dass jüngere Geschwister aus bildungsfernen Familien vom Schulerfolg ihrer älteren Geschwister tatsächlich profitieren.

7.3.3.2 Die Effektstärke

»Wenn wir die Wirksamkeit von (innovativen) Lehr- und Lernmethoden auf das Lernergebnis und die Leistung der Lernenden untersucht werden soll, dann benötigen wir relative Aussagen darüber, was dieses Lernergebnis beeinflusst. Wir benötigen Schätzungen der Größe und der Signifikanz der betreffenden Variablen. Glass und seine Kollegen haben die statistische Methode der Meta-Analyse und Schätzungen der Effektstärke eingeführt.« (Winteler & Forster 2007, S. 103)

Statistische Signifikanz ist zwar meistens ein notwendiges, jedoch kein wirklich hinreichendes Kriterium für die Relevanz der Ergebnisse. Für die Beurteilung der Relevanz ist die Effektstärke bzw. Effektgröße deswegen ein wichtiges Hilfsmittel. Die Effektstärke beschreibt den Mittelwertsunterschied zwischen zwei (oder mehr) Gruppen, normalerweise einer experimentellen Gruppe (mit Innovation) und einer Kontrollgruppe (ohne Innovation) – wir verweisen auf das, was wir oben zum Experiment ausgeführt haben (▸ Kap. 6.2.2.5)–, unter Einbezug der Standardabweichung. Im Wesentlichen drückt die Effektstärke den Unterschied zwischen den Gruppenmittelwerten mithilfe der Standardabweichung aus (vgl. Winteler & Forster 2007, S. 103). Im Gegensatz zum p-Wert, welcher die Signifikanz bestimmt, ermöglicht die Effektstärke Aussagen über die inhaltliche Relevanz eines empirischen Ergebnisses (vgl. Diaz Bone 2015, S. 99).

Selbst bei statistisch höchst signifikanten Ergebnissen kann der praktische Aussagewert sehr gering sein. Zu beachten ist, dass die Signifikanz von der Stichprobengröße beeinflusst wird. Studien mit großer Fallzahl führen aufgrund der hohen statistischen Power bzw. Teststärke oft zu hoch signifikanten Ergebnissen. Der Aussagewert kann dennoch gering sein, wenn die Größe des beobachteten Effekts oder der gemessene Parameter nicht relevant sind.

Die Effektstärke bzw. das Effektmaß wird daher meist zur Verdeutlichung der praktischen Relevanz von signifikanten Ergebnissen als Ergänzungsmaß herangezogen. Bei empirischen Forschungsergebnissen ist nämlich sowohl die Existenz eines Effekts als auch dessen Effektgröße von Interesse. Bekannte Effektmaße sind z. B.: das Bestimmtheitsmaß R^2, Cohens d, das Partielle Eta-Quadrat und viele andere. Allgemein lässt sich festhalten: Jede (inferenz-)statistische Methode hat auch ein oder mehrere Effektmaße, die berechnet werden können, um die praktische Relevanz der Ergebnisse zu verdeutlichen. In der Meta-Analyse von Hattie konnte beispielsweise gezeigt werden, dass die Klarheit einer Lehrkraft stark zur Lernleistung von Schülern beiträgt und eine Effektgröße von 0,75 erzielt (vgl. Hattie 2013). Klarheit kann dabei in vier definierte Dimensionen unterteilt werden: Klarheit bei der Organisation des Unterrichts, Klarheit bei der Erklärung des Unterrichts, Klarheit bei der Angabe von Beispielen und der Anleitung von Übungen und Klarheit bei der Beurteilung des Lernstands der Lernenden.

7.3.3.3 Verfahren zur Bestimmung von Zusammenhängen – Korrelation

Die Korrelationsberechnung ist eines der grundlegendsten statistischen Verfahren. Sie bildet die Basis für viele weitere statistische Methoden, u. a.

für die Faktoren- und Regressionsanalyse oder auch für Moderations- und Mediationsmodelle. Wie Abbildung 5 zeigt, misst die Korrelation die Richtung und Stärke eines Zusammenhangs intervallskalierter Variablen (▶ Abb. 5). Korrelationsmaße gibt es aber auch auf Rang- und Nominalskalenniveau.

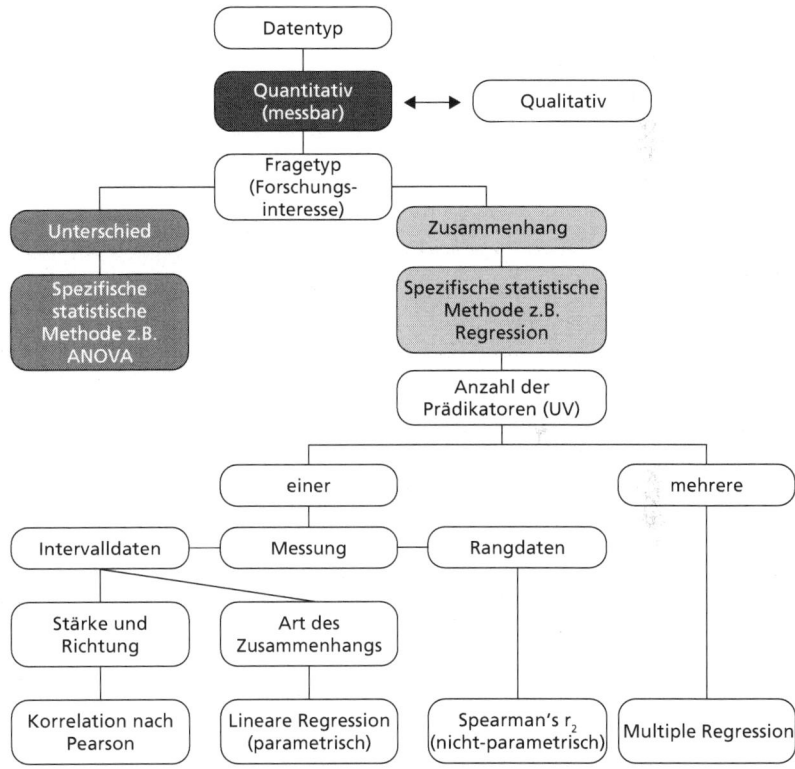

Abb. 5: Übersicht über Zusammenhangsmaße

Der Korrelationskoeffizient drückt dabei in einer mathematischen Funktion aus, inwieweit zwei Variablen zusammenhängen. Dagegen lässt sich mittels der Korrelation nicht feststellen, welche Ursache-Wirkung vorliegt oder warum diese Bezogenheit besteht. Hierfür werden andere Verfahren benötigt. Die Korrelation liefert nicht nur Aussagen über die Stärke des Zusammenhangs, sondern auch über die Richtung und die Form des Zusammenhangs. Bezüglich der Form des Zusammenhangs gibt es zwei Varianten: den linearen Zusammenhang und den monotonen Zusammenhang (exponentiell). Linear bedeutet, dass die in der Grafik vorhandenen Punktpaare ein Muster abbilden. Sichtbar machen kann man dies mithilfe einer Regressionsgeraden (▶ Abb. 6). Von einem monotonen Zusammenhang spricht man dagegen, wenn zwar ebenfalls ein Anstieg oder Abstieg beider Punktepaare erkennbar ist, aber dieser nicht linear in eine Richtung verläuft (▶ Abb. 7). Zusammenhänge in den Sozialwissenschaften sind häufig nicht linear. In den meisten Fällen wird es sich um exponentielle Funktionen handeln, also um monotone Zusammenhänge, die nicht mit reinen Korrelationsberechnung »eingefangen« werden können. Ausgehend von einem linearen Fall können unterschiedliche Formen der Korrelation vorliegen. Dies hängt von der Höhe des Korrelationskoeffizienten ab und davon, wie groß die Stärke des Zusammenhangs ist.

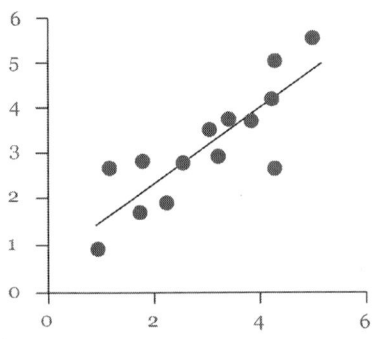

Abb. 6: Linearer Zusammenhang   **Abb. 7:** Monotoner Zusammenhang

Die Richtung des Zusammenhangs kann entweder positiv oder negativ sein. Von einer positiven Korrelation spricht man, wenn zwei Variablen nachweisbar aufeinander bezogen sind und zu einem hohen Wert der einen

Variable tendenziell auch ein hoher Wert der zweiten Variable gehört, so gehen z. B. die hohen Messwerte für die Leistungsmotivation Hand in Hand mit der Messung hoher Werte für die Abschlussprüfungsergebnisse (gemessen in Punkten). Grafisch bedeutet dies, dass die Reihen der Punktwerte für die beiden Variablen ähnlich sind (▶ Abb. 8).

Bei der positiven Korrelation steigen die Werte beider Variable tendenziell gemeinsam an. Bei der negativen Korrelation zeigt sich jedoch der gegenteilige Effekt: Beim tendenziellen Anwachsen der einen Punktereihe fallen die Werte der anderen Variablen (▶ Abb. 9).

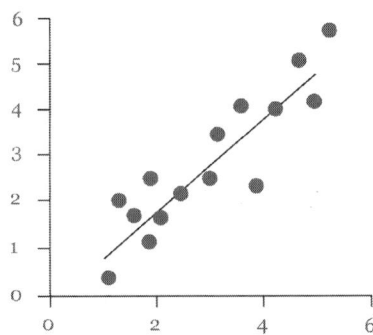

Abb. 8: Positive Korrelation   **Abb. 9:** Negative Korrelation

Zur Veranschaulichung soll wieder ein Beispiel dienen, ein Beispiel, das wir der sog. ICILS-Studie 2018 entnehmen. Die ICILS (International Computer and Information Literacy Study)-Studie, durchgeführt von der IEA (International Association for the Evaluation of Educational Achievement), eine international vergleichende Schulleistungsuntersuchung, hatte die computer- und informationsbezogenen Kompetenzen von Schüler*innen (8. Klasse) zum Gegenstand. Dabei ergab sich, dass die schulischen Nutzungshäufigkeiten digitaler Medien für schulbezogene Zwecke in Deutschland in einem negativen Zusammenhang mit dem Kompetenzniveau der Schüler*innen in computer- und informationsbezogenen Kompetenzen steht. In anderen Ländern, welche an der ICILS-Studie von 2018 teilgenommen haben, liegt stattdessen ein positiver Zusammenhang vor. Eine einfache Erklärung hierfür liefert die Studie allerdings nicht.

Sind die einzelnen Messpunkte dagegen unsystematisch/zufällig im Feld verteilt (▶ Abb. 10), dann spricht man von einer Nullkorrelation. Hier lässt sich kein lineares Muster erkennen.

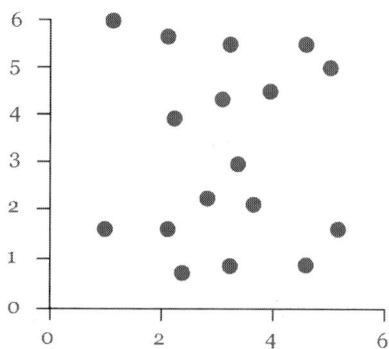

Abb. 10: Nullkorrelation

Um eine Korrelationsberechnung durchzuführen, müssen die Daten folgende Bedingungen erfüllen: Normalverteilung, Linearität und Varianzhomogenität. Die Voraussetzungen Normalverteilung und Linearität wurden ja bereits angesprochen. Varianzhomogenität hingegen bedeutet, dass die Varianzen der einzelnen Variablen über ihren ganzen Wertebereich etwa gleich sein sollten. Ist Varianzheterogenität auszumachen, kann dies die Ergebnisse verfälschen.

Ob die Daten linear sind, sollte zunächst graphisch geprüft werden. So ist es möglich, dass bei bestimmten Daten zwar ein genereller linearer Trend erkennbar ist, aber trotzdem einzelne Wertepaare extrem abweichen. Solche Wertepaare nennt man auch Ausreißer. Der Korrelationskoeffizient, nach Pearson r, ist in Bezug auf Ausreißer sensibel und kann durch diese verfälscht werden. Mit anderen Worten: Durch Ausreißer können sich hohe Korrelationen statistisch ergeben, obwohl das Streudiagramm optisch keinen Zusammenhang hierfür erkennen lässt. Aus diesem Grund sollte zunächst beispielsweise mithilfe eines Boxplots grafisch überprüft werden, ob keine zu starken Ausreißer vorhanden sind.

Boxplots werden verwendet, um die Verteilung von Daten darzustellen. In einem Boxplot werden neben dem Median $\tilde{x}$ auch vier Quantile, zumeist $\tilde{x}_{0,1}$, $\tilde{x}_{0,25}$, $\tilde{x}_{0,75}$ und $\tilde{x}_{0,9}$, angegeben. Darüber hinaus können aus einem Boxplot die Ausreißer eines Datensatzes herausgelesen werden. Das untere und obere Quantil (25 %- und 75 %-Quantil) werden auch als »Whisker« bezeichnet. Unter dem 25 %-Quantil versteht man einen Wert, vor dem mindestens 25 % und nach dem höchstens 75 % der Werte aller Beobachtungen liegen. Analog dazu ist das 75 %-Quantil der Wert, vor dem mindestens 75 % und nach dem höchstens 25 % der Beobachtungen liegen.

Mithilfe eines Boxplots (▶ Abb. 11) erkennt man, in welchem Bereich (Spannweite) die ermittelten Daten liegen, ob die Verteilung bezüglich des Medians symmetrisch, rechts- oder linksschief ist. Die Spannweite bezeichnet den Bereich zwischen den beiden Whisker.

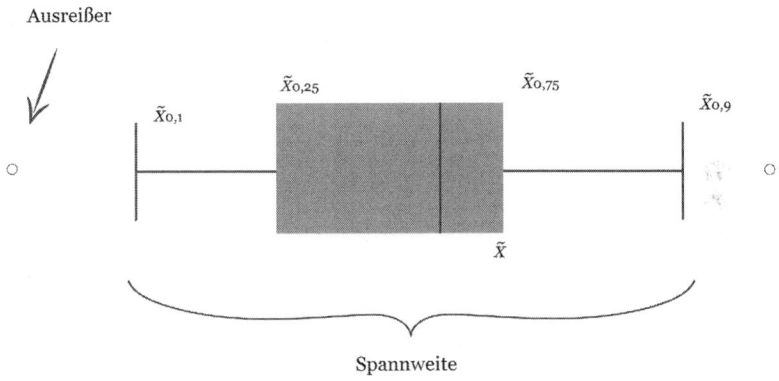

Abb. 11: Darstellung eines Boxplots

Um einen Boxplot erstellen zu können, müssen folgende Lagemaße bekannt sein: Der Median ist ein Maß der zentralen Tendenz und teilt die Beobachtungen in zwei gleich große Hälften auf, d. h., 50 % der Beobachtungen sind kleiner und 50 % größer als der Median. Der Median wird auch 50 %-Quantil genannt. Um den Median zu berechnen, werden die beobachteten Werte der Urliste zuerst aufsteigend geordnet und zudem wird der Wert ermittelt, der genau in der Mitte der Reihe liegt. Folgende Formeln werden zur Berechnung des Medians verwendet. Dabei wird zwischen einer geraden und ungeraden Anzahl n an Messwerten unterschieden.

Gerade Anzahl an Messwerten

$$\tilde{x} = \frac{1}{2}(x_{\frac{n}{2}} + x_{\frac{n}{2}+1})$$

Ungerade Anzahl an Messwerten

$$\tilde{x} = x_{\frac{n}{2}}$$

Beispiel:

Schüler	1	2	3	4	5	6	7	8	9	10
Notenpunkte im Abitur	11	12	14	14	10	13	8	13	14	9

Geordnete Urliste: 8, 9, 10, 11, 12, 13, 13, 14, 14, 14

$$\tilde{x} = \frac{1}{2}(x_{\frac{n}{2}} + x_{\frac{n}{2}+1}) = \frac{1}{2}(x_{\frac{10}{2}} + x_{\frac{10}{2}+1}) = \frac{1}{2}(x_5 + x_6) = \frac{1}{2}(12 + 13) = 12{,}5$$

Quantile sind Lagemaße und geben an, wie viele Werte oberhalb bzw. unterhalb des jeweiligen Quantils liegen. Allgemein gesagt möchte man mit dem p-Quantil den Wert ermitteln, für den 100·p Prozent der Messwerte links bzw. 100·(1–p) Prozent der Messwerte rechts von diesem Wert liegen. Die Anzahl der Messwerte wird mit n bezeichnet. Es soll nun das p-Quantil einer Stichprobe von n Werten bestimmt werden. Wie beim Median wird die Urliste aufsteigend geordnet und überprüft, ob $n \times p$ eine gerade oder ungerade Zahl ergibt, und dabei werden folgende Formeln angewendet (dabei runden wir np auf die nächstgrößere Zahl auf).

$n \times p$ ist gerade
$$\tilde{x}_p = \frac{1}{2}(x_{np} + x_{np+1})$$
$n \times p$ ist ungerade
$$\tilde{x}_p = x_{[np]}$$

Beispiel: Geordnete Urliste: 8, 9, 10, 11, 12, 13, 13, 14, 14, 14

$$\tilde{x}_{0,1} : np = 10 \times 0{,}1 = 1$$
$$\tilde{x}_{0,1} = \frac{1}{2}(x_1 + x_2) = \frac{1}{2}(8 + 9) = 8{,}5$$
$$\tilde{x}_{0,25} : np = 10 \times 0{,}25 = 2{,}5$$
$$\tilde{x}_{0,25} = \tilde{x}_{[2,5]} = \tilde{x}_3 = 10$$

Verdeutlichen wir den Boxplot an einer Studie: Bei einer kleinen Befragung geben 28 Studierende an, wie viele Stunden sie sich für eine Klausur am Ende des Semesters vorbereitet haben. Für die Erstellung des Boxplots werden diese Werte berechnet:

$$\tilde{x} = 91{,}5$$
$$\tilde{x}_{0,1} = 57$$
$$\tilde{x}_{0,9} = 115{,}5$$
$$\tilde{x}_{0,25} = 72{,}5$$
$$\tilde{x}_{0,75} = 98$$

Wie das dann aussieht, sieht man in Abb. 12.

Kommen wir zurück zur Bestimmung von Zusammenhängen und damit zum Korrelationskoeffizienten nach Pearson. Wie misst man den Zusammenhang zweier Variablen? Statistisch betrachtet ist die Berechnung des Korrelationskoeffizienten relativ einfach, weil es dazu nur wenige Schritte benötigt. Folgende Werte gilt es zu ermitteln: die Varianz, die Standardabweichung, die Kovarianz und daraus schließlich den Korrelationskoeffizienten nach Pearson (auch Produkt-Moment-Korrelation genannt).

7 Die Datenanalyse – Verschiedene Zugänge

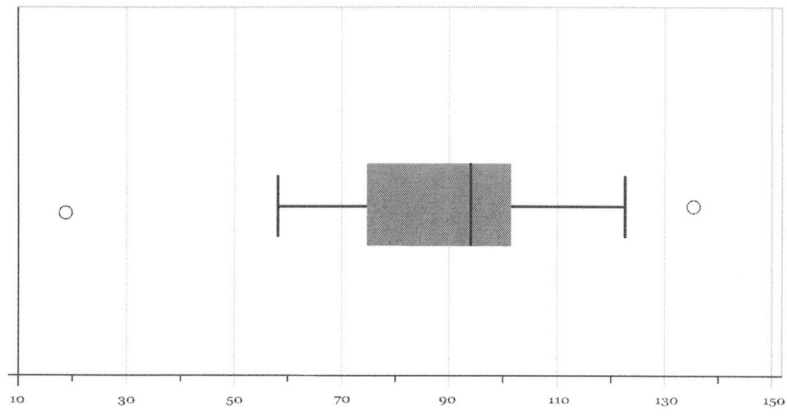

Vorbereitungszeit in Stunden

Abb. 12: Darstellung eines Beispielboxplots

Die Kovarianz steht gewissermaßen in Verbindung mit der Standardabweichung und der Varianz. Wenn eine Variable vom Mittelwert abweicht, wird erwartet, dass die andere Variable dies auch in ähnlicher Form tut. Die Kovarianz zeigt dann die Verbundenheit dieser beiden Variablen auf und wie ihre Abweichung vom Mittelwert ausfällt. Die Formel für ihre Berechnung sieht wie folgt aus:

$$COV(X,Y) = \frac{1}{n}\sum_{i=1}^{n}(X_i - \overline{X})(Y_i - \overline{Y})$$

x und y sind in diesem Fall die Zufallsvariablen, $\bar{x}$ und $\bar{y}$ sind die Mittelwerte jener Datenreihen und n ist die Größe der Stichprobe. Ausgehend von dieser einfachen Berechnung kann anschließend der Pearson Korrelationskoeffizient ermittelt werden.

Die festgestellte Kovarianz hängt immer stark von den Wertebereichen der jeweiligen Messungen ab. Für Vergleiche von Abhängigkeiten von Variablen, die aus verschiedenen Wertebereichen stammen, ist eine vorhergehende Standardisierung notwendig.

Das heißt z. B.: Wenn von Personen gleichzeitig der Intelligenzquotient (IQ), das Einkommen (€) und die Abschlussnote gemessen werden, dann liegen diese Werte auf unterschiedlichen Skalen vor. Werden nun paarweise Kovarianzen gebildet, liegen auch deren Werte auf völlig verschiedenen Skalen und sind damit untereinander nicht mehr vergleichbar. Durch die sog. Z-Transformation werden die Werte in eine einheitliche Metrik übertragen, um ein interpretierbares Korrelationsmaß zu erhalten. Hierzu wird von einer Variablen ihr Mittelwert abgezogen und diese Differenz wird anschließend durch die Standardabweichung der Variable geteilt. Die so transformierte Variable wird hierdurch zentriert und derart gestreckt, dass ihre Varianz und ihre Standardabweichung gleich 1 sind.

Berechnet man den Korrelationskoeffizienten r, dann erkennt man, dass in der Formel die Z-Transformation bereits enthalten ist und so die Kovarianz zwischen den Variablen und die Standardabweichungen der einzelnen Variablen miteinander verbunden wird. Der Korrelationskoeffizient r wird berechnet, indem die Kovarianz der zwei betrachteten Variablen durch das Produkt der Standardabweichungen der Variablen dividiert wird:

$$r = \frac{COV_{xy}}{s_x s_y} = \frac{1}{n} \times \frac{\sum (x_i - \bar{x})(y_i - \bar{y})}{s_x s_y}$$

Bei richtiger Berechnung ergeben sich Werte zwischen -1 und +1. Treten tatsächlich die Werte -1 oder $+1$ auf, kann von perfekter Korrelation gesprochen werden, dabei steht r = 1 für eine perfekte positive Korrelation und r = -1 für eine perfekte negative Korrelation. In beiden Fällen lassen sich die Werte der einen Variable zu 100 % aus den Werten der anderen Variablen bestimmen. In den Sozialwissenschaften liegen die Korrelationskoeffizienten häufig im Bereich 0,3–0,6. Das ist zwar keine perfekte Korrelation, aber dennoch eine annähernde Korrelation an die Gerade.

Obwohl perfekte Korrelationen grundsätzlich erstrebenswert sind, gilt dies jedoch für sozialwissenschaftliche und damit auch für erziehungswissenschaftliche Untersuchungen nicht. Hier führt eine perfekte Korrelation schnell zu Erklärungsnot, weil sich in einem solchen Fall nicht mehr genau sagen lässt, inwieweit die beiden Variablen wirklich voneinander unabhängig sind. Es würde nämlich darauf hindeuten, dass beide Variablen das Gleiche messen, sodass die erhobenen Skalen unbedingt überdacht werden müssen. Insofern ist es erstrebenswert, hohe Korrelationen etwa im Bereich von 0,7, aber nicht perfekte Bezogenheit in der Forschung zu erzielen.

Wie genau lässt sich der Korrelationskoeffizient jetzt interpretieren? Ab welchen Werten lässt sich das Ausmaß eines Zusammenhangs als schwach oder stark einstufen? Hier bieten sich gewisse Faustregeln an, die aber mit Vorsicht zu genießen sind. Wenn man etwa einen Pearson Korrelationskoeffizienten berechnet hat, dessen Betrag von 0,1–0,29 reicht, dann kann man von einem schwachen Zusammenhang zwischen den zwei Variablen ausgehen. Bei einem Wert von etwa 0,3–0,49 spricht man von einem mittleren Zusammenhang. Ein starker Zusammenhang liegt bei einem Korrelationskoeffizienten von mindestens 0,5 vor. Andere Vorschläge (z. B. Weiß 1975) meinen, erst ab einem Wert von 0,6 von einem starken Zusammenhang zu sprechen (▶ Tab. 2).

Tab. 2: Interpretation des Korrelationskoeffizienten

Ausmaß des Zusammenhangs	Korrelationskoeffizient
Schwach	$|r| \leq 0{,}3$
Mittel	$0{,}3 < |r| < 0{,}5$
Stark	$|r| \geq 0{,}5$

Diese Art der Einteilung ist natürlich stark von der Stichprobengröße abhängig, aber auch von der Art und Weise, wie gemessen wurde. Insofern ist es nicht zwingend so, dass ein Korrelationskoeffizient von 0,3 immer als »mittel« einzustufen ist. Er könnte bei kleinen Gruppen genauso als »stark« interpretierbar sein. Außerdem sollte man sich bewusst sein, dass ein Zusammenhang im Sinne eines kleinen Bestimmtheitsmaßes schwach sein kann, diese schwache Korrelation dennoch gleichzeitig stark signifikant ist – d. h., ein kleiner Anteil der Varianz kann trotzdem verlässlich vorhergesagt werden. Andersherum bedeutet ein großer Korrelationskoeffizient v. a. bei kleinen Stichproben nicht, dass dieser Zusammenhang allgemeingültig ist und auch bei weiteren Messungen nach wie vor besteht.

Der Zusammenhang zwischen zwei Variablen wird oftmals in Form der aufgeklärten Varianz angegeben. Ein Maß für die aufgeklärte Varianz ist beispielsweise das Bestimmtheitsmaß r^2, welches auch als Determinationskoeffizient bezeichnet wird. Das Bestimmtheitsmaß berechnet sich aus dem quadrierten Korrelationskoeffizienten. Beträgt z. B. die Korrelation zwischen zwei Variablen -.60, dann erhielte man als Bestimmtheitsmaß $(-.60)^2 = .36$.

Dieser Wert von .36 sagt aus, dass 36 % der Streuung zwischen beiden Variablen erklärt werden kann. Das Bestimmtheitsmaß kann Werte zwischen 0 und 1 annehmen.

Wichtig ist: Eine Korrelation heißt nicht Kausalität! Auch wenn eine Korrelation grundsätzlich auf eine Kausalität hindeuten kann, ist sie nur eine notwendige, nicht aber eine hinreichende Bedingung für das Vorliegen von Kausalität. Liegt z. B. eine Korrelation zwischen den Variablen X und Y vor, kann nicht genau ausgesagt werden, dass die Variable X die Variable Y beeinflusst oder umgekehrt. Es wird ja lediglich die Kovarianz gemessen. Das heißt: Bei einer signifikanten Korrelation besteht zwar ein Zusammenhang zwischen zwei Variablen, aber inwiefern ein Ursache-Wirkungs-Prinzip dahintersteht, kann nicht beantwortet werden.

Um abzuklären, ob beispielsweise das höhere Einkommen den IQ beeinflusst oder aber der IQ das höhere Einkommen, muss auf andere Verfahren zurückgegriffen werden, mit denen sich tatsächlich ein Ursache-Wirkungs-Prinzip ausfindig machen lässt.

Ein weiteres Problem bei der bivariaten Korrelation ist, dass der ermittelte Zusammenhang zwischen X und Y durch Fremdeinflüsse bzw. Drittvariablen beeinflusst wird. Besteht eine hohe Korrelation zwischen X und Y, dann ist es durchaus möglich, dass eine Drittvariable Z diesen Einfluss hervorruft oder beeinflusst.

Hier muss genauer überprüft werden, welche weiteren Variablen noch auf das Ergebnis einwirken können. Bei Korrelationsberechnungen liegen oftmals keine experimentellen Designs zu Grunde, somit können nicht alle Einflüsse auf X und Y kontrolliert werden. Die Ergebnisse sind daher immer mit Vorsicht zu genießen, denn eine hohe Korrelation zwischen zwei Variablen könnte durch eine Drittvariable bedingt sein oder erst durch den Einbezug einer Drittvariable erklärbar werden. Ein klassisches Beispiel hierzu aus der Bildungsforschung: Seit den ersten PISA-Ergebnissen wird ersichtlich, dass Bildungserfolg und Bildungsbeteiligung zusammengehören (korrelieren). Dieser Zusammenhang kann jedoch nicht isoliert betrachtet werden. Bildungserfolg und Bildungsbeteiligung sind in Deutschland im starken Maße an den sozioökonomischen Status des Elternhauses gekoppelt. Diese Drittvariable »sozioökonomischer Status«, die vielfältig gemessen werden kann, macht erst deutlich, dass ein festgestellter Zusammenhang erst erklärbar wird, wenn eine weitere Variable hinzugezogen wird. Gerade in Deutschland zeigt sich, dass Jugendliche mit besserem sozioökonomischem Hintergrund mit dreimal höherer Wahrscheinlichkeit ein Gymnasium besuchen als Gleichaltrige mit schwächerem sozioökonomischen Hintergrund, selbst wenn man nur Schüler*innen mit gleicher Begabung und gleichen fachlichen Leistungen vergleicht. Bildungsforscher*innen interessiert dabei, wie sich die soziale Herkunft auf Bildungsverläufe auswirkt. Dabei unterscheidet man zwischen primären und sekundären Herkunftseffekten (Boudon 1974). Primäre Herkunftseffekte werden als Einflüsse der sozialen Herkunft definiert, die sich auf die Kompetenzentwicklung der Schüler*innen auswirken und sich in Folge in ihren Zensuren, Übergangsempfehlungen und Schulformwahlen niederschlagen (Möller 2011). Diese Leistungsunterschiede resultieren vorrangig aus den unterschiedlichen ökonomischen, sozialen und kulturellen Ressourcen, die Familien bewusst oder unbewusst einsetzen. Sekundäre Herkunftseffekte bezeichnen unterschiedliche Bildungsentscheidungen nach sozialer Herkunft. Das sind diejenigen Einflüsse des sozialen Hintergrunds, die unabhängig von der Schulleistung entstehen, z. B. aus unterschiedlichen Bildungserwartungen in den verschiedenen Sozialschichten (Möller 2011).

Zurück zu Korrelationsstudien: Die größte Problematik besteht meist darin, dass Korrelationen zwar wie Kausalzusammenhänge wirken, jedoch nur lineare Beziehungen beschreiben. Vorsicht ist auch bei Ergebnissen geboten, bei denen die grundlegenden Prämissen von Linearität und Normalverteilung verletzt werden. Es gibt zwar durchaus robuste Verfahren, bei denen Voraussetzungsverletzungen nicht allzu sehr ins Gewicht fallen, die Korrelation gehört jedenfalls nicht dazu.

7.3 Zählen, Messen, Quantifizieren

Ebenfalls zu beachten ist, dass die Stichprobengröße stets das Messergebnis beeinflusst. Deswegen stehen in den meisten Lehrbüchern auch Grundregeln dazu, wie groß eine Stichprobe sein sollte. Von einer größeren Gruppe spricht man beispielsweise ab 30 Probanden (n=30). Es kann in bestimmten Fällen aber auch mit kleineren Stichproben gemessen werden. Hier ist es entscheidend, das richtige Verfahren zu finden. Normalverteilung ist bei kleinen Gruppen nur sehr selten gegeben, dafür ist meistens eine größere Anzahl an Probanden nötig.

Gegen Ende dieses Kapitels soll noch auf die Stärken und Schwächen des Korrelationsdesigns eingegangen werden. Eine große Stärke liegt sicherlich darin, dass die ermittelten Zusammenhänge als Basis für weitere Untersuchungen herangezogen werden können. Das heißt: Die Korrelationsberechnung bildet eine Grundlage für weitere Verfahren wie Regressionsanalysen, inkl. Moderations- und Mediatoranalyse, aber ebenso für explorative Faktorenanalysen. Ein großer Vorteil gegenüber experimentellen Designs ist, dass mithilfe der Korrelation ein natürliches Verhalten abgebildet werden kann.

Zu den Schwächen des Korrelationsdesigns gehört, dass es keinen Hinweis auf Kausalität liefert. Die Ergebnisse sagen also nichts darüber aus, ob die beiden Variablen sich gegenseitig bedingen oder nicht. Darüber hinaus können Störfaktoren oder Fremdeinflüsse die Korrelation beeinflussen. Zudem ist auch die Richtung des Zusammenhangs nicht immer wirklich hilfreich, da es stark von der Messung abhängt, wie einzelne Variablen auf Skalen abgebildet werden. Hinzu kommt, dass nur eine geringe interne Validität vorliegt und keine spezifischen Aussagen für die Gruppen getroffen werden können, die untersucht wurden.

7.3.3.4 Einfache lineare Regression

Die einfache lineare Regression ist ein hilfreiches Verfahren, um Vorhersagen, d. h. Prognosen über die Ausprägung von Variablen zu machen und Zusammenhänge zwischen zwei Variablen zu untersuchen. Die Regressionsanalyse vermag neben der Erklärung und Beschreibung quantitativer Zusammenhänge auch die Schätzung/Prognose der Werte der abhängigen Variable vornehmen. Dabei erfüllt die Regressionsanalyse drei Funktionen (Backhaus et al. 2008, S. 61):

1. Ursachenanalyse: Wie stark ist der Einfluss der unabhängigen Variable(n) auf eine abhängige Variable?
2. Wirkungsprognosen: Wie verändert sich die abhängige Variable, wenn sich die unabhängige(n) Variable(n) verändern?
3. Zeitreihenanalysen: Wie verändert sich die abhängige Variable im Laufe der Zeit und damit, wenn die unabhängige(n) Variable(n) konstant bleiben, in der Zukunft?

Mögliche pädagogische Fragestellungen, die sich mit der Regressionsanalyse erklären lassen, könnten wie folgt lauten: Welchen Effekt haben außerschulische Lernunterstützungen (z. B. Nachhilfe) auf schulische Leistung in der Sekundarstufe II? Oder, inwieweit sagt der sozioökonomische Status das akademische Selbstkonzept vorher (vgl. Emde & Weber, 2022)?

Die Regressionsanalyse gehört zu den am häufigsten eingesetzten multivariaten statistischen Auswertungsverfahren. Die einfache lineare Regression ist eine bivariate Analysemethode, da nur zwei Variablen in der Berechnung berücksichtigt und zueinander in Beziehung gesetzt werden. Dieses Modell besteht damit aus jeweils einer unabhängigen Variable (dem Prädiktor) und einer abhängigen Variable (dem Kriterium). Sobald mehr Prädiktoren (unabhängige Variablen) in das Modell integriert werden, muss mit einer multiplen Regression gerechnet werden. Zwei Variablen sollten korrelieren, um eine Regression zu rechnen. Die Genauigkeit der Vorhersage hängt von der Korrelation bzw. der Stärke des linearen Zusammenhangs zwischen dem Prädiktor und dem Kriterium ab. Je höher die Korrelation, desto genauer ist die Prognose. Eine Korrelation kann lediglich die Stärke und Richtung des Zusammenhangs beschreiben, liefert aber keine Aussage über die Ursache-Wirkung.

Da das Forschungsdesign und die Art der Datenerhebung die Qualität der Daten und somit die Auswertung beeinflussen, existieren auch bei der Regressionsanalyse bestimmte Voraussetzungen, um sie anwenden zu können. Eine erste wichtige Voraussetzung ist die angemessene Qualität der Daten. Für die Durchführung der Regressionsanalyse werden intervallskalierte Daten benötigt. Eine weitere Voraussetzung ist die Linearität, das bedeutet, dass die Daten in einem linearen Zusammenhang stehen sollten. Für nicht-lineare (z. B. kurvenlineare oder parabolische) Zusammenhänge ist die lineare Regressionsanalyse nicht geeignet. Darüber hinaus muss die abhängige Variable normalverteilt sein und Varianzhomogenität bestehen. Ebenfalls wichtig ist, dass die Einzelwerte verschiedener Versuchspersonen voneinander unabhängig zustande gekommen sein müssen.

Ein klarer Vorteil der einfachen linearen Regression ist, dass mit ihrer Hilfe (im Gegensatz zur Korrelation) ein Modell in Form einer mathematischen Funktion das Erklären und Prognostizieren von Zusammenhängen ermöglicht. Ein weiterer Vorzug besteht darin, dass dadurch Hypothesen überprüft werden können, ob und inwieweit die Variable x mit Variable y zusammenhängt und ob die eine Variable für die Entwicklung der anderen Variablen mitverantwortlich sein kann.

Ein klarer Nachteil ist, dass damit nur lineare Modelle abgebildet werden können. In den Sozialwissenschaften – und damit auch in der Erziehungswissenschaft – sind jedoch viele Zusammenhänge non-linear und können somit anhand dieser Methode nicht erklärt werden.

7.3.3.5 Multiple lineare Regression

Bei der multiplen Regression handelt es sich um eine Analysemethode, bei der der Zusammenhang zwischen mehreren unabhängigen und einer abhängigen Variablen untersucht wird. Dabei wird versucht, eine möglichst genaue quantitative Beschreibung von Zusammenhängen zu erreichen. Darüber hinaus soll geschätzt werden, inwieweit x unabhängige Variablen eine abhängige Variable beeinflussen und welcher der untersuchten Prädiktoren hauptverantwortlich für ein statistisch signifikantes Ergebnis ist.

Durch die Hinzunahme weiterer unabhängiger Variablen kann mehr Varianz des Kriteriums aufgeklärt werden, wodurch die Prognose genauer wird.

In der Regel wird die abhängige Variable nicht nur von einer Variable beeinflusst, sondern von mehreren. Aus der sozialwissenschaftlichen Praxis ist bekannt, dass verschiedene Faktoren für etwas Bestimmtes verantwortlich sein können. Die Schulleistung wird nicht nur davon beeinflusst, wie viel Zeit eine Person in die Vorbereitung des Lernstoffs investiert, sondern sie hängt auch von organisatorischen Aspekten, der Struktur des Lernstoffs oder der persönlichen Begabung ab, also alles Prädiktoren, welche die unabhängige Variable Schulleistung erklären können. Wie berechnet man jetzt die Vorhersagewerte in einer linearen Regression? Hierzu findet eine Regressionsformel Anwendung. Dabei gilt die Annahme, dass die Variablen in einer linearen Beziehung zueinanderstehen. Bei der Regressionsanalyse gibt es also immer eine abhängige Variable, die man mit einer oder mehreren unabhängigen Variablen zu erklären versucht. Man kann die Beziehung zwischen den Variablen als lineare Gleichung ausdrücken. Die Vorhersagefunktion gestaltet sich einfach, da angenommen wird, dass alle vorhergesagten Werte auf einer Geraden liegen (müssen). Die in diesem Zusammenhang existierende Funktionsgleichung beschreibt deswegen eine Gerade im zweidimensionalen Raum und liest sich mathematisch wie folgt:

$$y = a + bx + e$$

Dabei wird y als der Schätzer der Funktion bezeichnet. Der Achsenabschnitt der Y-Achse wird mit a bezeichnet (auch Höhenlage genannt). Die Steigung der Geraden wird mit b bezeichnet und Regressionskoeffizient (Regressionsgewicht) genannt. E stellt die Fehlervariable dar.

Betrachtet man ein multiples Regressionsmodel, dann muss die Funktionsgleichung erweitert werden, deshalb heißt es statt x nun $x_1 \ldots x_i$; wobei i die Anzahl der unabhängigen Variablen ist. Diese Prädiktoren besitzen jeweils einen eigenen, sog. partiellen Regressionskoeffizienten $b_1 \ldots b_i$. Das heißt, für jede einzelne der unabhängigen Variablen muss ein Regressionskoeffizient berechnet werden. Die Gleichung der multiplen Regression lautet nun erweitert:

$$y = b_1x_1 + b_2x_2 + \ldots + b_ix_i + e.$$

Es gibt eine Reihe von Voraussetzungen und Bedingungen, die geklärt werden müssen, um die Berechnung durchzuführen. Zwischen der abhängigen Variablen und den Prädiktoren soll ein linearer Zusammenhang bestehen. Liegt diese Voraussetzung der linearen Beziehung nicht vor, kann diese beispielsweise mithilfe der Z-Transformation oder durch

Logarithmieren geschaffen werden. Dagegen dürfen die unabhängigen Variablen untereinander nicht in einer direkten linearen Abhängigkeit stehen. Bei zu starker Korrelation zweier unabhängiger Variablen untereinander (die dieselbe Varianz erklären) lässt die Gleichung unendlich viele Lösungen zu (Multikollinearität). In der Praxis werden viele dieser Prädiktoren tatsächlich korrelieren. Die Korrelationsrate wird allerdings nicht sehr hoch sein. Ist diese zu hoch, ist es nicht mehr möglich, unabhängige Ergebnisse zu erhalten. Des Weiteren sollte überprüft werden, ob Ausreißer vorhanden sind, da bereits ein einzelner Ausreißer einen ansonsten signifikanten Trend verfälschen kann. Dazu werden die Daten z. B. mithilfe eines Boxplots abgebildet, da somit die Ausreißer sofort sichtbar werden. Außerdem müssen die abhängige Variable mindestens intervallskaliert sowie die unabhängigen Variablen intervallskaliert oder als Dummy-Variablen codiert sein, damit eine multiple Regressionsanalyse durchgeführt werden kann. Die Zahl der Beobachtungen (Stichprobe) muss größer als die Anzahl der unabhängigen Variablen sein, da nicht mehr Variablen verwendet werden können als Fälle im Datensatz vorhanden sind. Zusätzlich muss Homoskedastizität vorliegen, d. h., die Varianz der Restschwankungen muss konstant sein. Heteroskedastizität würde dagegen bedeuten, dass die Residualvarianzen nicht gleich streuen. Kann die Gleichheit der Residualvarianzen nicht erfüllt werden, so wird es schwierig, a und b im Modell sinnvoll zu bestimmen. Wie auch bei vielen anderen Verfahren ist eine gängige Voraussetzung, dass die Residuen normalverteilt sind bzw. die Residuen eine Stichprobe aus einer normalverteilten Grundgesamtheit darstellen. Darüber hinaus sollte der Erwartungswert der Residuen 0 betragen. Außerdem dürfen die Residuen nicht autokorreliert sein. Bei einer Zunahme an Prädiktoren besteht demnach noch keine vorgelagerte Korrelation der einzelnen Variablen. Das mag sich jetzt alles ein bisschen technisch anhören, ist dann aber tatsächlich notwendig, um zu prüfen, ob die Prädiktoren für Schulleistung wie z. B. Struktur des Lernstoffs oder persönliche Begabung tatsächlich in das Modell aufgenommen werden dürfen oder ob man andere Variablen berücksichtigen muss.

Wie bei der linearen einfachen Regression ist das Bestimmtheitsmaß R^2 ein wichtiger Wert, um Aussagen über die »Güte« der Regressionsgleichung zu treffen. Das Bestimmtheitsmaß gibt an, welcher Teil der Varianz von y durch die Regressionsgleichung erklärt werden kann.

Dabei berücksichtigt R^2 Interkorrelationen zwischen den einzelnen unabhängigen Variablen und entfernt sie.

$$R^2 = \frac{Erklärte\,Streuung}{Gesamtstreuung} = 1 - \frac{Fehlerstreuung}{Gesamtstreuung} = \frac{\frac{1}{n}\sum_{i=1}^{n}(y-\hat{y})^2}{\frac{1}{n}\sum_{i=1}^{n}(y-\bar{y})^2}$$

n = Anzahl der unabhängigen Variablen
y = gemessenes y
$\hat{y}$ = von der Regressionsfunktion vorhergesagtes y
$\bar{y}$ = Mittelwert von y

R^2 liegt zwischen 0 und 1. Je höher der Wert, desto genauer beschreibt die Regressionsgleichung die Messergebnisse. Ein R^2 von 0,8 z. B. bedeutet, dass sich 80 % der Varianz von y durch die Regressionsgleichung erklären lassen. Ein Regressionswert von 60 % stellt sich meist als bereits zufriedenstellend dar. Dies ist aber abhängig von der Anzahl der Prädiktoren. Je weniger Prädiktoren, desto geringer kann auch der Erklärungsanteil der Varianz sein. Je höher die Anzahl der Prädiktoren ist, desto höher erwartet man auch eine annähernd vollständige Erklärung des Modells. So kann auch bei einer Anzahl von nur zwei Prädiktoren ein Varianzanteil von 40 % bereits zufriedenstellend sein.

$R = \sqrt{R^2}$ wird auch multipler Korrelationskoeffizient genannt und repräsentiert die Korrelation zwischen allen unabhängigen Variablen x_i und y.

Der Teil der Varianz, welcher nicht von R^2 aufgeklärt werden kann, besteht entweder aus noch nicht entdeckten unabhängigen Variablen, die ebenfalls einen Einfluss auf y besitzen, und/oder aus Messungenauigkeiten. Wird nun die Methode der kleinsten Quadrate angewendet, aber kein minimales Ergebnis erreicht (d. h., die Abweichungen zwischen beobachtetem und berechnetem Wert sind nicht wirklich gering), dann könnten Probleme mit der Bestimmung der Konstanten a und b auftreten, wodurch auch das Ergebnis verfälscht wird.

Bei theoretischen Untersuchungen ist R^2 meist die relevante Größe. Ist die aufgeklärte Varianz zu gering (unter 60 %), muss das statistische (und somit auch theoretische) Modell um weitere unabhängige Variablen erweitert werden.

Da bei steigender Anzahl von unabhängigen Variablen R^2 immer größer wird, unabhängig davon, ob die zusätzlichen Variablen zur Erklärung beitragen, wird zum Vergleich von Modellen das korrigierte Bestimmtheitsmaß verwendet.

Dieses »bestraft« eine Hinzunahme von unabhängigen Variablen, sofern diese nicht genügend zur Aufklärung der Varianz beitragen. Je mehr unabhängige Variablen in das Modell einbezogen werden, desto größer der Strafterm. Das Modell kann somit nur verbessert werden, wenn der zusätzliche Erklärungsgehalt die »Strafe« mehr als ausgleicht. Das korrigierte R^2 nimmt in der Regel einen geringeren Wert als das einfache R^2 an. Teilweise kann das korrigierte Bestimmtheitsmaß sogar negativ werden. Das korrigierte Bestimmtheitsmaß berechnet sich durch:

$$\overline{R}^2 = 1 - (1 - R^2)\frac{n-1}{n-p-1}$$

p ist bestimmt durch die Anzahl der unabhängigen Variablen (ohne Konstante!) und n durch die Anzahl der Messungen. Vor allem bei niedriger Stichprobenzahl n fällt eine hohe Anzahl an unabhängigen Variablen schnell ins Gewicht. Deshalb besteht die Faustregel: Es müssen mehr Beobachtungen vorliegen als unabhängige Variablen.

7.3.3.6 Mediation und Moderation in der multiplen Regression

Moderations- und/oder Mediationsmodelle können als Erweiterungen multipler Analysemethoden betrachtet werden (vgl. Hayes 2017). Durch Moderations- oder Mediationsmodelle können Zusammenhänge zwischen zwei Variablen durch eine dritte Variable konkretisiert und hinreichend erklärbar werden. Es kann nämlich vorkommen, dass eine Drittvariable zwar den Zusammenhang zwischen abhängiger und unabhängiger Variable entscheidend beeinflusst, jedoch nicht in dem Modell vorhanden ist.

In Moderationsmodellen wird nun der Einfluss einer Drittvariable (Z) auf die Beziehung zwischen X und Y getestet. Hierbei wird angenommen, dass ein positiver Zusammenhang zwischen X und Y nur bei hohen Werten des Moderators vorliegen kann. Bei Mediationsmodellen wird getestet, inwieweit eine angenommene Kausalkette, bei der die Wirkung einer Variablen (X) auf eine andere Variable (Y) durch eine dritte Variable (M) vermittelt oder erklärt wird. Oder anders ausgedrückt: Die Mediatorvariable (M) wird von der unabhängigen Variable beeinflusst und beeinflusst wiederum die abhängige Variable (vgl. Wentura & Pospeschill 2015).

Ziel beider Verfahren ist es, den Zusammenhang zwischen unabhängiger und abhängiger Variablen durch eine dritte Variable zu erklären, wie uns Abbildung 13 verdeutlicht (▶ Abb. 13). Dabei kann es sein, dass ein Zusammenhang erst dann erkannt wird, wenn die Drittvariable mitberücksichtigt wird. Wie ist nun mit solch einer intervenierenden Variable umzugehen?

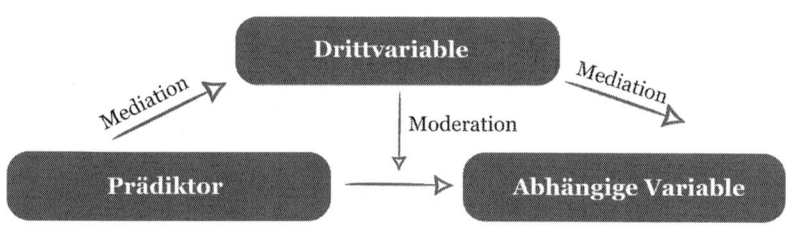

Abb. 13: Moderations-/Mediationsmodell

Die Drittvariable kann den Zusammenhang zwischen den beiden Variablen moderieren (betrifft die Stärke des Effekts) bzw. mediieren (vermitteln). Die Moderatorvariable ist eine dritte Variable, welche die Stärke der Wirkung der unabhängigen Variable auf die abhängige Variable beeinflusst. Die Mediatorvariable ist eine dritte Variable, welche von der unabhängigen Variable beeinflusst wird und gleichzeitig auf die abhängige Variable wirkt.

Beide Analysen sind wichtige Spezialfälle der Anwendung der multiplen Regression (vgl. Wentura & Pospeschill, 2015), dennoch lassen sich die Verfahren noch weiter unterscheiden. Die Mediation ist ein spezieller Fall der semi-partiellen Korrelation und zählt zu den »Pfadmodellen« und »Pfadanalysen«. Die Moderation ist eine spezielle Methode, um die Wechselwirkung von Variablen statistisch darzustellen. Dies ist vergleichbar mit der Berechnung eines Interaktionseffekts, welcher in varianzanalytischen Verfahren zwischen Faktoren (unabhängigen Variablen) zum Einsatz kommt.

Beide Verfahren haben ihre Wurzeln im Allgemeinen Linearen Modell bzw. General Linear Model (ALM). Daher ist zwischen Moderatorvariable und Mediatorvariable nicht immer eindeutig zu unterscheiden. Mediator- und Moderatoranalyse haben gemeinsam, dass eine Drittvariable integriert und deren Zusammenhang mittels Regressionsanalyse berechnet wird. Zugleich soll die Kausalbeziehung zwischen der Drittvariable sowie der unabhängigen und der abhängigen Variablen untersucht werden. In der Moderatoranalyse wird ein Produktterm berechnet, in der Mediatoranalyse nicht. Außerdem können Moderatoranalysen sowohl in Quer- als auch in Längsschnittdesigns durchgeführt werden. Für die Durchführung einer Mediatoranalyse sollte man dagegen auf Längsschnittdaten zurückgreifen. Des Weiteren erweist sich die grafische Darstellung für Moderatoranalysen schwierig, während diese bei Mediatoranalysen äußerst hilfreich sein kann.

Wie weiß man nun, ob man eine Moderation oder Mediation rechnen sollte? Das hängt meistens mit der Art und Weise der Variablenkonstruktion zusammen: Moderatoren sind in der Regel »zeitstabile« Variablen wie etwa Persönlichkeitsmerkmale oder soziodemografische Merkmale. Mediatoren sind dagegen meistens Variablen, die sich in der Beziehung zu anderen Variablen verändern können, wie z. B.: Ängstlichkeit, Hilfsbereitschaft, Ehrlichkeit, generell Variablen, die Gefühle und Einschätzungen einfangen, sowie Motivation- und Leistungsparameter u. a. Dabei ist wichtig zu wissen, wie eine Variable gemessen und operationalisiert wird, denn erst dann lässt sich eine Einteilung in zeitstabil oder veränderbar auch sinnvoll vornehmen. Allerdings gibt es auch Variablen, die in beiden Modellen Anwendung finden können. Eine wirklich eindeutige Zuordnung zur Moderation oder Mediation ist in dem Fall nicht möglich.

Die Mediatoranalyse

Bei einer Mediatoranalyse (▶ Abb. 14) wird untersucht, ob der Zusammenhang zwischen den Variablen X und Y durch einen Mediator M vermittelt wird. Dabei wird ein kausaler Zusammenhang zwischen den Variablen theoretisch angenommen. Das heißt, alle drei Variablen sollten miteinander korrelieren, was in der Korrelationsmatrix ersichtlich wird.

Ausgehend von einem einfachen bivariaten Zusammenhang zwischen der unabhängigen und abhängigen Variablen wird der Mediator ins Modell aufgenommen. In der nachstehenden Abbildung wird ersichtlich, dass die unabhängige Variable auf den Mediator wirkt und der Mediator wiederum auf die abhängige Variable. Die Pfeile zeigen Regressionspfade, wobei zwischen indirekter Wirkung mit Mediator und direkter Wirkung ohne Mediator unterschieden wird.

Einfacher Zusammenhang

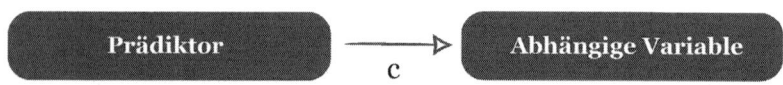

Vermittelter Zusammenhang

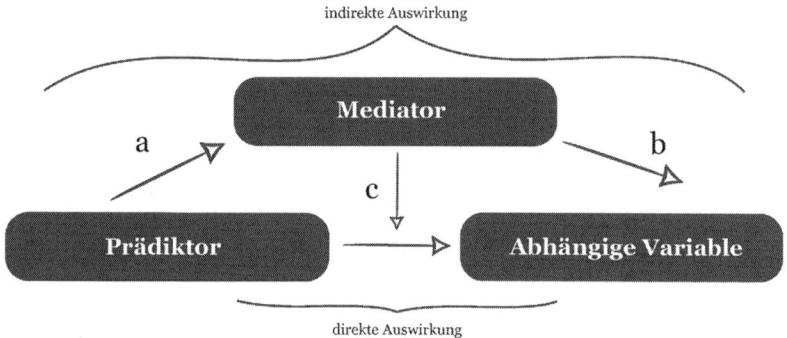

Abb. 14: Die Mediatoranalyse

Ein Beispiel aus der erziehungswissenschaftlichen Forschung (▶ Abb. 15): Studien könnten zeigen, dass die Variable »Intelligenz« als Prädiktor für die Abschlussnote fungiert, d. h. der Kausalzusammenhang zwischen (überdurchschnittlicher) Intelligenz eines*einer Schüler*in und (guten) Abschlussnoten (z. B. Zeugnis) könnte sich statistisch feststellen lassen. Somit wäre es auch möglich, mit der Regressionsgleichung die Abschlussnote auf der Grundlage der Intelligenz vorherzusagen. In weiteren Forschungsergebnissen würde sich dann zeigen, dass es sich hierbei um keine monokausale Beziehung handelt, sondern dass eine weitere Variable diesen Zusammenhang vermittelt und dadurch erklärt. Dies könnte beispielsweise die Variable »Engagement« sein, operationalisiert als der Umfang und die Art und Weise, wie sich ein*e Schüler*in auf die Abschlussprüfungen vorbereitet. Die Frage würde nun lauten: Bedingt die Intelligenz nach wie vor die Abschlussnote unter Einbezug des Mediators »Engagement«?

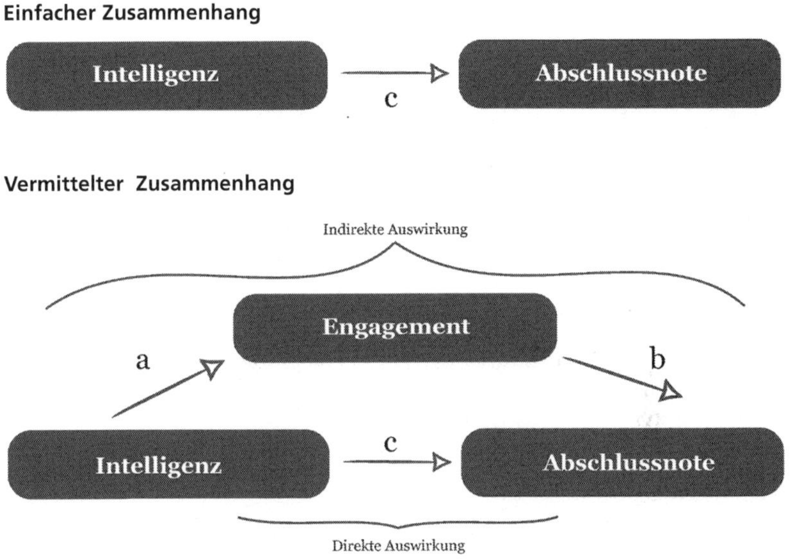

Einfacher Zusammenhang

Intelligenz ⟶ Abschlussnote
c

Vermittelter Zusammenhang

Indirekte Auswirkung

Engagement

a   b

Intelligenz ⟶ Abschlussnote
c

Direkte Auswirkung

Abb. 15: Die Mediatoranalyse am Beispiel

Um diese Frage im Detail zu klären, müssten vier Regressionspfade berechnet werden. Nachfolgende Abbildung dient zur Visualisierung des Ablaufs (▸ Abb. 16): Zunächst werden der Regressionskoeffizient zwischen Abschlussnote und Intelligenz (Feld I) und der Regressionskoeffizienten zwischen Engagement auf Intelligenz (Feld II) sowie der Regressionskoeffizienten zwischen Abschlussnote und Engagement (Feld III) ermittelt. Die berechneten Regressionskoeffizienten werden anschließend in ein Gesamtmodell überführt (Feld IV). Mithilfe dieser Regressionsberechnungen kann in der Folge der Einfluss des Engagements innerhalb des bestehenden Zusammenhangs zwischen Intelligenz und Abschlussnote dargestellt und erklärt werden. Mithilfe dieser Regressionsberechnungen kann in der Folge der Einfluss des Engagements innerhalb des bestehenden Zusammenhangs zwischen Intelligenz und Abschlussnote dargestellt und erklärt werden. Eine Mediation liegt dann vor, wenn die Regressionskoeffizienten in Feld II und III signifikant sind und gleichzeitig der direkte Effekt in Feld IV gegen null geht oder zumindest kleiner wird im Vergleich zur Rechnung ohne Mediator.

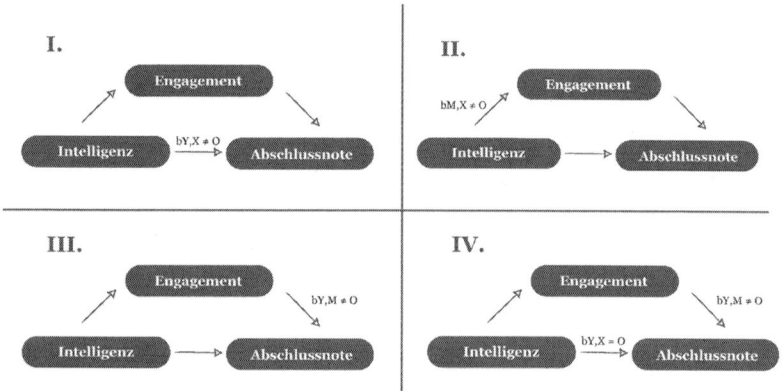

Abb. 16: Die Mediatoranalyse in vier Regressionen

Die Moderatoranalyse

Mit einer Moderatoranalyse kann untersucht werden, ob der Zusammenhang zwischen einer unabhängigen Variable X und einer abhängigen Variable Y durch einen Moderator M beeinflusst wird. In Annäherung an obiges Beispiel (▶ Abb. 17) kann darüber hinaus untersucht werden, ob der Zusammenhang zwischen dem Engagement des*der Schüler*in (UV) und der von ihm*ihr erzielten Note (AV) beispielsweise durch sein*ihr das Alter (Moderator) beeinflusst wird. Logisches Schlussfolgern kann als zeitlich stabile Eigenschaft angesehen werden, die möglicherweise Einfluss auf die Schulnoten haben könnte.

Zunächst wird lediglich ein kausaler Zusammenhang zwischen Engagement und Note angenommen. Anschließend soll überprüft werden, ob der Moderator »logisches Schlussfolgern« tatsächlich in diesen Prozess zwischen Engagement und Note einwirkt.

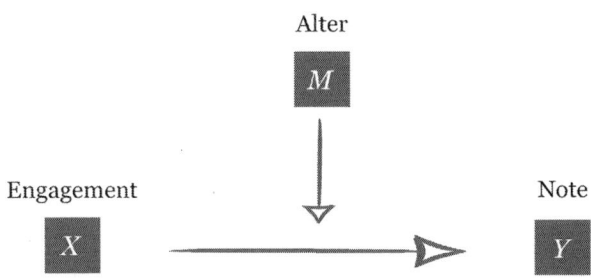

Abb. 17: Die Moderatoranalyse am Beispiel

In dem Beispiel moderiert somit das Alter eines*einer Schüler*in Schülers die Beziehung zwischen dem Engagement, das gezeigt wird, wenn man sich auf eine Abschlussprüfung vorbereitet, und der Abschlussnote. Ein*e Schüler*in, der*die hohes Engagement in der Vorbereitung zeigt, sollte mit einer gewissen Wahrscheinlichkeit eine gute Abschlussnote erzielen, so unsere Annahme. Allerdings könnte das Engagement abhängig vom Alter des*der Schüler*in unterschiedlich ausfallen. Die Variable »Alter« könnte wie ein Regler fungieren, der die Beziehung zwischen Engagement und Abschlussnote beeinflusst. So könnte man beispielsweise herausfinden, dass je älter ein*e Schüler*in ist, desto mehr Zeit wird sie*er mit der Vorbereitung auf Abschlussprüfungen verbringen. Erklärbar wäre das damit, dass die Abschlussnoten in höheren Jahrgangsstufen von den Betroffenen als wichtiger eingestuft werden, da sie den weiteren Bildungs- und Berufsweg beeinflussen können. Jüngere Schüler*innen dagegen könnten ein geringeres Engagement zeigen, da für sie die Noten noch nicht die herausragende Bedeutung besitzen. Zur Prüfung, ob ein Moderationseffekt vorliegt, müssen wiederum Regressionsanalysen durchgeführt werden (▶ Abb. 18).

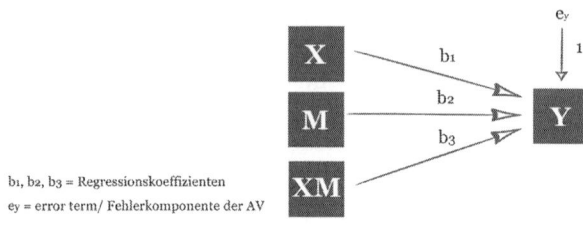

b₁, b₂, b₃ = Regressionskoeffizienten
e_y = error term/ Fehlerkomponente der AV

Abb. 18: Regressionsanalysen bei der Moderatoranalyse

Zunächst werden also die Regressionskoeffizienten zwischen X und Y sowie zwischen M und Y berechnet. Anschließend werden die Variablen X und M zu einer neuen Variablen zusammengefasst, um ihren Einfluss (Regressionskoeffizienten b_3) zu ermitteln und um zu berechnen, wie stark »Alter« das ursprüngliche Kausalitätsmodell beeinflusst.

7.3.3.7 Die Varianzanalyse (ANOVA)

Was ist unter einer Varianzanalyse zu verstehen und wo wird sie eingesetzt? Je nach Forschungsinteresse stellt sich entweder die Frage nach dem Unterschied oder nach dem Zusammenhang zwischen verschiedenen Variablen, deren Beantwortung mittels unterschiedlicher statistischer Methoden erfolgt. Die Varianzanalyse untersucht dabei Hypothesen bezüglich statisch bedeutsamer Mittelwertsunterschiede. Sofern nur zwei Gruppen existieren, können Gruppenunterschiede mittels folgender Methoden untersucht werden: t-Test für unabhängige Stichproben und t-Test für abhängige Stichproben. Die entsprechenden nicht-parametrischen Pendants hierzu sind der Mann-Whitney-Test und der Wilcoxon-Test.

Im Gegensatz zum t-Test, der einen Mittelwertsunterschied bei höchstens zwei Gruppen prüft, untersucht die Varianzanalyse Mittelwertsunterschied bei mindestens drei Gruppen. Die Varianzanalyse findet v. a. in der Experimentalforschung Anwendung. In der Forschungsliteratur wird häufig die englische Bezeichnung ANOVA (Analysis of Variance) angeführt.

Beispiel für eine Fragestellung aus der Hochschuldidaktik, die mit der
Varianzanalyse untersucht werden kann: Vier Seminargruppen von je 30
Studierenden, die an einer deutschen Hochschule in den Studiengang
BA Erziehungswissenschaft eingeschrieben sind, nehmen an der Veranstaltung »Einführung in die empirischen Forschungsmethoden« teil. Die
vier Gruppen werden jeweils mit einer unterschiedlichen Unterrichtsmethode ein ganzes Semester lang von einer Dozentin unterrichtet. Ein
Forscherteam möchte mit einer quasi-experimentellen Untersuchung
herausfinden, welche Seminarmethode besonders gut in Bezug auf
objektiven Wissenserwerb, aber auch in Bezug auf »Interesse für das
Thema« abschneidet. Dazu nehmen alle Gruppen im zweiwöchigen
Rhythmus am Ende der Sitzung an einem Test teil, der neben
Wissensfragen, die sich auf die Unterrichtsstunde beziehen, auch Fragen
zur Lernmotivation und Interesse beinhalten. Das Forscherteam kann
jetzt u. a. überprüfen, ob signifikante Mittelwertsunterschiede bei den
Wissenstests festzustellen sind, also ob sich eine Unterrichtsmethode in
Bezug auf den Wissenserwerb von den anderen Unterrichtsmethoden
abhebt.

Ganz konkret geht es bei der Varianzanalyse darum, zu klären, ob
signifikante Mittelwertsunterschiede zwischen den kategorialen Abstufungen bzw. Gruppen der unabhängigen Variablen vorliegen. Die unabhängigen Variablen werden in der Varianzanalyse Faktoren genannt. Als
Faktorstufen werden die Merkmale bzw. Ausprägungen der unabhängigen
Variablen bezeichnet.

Sollten dagegen mehr als zwei Abstufungen existieren, kommen die
unterschiedlichen varianzanalytischen Methoden zum Einsatz. Abbildung
19 verdeutlicht die unterschiedlichen Methoden, die bei der Unterschiedsbestimmung Verwendung finden (▶ Abb. 19).

Die Varianzanalyse kann je nach Stichprobenverhältnis (un-/abhängige
Stichprobe) unterschiedlich eingesetzt werden. Bei abhängigen Stichproben handelt es sich beispielsweise um Versuchspersonen, die entweder
Geschwister/Paare sind oder einfach nur über mehrere Messzeitpunkte
hinweg untersucht wurden. Hier findet die Varianzanalyse mit Messwiederholung Anwendung. Je nach Faktoranzahl werden verschiedene Formen der Varianzanalyse unterschieden (▶ Tab. 3).

7 Die Datenanalyse – Verschiedene Zugänge

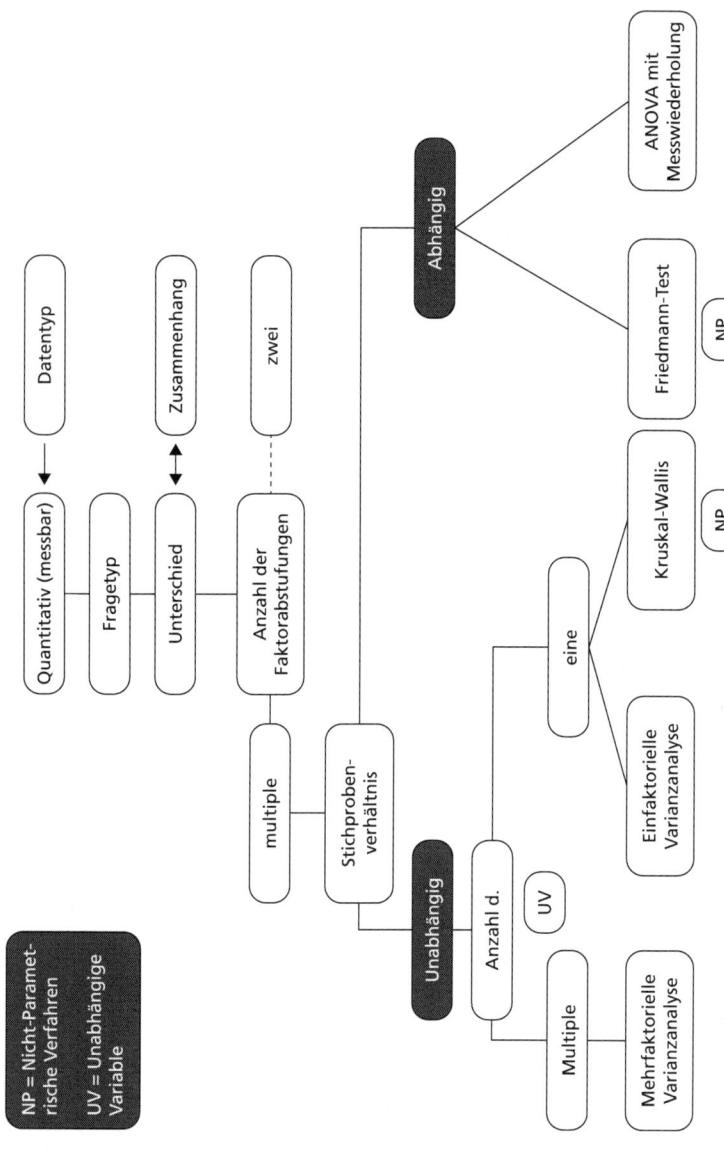

Abb. 19: Übersicht über Unterschiedsmaße

Tab. 3: Formen der Varianzanalyse

		UV		
		Faktoren		Kovariate
	n	1	2 oder mehr	Min. 1
AV	1	Einfaktorielle ANOVA	Mehrfaktorielle ANOVA	Kovarianzanalyse
	Min. 2	Multivariate ANOVA		Multiple Kovarianzanalyse

Es gilt zunächst, zwischen abhängigen und unabhängigen Variablen zu unterscheiden. Während die abhängigen Variablen metrisch skaliert sind, sind die unabhängigen Variablen (Faktoren) stets nominal oder ordinal skaliert. Je nachdem, wie viele Faktoren in einem Modell eingesetzt werden, spricht man von einer einfaktoriellen bzw. multifaktoriellen Varianzanalyse. Wird eine zusätzliche Variable hinzugefügt, die nicht direkt als Faktor aufgefasst werden kann, spricht man von einer sog. Kovariate bzw. Kontrollvariable, die ebenfalls metrisch skaliert sein muss. Beispielsweise könnte man für das hochschuldidaktische Beispiel, welche Unterrichtsmethode am besten abschneidet, Intelligenz als Kovariate hinzufügen, um zu kontrollieren, ob Intelligenz Auswirkungen auf den Wissenserwerb besitzt.

Bei der einfaktoriellen Varianzanalyse werden die Mittelwerte mehrerer (mindestens drei) Faktorabstufungen miteinander verglichen. Dabei werden die Abweichungen der einzelnen Mittelwerte innerhalb eines Faktors zum Gesamtmittelwert über alle Faktoren hinweg ermittelt. Die zugrundeliegende Idee ist demnach eine Quadratsummenzerlegung der Varianzen. Einfaktoriell heißt im vorliegenden Fall: Es gibt nur einen Faktor (UV), dessen Einfluss auf die abhängige Variable (AV) geprüft wird. Im Gegensatz dazu wird bei der zweifaktoriellen Varianzanalyse der Einfluss von zwei Faktoren auf die abhängige Variable geprüft, analog dazu werden weitere Formen der Varianzanalyse unterschieden.

Sobald mehr als eine abhängige Variable untersucht wird, handelt es sich um eine multivariate Varianzanalyse mit unterschiedlicher Faktorausprägung. Es ist möglich, gleichzeitig die Wirkung von mehreren, mehrfach gestuften Faktoren und deren Wechselwirkung aufeinander zu betrachten. Kommt noch eine zusätzliche Variable hinzu, die als Kovariate wirkt, dann spricht man von einer multiplen Kovarianzanalyse, einer sog. MANCOVA. Anbei finden Sie einige Beispiele zur Veranschaulichung der Varianzanalyse (▶ Tab. 4).

Tab. 4: Beispiele zur Veranschaulichung der Varianzanalyse

Varianzanalyse	Fragestellung	AV	Faktor/en	Faktorstufen
Einfaktoriell	Wie beeinflusst die Lernzeit die Klausurnote?	Klausurnote	Lernzeit	Weniger als 40 Std 40–60 Std. 60–100 Std.
Mehrfaktoriell	Welchen Einfluss haben die Lehrperson und das Videoformat auf die Leistung im Wissenstest?	Leistung im Wissenstest	Videoformat	Audio Bild-in-Bild Halbnah-strukturiert
			Lehrperson	A B C

Abgrenzung der Varianzanalyse zum t-Test für unabhängige Stichproben

Der t-Test ermittelt, inwiefern sich zwei Mittelwerte signifikant systematisch voneinander unterscheiden. Über den T-Wert, der dafür als Prüfgröße berechnet wird, lässt sich feststellen, wie wahrscheinlich eine Mittelwertdifferenz unter Annahme der Nullhypothese ist.

Das unten folgende Beispiel »Jahrgangsstufentest« dient der Veranschaulichung (▶ Abb. 20). Hat der Besuch einer bestimmten Jahrgangsstufe einen systematischen Einfluss auf die erreichte Punktzahl in einem Rechentest? Ist der Mittelwertunterschied zwischen (mind.) zwei Jahrgangsstufen statistisch bedeutsam?

7.3 Zählen, Messen, Quantifizieren

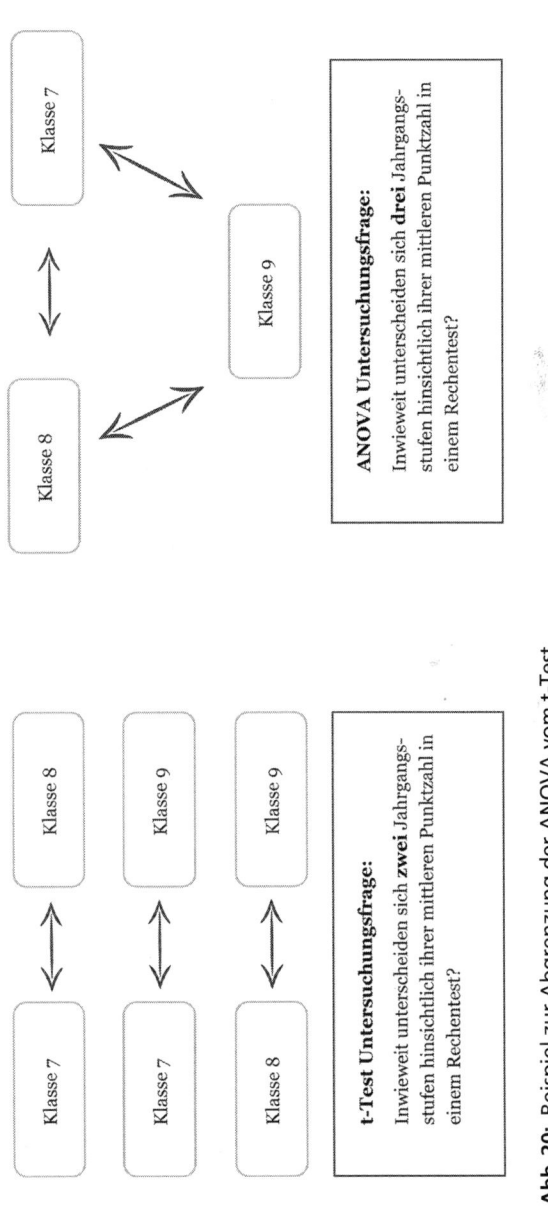

Abb. 20: Beispiel zur Abgrenzung der ANOVA vom t-Test

Das Vorgehen mittels t-Test wäre hier nicht sinnvoll, da die Dreifach-Berechnung zu einer α-Fehler-Kumulierung und somit zu einer Verringerung der Teststärke führen würde. Dies würde wiederum bedeuten, dass die Wahrscheinlichkeit steigt, die Nullhypothese (H0) fälschlicherweise abzulehnen, wodurch letztendlich das gesamte Testergebnis beeinflusst wäre. Die Varianzanalyse als Verallgemeinerung des t-Tests bietet den Vorteil, mehrere Mittelwerte bzw. mehrere Gruppen gleichzeitig miteinander zu vergleichen.

Die Argumentationsweise der Varianzanalyse ist der des t-Tests recht ähnlich. Während bei der Varianzanalyse alle Messwerte der Versuchspersonen gleichzeitig betrachtet werden, können bei der Durchführung mehrerer t-Tests immer nur bestimmte Anteile der gesamten Stichprobe miteinbezogen werden. Die Teststärke der Varianzanalyse ist demzufolge wesentlich größer als bei mehreren einzelnen t-Tests.

Die Varianzanalyse prüft ausschließlich ungerichtete Hypothesen. Das bedeutet, es werden keine konkreten Angaben über Ursache-Wirkung gemacht. Liegt ein signifikantes Ergebnis nach einer Varianzanalyse vor, weiß man nur, dass sich die Klasse mit dem kleinsten Mittelwert von der mit dem größten Mittelwert statistisch bedeutsam unterscheidet (vgl. Rasch et al. 2014). Um statistisch festzustellen, welche Klassen sich tatsächlich voneinander unterscheiden, müssen Post-hoc-Tests eingesetzt werden, die darüber aufklären, zwischen welchen Faktorstufen und in welche Richtung Unterschiede bestehen. Das erfolgt in Form paarweiser Vergleiche. Es gibt mehrere unterschiedliche Post-hoc-Tests wie beispielsweise Tukey (bei gleicher Gruppengröße), Tukey-Kramer (bei ungleicher Gruppengröße), Bonferroni usw., die gezielt eingesetzt werden können.

Alternativ kann man auch in SPSS® sog. »Kontraste« einstellen. Hierbei legt man bereits im Vorfeld mithilfe theoretischer Überlegungen fest, welche Klasse sich von den anderen Klassen unterscheiden wird.

Auch für die Durchführung der Varianzanalyse gibt es wieder mehrere Voraussetzungen. Das erste wichtige Kriterium, das für die Durchführung einer Varianzanalyse erfüllt sein muss, ist die Varianzhomogenität. Varianzhomogenität bedeutet, dass die Varianzen unter jeder experimentellen Bedingung (beispielsweise die Jahrgangsstufe) gleich sein müssen bzw. nicht allzu stark voneinander abweichen dürfen. Weiterhin gilt, dass die Messwerte in allen Bedingungen voneinander unabhängig sind. Die abhängige Variable sollte sowohl mindestens intervallskaliert als auch

7.3 Zählen, Messen, Quantifizieren

normal verteilt sein. Mit anderen Worten: Wie in vielen linearen Modellen ist auch hier die Anforderung der Normalverteilung eine Grundvoraussetzung. Sofern die Gruppengrößen gleich sind, sich also beispielsweise sowohl in Klasse 7 als auch in Klasse 8 wie auch in Klasse 9 je zwölf Schüler*innen befinden, ist die F-Statistik recht stabil gegenüber Verletzungen der Normalverteilung. Handelt es sich dagegen um ungleiche Stichproben, können größere Stichproben durch größere Varianzen charakterisiert sein, welche wiederum zu einer höheren Wahrscheinlichkeit nicht signifikanter Ergebnisse führen können.

Die Grundidee der Varianzanalyse ist die Zerlegung der Varianzen in die systematischen Einflüsse (Effektvarianz) und in die unsystematischen Einflüsse (Fehlervarianz). Die systematischen Einflüsse sind durch die Zugehörigkeit zu den Faktorstufen bedingt. Diese Faktorzugehörigkeit kann sowohl auf experimentelle Manipulation zurückgeführt werden (Experimental- und Kontrollgruppe) oder natürlich gegeben sein, wie beispielsweise die Zugehörigkeit zu einer Jahrgangsstufe (Beispiel Jahrgangsstufentest). Die unsystematischen Einflüsse entstehen dagegen durch die Unterschiede innerhalb einer Faktorstufe. Das heißt, die Varianz innerhalb einer Jahrgangsstufe wird als Fehlervarianz betrachtet. Abbildung 21 verdeutlicht diese Idee (▶ Abb. 21).

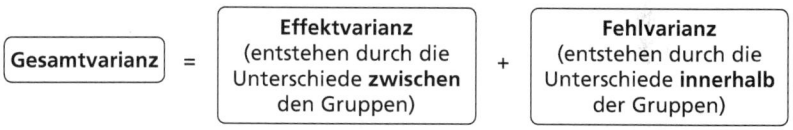

Abb. 21: Die Gesamtvarianz

Dahinter verbirgt sich dich Frage, ob durch die Unterschiede zwischen den Klassen (Effektvarianz) signifikant mehr Varianz der Punktanzahl im Rechentest (Gesamtvarianz) erklärt werden kann als durch die Zufalls-/Störeinflüsse (Fehlervarianz).

Für die Berechnung der Effektvarianz werden die Mittelwerte der einzelnen Gruppen (hier: drei Klassenmittelwerte) jeweils einzeln von dem Gesamtmittelwert abgezogen und anschließend ins Quadrat gesetzt. Diese quadrierten Differenzen werden anschließend addiert. Für die Berechnung der Fehlervarianz werden jedoch die einzelnen Messwerte der Schüler*innen von dem jeweiligen Gruppenmittelwert der Jahrgangsstufe abgezogen und anschließend quadriert. Dies wird so oft wiederholt und aufsummiert, wie es einzelne Messwert gibt. Das Ergebnis wird anschließend durch die Anzahl der Personen pro Faktorstufe (hier: Anzahl der Schüler*innen) minus Eins geteilt. Die durchschnittliche Varianz innerhalb einer Klasse, die Residualvarianz, ergibt sich daraus, dass die verschiedenen Varianzen der einzelnen Klassen addiert und durch die Anzahl aller Klassen geteilt wird.

Die Varianz zwischen den Faktorstufen ergibt sich, indem die »Quadratsumme zwischen« (QS = Aufsummierte, quadrierte Abweichung der Gruppenmittelwerte vom Gesamtmittelwert) berechnet und wiederum durch ihre jeweiligen Freiheitsgrade geteilt wird.

$$\breve{\delta}^2_{zwischen} = MQS_{zwischen} = \frac{QS_{zwischen}}{df_{zwischen}} = \frac{n \times \sum_{i=1}^{p}(\overline{A}_i - \overline{G})^2}{p-1}$$

n = Anzahl der Personen in einer Gruppe
p = Anzahl der Gruppen
$\overline{A}_i$ = Gruppenmittelwert
$\overline{G}$ = Gesamtmittelwert

Die Varianz innerhalb der Faktorstufen lässt sich berechnen, indem die »Quadratsumme innerhalb« (QS = Aufsummierte, quadrierte Abweichung der Einzelwerte vom Gruppenmittelwert) durch die entsprechenden Freiheitsgrade geteilt wird (vgl. Rasch et al. 2014).

$$QS_{innerhalb} = \sum_{i=1}^{p}\sum_{m=1}^{n}(x_{mi} - \overline{A}_i)^2$$
$$df_{innerhalb} = p \times (n-1)$$
$$\breve{\delta}^2_{innerhalb} = MQS_{innen} = \frac{QS_{innerhalb}}{df_{innerhalb}}$$

x_{mi} = Messwert
$\overline{A}_i$ = Gruppenmittelwert
df = Freiheitsgrade

Nur wenn die Varianz zwischen den Klassen größer ist als die Varianz innerhalb der Klassen, deutet dies auf einen systematischen Einfluss der Jahrgangsstufe auf die Erinnerungsleistung hin. In diesem Fall muss zumindest bei einer Faktorstufe (= Klasse) eine deutliche Abweichung vorliegen, die nicht zufällig zustande gekommen ist. Der F-Wert ist eine zuverlässige Testgröße, um festzustellen, ob die Schwankungen zwischen den untersuchten Jahrgangsstufen zufällig entstanden oder auf systematische Einflüsse zurückzuführen sind.

Um den F-Wert zu berechnen, wird die mittlere »Quadratsumme zwischen« durch die mittlere »Quadratsumme innerhalb« geteilt.

Der F-Wert ist ein Prüfwert, welcher unterschiedliche Größen annehmen kann. Sofern F gleich Eins ist, besteht kein systematischer Einfluss. Ist F jedoch größer Eins, liegt ein systematischer Einfluss vor, dessen Signifikanz geprüft werden sollte.

Bei der Signifikanzprüfung wird der empirische F-Wert mit dem kritischen F-Wert auf einer durch die Freiheitsgrade festgelegten F-Verteilung verglichen. Ist der empirische F-Wert bei einem Signifikanzniveau von meist $\alpha_{0,05}$ größer als der kritische F-Wert, wird die Nullhypothese verworfen. Es wird also die Wahrscheinlichkeit bestimmt, genau diesen oder einen größeren F-Wert unter der Annahme der Nullhypothese zu erhalten. Ist die angegebene Wahrscheinlichkeit sehr klein, dann ist das tatsächliche Auftreten des ermittelten F-Werts unter der Annahme der Nullhypothese unwahrscheinlich. Sobald die Wahrscheinlichkeit des beobachteten F-Werts das vorab festgelegte Signifikanzniveau unterschreitet, wird die Nullhypothese abgelehnt, zugunsten der Annahme der Alternativhypothese. Signifikanzprüfung über den kritischen F-Wert:

$$F_{emp(df_{Nenner};\ df_{Zähler})} > F_{kritisch(0,05;\ df_{Zähler};\ df_{Nenner})}$$

Zur besseren Beurteilung der Effekte der unabhängigen Variablen (Faktoren) ist es sinnvoll, zusätzlich das Maß der Effektstärke zu berechnen. Hier wird das sog. Effektmaß η-square bzw. η^2 (Eta-Quadrat) verwendet. Effektmaß η^2:

$$\eta^2 = \frac{QS_{zwischen}}{QS_{gesamt}} = \frac{QS_{zwischen}}{QS_{zwischen} + QS_{innerhalb}}$$

Hierfür berechnet man die »Quadratsumme zwischen« geteilt durch die »Quadratsumme gesamt« (= »Quadratsumme zwischen« + »Quadratsumme innerhalb«). Der ermittelte Wert gibt an, wie viel der Variabilität der Messwerte durch den Faktor erklärt werden kann. Würde sich beispielsweise für η^2 ein Wert von 0,3 ergeben, so könnte 30 % der gesamten Varianz der Messwerte durch den Faktor Jahrgangsstufe erklärt werden. Nach Cohen (1988) ergibt sich für die Effektstärke η^2 folgende Einteilung (▶ Tab. 5):

Tab. 5: Interpretation der Effektstärke η^2 nach Cohen (1988)

< 0,06	Kleiner Effekt
0,06–0,14	Mittlerer Effekt
> 0,14	Großer Effekt

Eine statistisch signifikante Varianzanalyse gibt nur an, dass sich mindestens zwei Gruppen statistisch voneinander unterscheiden. Wie bereits erwähnt gibt die ANOVA nicht an, wo dieser Unterschied zustande kommt.

7.3.3.8 Mehrfaktorielle Varianzanalyse

Bei der zwei- oder mehrfaktoriellen Varianzanalyse wird der Einfluss zweier oder mehrerer unabhängiger Variablen auf eine abhängige Variable untersucht. Bei der multivariaten Varianzanalyse dagegen wird der Einfluss von einer oder mehrerer unabhängiger Variablen auf zwei oder mehr abhängige Variablen untersucht.

Ein Beispiel für eine zweifaktorielle Varianzanalyse: Folgende These soll in vorliegendem Beispiel untersucht werden: Sowohl das Geschlecht (UV 1) als auch die Unterrichtsform (UV 2) haben Einfluss auf die Punktzahl im Grundwissenstest (AV). Wichtig ist nun, welche Ausprägungen diese Variablen einnehmen können. Das Geschlecht ist nominal skaliert und kann die Ausprägungen »männlich« oder »weiblich« annehmen. Die Unterrichtsform ist kategorial skaliert und wird unterteilt in »E-Learning«, oder »Klassenunterricht«. Die abhängige Variable stellt hierbei die Punktzahl im Grundwissenstest dar. Hierbei handelt es sich um eine zweifaktorielle Varianzanalyse mit zwei unabhängigen Variablen, die jeweils zwei Ausprägungen besitzen. Insgesamt können vier Gruppen unterschieden werden (▶ Abb. 22).

Die zweifaktorielle Varianzanalyse liefert folgende Effekte:

- den *Haupteffekt A*, also den Einfluss des Faktors A auf die abhängige Variable, unabhängig von Faktor B,
- und den *Haupteffekt B*, also den Einfluss des Faktors B auf die abhängige Variable, unabhängig von Faktor A,
- und den *Interaktionseffekt von A und B*, also den Effekt der Wechselwirkung von bestimmten Faktorenstufen auf die abhängige Variable.

Beispiel: Es könnte eine Wechselwirkung zwischen Geschlecht und Unterrichtsform vorliegen. Das heißt, wenn eine Person weiblich ist und gleichzeitig am Klassenunterricht teilnimmt, könnte eine höhere Punktzahl im Grundwissenstest erreicht werden.

Es wird ersichtlich, dass die Proband*innen mit Klassenunterricht durchschnittlich mehr Punkte im Grundwissenstest erzielten als die Gruppe im E-Learning-Programm. Während Schüler*innen im E-Learning-Programm im Vergleich zu Schüler*innen mittels des Klassenunterrichtes deutlich bessere Testergebnisse erreichten, hatten die Jungen gegenüber den Mädchen im Rahmen des E-Learning-Programms eine geringfügig höhere Testpunktzahl. Deshalb wird die Tabelle »Tests der Zwischensubjekteffekte« benötigt, da somit der Einfluss der unabhängigen Variablen auf die abhängige Variable anhand der Mittleren Quadratsummen, der F-Werte und der jeweiligen p-Werte (Sig) zu sehen ist. Dabei hat das »Geschlecht« keinen signifikanten Einfluss. Jedoch ist der Effekt der »Unterrichtsform« wie auch der Interaktionseffekt von »Geschlecht x Unterrichtsform« signifikant. Zur besseren Veranschaulichung liefert der Output der geschätzten Randmittel eine graphische Darstellung der Zusammenhänge aller vier Gruppen. Des Weiteren hat der »Levene-Test« keinen signifikanten Wert ergeben. Dies bedeutet, dass die Voraussetzung der Varianzhomogenität gegeben ist.

7 Die Datenanalyse – Verschiedene Zugänge

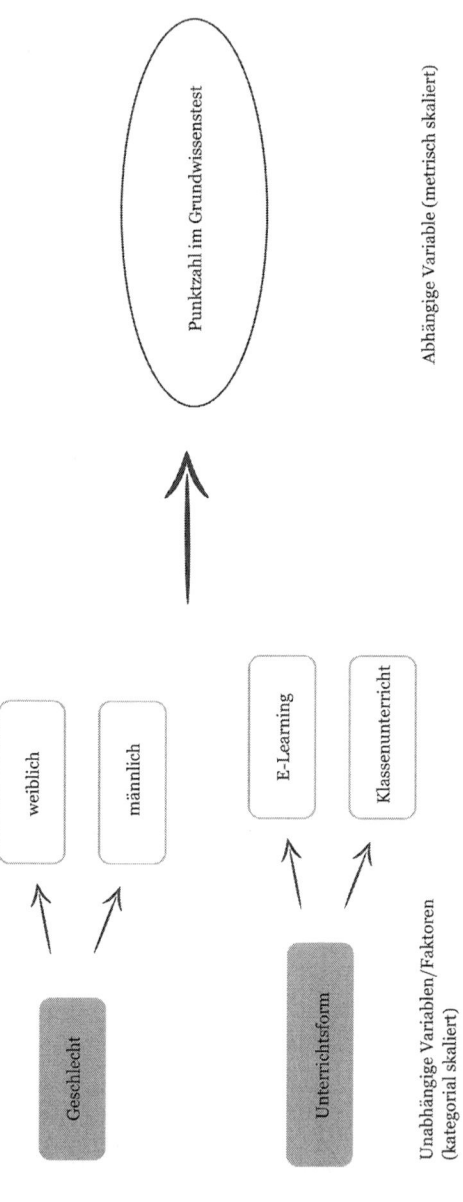

Abb. 22: Beispiel für eine mehrfaktorielle Varianzanalyse

7.3 Zählen, Messen, Quantifizieren

Besprechen wir zum Ende dieses Kapitels noch exemplarisch die Ergebnisse der Berechnungen. Zunächst sollen die deskriptiven Werte betrachtet werden. Ersichtlich wird, dass v. a. die Teilnehmer*innen am Klassenunterricht sehr gut abgeschnitten haben. Das heißt: Unabhängig vom Geschlecht erzielt die Unterrichtsform bessere Testergebnisse. Zugleich lässt sich jedoch erkennen, dass die männlichen Schüler im Rahmen des E-Learning-Programms im Mittel eine höhere Punktzahl im Test erreichen im Vergleich zu den weiblichen Teilnehmerinnen (▶ Tab. 6).

Tab. 6: Beispiel mehrfaktorielle Varianzanalyse: deskriptive Werte

	Geschlecht	$\bar{x}$	s	N
	m	0.40	0.15	70
E-Learning	w	0.22	0.17	86
	gesamt	0.62	0.19	156
	m	0.50	0.19	75
Klassenunterricht	w	0.77	0.19	69
	gesamt	0.62	0.24	144
	m	0.45	0.18	145
Gesamt	w	0.46	0.33	155
	gesamt	0.46	0.27	300

Was bedeutet das nun für die Ergebnisse? In Abbildung 23 sind die geschätzten Randmittel abgebildet (▶ Abb. 23).

Verlaufen die Linien parallel, dann kann man davon ausgehen, dass keine Interaktion vorherrscht. Da jedoch die Steigung der »hellen Linien« nicht der Steigung der »dunklen Linien« entspricht, sollte der Interaktionseffekt von Geschlecht und Unterrichtsform auf Signifikanz geprüft werden.

7 Die Datenanalyse – Verschiedene Zugänge

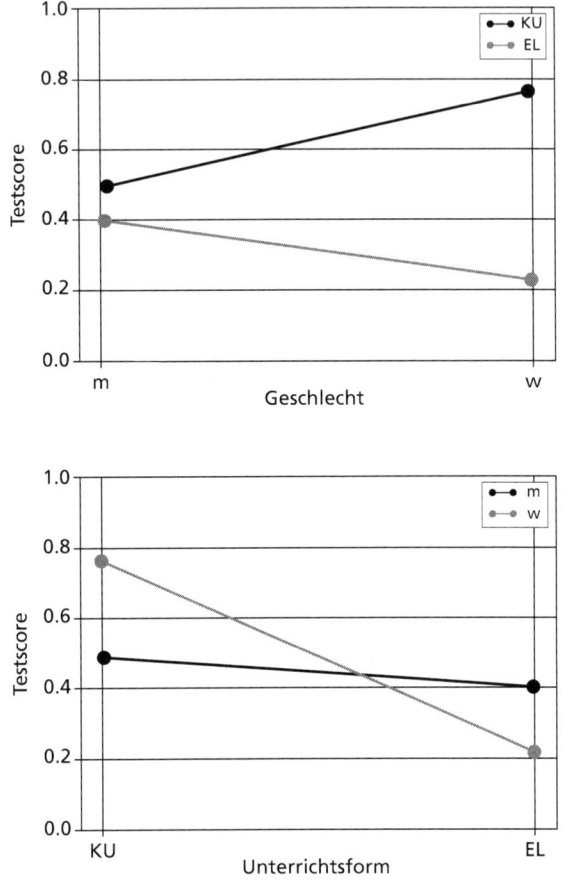

Abb. 23: Beispiel mehrfaktorielle Varianzanalyse: geschätzte Randmittel

In der oberen Abbildung zeigt sich, dass unabhängig vom Geschlecht durch den Klassenunterricht höhere Punktzahlen im Test erreicht werden konnten. Dennoch hatten die weiblichen Probandinnen des E-Learning-Programms am wenigsten Punkte, gefolgt von den leicht besseren Testergebnissen des männlichen Geschlechts. In der unteren Grafik wird jedoch ersichtlich, dass der Effekt der Unterrichtsform auf die erreichte

Testpunktzahl im Hinblick auf das Geschlecht im Rahmen des E-Learning nämlich genau umgekehrt zu den Testergebnissen des Klassenunterrichtes ausfällt. Dies spiegelt den Interaktionseffekt unserer beiden Variablen wider.

Tab. 7: Beispiel mehrfaktorielle Varianzanalyse: Tests der Zwischensubjekteffekte

	Tests der Zwischensubjekteffekte					
Abhängige Variable			Testergebnis			
Quelle	Typ III Quadratsumme	df	Quadratischer Mittelwert	F	Sig.	
Korrigiertes Modell	116,176[a]	3	38,725	11,219	,000	
Konstanter Term	13229,991	1	13229,991	3832,947	,000	
Unterrichtsform	27,961	1	27,961	8,101	,005	
Unterrichtsform*Geschlecht	74,880	1	74,880	21,694	,000	
Geschlecht	9,965	1	9,965	2,887	,090	
Fehler	980,269	284	3,452			
Gesamtsumme	14654,000	288				
Korrigierter Gesamtwert	1096,444	287				

[a] R-Quadrat = ,106 (angepasstes R-Quadrat = ,097)

Anhand der »Tests der Zwischensubjekteffekte« erkennt man (▶ Tab. 7), dass ein signifikanter Haupteffekt hinsichtlich der Unterrichtsform und der Testpunktzahl nachgewiesen werden konnte. Der Klassenunterricht führt mit einem p-Wert von .005 zu signifikant besseren Testergebnissen: ($F (1, 284) = 8.10, p < .005$). Zugleich zeigt sich auch ein signifikanter Interaktionseffekt von »Geschlecht« und »Unterrichtsform«; d. h. die Punktzahl im

Grundwissenstest ($F(1, 284) = 21.69, p < .001$). Auch hier ist p kleiner als .001. Den Haupteffekt der Variable »Geschlecht« zeigte an sich jedoch keinen signifikanten Haupteffekt ($F(1, 284) = 2.89, p > .05$). P ist größer als .05.

Wir kommen nun zum letzten Kapitel unseres Buches, der Präsentation der Forschungsergebnisse.

8 Die Ergebnispräsentation – der Forschungsbericht

Am Ende eines jeden Forschungsprozesses steht der Forschungsbericht. Dazu vorab eine grundsätzliche Anmerkung, was das Zeitmanagement betrifft.

Häufig wird unterschätzt, wie aufwendig die Darstellung der Forschungsergebnisse im Verhältnis zur Datenerhebung und der Datenauswertung ist. Sehr oft wird überproportional viel Zeit für die Datenerhebung aufgewandt. Ein forschungserfahrener Erziehungswissenschaftler hat einmal geraten, für die Datenauswertung und die Verfertigung des schriftlichen Forschungsberichts im Verhältnis zur Datenerhebung die doppelte bis vierfache Zeit anzusetzen. Sehr häufig würden zu viele Daten gesammelt, für deren Auswertung und Berücksichtigung im Forschungsbericht dann keine Zeit mehr bleibe (vgl. Oswald 2013, S. 183). Das gilt für Forschungsarbeiten, die sich der Befragung und der Beobachtung als Methoden der Datenerhebung und der Grounded Theory oder anderen vergleichbar aufwendigen Verfahren der Datenauswertung bedienen, für sog. qualitative Forschung also. Werden quantifizierende Methoden der Datenauswertung genutzt, sind die Relationen etwas anders anzusetzen, weil sich hier im Prozess der Datenauswertung vieles systematisieren lässt. Bei klassisch texthermeneutischem Arbeiten besteht in der Regel keine Notwendigkeit, die einzelnen Phasen des Forschungsprozesses scharf voneinander abzuheben. Man muss ja nicht umständlich ›ins Feld‹ gehen, um dort Beobachtungen anzustellen, Interviews oder Experimente durchzuführen. Eine Archivreise ist schnell organisiert, ein Gang in die Bibliothek lässt sich jederzeit machen. So ist allgemein das Zeitmanagement bei dieser Art des Forschens stärker vom individuellen Arbeitsstil der Forschenden abhängig, das Quellenstudium, das Lesen der (Forschungs-)Literatur und das Schreiben mischen sich stärker als bei qualitativen und quantitativen empirischen Forschungsarbeiten. Aber auch hier gilt: Nicht zu spät mit dem Schreiben beginnen!

Irgendwann ist es also unausweichlich: Der Forschungsbericht muss geschrieben werden. Dabei dürfen sich Forschende, die sich interpretativer Methoden der Datenauswertung bedienen, von den Zweifeln radikaler Konstruktivisten, ob auf dem Wege interpretativer Forschung erzielte Ergebnisse überhaupt an Dritte ›objektiv‹ kommunizierbar sind, nicht beirren lassen. Unleugbar hat es interpretative Forschung mit einer, sagen wir, doppelten Schwierigkeit zu tun, zum einen nämlich mit einer Wirklichkeit, die sie beforscht, die allerdings eine subjektiv gebrochene Wirklichkeit ist, denn sie begegnet den Forschenden immer entweder in der Wahrnehmung der Beforschten (denken Sie an das Interview als Datenerhebungsmethode) oder in der Wahrnehmung der Forschenden selbst (denken Sie an die Beobachtung als Datenerhebungsmethode). Was sich für die erziehungswissenschaftliche Biographieforschung, interpretative Forschung par excellence, konstatieren lässt, die »Daten aus anderen Quellen« benötigt, weil sie »nicht unmittelbar auf den Lebenszusammenhang zurückgreifen [kann]« (Schulze 1995, S. 16), das gilt für jede interpretative Forschung. Wer interpretativer Forschung grundsätzlich misstraut, der wird hier ansetzen und die Geltung ihrer Befunde grundsätzlich bestreiten. Wir haben das einleitend schon einmal angesprochen, wollen aber hier nun noch einmal betonen: Von derartigen fundamentalen Anfechtungen müssen sich interpretativ Forschende distanzieren, wenn sie sich an die Abfassung des Forschungsberichts machen – oder gleich zu den zählend-messenden Verfahren ihre Zuflucht nehmen, die sich von derartigen Einwänden nicht getroffen fühlen müssen. Mit den zählend-messenden Verfahren teilt das interpretative Paradigma allerdings die zweite Schwierigkeit, die darin besteht, dass der Forschungsbericht nicht frei sein kann von subjektiven Beimengungen seitens derer, die ihn verfassen.

Kommen wir also zum Forschungsbericht, der entweder in Form eines »grauen Papiers« abgefasst wird, eines Papiers, das nicht zur Publikation in einem Verlag oder in einer Zeitschrift bestimmt ist. Oftmals und idealerweise wird es sich jedoch um ein Buch oder einen Aufsatz in einer wissenschaftlichen Zeitschrift handeln. Immer häufiger dürfte es sich auch um ein Publizieren im sog. »Open Access«-Verfahren handeln. Open Access (OA) meint den ungehinderten und kostenlosen Zugang zu wissenschaftlichen Publikationen für alle Interessierten, die dann also kein Buch mehr kaufen, keine wissenschaftliche Zeitschrift mehr beziehen bzw. in Fachbibliotheken ausleihen müssen, sind sie an bestimmten Forschungsergebnissen interessiert. Immer häufiger verlangen öffentliche Finanziers (wie die Deutsche Forschungsgemeinschaft oder auch Landes- und Bundesministerien) von Forschung diesen Weg der Publikation. Wie auch immer: Zielgruppe ist in allen Fällen die »scientific community«, die Gemeinschaft der Wissenschaftler*innen, die sich für das Thema interessieren und auf demselben oder auf angrenzenden Forschungsfeldern tätig sind.

Nicht selten aber soll auch ein Laienpublikum angesprochen werden. Denken wir nur an die breite Öffentlichkeit, die an den Ergebnissen von Schulvergleichsuntersuchungen und Schulleistungsstudien interessiert ist. Die stets aufgeregten Reaktionen z. B. auf PISA und IGLU belegen dies. Es ist aber auch an die ersten Adressat*innen der »angewandte Forschung« zu denken, die Beforschten selbst. Je nachdem, was Gegenstand der Forschung war, ist hier allerdings Sensibilität erforderlich. Wollen die Beforschten tatsächlich eine ausführliche Rückmeldung (danach sollte vor Beginn der Forschungsarbeit gefragt werden)? Verbinden die Beforschten unter Umständen Erwartungen mit der Rückmeldung, die die Forschenden gar nicht einlösen können? Hat die Forschung Ergebnisse erbracht, die für Einzelne oder eine ganze Institution heikel sind? All diese Fragen müssen im Zuge der Rückmeldung beantwortet werden. Will oder muss man für einen Leserkreis schreiben, der sich nicht aus Wissenschaftler*innen zusammensetzt, muss an unseren Empfehlungen und Hinweisen sicher Abstriche gemacht werden, da in diesem Fall Lesbarkeit und Allgemeinverständlichkeit ganz im Vordergrund stehen. Sicher ist jedenfalls, dass es nicht reicht, einfach einen schriftlichen Forschungsbericht kommentarlos herauszugeben bzw. an die Beforschten zu übersenden (vgl. Miethe & Riemann 2008, S. 228 ff).

Gehen wir jetzt aber von einem Abschlussbericht aus, dessen Zielgruppe »die Wissenschaft« ist. Was ist da zu beachten? Wer sich über unsere Ausführungen hinausgehend diesbezüglich einen Eindruck verschaffen möchte, den verweisen wir beispielhaft auf Gläser & Laudel (2010, S. 261–284), die auf zwei Dutzend Seiten das Wesentliche zusammengefasst haben.

Zunächst will die Gliederung überlegt sein. Hier gibt es kaum Alternativen. Ein Forschungsbericht weist in der Regel folgende Gliederung auf:

1. Im Mittelpunkt des Forschungsberichts stehen natürlich die Ergebnisse der Forschungsarbeit, die entweder, je nach Ausgangsfrage, in einer zur Weiterarbeit befähigenden Hypothese oder in einer (immer nur vorläufig) abschließenden umfassenden Theorie bestehen. Damit könnte man in knapper Form beginnen, um diesen Faden später erneut und ausführlicher aufzugreifen. Der vor unserer Forschungsarbeit gegebene Wissensstand (Stand der Forschung) und die Wissenslücke, die wir schließen wollen, müssen jedenfalls genau beschrieben werden. Es schadet auch nicht, die Bedeutung der Forschungsfrage in theoretischer oder praktischer Hinsicht zu betonen.
2. Sodann folgen die Begründung der Auswahl der Forschungsdaten sowie die Begründung der Forschungsmethoden, die zur Datenerhebung und zur Datenauswertung angewandt wurden. Dies sollte nicht in allgemeiner Form erfolgen, sondern sehr spezifisch unser Vorgehen reflektieren. Wir haben ja gesehen, dass Methoden wie die Grounded Theory oder die Qualitative Inhaltsanalyse und andere sehr individuell an das jeweilige Forschungsvorhaben adaptiert werden können. Eine allgemeine Beschreibung der betreffenden Methode oder der pauschale Hinweis, »Wir haben« nach der Grounded Theory gearbeitet« bzw. »Wir haben diese oder jene statistischen Verfahren angewandt«, lassen kaum Rückschlüsse auf das konkrete Vorgehen zu und sind deshalb unzureichend. An dieser Stelle sind auch quantitative Angaben unerlässlich (wie viele Interviews/Beobachtungen/Proband*innen?). In historischen Arbeiten müssen die Quellen genau beschrieben und ihre Fundorte angegeben werden. Interviewleitfäden, Auszüge aus Interview- oder Beobachtungsprotokollen oder beispielhafte Testfragen/-aufgaben können in einen Anhang aufgenommen werden. Es muss auf jeden Fall gesichert sein, dass die Rezipient*innen nachvollziehen können, auf welche Weise wir zu unseren Ergebnissen gekommen sind.
3. Im nächsten Schritt geht es um die Ergebnisse. Selbstverständlich muss man die Daten, die man ermittelt hat, auch interpretieren. Nur – um ein Beispiel zu geben – einzelne Interviews zu interpretieren, nur einen Ausschnitt aus dem Zahlenkorpus heranzuziehen, geht nicht, es sei denn, ein solcher Schritt lässt sich im Rahmen einer korrekten Methodenanwendung legitimieren. In jedem Fall müssen die Ergebnisse komplett in den theoretischen oder praktischen Kontext eingeordnet

werden, der den Forschungsprozess ausgelöst hat. Zitate, Abbildungen, graphische Darstellungen, alles, was die Lesbarkeit und die Anschaulichkeit erhöht, ist erlaubt. Sind weiterführende Fragestellungen aufgetaucht, müssen diese benannt werden. Gute Forschung ist anschlussfähig. Was v. a. in Forschungsberichten, die auf wenig bis gar nicht standardisierten Verfahren beruhen, zum Problem werden könnte, das ist die Quasi-Quantifizierung. Ganz lassen sich Größenangaben nicht vermeiden, und dann tauchen Begriffe wie »in der Regel«, »häufig«, »selten«, »mehr«, »weniger« usw. auf. Das ist nicht zulässig (Oswald 2013, S. 188 f). Quantifizierende Angaben müssen präzise sein, dürfen nicht im Ungefähren verbleiben. Hier müssen im Forschungsbericht präzise Zahlenangaben stehen.

Im Grundsatz müssen die erhobenen Daten aus Gründen des Datenschutzes anonymisiert werden. Das gilt in erhöhtem Maße bei der Publikation der Forschungsergebnisse. Dass damit allerdings nicht selten ein Verlust an Präzision und damit an Erkenntnis verbunden ist, sei nur angedeutet. Wie so oft, gilt es auch hier, die Grenzen auszuloten und ggf. abzuwägen. In der Literatur wird ebenfalls die Meinung vertreten, es sei »eine hundertprozentige Anonymisierung in vielen Untersuchungen nicht möglich« (Miethe 2013, S. 931). Tatsächlich: Ist etwa ein Lehrer*innenkollegium befragt worden, werden sich dessen Mitglieder, die sich untereinander ja gut kennen, jederzeit in einem Forschungsbericht wiedererkennen können. Das ist von dem*der Forschenden kaum zu verhindern. Umgekehrt müssen die Gefahren einer De-Anonymisierung bedacht werden. Selbst wenn die Zustimmung eines*einer Betroffenen vorliegt, wird nie nur ein*e Einzelne*r de-anonymisiert, sondern auch dessen*deren ganzes soziales Umfeld, das dem aber gar nicht zugestimmt hat. Eine dilemmatische Situation, in der nur fallbezogen ein Ausweg gefunden werden kann. Sollte keine befriedigende Lösung gefunden werden, muss auf eine Untersuchung unter Umständen auch verzichtet werden.

Noch eine Anmerkung zu einer Frage, die in der wissenschaftstheoretischen Literatur umstritten ist: Darf in wissenschaftlichen Aussagezusammenhängen – und eine solche ist ein Forschungsbericht – gewertet werden? Mit Sicherheit ist das für Theorien zu verneinen. Theorien stützen sich auf Tatsachen, die allein deskriptiv zur Darstellung kommen dürfen. Aber über die Theorie hinaus? Der Erziehungswissenschaftler Wolfgang Brezinka hat dazu eine klare Meinung: Erziehungswissenschaft muss in ihren Äußerungen auf Werturteile verzichten (Brezinka 1972, S. 6 f). Diese Einschätzung resultiert aus einer konsequent empirischen Haltung, denn normative Sätze – Wertungen sind normative Sätze – können nicht mehr rein empirisch begründet werden (Brezinka 1978, S. 100). Brezinka plädiert also für die Werturteilsfreiheit der Erziehungswissenschaft, die eine rein deskriptive Wissenschaft zu sein habe. Um dennoch auch den Erfordernissen einer Handlungswissenschaft Genüge zu tun, stellt Brezinka der Erziehungswissenschaft eine Praktische Pädagogik an die Seite, in der dann auch wertende Aussagen zulässig sein sollen. Etwas entspannter sieht das der Brezinka in seinen Auffassungen an sich nahestehende Wissenschaftstheoretiker Karl R. Popper, der einmal geschrieben hat: »Wir können dem Wissenschaftler nicht seine Parteilichkeit rauben, ohne ihm auch seine Menschlichkeit zu rauben. Ganz ähnlich können wir nicht seine Wertungen verbieten oder zerstören, ohne ihn als Menschen und als Wissenschaftler zu zerstören« (Popper 1972, S. 115).

Nachwort

Als Leser*in dieses Einführungswerks hoffen wir, Ihr Interesse für erziehungswissenschaftliche Forschungsfragen und deren Beantwortung geweckt zu haben. Unser Anliegen war es, Ihnen die wichtigsten Methoden und Verfahren, mit denen Forschungsfragen untersucht werden können, vorzustellen, sodass Sie für Ihr Studium »gewappnet« sind bzw. im Idealfall Ihre eigenen, spannenden Fragestellungen entwickeln und beantworten können. Dabei war es uns wichtig, Sie gezielt für erziehungswissenschaftliche Fragestellungen zu sensibilisieren, denn Methoden finden natürlich auch in anderen sozial- und geisteswissenschaftlichen Disziplinen Anwendung. Die Erziehungswissenschaft als eine auf den Alltag des Erziehens gerichtete Handlungswissenschaft hat ihre eigene theoretische Basis, die bei der Beantwortung von Forschungsfragen berücksichtigt werden muss. Wie wir aufzeigten, hängt wissenschaftliche Forschung immer auch von den theoretischen Grundlagen ab, auf denen sie aufbaut. Methodische Entscheidungen können somit nicht losgelöst von den theoretischen Überlegungen getroffen werden. Die Verzahnung zwischen Theorie und Methode gestaltet sich für jede Disziplin anders, deswegen war es aus unserer Sicht wichtig, eine Einführung in die Methoden aus primär erziehungswissenschaftlicher Sicht zu verfassen. Gerade auch deswegen, weil kaum eine andere Disziplin geisteswissenschaftliche, sozialwissenschaftliche, sowohl quantitative als auch qualitative Methoden vereint.

Wir hoffen, dass Ihnen dieses Buch dabei helfen wird, Forschungsberichte besser zu verstehen und selbst wissenschaftliche Arbeiten zu verfassen. Dabei möchten wir Ihnen jedoch auch mit auf den Weg geben, dass es bei der erziehungswissenschaftlichen Forschung nicht nur darum geht, bestimmte Methoden anzuwenden, sondern auch um die Fähigkeit, kritisch zu denken, eigene Überlegungen zu entwickeln und Forschungsergebnisse in einen größeren Zusammenhang zu stellen.

Zudem sollten Sie bei aller Methodenvielfalt und der Bedeutung von Theorien immer auch bedenken, dass wissenschaftliche Forschung ein soziales Konstrukt ist, das von den Menschen betrieben wird. Das bedeutet, dass die Wahl von Forschungsfragen und die Durchführung von Untersuchungen von unterschiedlichen Faktoren abhängen können, wie z. B. gesellschaftlichen Entwicklungen, politischen oder finanziellen Interessen oder persönlichen Überzeugungen der Forschenden. Deshalb ist es wichtig, bei der Interpretation von Forschungsergebnissen stets auch die Bedingungen und Umstände zu berücksichtigen, unter denen sie gewonnen wurden.

Abschließend möchten wir Sie ermutigen, auch weiterhin neugierig zu bleiben und sich mit erziehungswissenschaftlicher Forschung und ihren Methoden auseinanderzusetzen. Die Erziehungswissenschaft ist ein dynamisches Fachgebiet, das sich ständig weiterentwickelt und neue Erkenntnisse hervorbringt. Wir hoffen, dass Sie sich von der Faszination anstecken lassen, die die wissenschaftliche Forschung ausmacht, und dass Sie zudem erfolgreich Ihre eigenen Forschungsprojekte umsetzen können.

Abbildungs- und Tabellenverzeichnis

Abbildungen

Abb. 1:	Der Forschungsprozess bei hypothesenprüfenden Verfahren	50
Abb. 2:	Der Forschungsprozess bei hypothesengenerierenden Verfahren	51
Abb. 3.	Der hermeneutische Zirkel	155
Abb. 4:	Normalverteilung	224
Abb. 5:	Übersicht über Zusammenhangsmaße	231
Abb. 6:	Linearer Zusammenhang	232
Abb. 7:	Monotoner Zusammenhang	232
Abb. 8:	Positive Korrelation	233
Abb. 9:	Negative Korrelation	233
Abb. 10:	Nullkorrelation	234
Abb. 11:	Darstellung eines Boxplots	235
Abb. 12:	Darstellung eines Beispielboxplots	238
Abb. 13:	Moderations-/Mediationsmodell	250
Abb. 14:	Die Mediatoranalyse	252
Abb. 15:	Die Mediatoranalyse am Beispiel	253
Abb. 16:	Die Mediatoranalyse in vier Regressionen	254
Abb. 17:	Die Moderatoranalyse am Beispiel	255
Abb. 18:	Regressionsanalysen bei der Moderatoranalyse	256
Abb. 19:	Übersicht über Unterschiedsmaße	258
Abb. 20:	Beispiel zur Abgrenzung der ANOVA vom t-Test	261
Abb. 21:	Die Gesamtvarianz	263
Abb. 22:	Beispiel für eine mehrfaktorielle Varianzanalyse	268
Abb. 23:	Beispiel mehrfaktorielle Varianzanalyse: geschätzte Randmittel	270

Tabellen

Tab. 1:	Interpretation des Signifikanzniveaus	228
Tab. 2:	Interpretation des Korrelationskoeffizienten	240
Tab. 3:	Formen der Varianzanalyse	259
Tab. 4:	Beispiele zur Veranschaulichung der Varianzanalyse	260
Tab. 5:	Interpretation der Effektstärke η^2 nach Cohen (1988)	266
Tab. 6:	Beispiel mehrfaktorielle Varianzanalyse: deskriptive Werte	269
Tab. 7:	Beispiel mehrfaktorielle Varianzanalyse: Tests der Zwischensubjekteffekte	271

Literatur

Alemann, H. von (1984). *Der Forschungsprozeß. Eine Einführung in die Praxis der empirischen Sozialforschung*. B. G. Teubner.

Allen, A. T. (1989). ›Kommt, lasst uns unsern Kindern leben.‹ Kindergartenbewegungen in Deutschland und den Vereinigten Staaten, 1840–1914. *Zeitschrift für Pädagogik, 35*(1), 65–84.

Altrichter, H., Aichner, W., Soukup-Altrichter, K. & Welte, H. (2013). PraktikerInnen als ForscherInnen. Forschung und Entwicklung durch Aktionsforschung. In B. Friebertshäuser, A. Lange & A. Prengel (Hrsg.), *Handbuch Qualitative Forschungsmethoden in der Erziehungswissenschaft* (S. 803–818). Juventa Verlag.

Altrichter, H. & Feindt, A. (2008). Handlungs- und Praxisforschung. In W. Helsper & J. Böhme (Hrsg.), *Handbuch der Schulforschung* (S. 449–466). VS, Verlag für Sozialwissenschaften.

Altrichter, H. & Posch, P. (2008). Forschende Entwicklung und Entwicklungsforschung. Argumente für eine Neubewertung von Aktionsforschungsansätzen in der deutschsprachigen Bildungsforschung. In F. Hoffmann, C. Schreiner & J. Thonhauser (Hrsg.), *Qualitative und Quantitative Aspekte. Zu ihrer Komplementarität in der erziehungswissenschaftlichen Forschung* (S. 75–97). Waxmann Verlag.

Altrichter, H. & Posch, P. (2018). *Lehrer erforschen ihren Unterricht. Eine Einführung in Methoden der Aktionsforschung*. Klinkhardt.

Anders, Y. (2018). Quantitative Zugänge. In Th. Schmid & W. Smidt (Hrsg.), *Handbuch Empirische Forschung in der Pädagogik der frühen Kindheit* (S. 41–55). Waxmann.

Angeloch, D. (2013). Die Beziehung zwischen Text und Leser. Methodik und Problematik gegenübertragungsanalytischen Lesens. *Psyche. Zeitschrift für Psychoanalyse, 67*(6), 526–555.

Argyrokastriti, S. (2008). *Schulklima und Unterrichtspraxis in komparatistischer Sicht*. ibidem.

Arnold, R. (1983). Deutungsmuster. Zu den Bedeutungselementen sowie den theoretischen und methodologischen Bezügen eines Begriffs. *Zeitschrift für Pädagogik, 29*(6), 893–912.

Arztmann, D. (2018). Sozialwissenschaftliches Krisenexperiment. In V. Wöhrer, T. Wintersteller, K. Schneider, D. Harrasser & D. Arztmann (Hrsg.), *Praxishand-

buch. Sozialwissenschaftliches Forschen mit Kindern und Jugendlichen (S. 57–60). Juventa Verlag.
Aster, R. (1990). *Schule und Kultur. Zur Rekonstruktion schulischer Wirklichkeit aus dem Blickwinkel von Schülern und Lehrern. Monographie einer Hauptschule als Beitrag zur ethnographischen Schulforschung.* Peter Lang.
Atteslander, P. (1975). *Methoden der empirischen Sozialforschung.* Walter de Gruyter.
Atteslander, P. (2010). *Methoden der empirischen Sozialforschung.* Walter de Gruyter.
Aufenanger, S. (1986). »Wollt ihr nochmal das Spiel machen ...?« Pädagogische Interaktionen im Kindergarten. In Ders. & M. Lenssen (Hrsg.), *Handlung und Sinnstruktur. Bedeutung und Anwendung der objektiven Hermeneutik* (S. 205–228). Peter Kindt Verlag.
Aufenanger, S., Garz, D. & Kraimer, K. (1994). Pädagogisches Handeln und moralische Atmosphäre. Eine objektiv-hermeneutische Dokumentenanalyse im Kontext schulischer Interaktion. In D. Garz & K. Kraimer (Hrsg.), *Die Welt als Text. Theorie, Kritik und Praxis der objektiven Hermeneutik* (S. 226–246). Suhrkamp Verlag.
Aufenanger, S. & Lenssen, M. (1986). Einleitung: Zum Problem der objektiven Hermeneutik. In Dies. (Hrsg.), *Handlung & Sinnstruktur. Bedeutung und Anwendung der objektiven Hermeneutik* (S. 1–18). Peter Kindt Verlag.
Baacke, D. & Schulze, Th. (Hrsg.) (1979). *Aus Geschichten lernen. Zur Einübung pädagogischen Verstehens.* Juventa Verlag.
Backhaus, K., Erichson, B., Plinke, W. & Weiber, R. (2008). *Multivariate Analysemethoden: Eine anwendungsorientierte Einführung.* Springer-Lehrbuch. Springer.
Bauer, K.-O. (2004). *Jahrbuch der Schulentwicklung. Daten, Beispiele und Perspektiven: Bd. 13. Evaluation – via regia zu besserer Qualität in Schule und Unterricht?* (S. 161–186). Juventa Verlag.
Bayerisches Staatsministerium für Unterricht und Kultus (2005). *Externe Evaluation an Bayerns Schulen. Das Konzept, die Instrumente, die Umsetzung.* Erhardi Druck GmbH.
Becker, H. S. & Geer, B. (1984). Teilnehmende Beobachtung; Die Analyse qualitativer Forschungsergebnisse. In C. Hopf & E. Weingarten (Hrsg.), *Qualitative Sozialforschung* (S. 139–166). Klett-Cotta.
Benner, D. (1972). Pädagogisches Experiment zwischen Technologie und Praxeologie. Wissenschaftstheoretische Überlegungen zum Erfahrungsbegriff in der Pädagogik. *Pädagogische Rundschau, 26,* 25–53.
Benner, D. & Sladek, H. (1998). *Vergessene Theoriekontroversen in der Pädagogik der SBZ und DDR 1946–1961.* Deutscher Studienverlag.
Berelson, B. (1952). *Content Analysis in Communication Research.* New York, The Free Press.
Berger, P. L. & Luckmann, Th. (1994). *Die gesellschaftliche Konstruktion der Wirklichkeit. Eine Theorie der Wissenssoziologie.* Fischer Taschenbuchverlag.
Blankertz, H. (1966). Pädagogische Theorie und empirische Forschung. *Neue Folge der Ergänzungshefte zur Vierteljahrsschrift für wissenschaftliche Pädagogik, 5,* 65–78.

Böhm, A. (2017). Theoretisches Codieren: Textanalyse in der Grounded Theory. In U. Flick, E. von Kardorff & I. Steinke (Hrsg.), *Qualitative Forschung. Ein Handbuch* (S. 475–485). Rowohlt Taschenbuch Verlag.

Böhm, W. (2004). *Geschichte der Pädagogik. Von Platon bis zur Gegenwart*. C. H. Beck.

Bohnsack, R. (1995). Auf der Suche nach habitueller Übereinstimmung. Peergroups: Cliquen, Hooligans und Rockgruppen. In H.-H. Krüger & W. Marotzki (Hrsg.), *Erziehungswissenschaftliche Biographieforschung* (S. 258–274). Leske + Budrich.

Bohnsack, R. (2010a). Dokumentarische Methode. In K. Bock & I. Miethe unter Mitarbeit v. B. Ritter & F. Schäfer (Hrsg.), *Handbuch Qualitative Methoden in der Sozialen Arbeit* (S. 247–258). Verlag Barbara Budrich.

Bohnsack, R. (2010b). Gruppendiskussionsverfahren und dokumentarische Methode. In B. Friebertshäuser, A. Lange & A. Prengel (Hrsg.), *Handbuch Qualitative Forschungsmethoden in der Erziehungswissenschaft* (S. 205–218). Juventa Verlag.

Bohnsack, R. (2011). *Qualitative Bild- und Videointerpretation. Die dokumentarische Methode*. Verlag Barbara Budrich.

Bohnsack, R. (2017). Gruppendiskussion. In U. Flick, E. von Kardorff & I. Steinke (Hrsg.), *Qualitative Forschung. Ein Handbuch* (S. 369–384). Rowohlt Taschenbuch Verlag.

Bohnsack, R. (2021). *Rekonstruktive Sozialforschung. Einführung in qualitative Methoden*. Verlag Barbara Budrich.

Bohnsack, R., Michel, B. & Przyborski, A. (Hrsg.) (2015). *Dokumentarische Bildinterpretation. Methodologie und Forschungspraxis*. Verlag Barbara Budrich.

Bohnsack, R. & Nentwig-Gesemann, I. (2010). Einleitung: Dokumentarische Evaluationsforschung. In Dies. (Hrsg.), *Dokumentarische Evaluationsforschung. Theoretische Grundlagen und Beispiele aus der Praxis* (S. 9–20). Verlag Barbara Budrich.

Bolland, A. (2005). *Das Sieb des beständigen Versuchens. Forschendes Lernen und Freinet-Pädagogik in der LehrerInnenbildung*. Universität Bielefeld.

Bollig, S. (2011). Notizen machen, Bögen ausfüllen, Geschichten schreiben. Praxisanalytische Perspektiven auf die Materialität der bildungsbezogenen Beobachtung im Elementarbereich. In Cloos, P. & Schulz, M. (Hrsg.): *Kindliches Tun beobachten und dokumentieren. Perspektiven auf die Bildungsbegleitung in Kindertageseinrichtungen* (S. 33–48). Weinheim: Juventa.

Bortz, J. (2005). *Statistik für Human- und Sozialwissenschaftler* (6. Aufl.). Springer.

Boudon, R. (1974). *Education, opportunity, and social inequality: Changing prospects in Western society. Wiley series in urban research*. Wiley.

Braches-Chyrek, R., Röhner, C. Sünker, H. & Hopf, M. (Hrsg.) (2020). *Handbuch Frühe Kindheit*. Verlag Barbara Budrich.

von Brandt, A. (2012). *Werkzeug des Historikers. Eine Einführung in die Historischen Hilfswissenschaften*. Verlag W. Kohlhammer.

Breidenstein, G. (2006). *Teilnahme am Unterricht. Ethnographische Studien zum Schülerjob*. VS Verlag für Sozialwissenschaften.

Breuer, F. (1996). Theoretische und methodologische Grundlinien unseres Forschungsstils. In Ders. (Hrsg.), *Qualitative Psychologie. Grundlagen, Methoden und Anwendungen eines Forschungsstils.* Westdeutscher Verlag.

Brezinka, W. (1959). Die Pädagogik und die erzieherische Wirklichkeit. *Zeitschrift für Pädagogik, 5*(1), 1–34.

Brezinka, W. (1972). *Von der Pädagogik zur Erziehungswissenschaft. Eine Einführung in die Metatheorie der Erziehung.* Beltz Verlag.

Brezinka, W. (1978). *Metatheorie der Erziehung. Eine Einführung in die Grundlagen der Erziehungswissenschaft, der Philosophie der Erziehung und der Praktischen Pädagogik.* Ernst Reinhardt.

Broecken, R. (1975). Hermeneutische Pädagogik. In Erziehungswissenschaftliches Handbuch: Bd. 4. *Pädagogik als Wissenschaft. Theorien und Methoden* (S. 219–269). Rembrandt Verlag.

Brosius, F. (2013). *SPSS 21. mitp Professional.* Verlagsgruppe Hüthig Jehle Rehm.

Brunner, H. (1991). *Altägyptische Erziehung.* Harrassowitz.

Bühl, A. (2019). *SPSS: Einführung in die moderne Datenanalyse mit SPSS 25.* Pearson.

Burke, C. (2005). Containing the School Child: Architectures and Pedagogies. *Padagogica Historica, 41*(4/5), 489–494.

Caesar-Wolf, B. & Roethe, Th. (1983). Soziologische Textinterpretation einer Interaktionssequenz zwischen Lehrer und Kind. *Bildung und Erziehung, 36*(2), 157–171.

Chalmers, A. T. (2007). Wissenschaft als Erkenntnisform, die auf erfahrbaren Tatsachen beruht. In Ders., Bergemann, N., Alstötter-Gleich, C. (Hrsg.), *Wege der Wissenschaft. Einführung in die Wissenschaftstheorie* (S. 5–18). Springer Verlag.

Cloer, E. (1994). Universitäre Pädagogik in der früheren DDR – ausschließlich Legitimationswissenschaft? Untersuchungen zur Pluralität pädagogischer Denkformen. In H.-H. Krüger & W. Marotzki (Hrsg.), *Pädagogik und Erziehungsalltag in der DDR. Zwischen Systemvorgaben und Pluralität* (S. 17–35). Leske + Budrich.

Colby, A. & Kohlberg, L. (1978). Das moralische Urteil: Der kognitionszentrierte entwicklungspsychologische Ansatz. In G. Steiner (Hrsg.), *Die Psychologie des XX. Jahrhunderts: Bd. VII. Piaget und die Folgen. Entwicklungspsychologie, Denkpsychologie, Genetische Psychologie.* Kindler.

Cremer, C. & Klehm W. R. (1978). *Aktionsforschung. Wissenschaftshistorische und gesellschaftliche Grundlagen – methodische Perspektiven.* Beltz.

Czerwenka, K., Nölle, K. & Pause, G. (1990). *Schülerurteile über die Schule: Bericht über eine internationale Untersuchung. Europäische Hochschulschriften Reihe 11, Pädagogik: Bd. 419.* Peter Lang.

Danner, H. (2006). *Methoden geisteswissenschaftlicher Pädagogik. Einführung in Hermeneutik, Phänomenologie und Dialektik.* Ernst Reinhardt Verlag.

Dant, T. (1999). *Material Culture in the Social World. Values, Activities, Lifestyles.* Buckingham: Open University Press.

Delekat, F. (1969). *Immanuel Kant. Historisch-kritische Interpretation der Hauptschriften.* Quelle & Meyer.

Diaz-Bone R., Weischer C. (2015). *Methoden-Lexikon für die Sozialwissenschaften*. Springer Fachmedien Wiesbaden GmbH.
Diekmann, A. (2021). *Empirische Sozialforschung. Grundlagen, Methoden, Anwendungen*. Rowohlt Taschenbuch Verlag.
Dietrich, G. (1969). *Bildungswirkungen des Gruppenunterrichts: persönlichkeitsformende Bedeutung des gruppenunterrichtlichen Verfahrens*. Ehrwirth.
Dilthey, W. (1976). Die Entstehung der Hermeneutik. In S. Oppolzer (Hrsg.), *Denkformen und Forschungsmethoden der Erziehungswissenschaft. Bd. I: Hermeneutik – Phänomenologie – Dialektik – Methodenkritik* (S. 13–24). Franz Ehrenwirth Verlag.
Dilthey, W. (1981). *Der Aufbau der geschichtlichen Welt in den Geisteswissenschaften*. Hofenberg Sonderausgabe.
Döring, N. & Bortz, J. (2016). *Forschungsmethoden und Evaluation in den Sozial- & Humanwissenschaften*. Springer.
Dörpinghaus, A. & Nießeler, A. (Hrsg.) (2012). *Dinge in der Welt der Bildung – Bildung in der Welt der Dinge*. Königshausen & Neumann.
Dörr, M. (2003). Lebensgeschichte als MitTeilung über die Verfasstheit des Selbst. In A. Hanses (Hrsg.), *Biographie und Soziale Arbeit* (S. 127–142). Schneider Verlag Hohengehren.
Dorst, W. (1954). Besonderheiten des pädagogischen Experiments. *Pädagogik, 8*(9), 629–641.
Dreher, M. & Dreher, E. (1995). Gruppendiskussionsverfahren. In U. Flick, E. von Kardoff, H. Keupp, L. von Rosenstiel & S. Wolff (Hrsg.), *Handbuch Qualitative Sozialforschung. Grundlagen, Konzepte, Methoden und Anwendungen* (S. 186–188). Psychologie Verlagsunion.
Duncker, L., Hahn, K. & Heyd, C. (2014). *Wenn Kinder sammeln. Begegnungen in der Welt der Dinge*. Kallmeyer Verlag.
Durkheim, E. (1984). *Erziehung, Moral und Gesellschaft. Vorlesungen an der Sorbonne 1902/03*. Suhrkamp Verlag.
Eberwein, H. & Köhler, K. (1984). Ethnomethodologische Forschungsmethoden in der Sonder- und Sozialpädagogik. *Zeitschrift für Pädagogik, 30*(3), 363–380.
Ehrenspeck, Y & Schäffer, B. (Hrsg.) (2003). *Film- und Fotoanalyse in der Erziehungswissenschaft. Ein Handbuch*. Leske + Budrich.
Eifler, S. & Leitgöb, H. (2019). Experiment. In N. Baur & J. Blasius (Hrsg.), *Handbuch Methoden der empirischen Sozialforschung* (S. 203–218). Springer VS.
Emde, F. A. & Weber, K. E. (2022). Welche Rolle spielen die soziale Herkunft und die Schulform für die Wahrnehmung von digitalem Feedback und das akademische Selbstkonzept während der COVID-19 Pandemie? *Zeitschrift für Bildungsforschung, 12*(1), 23–42.
Erhard, F. & Sammet, K. (Hrsg.) (2018). *Sequenzanalyse praktisch*. Beltz Juventa.
Erning, G. (1987). *Bilder aus dem Kindergarten. Bilddokumente zur geschichtlichen Entwicklung der öffentlichen Kleinkinderziehung in Deutschland*. Lambertus Verlag.
Fatke, R. & Flitner, A. (1983). Was Kinder sammeln. Beobachtungen und Überlegungen aus pädagogischer Sicht. *Neue Sammlung, 23*(6), 600–610.

Fend, H. (1977). *Schulklima. Soziale Einflussprozesse in der Schule.* Beltz.
Fend, H. (1990). Bilanz der empirischen Bildungsforschung. *Zeitschrift für Pädagogik, 36*(5), 687–709.
Fetz, R. L. (1988). *Struktur und Genese. Jean Piagets Transformation der Philosophie.* Paul Haupt Verlag.
Field, A. (2018). *Discovering Statistics Using IBM SPSS Statistics.* Sage Publications Ltd.
Fischer, A. (1964). Über die Bedeutung des Experiments in der pädagogischen Forschung und die Idee einer exakten Pädagogik [zuerst 1913]. Wiederabgedruckt in H. Röhrs (Hrsg.), *Erziehungswissenschaft und Erziehungswirklichkeit* (S. 355–367). Akademische Verlagsgesellschaft.
Flick, U. (1995). *Qualitative Forschung. Theorie, Methoden, Anwendung in Psychologie und Sozialwissenschaften.* Rowohlt Verlag.
Flick, U. (2017). Triangulation in der qualitativen Forschung. In U. Flick, E. von Kardorff & I. Steinke (Hrsg.), *Qualitative Forschung. Ein Handbuch* (S. 309–318). Rowohlt Taschenbuch Verlag.
Flitner, W. (1974). *Allgemeine Pädagogik.* Ernst Klett.
Flitner, W. (1989). Das Selbstverständnis der Erziehungswissenschaft in der Gegenwart [1957]. Wiederabgedruckt in Ders. (Hrsg.), *Theoretische Schriften. Abhandlungen zu normativen Aspekten und theoretischen Begründungen der Pädagogik Gesammelte Schriften, Band 3* (S. 310–349). Paderborn u. a.: Ferdinand Schöningh Verlag.
Frank, M. (1979). Was heißt »einen Text verstehen«? In U. Nassen (Hrsg.), *Texthermeneutik. Aktualität, Geschichte, Kritik* (S. 58–77). Ferdinand Schöningh Verlag.
Franz, E. G. (1999). *Einführung in die Archivkunde.* Wissenschaftliche Buchgesellschaft.
Freud, S. (1982). Die Traumdeutung (1900). Wiederabgedruckt in: Ders., *Studienausgabe, Band II. Die Traumdeutung.* Fischer Taschenbuch Verlag.
Friebertshäuser, B. & Langer, A. (2010). Interviewformen und Interviewpraxis. In Dies. & A. Prengel, (Hrsg.), *Handbuch qualitative Forschungsmethoden in der Erziehungswissenschaft* (S. 437–455). Juventa Verlag.
Friebertshäuser, B., A. Langer & Prengel, A. (Hrsg.) (1997). *Handbuch qualitative Forschungsmethoden in der Erziehungswissenschaft.* Juventa Verlag.
Friedrichs, J. & Lüdtke, H. (1971). *Teilnehmende Beobachtung. Zur Grundlegung einer sozialwissenschaftlichen Methode empirischer Feldforschung.* Verlag Julius Beltz.
Friedrichs-Liesenkötter, H. (2016). *Medienerziehung in Kindertagesstätten – Habitusformationen angehender Erzieherinnen.* Springer VS.
Frischeisen-Köhler, M. (1931). Das Experiment und die Pädagogik. In Ders. (Hrsg.), *Philosophie und Pädagogik* (S. 129–150). Verlag Julius Beltz.
Fröbel, F. (1982). *Ausgewählte Schriften. Dritter Band: Vorschulerziehung und Spieltheorie.* Klett-Cotta.
Früh, W. (2015). *Inhaltsanalyse: Theorie und Praxis* (8. Aufl.). UTB.

Gadamer, H.-G. (1965). *Wahrheit und Methode. Grundzüge einer philosophischen Hermeneutik.* Mohr (Siebeck) Verlag.

Gadamer, H.-G. (1974). *Historisches Wörterbuch der Philosophie: Bd. 3. Hermeneutik.* (Sp.1061–1073). Schwabe & Co.

Gamper, M. (2020). Netzwerkanalyse – eine methodische Annäherung. In A. Klärner, M. Gamper, S. Keim-Klärner, I. Moor, H. von der Lippe & V. Nico (Hrsg.), *Soziale Netzwerke und gesundheitliche Ungleichheiten: Eine neue Perspektive für die Forschung* (S. 109–133). Springer VS. https://doi.org/10.1007/978-3-658-21659-7_6

Garfinkel, H. (1967). Studies of the routine grounds of everyday activities. In Ders. (Hrsg.), *Studies in Ethnomethodology* (S. 35–75). Prentice Hall.

Garz, D. (1997). Die Methode der Objektiven Hermeneutik. Eine anwendungsbezogene Einführung. In B. Friebertshäuser & A. Prengel (Hrsg.), *Handbuch qualitative Forschungsmethoden in der Erziehungswissenschaft* (S. 535–543). Juventa Verlag.

Garz, D. (2013). Objektive Hermeneutik. In B. Friebertshäuser, A. Lange & A. Prengel (Hrsg.), *Handbuch qualitative Forschungsmethoden in der Erziehungswissenschaft* (S. 249–262). Juventa Verlag.

Garz, D. & Kraimer, K. (1994). Die Welt als Text. Zum Projekt einer hermeneutisch-rekonstruktiven Sozialwissenschaft. In Dies. (Hrsg.), *Die Welt als Text. Theorie, Kritik und Praxis der objektiven Hermeneutik* (S. 7–22). Suhrkamp Verlag.

Geiser, C., Crayen, C. & Enders, C. (2022). *Datenanalyse mit Mplus für Fortgeschrittene.* VS Verlag für Sozialwissenschaften.

Geißler, G. (2010). Zur Geschichte der empirischen Pädagogik in der DDR. In C. Ritzi & U. Wiegmann (Hrsg.), *Beobachten – Messen – Experimentieren. Beiträge zur Geschichte der empirischen Pädagogik/Erziehungswissenschaft* (S. 257–273). Klinkhardt.

Geldsetzer, L. (1989). Hermeneutik. In H. Seiffert & G. Radnitzky (Hrsg.), *Handlexikon zur Wissenschaftstheorie* (S. 127–139). Franz Ehrenwirth Verlag.

Girtler, R. (2001). *Methoden der Feldforschung.* Böhlau Verlag.

Glaser, B. G. & Strauss, A. L. (1984). Die Entdeckung gegenstandsbezogener Theorie. Eine Grundstrategie qualitativer Sozialforschung. In C. Hopf & E. Weingarten (Hrsg.), *Qualitative Sozialforschung* (S. 91–111). Klett-Cotta.

Glaser, B. G. & Strauss, A. L. (2010). *Grounded Theory: Strategien qualitativere Forschung.* Huber.

Gläser, J. & Laudel, G. (2010). *Experteninterviews und qualitative Inhaltsanalyse als Instrumente rekonstruierender Untersuchungen.* VS Verlag für Sozialwissenschaften.

Glinka, H.-J. (2016). *Das narrative Interview: Eine Einführung für Sozialpädagogen* (4. Aufl.). Beltz.

Gniewosz, B. (2015). Beobachtung. In H. Reinders, H. Ditton, C. Gräsel & B. Gniewosz (Hrsg.), *Empirische Bildungsforschung: Strukturen und Methoden* (S. 109–118). Springer Fachmedien Wiesbaden. https://doi.org/10.1007/978-3-531-19992-4

Göhlich, M. (1993). *Die pädagogische Umgebung. Eine Geschichte des Schulraums seit dem Mittelalter.* Deutscher Studien Verlag.

Goswami, U. (2001). *So denken Kinder: Einführung in die Psychologie der kognitiven Entwicklung.* Verlag Hans Huber.

Gravetter, F. J. & Forzano, L.-A. B. (2016). *Research methods for the behavioral sciences* (5. Aufl.). Cengage Learning.

Grossmann, K. E., Grossmann, K., Winter, M. & Zimmermann, P. (2002). Bindungsbeziehungen und Bewertung von Partnerschaft. Von früher Erfahrung feinfühliger Unterstützung zu späterer Partnerschaftsrepräsentation. In K. H. Brisch, K. Grossmann, K. E. Grossmann & L. Köhler (Hrsg.), *Bindung und seelische Entwicklungswege. Vorbeugung, Interventionen und klinische Praxis* (S. 125–164). Klett-Cotta.

Haag, F., Krüger, H., Schwärzel, W. & Wildt, J. (Hrsg.) (1972). *Aktionsforschung. Forschungsstrategien, Forschungsfelder und Forschungspläne.* Juventa Verlag.

Habermas, J. & Luhmann, N. (1973). *Theorie der Gesellschaft oder Sozialtechnologie – was leistet die Systemforschung?* Suhrkamp.

Hammann, P. & Erichson, B. (2000). *Marktforschung.* Lucius & Lucius

Harper, D. (2017). Fotografien als sozialwissenschaftliche Daten. In U. Flick, E. von Kardorff & I. Steinke (Hrsg.), *Qualitative Forschung. Ein Handbuch* (S. 402–416). Rowohlt Taschenbuch Verlag.

Harring, M., Rohlfs, C. & Gläser-Zikuda, M. (Hrsg.) (2022). *Handbuch Schulpädagogik.* Waxmann Verlag.

Hartmann, A., Häher, P., Cantauw, C., Meiners, U. & Meyer, S. (Hrsg.) (2011). *Die Macht der Dinge. Symbolische Kommunikation und kulturelles Handeln.* Waxmann Verlag.

Hattie, J. (2013). *Lernen sichtbar machen.* Schneider Verlag Hohengehren.

Haupert, B. (1991). Vom narrativen Interview zur biographischen Typenbildung. Ein Auswertungsverfahren, dargestellt am Beispiel eines Projekts zur Jugendarbeitslosigkeit. In D. Garz & K. Kraimer (Hrsg.), *Qualitativ-empirische Sozialforschung. Konzepte, Methoden, Analysen* (S. 213–254). Westdeutscher Verlag.

Hayes, A. F. (2017). *Introduction to Mediation, Moderation, and Conditional Process Analysis: A Regression-Based Approach.* Guilford Press, New York.

Hebenstreit-Müller, S. & Müller, B. (Hrsg.) (2012). *Beobachten in der Frühpädagogik. Praxis – Forschung – Kamera.* verlag das netz.

Heidegger, M. (1987). *Die Frage nach dem Ding. Zu Kants Lehre von den transzendentalen Grundsätzen.* Max Niemeyer Verlag.

Heiner, M. (Hrsg.) (1988). *Praxisforschung in der Sozialen Arbeit.* Lambertus Verlag.

Heiner, M. (Hrsg.) (1994). *Selbstevaluation als Qualifizierung in der sozialen Arbeit.* Lambertus Verlag.

Heinzel, F. (2013). Zugänge zur kindlichen Perspektive – Methoden der Kindheitsforschung. In B. Friebertshäuser, A. Lange & A. Prengel, (Hrsg.), *Handbuch qualitative Forschungsmethoden in der Erziehungswissenschaft* (S. 707–721). Juventa Verlag.

Heinzel, F., Thole, W., Cloos, P. & Köngeter, S. (Hrsg.) (2009). *»Auf unsicherem Terrain.« Ethnographische Forschung im Kontext des Bildungs- und Sozialwesens.* VS Verlag für Sozialwissenschaften.

Henningsen, J. (1964). *Test, Experiment, Befragung. Ein kritisches Plädoyer.* Neue Deutsche Schule Verlagsgesellschaft.

Herbart, J. F. (1983). *Allgemeine Pädagogik aus dem Zweck der Erziehung abgeleitet.* Verlag Ferdinand Kamp.

Herbart. J. Fr. (1997). Die erste Vorlesung über Pädagogik (1802). Abgedruckt in Benner, D. (Hrsg.), *Johann Friedrich Herbart. Systematische Pädagogik.* Band 1: Ausgewählte Texte (S. 43–46). Deutscher Studien Verlag.

Hermanns, H. (1992). Die Auswertung narrativer Interviews – Ein Beispiel für qualitative Verfahren. In J. H. P. Hoffmeyer-Zlotnik (Hrsg.), *Analyse verbaler Daten. Über den Umgang mit qualitativen Daten* (S. 110–141). Westdeutscher Verlag.

Herrle, M., Kade, J. & Nolda, S. (2013). Erziehungswissenschaftliche Videographie. In B. Friebertshäuser, A. Lange & A. Prengel (Hrsg.), *Handbuch Qualitative Forschungsmethoden in der Erziehungswissenschaft* (S. 599–619). Juventa Verlag.

Hickethier, K. (2012). *Film- und Fernsehanalyse* (5. Aufl.). Springer eBook Collection. Verlag J. B. Metzler. https://doi.org/10.1007/978-3-476-00811-4

Higgins, E. T. & Bargh, J. A. (1987). Social cognition and social perception. *Annual Review of Psychology*, 38, 369–425.

Hnilica, S. (2003). *Disziplinierte Körper. Die Schulbank als Erziehungsapparat.* edition selene.

Hogrebe, W. (1971). Art. »Bild«. In J. Ritter (Hrsg.), *Historisches Wörterbuch der Philosophie. Wörterbuch der philosophischen Begriffe.* (S. 913–920). Wissenschaftliche Buchgesellschaft.

Homfeld, H. G., Merten, R. & Schulze-Krüdener, J. (1999). *Soziale Arbeit im Dialog ihrer Generationen. Theoriebildung, Ausbildung/Professionalisierung, Methodenentwicklung in der zweiten Hälfte des 20. Jahrhunderts.* Schneider Verlag Hohengehren.

Hopf, C. (2016a). Die Pseudo-Exploration – Überlegungen zur Technik qualitativer Interviews in der Sozialforschung. In W. Hopf & U. Kuckartz (Hrsg.), *Schriften zu Methodologie und Methoden qualitativer Sozialforschung* (S. 47–80). Springer VS.

Hopf, C. (2016b). Qualitative Sozialforschung zwischen nomothetischen und idiographischen Vorgehensweisen. Methodologische Überlegungen. In W. Hopf, U. Kuckartz & C. Hopf (Hrsg.), *Schriften zu Methodologie und Methoden qualitativer Sozialforschung* (S. 207–229). Springer VS. https://doi.org/10.1007/978-3-658-11482-4_10

Horstkemper, M. (1987). *Schule, Geschlecht und Selbstvertrauen. Eine Längsschnittstudie über Mädchensozialisation in der Schule.* Juventa Verlag.

Hülst, D. (2013). Grounded Theory. In B. Friebertshäuser, A. Lange & A. Prengel (Hrsg.), *Handbuch qualitative Forschungsmethoden in der Erziehungswissenschaft* (S. 281–300). Juventa Verlag.

Husén, T. & Boalt, G. (1968). *Bildungsforschung und Schulreform in Schweden.* Ernst Klett.

Husserl, E. (1901). *Logische Untersuchungen. Zweiter Theil: Untersuchungen zur Phänomenologie und Theorie der Erkenntnis.* Max Niemayer Verlag.

Hussy, W., Schreier, M. & Echterhoff, G. (2013). *Forschungsmethoden in Psychologie und Sozialwissenschaften für Bachelor.* Springer. https://doi.org/10.1007/978-3-642-34362-9

Hylla, E. (1956). Notwendigkeit und Aufgaben der empirischen Forschung. *Die Deutsche Schule, 48* (3), 97–107.
IFS-Umfrage: Die Schule im Spiegel der öffentlichen Meinung – Ergebnisse der 13. IFS-Repräsentativbefragung der bundesdeutschen Bevölkerung. (2004). *Jahrbuch der Schulentwicklung: Bd. 13. Daten, Beispiele und Perspektiven* (S. 13–50). Juventa Verlag.
Ingenkamp, K., Jäger, R. S., Petillon, H. & Wolf, B. (Hrsg.) (1992). *Empirische Pädagogik 1970–1990. Eine Bestandaufnahme der Forschung in der Bundesrepublik Deutschland. 2 Bände.* Deutscher Studienverlag.
Jäger, J. (2000). *Fotografie: Bilder der Neuzeit. Einführung in die Historische Bildforschung.* Edition Discord.
Jakob, G. & von Wensierski, H.-J. (Hrsg.) (2007). *Rekonstruktive Sozialpädagogik. Konzepte und Methoden sozialpädagogischen Verstehens in Forschung und Praxis.* Juventa Verlag.
Jensen, G. B. (2004). *Schreibgeräte, unter besonderer Berücksichtigung von Schülerschreibgeräten. Historische Entwicklung und kulturethologische Verlaufsformen dieser Entwicklung (aufgezeigt an Kielfeder, Schiefergriffel und -tafel, Bleistift, Stahlfeder mit Halter und Füllfederhalter).* Diss. Phil. Universität Erlangen-Nürnberg.
Kant, I. (1964). Über Pädagogik. In Ders., Werke in zwölf Bänden. Herausgegeben von Wilhelm Weischedel. Band 12: *Schriften zur Anthropologie, Geschichtsphilosophie, Politik und Pädagogik 2* (S. 693–769). Suhrkamp Verlag.
Kardorff, E. von (2017). Qualitative Evaluationsforschung. In U. Flick, E. von Kardorff & I. Steinke (Hrsg.), *Qualitative Forschung. Ein Handbuch* (S. 238–250). Rowohlt Taschenbuch Verlag.
Keitel, C. (2018). *Zwölf Wege ins Archiv. Umrisse einer offenen und praktischen Archivwissenschaft.* Franz Steiner Verlag.
Kelle, U. (2014). Mixed Methods. In N. Baur & J. Blasius (Hrsg.), *Handbuch Methoden der empirischen Sozialforschung* (S. 153–166). Springer VS.
Khine, M. S. (2008). *Knowing, knowledge and beliefs: Epistemological studies across diverse cultures.* Springer.
Kirchhöfer, D. & Uhlig, C. (Hrsg.) (2011). *»Verordnete« Einheit versus realisierte Vielfalt. Wissenschaftliche Schulenbildung in der Pädagogik der DDR.* Peter Lang Verlag.
Klafki, W. (1989). Handlungsforschung. In C. Wulf (Hrsg.), *Wörterbuch der Erziehung* (S. 267–272). Piper Verlag.
Klafki, W. (2001). Hermeneutische Verfahren in der Erziehungswissenschaft. In C. Rittelmeyer & M. Parmentier, *Einführung in die pädagogische Hermeneutik* (S. 125–147). Wissenschaftliche Buchgemeinschaft.
Klauer, K. J. (2005). *Das Experiment in der pädagogischen Forschung. Eine Einführung.* Pädagogischer Verlag [als Reprint Münster: Waxmann Verlag].
Klein, H. (1973). *Bildung in der DDR. Grundlagen, Entwicklungen. Probleme.* Rowohlt.
Klein, R. (2013). Tiefenhermeneutische Analyse. In B. Friebertshäuser, A. Lange & A. Prengel (Hrsg.), *Handbuch Qualitative Forschungsmethoden in der Erziehungswissenschaft* (S. 263–280). Juventa Verlag.

Kleining, G. (1986). Das qualitative Experiment. *Kölner Zeitschrift für Soziologie und Sozialpsychologie, 38*, 724–750.

Kluge, N. & Reichel, H. (Hrsg.) (1979). *Das Experiment in der Erziehungswissenschaft.* Wissenschaftliche Buchgesellschaft.

Kohler, U. & Kreuter, F. (2017). *Datenanalyse mit Stata: allgemeine Konzepte der Datenanalyse und ihre praktische Anwendung.* De Gruyter Oldenbourg.

König, G. M. (2005). Dinge zeigen. In Dies. (Hrsg.), *Alltagsdinge. Erkundungen der materialen Kultur* (S. 9–28). Tübinger Vereinigung für Volkskunde

König, G. M. (2012). Das Veto der Dinge. Zur Analyse materieller Kultur. *Zeitschrift für Pädagogik, 58*, Beiheft 58, 14–31.

König, H.-D. (1993). Die Methode der tiefenhermeneutischen Kultursoziologie. In T. Jung & S. Müller-Doohm (Hrsg.), *Suhrkamp-Taschenbuch Wissenschaft: Bd. 1048. »Wirklichkeit« im Deutungsprozess: Verstehen und Methoden in den Kultur- und Sozialwissenschaften* (2. Aufl., S. 190–222). Suhrkamp.

König, H.-D. (1997). Tiefenhermeneutik als Methode kultursoziologischer Forschung. In R. Hitzler & A. Honer (Hrsg.), *Sozialwissenschaftliche Hermeneutik. Eine Einführung* (S. 213–241). Springer Fachmedien.

Königbauer, J. (1897). *Geschichte der Pädagogik und Methodik für Seminaristen und Lehrer.* Habbel.

Konrad, F.-M. (2009). Wilhelm Tell im Erziehungsheim. Ein Beitrag zur Bildhermeneutik. In Sektion Historische Bildungsforschung (Hrsg.), *Jahrbuch für Historische Bildungsforschung*, Bd. 15 (S. 205–232). Verlag Julius Klinkhardt.

Konrad, F.-M. (2010). *Wilhelm von Humboldt.* Paul Haupt Verlag.

Konrad, F.-M. & Schultheis, K. (2008). *Kindheit. Eine pädagogische Einführung.* Verlag W. Kohlhammer.

Köstlin, K. & Bausinger, H. (Hrsg.) (1983). *Umgang mit Sachen. Zur Kulturgeschichte des Dinggebrauchs. 23. Deutscher Volkskunde-Kongress in Regensburg vom 6.-11. Oktober 1981.* Universität Regensburg.

Krämer, W., Schoffer, O., Tschiersch, L., & Gerß, J. (2018). *Datenanalyse mit SAS: Statistischer Verfahren und ihre grafischen Aspekte.* Springer Gabler.

Krappmann, K. & Oswald, H. (1995). *Alltag der Schulkinder. Beobachtungen und Analysen von Interaktionen und Sozialbeziehungen.* Juventa Verlag.

Krotz, F. (2019). *Neue Theorien entwickeln: Eine Einführung in die Grounded Theory, die heuristische Sozialforschung und die Ethnographie anhand von Beispielen aus der Kommunikationsforschung* (2. Aufl.). Herbert von Halem Verlag.

Krüger, H.-H. (2006). Entwicklungslinien, Forschungsfelder und Perspektiven der erziehungswissenschaftlichen Biographieforschung. In H.-H. Krüger & W. Marotzki (Hrsg.), *Handbuch erziehungswissenschaftliche Biographieforschung* (S. 14–33). VS Verlag für Sozialwissenschaften | GWV Fachverlage GmbH

Kruse, J. (2015). *Qualitative Interviewforschung. Ein integrativer Ansatz.* Beltz Juventa.

Kruse, O. (2010). *Lesen und Schreiben. Der richtige Umgang mit Texten im Studium.* UVK Verlagsgesellschaft (UTB).

Kuckartz, U. (2002). Methoden erziehungswissenschaftlicher Forschung 2: Empirische Methoden. In D. Lenzen (Hrsg.), *Erziehungswissenschaft. Ein Grundkurs* (S. 543–567). Rowohlt Verlag.

Kuckartz, U. (2014). *Mixed Methods: Methodologie, Forschungsdesigns und Analyseverfahren.* Springer eBook Collection. Springer VS.

Kuckartz, U. (2018). *Qualitative Inhaltsanalyse. Methoden, Praxis, Computerunterstützung.* Beltz Juventa.

Kuckartz, U. & Rädiker, S. (Hrsg.) (2012). *Erziehungswissenschaftliche Evaluationspraxis. Beispiele – Konzepte – Methoden.* Beltz Juventa.

Lamnek, S. (2005). *Gruppendiskussion. Theorie und Praxis.* Beltz Psychologie Verlagsunion.

Lamnek, S. (2016). *Qualitative Sozialforschung.* Beltz Verlag.

Langer, A. (2013). Transkribieren – Grundlagen und Regeln. In B. Friebertshäuser, A. Langer & A. Prengel (Hrsg.), *Handbuch Qualitative Forschungsmethoden in der Erziehungswissenschaft* (S. 515–526). Juventa Verlag.

Langeveld, M. J. (1968). Das Ding in der Welt des Kindes. In Ders. (Hrsg.), *Studien zur Anthropologie des Kindes* (S. 142–156). Max Niemeyer Verlag.

Langewellpott, C. (1973). *Erziehungswissenschaft und pädagogische Praxis in der DDR. Zwei wissenschaftstheoretische Modelle (1945–1952).* Pädagogischer Verlag Schwann.

Lassahn, R. (1974). *Einführung in die Pädagogik.* Quelle & Meyer.

Lay, W. A. (1903). *Experimentelle Didaktik.* Quelle & Meyer.

Lay, W. A. (1914). *Der Rechenunterricht auf experimentell-pädagogischer Grundlage.* Quelle & Meyer.

Leithäuser, T. & Volmerg, B. (1979). *Anleitung zur empirischen Hermeneutik. Psychoanalytische Textinterpretation als sozialwissenschaftliches Verfahren.* Suhrkamp Verlag.

Leu, H. R., Flämig, K., Frankenstein, Y., Koch, S., Pack, I. Schneider, K. & Schweiger, M. (2007). *Bildungs- und Lerngeschichten. Bildungsprozesse in früher Kindheit beobachten, dokumentieren und unterstützen.* verlag das netz.

Litt, T. (1962). *Freiheit und Lebensordnung. Zur Philosophie und Pädagogik der Demokratie.* Quelle & Meyer.

Loch, W. (1968). Nachwort: Elementare Funktionen und Erfordernisse des pädagogischen Experiments. In H. Glaser (Hrsg.), *Team Teaching konkret: Schulversuche auf dem Weg zum beweglichen Unterricht* (S. 124–132). Rombach.

Locke, J. (1970 u. ö.). *Gedanken über Erziehung. Übersetzung, Anmerkungen und Nachwort von Heinz Wohlers.* Philipp Reclam.

Loos, P., Nohl, A.-M., Przyborski. A. & Schäffer, B. (Hrsg.) (2013). *Dokumentarische Methode. Grundlagen – Entwicklungen – Anwendungen.* Verlag Barbara Budrich.

Loos, P. & Schäffer, B. (2021). *Das Gruppendiskussionsverfahren. Theoretische Grundlagen und empirische Anwendung.* VS Verlag für Sozialwissenschaften.

Lorenzer, A. (1970). *Sprachzerstörung und Rekonstruktion. Vorarbeiten zu einer Metatheorie der Psychoanalyse.* Suhrkamp Verlag.

Lorenzer, A. (1976). *Die Wahrheit der psychoanalytischen Erkenntnis. Ein historisch-materialistischer Entwurf.* Suhrkamp Verlag.

Lorenzer, A. (1977). *Sprachspiel und Interaktionsformen. Vorträge und Aufsätze zu Psychoanalyse, Sprache und Praxis.* Suhrkamp Verlag.

Lüders, C. (2017). Beobachten im Feld und Ethnographie. In U. Flick, E. von Kardorff & I. Steinke (Hrsg.), *Qualitative Forschung. Ein Handbuch* (S. 384–401). Rowohlt Taschenbuch Verlag.

Lundgreen, P. (Hrsg.) (2006). Bildungsbeteiligung: Wachstumsmuster und Chancenstrukturen 1800–2000. *Zeitschrift für Erziehungswissenschaft.* Sonderheft 7.

Maar, C. & Burda, H. (Hrsg.) (2004). *Iconic Turn. Die neue Macht der Bilder.* Dumont.

Mangold, W. (1960). *Gegenstand und Methode des Gruppendiskussionsverfahrens. Aus der Arbeit des Instituts für Sozialforschung.* Europäische Verlagsanstalt.

Marotzki, W. (2006). Forschungsmethoden und -methodologie der Erziehungswissenschaftlichen Biographieforschung. In H.-H. Krüger & W. Marotzki (Hrsg.), *Handbuch Erziehungswissenschaftliche Biographieforschung* (S. 111–135). VS Verlag für Sozialwissenschaften

Matthes-Nagel, U. (1982). *Latente Sinnstrukturen und objektive Hermeneutik. Zur Begründung einer Theorie der Bildungsprozesse.* Minerva Publikation.

Mayring, P. (1985). Qualitative Inhaltsanalyse. In G. Jüttemann (Hrsg.), *Qualitative Forschung in der Psychologie* (S. 187–211). Beltz Verlag.

Mayring, P. (2015). *Qualitative Inhaltsanalyse. Grundlagen und Techniken.* Beltz Verlag.

Mayring, P. (2016). *Einführung in die Qualitative Sozialforschung. Eine Anleitung zu qualitativem Denken.* Beltz Verlag.

Mayring, P. (2017). Qualitative Inhaltsanalyse. In U. Flick, E. von Kardorff & I. Steinke (Hrsg.), *Qualitative Forschung. Ein Handbuch* (S. 468–475). Rowohlt Taschenbuch Verlag.

Mayring, P. & Brunner, E. (2013). Qualitative Inhaltsanalyse. In B. Friebertshäuser, A. Lange & A. Prengel (Hrsg.), *Handbuch Qualitative Forschungsmethoden in der Erziehungswissenschaft* (S. 323–333). Juventa Verlag.

Mebus, S. (1994). Wissenschaftliche Aspirantur an der Akademie der Pädagogischen Wissenschaften der DDR in Berlin Mitte der 80er Jahre. In E. Cloer & R. Wernstedt (Hrsg.), *Pädagogik in der DDR. Eröffnung einer notwendigen Bilanzierung* (S. 301–329). Deutscher Studienverlag.

Merten, K. (1995). *Inhaltsanalyse: Einführung in Theorie, Methode und Praxis* (2., verbesserte Aufl.). Westdeutscher Verlag.

Merten, R. & Olk, T. (1996). Sozialpädagogik als Profession. Historische Entwicklung und künftige Perspektiven. In A. Combe & W. Helsper (Hrsg.), *Pädagogische Professionalität. Untersuchungen zum Typus pädagogischen Handelns* (S. 570–613). Suhrkamp Verlag.

Merton, R. K. & Kendall, P. L. (1984). Das fokussierte Interview. In Ch. Hopf & E. Weingarten (Hrsg.), *Qualitative Sozialforschung* (S. 171–204). Klett-Cotta.

Métraux, A. (2017). Verfahrenskunst, Methodeninnovation und Theoriebildung in der qualitativen Sozialforschung. In U. Flick, E. von Kardorff & I. Steinke (Hrsg.), *Qualitative Forschung. Ein Handbuch* (S. 643–652). Rowohlt Taschenbuch Verlag.

Metzger, R. (2010). Räume als Spiel- und Erfahrungsräume. In L. Duncker, G. Lieber, N. Neuss & B. Uhlig (Hrsg.), *Bildung in der Kindheit. Das Handbuch zum Lernen in Kindergarten und Grundschule* (S. 92–95). Klett Kallmeyer.

Meumann, E. (1914). *Abriss der experimentellen Pädagogik.* Verlag von Wilhelm Engelmann.

Meuser, M. & Nagel, U. (2013). Experteninterviews – wissenssoziologische Voraussetzungen und methodische Durchführung. In B. Friebertshäuser, A. Lange & A. Prengel (Hrsg.), *Handbuch Qualitative Forschungsmethoden in der Erziehungswissenschaft* (S. 457–471). Juventa Verlag.

Meyer-Drawe, K. (1999). Herausforderung durch die Dinge. Das Andere im Bildungsprozess. *Zeitschrift für Pädagogik, 45*(3), 329–336.

Miethe, I. (2013). Forschungsethik. In B. Friebertshäuser, A. Lange & A. Prengel (Hrsg.), *Handbuch qualitative Forschungsmethoden in der Erziehungswissenschaft* (S. 927–937). Juventa Verlag.

Miethe, I. (2020). Systematisierung – Verstehen – Generieren. Der Beitrag deskriptiver und genetisch-strukturaler Typen zur Theoriebildung. In J. Ecarius & B. Schäffer (Hrsg.), *Typenbildung und Theoriegenerierung. Methoden und Methodologien qualitativer Bildungs- und Biographieforschung* (S. 161–180). Verlag Barbara Budrich.

Miethe, I. & Riemann, G. (2008). Mehr Fragen als Antworten – Überlegungen zu einem selbstkritischen Umgang mit forschungsethischen Problemstellungen in unserer Arbeit. In C. Giebeler, W. Fischer, M. Goblirsch, J. Miethe & G. Riemann (Hrsg.), *Fallverstehen und Fallstudien. Interdisziplinäre Beiträge zur rekonstruktiven Sozialarbeitsforschung* (S. 219–236). Verlag Barbara Budrich.

Mietzner, U. & Pilarczyk, U. (2003). Methoden der Fotografieanalyse. In Y. Ehrenspeck & B. Schäffer (2003). *Film- und Fotoanalyse in der Erziehungswissenschaft. Ein Handbuch* (S. 19–34). Leske + Budrich.

Milgram, S. (1963). Behavioural study of obedience. *Journal of Abnormal and Social Psychology, 67,* 371–378

Möller, G. (2010). Herkunftsbedingte Benachteiligung beim Übergang in die weiterführenden Schulen. Neue Befunde weisen wesentliche Faktoren für den Übergang qualitativ und quantitativ aus. *Schulverwaltung. Nordrhein-Westfalen, 12* (21), 340–343.

Mollenhauer, K. (1987). Die Dinge und die Bildung. In K.-H. Braun & D. Wunder (Hrsg.), *Neue Bildung – Neue Schule. Wolfgang Klafki zum sechzigsten Geburtstag* (S. 32–46). Beltz Verlag.

Mollenhauer, K. (1997). Methoden erziehungswissenschaftlicher Bildinterpretationen. In B. Friebertshäuser & A. Prengel (Hrsg.), *Handbuch qualitative Forschungsmethoden in der Erziehungswissenschaft* (S. 247–264). Juventa Verlag.

Mollenhauer, K. & Rittelmeyer, C. (1977). *Methoden der Erziehungswissenschaft.* Juventa Verlag.

Muchow, M. (1978). *Der Lebensraum des Großstadtkindes. Reprint der Ausgabe Hamburg 1935.* päd extra Buchverlag.

Mukherji, P. & Albon, D. (2018). *Research methods in early childhood. An introductory guide.* SAGE.
Natorp, P. (1985). Über Philosophie als Grundwissenschaft der Pädagogik [zuerst 1909]. In Ders. (Hrsg.), *Pädagogik und Philosophie. Drei pädagogische Abhandlungen* (S. 149–227). Ferdinand Schöning.
Nentwig-Gesemann, I. (2010). Das Gruppendiskussionsverfahren. In K. Bock & I. Miethe unter Mitarbeit v. B. Ritter & F. Schäfer (Hrsg.), *Handbuch Qualitative Methoden in der Sozialen Arbeit* (S. 259–268). Verlag Barbara Budrich.
Neuner, G. (1991). Pädagogische Wissenschaft in der DDR. Ein Rückblick auf Positionen und Restriktionen. *Die Deutsche Schule,* 280–295.
Niemeyer, A. H. (1970). *Grundsätze der Erziehung und des Unterrichts für Eltern, Hauslehrer und Erzieher* (H.-H. Groothoff & U. Herrmann, Hrsg.; neue Aufl.). Ferdinand Schöningh Verlag.
Noack, M. (1996). *Der Schulraum als Pädagogikum. Zur Relevanz des Lernorts für das Lernen.* Deutscher Studienverlag.
Nohl, A.-M. (2011). *Pädagogik der Dinge.* Klinkhardt.
Nohl, A.-M. (2017). *Interview und Dokumentarische Methode. Anleitungen für die Forschungspraxis.* Springer Fachmedien.
Nohl, A.-M., Schäffer, B., Loos, P. & Przyborski (2013). Einleitung: Zur Entwicklung der dokumentarischen Methode durch Ralf Bohnsack. In P. Loos, A.-M. Nohl, A. Przyborski. & B. Schäffer (Hrsg.), *Dokumentarische Methode. Grundlagen – Entwicklungen – Anwendungen* (S. 9–40). Verlag Barbara Budrich.
Nohl, A.-M. & Wulf, C. (2013). Die Materialität pädagogischer Prozesse zwischen Mensch und Ding. *Zeitschrift für Erziehungswissenschaft,* Sonderheft 25, 1–13.
Oevermann, U. (1986). Kontroversen über sinnverstehende Soziologie. Einige wiederkehrende Probleme und Missverständnisse in der Rezeption der »objektiven Hermeneutik«. In S. Aufenanger & M. Lenssen (Hrsg.), *Handlung und Sinnstruktur. Bedeutung und Anwendung der objektiven Hermeneutik* (S. 19–83). Peter Kindt Verlag.
Oevermann, U. (1995). Die Objektive Hermeneutik als unverzichtbare methodologische Grundlage für die Analyse von Subjektivität. Zugleich eine Kritik der Tiefenhermeneutik. In Th. Jung & S. Müller-Doohm (Hrsg.), *›Wirklichkeit‹ im Deutungsprozess. Verstehen und Methoden in den kultur- und Sozialwissenschaften* (S. 106–189). Suhrkamp Verlag.
Oevermann, U., Allert, T. & Konau, E. (1980). Zur Logik der Interpretation von Interviewtexten. In Th. Heinze u. a. (Hrsg.), *Interpretation einer Bildungsgeschichte* (S. 15–69). Fernuniversität Hagen.
Oevermann, U., Allert, T., Konau, E. & Krambeck, J. (1979). Die Methodologie einer »objektiven Hermeneutik« und ihre allgemeine forschungslogische Bedeutung in den Sozialwissenschaften. In H.-G. Soeffner (Hrsg.), *Interpretative Verfahren in den Sozial- und Textwissenschaften* (S. 352–433). J. B. Metzlersche Verlagsbuchhandlung.

Oswald, H. (2008). *Helfen, Streiten, Spielen, Toben. Die Welt der Kinder einer Grundschulklasse.* Verlag Barbara Budrich.
Oswald, H. (2013). Was heißt qualitativ forschen? Warnungen, Fehlerquellen, Möglichkeiten. In B. Friebertshäuser, A. Lange & A. Prengel (Hrsg.), *Handbuch Qualitative Forschungsmethoden in der Erziehungswissenschaft* (S. 183–201). Juventa Verlag.
Oswald, H. & Krappmann, L. (1988). *Soziale Beziehungen und Interaktionen unter Grundschulkindern. Methoden und ausgewählte Ergebnisse eines qualitativen Forschungsprojektes.* Max-Planck-Institut für Bildungsforschung.
Otto, H.-U., Thiersch, H. & Treptow, R. (2018). *Handbuch Soziale Arbeit: Grundlagen der Sozialarbeit und Sozialpädagogik.* Ernst Reinhardt Verlag.
Panofsky, E. (1979). Zum Problem der Beschreibung und Inhaltsdeutung von Werken der bildenden Kunst. In E. Kaemmerling. (Hrsg.), *Bildende Kunst als Zeichensystem 1: Ikonographie und Ikonologie. Theorien, Entwicklung, Probleme* (S. 185–206). DuMont Verlag.
Pestalozzi, J. H. (1980). Pestalozzi über seine Anstalt in Stans. *Mit einer Interpretation von Wolfgang Klafki.* Beltz Verlag.
Petersen, P. (1965). Von der Lehrprobe zur Pädagogischen Tatsachenforschung. In Ders. & E. Petersen (Hrsg.), *Die Pädagogische Tatsachenforschung* (S. 5–126). Ferdinand Schöningh Verlag.
Pilarczyk, U. & Mietzner, U. (2005). *Das reflektierte Bild. Die seriell-ikonographische Fotoanalyse in den Erziehungs- und Sozialwissenschaften.* Klinkhardt.
Pöggeler, F. (1992). Bildung in Bildern – Versuch einer Typologie pädagogisch relevanter Bildformen. In Ders. (Hrsg.), *Bild und Bildung – Beiträge zur Grundlegung einer pädagogischen Ikonologie und Ikonographie* (S. 11–52). Peter Lang Verlag.
Popper, K. R. (1966). *Logik der Forschung.* Mohr.
Popper, K. R. (1972). Die Logik der Sozialwissenschaften. In T. W. Adorno u. a. (Hrsg.), *Der Positivismusstreit in der deutschen Soziologie* (S. 103–125). Luchterhand Verlag.
Popper, K. R.; Keuth, H., Bartley, W. W. (2005). *Gesammelte Werke in deutscher Sprache: Bd. 3. Logik der Forschung.* Mohr Siebeck.
Porst, R. (2014). *Fragebogen. Ein Arbeitsbuch.* Springer VS.
Portele, G. (Hrsg.) (1978). *Sozialisation und Moral. Neuere Ansätze zur moralischen Entwicklung und Erziehung.* Beltz.
Prange, K. (2012). Erziehung als Handwerk. *Zeitschrift für Pädagogik*, Beiheft 58, 81–91.
Radtke, F.-O. (1979). Zum Stand der Aktionsforschungsdebatte. Erläuterungen am Beispiel der Kooperation von Lehrern und Wissenschaftlern. In K. Horn (Hrsg.), *Aktionsforschung. Balance ohne Netz? Methodische Kommentare* (S. 71–110). Syndikat.
Raithel, J. (2012). *Quantitative Forschung. Ein Praxiskurs.* VS Verlag für Sozialwissenschaften.

Rasch, B., Friese, M., Hofmann, W. & Naumann, E. (2014). *Quantitative Methoden 2: Einführung in die Statistik für Psychologen und Sozialwissenschaftler* (4. Aufl.). Springer-Lehrbuch. Springer VS.

Reichertz, J. (1995). Die objektive Hermeneutik – Darstellung und Kritik. In E. König & P. Zedler (Hrsg.), *Bilanz qualitativer Forschung II: Methoden* (S. 379–423). Deutscher Studien Verlag.

Reichertz, J. (2017). Abduktion, Deduktion und Induktion in der qualitativen Forschung. In U. Flick, E. von Kardorff & I. Steinke (Hrsg.), *Qualitative Forschung. Ein Handbuch* (S. 276–286). Rowohlt Taschenbuch Verlag.

Reichertz, J. (2019). Objektive Hermeneutik und hermeneutische Wissenssoziologie. In U. Flick, E. von Kardorff & I. Steinke (Hrsg.), *Qualitative Forschung: Ein Handbuch* (13. Aufl., S. 514–524). rowohlts enzyklopädie im Rowohlt Taschenbuch Verlag.

Reinders, H., Gräsel, C. & Ditton, H. (2015). Praxisbezug Empirischer Bildungsforschung. In H. Reinders (Hrsg.), *Empirische Bildungsforschung Gegenstandsbereiche* (2. Aufl., S. 259–272). Springer VS.

Rittelmeyer, C. (1990). Der Blick der Puppe. Selbstgefühl und soziale Phantasie im Kinderspiel. In. W. Lippitz & Chr. Rittelmeyer (Hrsg.), *Phänomene des Kinderlebens* (S. 107–116). Klinkhardt.

Rittelmeyer, C. (1994). *Schulbauten positiv gestalten. Wie Schüler Farben und Formen erleben.* Bauverlag.

Rittelmeyer, C. (2013). Methoden hermeneutischer Forschung. In B. Friebertshäuser, A. Lange & A. Prengel (Hrsg.), *Handbuch Qualitative Forschungsmethoden in der Erziehungswissenschaft* (S. 235–248). Juventa Verlag.

Rittelmeyer, C. & Parmentier, M. (2001). *Einführung in die pädagogische Hermeneutik.* Wissenschaftliche Buchgemeinschaft.

Ritzi, C. (2013). Literaturrecherche im Internet. In B. Friebertshäuser, A. Lange & A. Prengel (Hrsg.), *Handbuch Qualitative Forschungsmethoden in der Erziehungswissenschaft* (S. 939–946). Juventa Verlag.

Roeder, P.-M. (1983). Bildungsreform und Bildungsforschung. *Zeitschrift für Pädagogik*, 18. Beiheft, 81–96.

Röhrs, H. (1971). *Forschungsmethoden in der Erziehungswissenschaft.* Verlag W. Kohlhammer.

Rosenthal, R. & Jacobson, L. (2003). *Pygmalion in the classroom: teacher expectation and pupils' intellectual development.* Crown House Publ.

Roth, H. (1962). Die realistische Wendung in der pädagogischen Forschung. Wiederabgedruckt in Ders. (Hrsg.), *Erziehungswissenschaft, Erziehungsfeld und Lehrerbildung* (S. 113–126). Schroedel.

Roth, H. (1966). *Pädagogische Anthropologie.* 2 Bände. Schroedel.

Roth, H. (1976). Die Bedeutung der empirischen Forschung für die Pädagogik [zuerst 1958]. Wiederabgedruckt in S. Oppolzer (Hrsg.), *Denkformen und Forschungsmethoden der Erziehungswissenschaft: Bd. 2. Empirische Forschungsmethoden* (S. 15–62). Ehrenwirth Verlag.

Ruprecht, H. (1978). Die erfahrungswissenschaftliche Tradition der Erziehungswissenschaft. In H. Thiersch, H. Ruprecht & U. Herrmann (Hrsg.), *Die Entwicklung der Erziehungswissenschaft* (S. 109–171). Juventa Verlag.

Sachße, C. & Tennstedt, F. (Hrsg.) (1983). *Bettler, Gauner und Proleten. Armut und Armenfürsorge in der deutschen Geschichte.* Rowohlt Verlag.

Samida, S., Eggert, M. K. H. & Hahn, H. P. (Hrsg.) (2014). *Handbuch Materielle Kultur. Bedeutungen, Konzepte, Disziplinen.* Verlag J. B. Metzler.

Sauer, S. (2019). *Moderne Datenanalyse mit R: Daten einlesen, aufbereiten, visualisieren, modellieren und kommunizieren.* Springer Gabler

Schiffler, H. & Winkeler, R. (1999). *Tausend Jahre Schule. Eine Kulturgeschichte des Lernens in Bildern.* Belser Verlag.

Schindler, H. & Wetzels, P. (1985). Subjektive Bedeutung familiärer Arbeitslosigkeit bei Schülern in einem Bremer Stadtteil. In T. Kieselbach & A. Wacker (Hrsg.), *Individuelle und gesellschaftliche Kosten der Massenarbeitslosigkeit* (S. 120–138). Beltz Verlag.

Schleiermacher, F. E. D. (1964). *Ausgewählte pädagogische Schriften. Besorgt von Ernst Lichtenstein.* Ferdinand Schöningh Verlag.

Schmid, P. (2001). Vätertagebücher des ausgehenden 18. Jahrhunderts. Zu den Anfängen der empirischen Erforschung von Säuglingen und Kleinkindern. In I. Behnken & J. Zinnecker (Hrsg.), *Kinder – Kindheiten – Lebensgeschichte. Ein Handbuch* (S. 325–339). Kallmeyer.

Schneider, S. & Lindenberger, U. (Hrsg.) (2018). *Entwicklungspsychologie.* Beltz Verlag.

Schnurr, S. (1997). *Sozialpädagogen im Nationalsozialismus. Eine Fallstudie zur sozialpädagogischen Bewegung im Übergang zum NS-Staat.* Juventa Verlag.

Scholl, A. (2018). *Die Befragung.* UVK Verlagsgesellschaft (UTB).

Schriewer, J. (1982). »Erziehung« und »Kultur«. Zur Theorie und Methodik Vergleichender Erziehungswissenschaft. In W. Brinkmann & K. Renner (Hrsg.), *Die Pädagogik und ihre Bereiche* (S. 185–236). Ferdinand Schöningh Verlag.

Schründer-Lenzen, A. (2013). Triangulation – ein Konzept zur Qualitätssicherung von Forschung. In B. Friebertshäuser, A. Lange & A. Prengel (Hrsg.), *Handbuch Qualitative Forschungsmethoden in der Erziehungswissenschaft* (S. 149–158). Juventa Verlag.

Schulenberg, W. (1976). *Ansatz und Wirksamkeit der Erwachsenenbildung. Eine Untersuchung im Grenzgebiet zwischen Pädagogik und Soziologie.* Ferdinand Enke Verlag.

Schultheis, K. (2016). Was ist pädagogische Kinderforschung? Grundlagen und Bezugstheorien. In Dies. & P. Hiebl (Hrsg.), *Pädagogische Kinderforschung. Grundlagen, Methoden, Beispiele* (S. 11–63). Verlag W. Kohlhammer.

Schulze, A., Preisendörfer, P. (2013). Bildungserfolg von Kindern in Abhängigkeit von der Stellung in der Geschwisterreihe. *Kölner Zeitschrift für Soziologie und Sozialpsychologie, 65,* 339–356.

Schulze, T. (1995). Erziehungswissenschaftliche Biographieforschung. Anfänge – Fortschritte – Ausblicke. In H.-H. Krüger & W. Marotzki (Hrsg.), *Erziehungswissenschaftliche Biographieforschung* (S. 10–31). Leske + Budrich.
Schütze, F. (1983). Biographieforschung und narratives Interview. *Neue Praxis, 3*, 283–293.
Selle, G. (1997). *Siebensachen. Ein Buch über die Dinge.* Campus Verlag.
Simmel, M. (1979). *Jahrbuch der Sozialarbeit: Bd. 3. In der Hauptsache ist der Sozialpädagoge eine Frau. Historische Überlegungen zum Selbstverständnis der Weiblichkeit als Beruf* (S. 39–47). Rowohlt Verlag.
Soeffner, H.-G. (2017). Sozialwissenschaftliche Hermeneutik. In U. Flick, E. von Kardorff & I. Steinke (Hrsg.), *Qualitative Forschung. Ein Handbuch* (S. 164–175). Rowohlt Taschenbuch Verlag.
Sontag, S. (1978). *Über Fotografie. Aus d. Amerik. Von Mark W. Rien und Gertrud Baruch.* Hanser Verlag.
Staege, R. (2015). Bilder früher Bildung. Fotografische Darstellungen in Bildungsprogrammen für den Elementarbereich. In R. Bohnsack, B. Michel & A. Przyborski (Hrsg.), *Dokumentarische Bildinterpretation. Methodologie und Forschungspraxis* (S. 283–303). Verlag Barbara Budrich.
Stamm, M. (2010). Frühkindliche Bildung als Basis von Schulerfolg? Analysen zur Wirksamkeit früher Bildungsförderung. *Die Deutsche Schule, 102*(3), 255–267.
Steudel, A. (2008). *Beobachtung in Kindertageseinrichtungen. Entwicklung einer professionellen Methode für die pädagogische Praxis.* Juventa Verlag.
Stockmann, R. (2006). *Evaluation und Qualitätsentwicklung. Eine Grundlage für wirkungsorientiertes Qualitätsmanagement.* Waxmann
Strauss, A. (1998). *Grundlagen qualitativer Sozialforschung. Datenanalyse und Theoriebildung in der empirischen soziologischen Forschung.* Fink.
Strauss, A. & Corbin, J. (1996). *Grounded Theory: Grundlagen Qualitativer Sozialforschung.* Beltz Psychologie Verlags Union.
Strübing, J. (2019). The Pragmatism of Anselm L. Strauss: Linking Theory and Method. In A. Bryant & K. Charmaz (Hrsg.), *The SAGE handbook of current developments in grounded theory* (S. 51–67). SAGE Publications Ltd.
Sutter, H. (1994). Oevermanns methodologische Grundlegung rekonstruktiver Sozialwissenschaften. Das zentrale Erklärungsproblem und dessen Lösung in den forschungspraktischen Verfahren einer strukturalen Hermeneutik. In D. Garz (Hrsg.), *Die Welt als Text. Theorie, Kritik und Praxis der objektiven Hermeneutik* (S. 23–72). Suhrkamp Verlag.
Talkenberger, H. (1994). Von der Illustration zur Interpretation: das Bild als historische Quelle. Methodische Überlegungen zur Historischen Bildkunde. *Zeitschrift für Historische Forschung, 21*, 289–313.
Tenorth, H.-E. (1989). Versäumte Chancen. Zur Rezeption und Gestalt der empirischen Erziehungswissenschaft der Jahrhundertwende. In P. Zedler & E. König (Hrsg.), *Rekonstruktionen pädagogischer Wissenschaftsgeschichte. Fallstudien, Ansätze, Perspektiven* (S. 317–343). Deutscher Studienverlag.

Tenorth, H.-E. (1990). Profession und Disziplin. Bemerkungen über die krisenhafte Beziehung zwischen pädagogischer Arbeit und Erziehungswissenschaft. In H. Drerup & E. Terhart (Hrsg.), *Erkenntnis und Gestaltung. Vom Nutzen erziehungswissenschaftlicher Forschung in praktischen Verwendungskontexten* (S. 81–97). Deutscher Studienverlag.

Tenorth, H.-E. (1994). Profession und Disziplin. Zur Formierung der Erziehungswissenschaft. In H.-H. Krüger & Th. Rauschenbach (Hrsg.), *Erziehungswissenschaft. Die Disziplin am Beginn einer neuen Epoche* (S. 17–28). Juventa.

Tenorth, H.-E. (1997). Erziehungswissenschaft in Deutschland – Skizze ihrer Geschichte von 1900 bis zur Vereinigung 1990. In K. Harney & H.-H. Krüger (Hrsg.), *Einführung in die Geschichte der Erziehungswissenschaft und der Erziehungswirklichkeit* (S. 111–154). Leske + Budrich.

Terhart, E. (1978). *Interpretative Unterrichtsforschung. Kritische Rekonstruktion und Analyse konkurrierender Forschungsprogramme der Unterrichtswissenschaft.* Ernst Klett.

Terhart, E. (2002). Wie können die Ergebnisse von vergleichenden Leistungsstudien systematisch zur Qualitätsverbesserung in Schulen genutzt werden? *Zeitschrift für Pädagogik, 48*(1), 91–110.

Terhart, E. & Tillmann, K. J. (Hrsg.) (2007). *Schulentwicklung und Lehrerforschung. Das Lehrer-Forscher-Modell der Laborschule auf dem Prüfstand.* Klinkhardt.

Thierbach, C., Petschick, G. (2014). Beobachtung. In N. Baur & J. Blasius (Hrsg.), *Handbuch Methoden der empirischen Sozialforschung* (S. 855–866). Springer VS.

Tietze, W., Roßbach, H.-G., Nattefort, R. & Grenner, K. (Hrsg.) (2017). *Kindergarten-Skala (KES-RZ): Revidierte Fassung mit Zusatzmerkmalen: Feststellung und Unterstützung pädagogischer Qualität in Kindertageseinrichtungen* (4. (erweiterte) Aufl.). verlag das netz.

Trapp, E. C. (1977). *Versuch einer Pädagogik* (U. Herrmann, Hrsg.) Ferdinand Schöningh Verlag.

Uhlendorff, H. & Prengel, A. (2013). Forschungsperspektiven quantitativer Methoden im Verhältnis zu qualitativen Methoden. In B. Friebertshäuser, A. Lange & A. Prengel (Hrsg.), *Handbuch Qualitative Forschungsmethoden in der Erziehungswissenschaft* (S. 137–148). Juventa Verlag.

Ulber, D. & Imhof, M. (2014). *Beobachtung in der Frühpädagogik. Theoretische Grundlagen, Methoden, Anwendung.* Verlag W. Kohlhammer.

Vogl, S. (2015). *Interviews mit Kindern führen. Eine praxisorientierte Einführung.* Beltz Juventa.

Volmerg, B. (1975). *Kritik der Verfahren psychoanalytischer Textinterpretation.* Diss. Phil. Bremen.

Volmerg, B. (1981). Zum Gegenstand und zur Methode psychoanalytischer Textinterpretation. In Th. Leithäuser u. a. (Hrsg.), *Entwurf zu einer Empirie des Alltagsbewusstseins* (S. 241–260). Suhrkamp Verlag.

Volmerg, B. (1988). Methoden der Auswertung. In Th. Leithäuser & B. Volmerg (Hrsg.), *Psychoanalyse in der Sozialforschung. Eine Einführung am Beispiel einer Sozialpsychologie der Arbeit* (S. 234–261). Westdeutscher Verlag.

Wallmann, K. K. (1993). Enhancing Statistical Literacy: Enriching Our Society. *Journal of American Statistical Association*, 88(421), 1–8.
Weber, I. (1981). *Sinn und Bedeutung kindlicher Handlungen. Analyse einer Gruppe im Kindergarten.* Beltz Verlag.
Weber, M. (1995). *Wissenschaft als Beruf.* Philipp Reclam jun.
Weingarten, E., Sack, F. & Schenkein, J. (1976). *Ethnomethodologie. Beiträge zu einer Soziologie des Alltags.* Suhrkamp Verlag.
Weniger, E. (1975). Zur Geistesgeschichte und Soziologie der pädagogischen Fragestellung (1936). Wiederabgedruckt in Ders., *Ausgewählte Schriften zur geisteswissenschaftlichen Pädagogik* (S. 107–123). Beltz Verlag.
von Wensierski, H.-J. (2010). Rekonstruktive Sozialpädagogik. In K. Bock & I. Miethe unter Mitarbeit v. B. Ritter & F. Schäfer (Hrsg.), *Handbuch Qualitative Methoden in der Sozialen Arbeit* (S. 174–182). Verlag Barbara Budrich.
Wentura, D. & Pospeschill, M. (2015). *Multivariate Datenanalyse. Basiswissen Psychologie.* Springer, Wiesbaden. https://doi.org/10.1007/978-3-531-93435-8_5
Wernet, A. (2009). *Einführung in die Interpretationstechnik der Objektiven Hermeneutik.* VS Verlag für Sozialwissenschaften.
Wiedemann, P. M. (1989). Deutungsmusteranalyse. In G. Jüttemann (Hrsg.), *Qualitative Forschung in der Psychologie. Grundfragen, Verfahrensweisen, Anwendungsfelder* (S. 212–226). Roland Asanger Verlag.
Willems, H. (2019). Erving Goffmans Forschungsstil. In U. Flick, E. von Kardorff & I. Steinke (Hrsg.), *Qualitative Forschung: Ein Handbuch* (13. Aufl., S. 42–50). rowohlts enzyklopädie im Rowohlt Taschenbuch Verlag.
Winnefeld, Fr. (1957 u. ö.). *Pädagogischer Kontakt und pädagogisches Feld. Beiträge zur pädagogischen Psychologie.* Ernst Reinhardt Verlag.
Winnicott, D. D. (1969). Übergangsobjekte und Übergangsphänomene. Eine Studie über den ersten, nicht zum Selbst gehörenden Besitz. *Psyche*, 24(9), 666–682.
Winteler, A. & Forster, P. (2007). Evidenzbasiertes Lehren und Lernen. *Das Hochschulwesen*, 55(4), 102–109.
Wolcott, H. W. (1988). Ethnographic Research in Education. In R. M. Jaeger (Hrsg.), *Complementary Methods for Research in Education* (S. 187–210). AERA.
Würker, A. (1987). Irritation und Szene. Anmerkungen zur tiefenhermeneutischen Literaturinterpretation. In J. Belgrad u. a. (Hrsg.), *Zur Idee einer psychoanalytischen Sozialforschung. Dimensionen szenischen Verstehens* (S. 303–316). Suhrkamp Verlag.
Zala-Mezö, E., Häbig, J. & Bremm, N. (Hrsg.) (2021). *Die Dokumentarische Methode in der Schulentwicklungsforschung* (neue Aufl.). Waxmann.
Zeller, S. (1994). *Geschichte der Sozialarbeit als Beruf. Bilder und Dokumente* (1893–1939). Centaurus.
Zimbardo, P. G. & R. J. Gerrig (2018). *Psychologie mit E-Learning »MyLab / Psychologie«.* Pearson Studium.
Zimmermann, E. (1972). *Das Experiment in den Sozialwissenschaften.* B. G. Teubner.
Zschiesche, B. & Kemnitz, H. (2009). Wie Kinder ihre Schule sehen. Räumliche Qualität von Schule aus Kindersicht. *PÄDForum: unterrichten, erziehen*, 6, 255–258.